DÉSIR ET SAVOIR
DANS L'ŒUVRE DE FLAUBERT

ÉTUDE DE
LA TENTATION DE SAINT ANTOINE

JEANNE BEM

DÉSIR ET SAVOIR
DANS
L'ŒUVRE DE FLAUBERT

ÉTUDE DE
LA TENTATION DE SAINT ANTOINE

LANGAGES

A LA BACONNIÈRE, NEUCHÂTEL

Cet ouvrage a été honoré d'une subvention
de l'Université de Paris-Sorbonne (Paris IV),
que nous remercions ici.

C'est l'œuvre de toute ma vie...

Flaubert à Mlle Leroyer
de Chantepie, 5 juin 1872

INTRODUCTION

*Et Yahvé Dieu donna cet ordre à
l'homme: «De tous les arbres du
jardin tu peux manger, mais de
l'arbre de la connaissance du bien et
du mal, tu n'en mangeras pas...»*

Gen. 2: 16-17

Ce matin on a fini de copier *Saint Antoine*. La tête des copistes était inimaginable d'ahurissement et de fatigue. Ils m'ont déclaré qu'ils en étaient malades et «que c'était trop fort pour eux».[1]

Je me propose d'étudier l'œuvre la plus secrète de Flaubert, celle qu'un invisible sceau semble protéger de l'intrusion du lecteur. Dirai-je que *la Tentation de saint Antoine*, c'est trop fort pour moi? Je reconnais qu'il y a quelque défi à s'attaquer à un texte aussi difficile à circonscrire (il se présente sous trois versions), à un texte relevant d'une démarche aussi totalisante. Cette démarche, Flaubert l'appellerait sans doute philosophique, désignant par ce terme plusieurs approches que le XXe siècle a distinguées depuis: l'archéologie, l'ethnologie, l'histoire des religions et des mythes, l'histoire des idées, la philosophie de la connaissance. Faut-il avoir l'esprit encyclopédique pour lire *la Tentation*? Faut-il tout savoir pour vérifier si Flaubert a bien su exhumer l'univers mental d'un homme de l'Empire romain, d'un chrétien du IVe siècle? Non, heureusement. Si l'œuvre est savante en effet, son SAVOIR est ailleurs. Il faut le mesurer à l'aune de la poésie. Pour tout dire, ce sera le savoir du POÈTE-VOYANT. Celui-ci n'est-il pas «le suprême Savant»? «Car il arrive à l'*inconnu*!»[2]

---

[1] Flaubert, *Corresp.*, Club de l'Honnête Homme, tome 15, p. 159, 14 septembre 1872, à sa nièce Caroline.

[2] Rimbaud, lettre du 15 mai 1871, à Paul Demeny.

Ce rapprochement entre Flaubert et Rimbaud peut sembler gratuit. Tout les sépare, non seulement l'énorme écart des générations, mais leur rapport au langage. Cependant, Flaubert achève de rédiger sa troisième version au moment où Rimbaud écrit la lettre à Demeny. C'est le moment encore, ou à peu près, où Verlaine consacre à son ami un poème célèbre, dont l'atmosphère présente des analogies frappantes avec *la Tentation* de Flaubert:

> *Dans un palais, soie et or, dans Ecbatane,*
> *De beaux démons, des Satans adolescents,*
> *Au son d'une musique mahométane,*
> *Font litière aux Sept Péchés de leurs cinq sens.*
>
> *C'est la fête aux Sept Péchés: ô qu'elle est belle!*
> *Tous les désirs rayonnaient en feux brutaux...*[3]

Tout y est, et avant toute chose l'aveu que le langage est VISION, qu'il ouvre sur une «scène» que peuplent significativement, ici comme chez Flaubert, des allégories à mi-chemin du mot et du personnage fabuleux. Si «Crimen Amoris» est une œuvre symboliste, ou même décadente, alors *la Tentation* en est une aussi. Mais cette étiquette ne fait guère avancer la lecture. L'art fin de siècle se trouve éclairé par ces œuvres, qui l'ont préparé. L'inverse est moins sûr.

Ce qu'on peut dire, c'est que le sentiment de vivre une époque d'Histoire finissante, Flaubert l'avait ressenti bien plus tôt. C'est en 1850 qu'il parle dans une lettre de «débâcle imminente». «Nous sommes venus, nous autres, trop tôt et trop tard. Nous aurons fait ce qu'il y a de plus difficile et de moins glorieux: la transition.»[4] Après 1851, cette Histoire ne sera plus finissante, mais finie. Cependant, entre 1848 et 1851, époque d'Histoire «chaude», quand il rédige la première version de *la Tentation* puis accomplit le rituel voyage en Orient, Flaubert perçoit plutôt l'Histoire comme *en gestation*. «L'avenir nous tourmente et le passé nous retient.»[4] On ne croirait pas que Flaubert puisse parler d'avenir, d'«homme de l'avenir», qu'il puisse — l'espace d'un éclair — projeter en avant, et non pas en arrière, tout le fantastique qui l'habite!

L'homme de l'avenir aura peut-être des joies immenses. Il voyagera dans les étoiles, avec des pilules d'air dans sa poche.[4]

---

[3] Verlaine, «Crimen Amoris». Il s'agit de la version publiée par Verlaine (1885). Mais les vers que je cite ne diffèrent pas de la première version, que Verlaine datait de 1873.

[4] Flaubert, *Corresp.*, Pléiade, I, p. 730, 19 décembre 1850, à Louis Bouilhet.

Parce que nous lisons *Madame Bovary* et *l'Education sentimentale* plus souvent que *la Tentation*, nous sommes surpris de voir surgir ce Flaubert poète et prophète, issu de la grande tradition romantique. «La Poésie ne rythmera plus l'action; elle sera *en avant*.» Le poète sera *«un multiplicateur de progrès!»*. Là, c'est Rimbaud qui parle, à cet autre moment d'Histoire «chaude» qu'est 1871.

On le voit donc: chez Flaubert *la Tentation* est, dans l'ordre de l'écriture, le lieu du «tout est possible» par où se signalent les moments révolutionnaires de l'Histoire. Dans ce texte de DÉSIR qui, comme tout grand texte, ne cesse de s'interroger sur les conditions de sa propre élaboration, se joue l'antique drame de la mort et de la renaissance. C'est ainsi que le passé, reconquis, vient informer l'avenir. Une image de l'Artiste aux multiples facettes apparaît dans des mythes fragmentaires. «Or le plus beau d'entre tous ces mauvais anges/Avait seize ans sous sa couronne de fleurs.» [3] Cet Artiste on le reconnaît, par exemple, sous les traits romantiques de Satan [5], ou bien, à la fin de la troisième version, d'un Christ apollinien. Christ-Prométhée ou Christ-Orphée, l'Artiste dont rêvent Flaubert et Rimbaud est le même: c'est un «voleur de feu» prêt à souffrir le martyre. Le poème de Verlaine nous laisse de Rimbaud une saisissante image mythifiée. Elle pourrait servir d'emblème à *la Tentation de saint Antoine*, où l'on retrouve le même espoir d'accéder à un savoir d'essence divine, la même folie mégalomane:

Le voyez-vous sur la tour la plus céleste
Du haut palais avec une torche au poing?
Il la brandit comme un héros fait d'un ceste:
D'en bas on croit que c'est une aube qui point.

Qu'est-ce qu'il dit de sa voix profonde et tendre
Qui se marie au claquement clair du feu
Et que la lune est extatique d'entendre?
«Oh! je serai celui-là qui créera Dieu!»

Par un rapprochement un peu provocateur, j'ai voulu marquer que l'étude qui va suivre montrera un Flaubert «différent». C'est un Flaubert très proche de ses années de formation. Tributaire du romantisme européen, il ne renie pas sa jeunesse, au contraire il s'y réfère avec constance. En est-il une meilleure preuve que de le voir travailler à *la Tentation*

---

[5] Le Diable est dans les trois versions de *la Tentation* le principal protagoniste d'Antoine et son *alter ego*. C'est dans la troisième version surtout que Flaubert insiste sur la beauté du Diable.

pendant près de trente ans? L'œuvre entier de Flaubert est une série d'expériences sur le langage, et sans aucun doute l'hiatus est sensible entre les œuvres d'avant 1851 et celles d'après. C'est ici que *la Tentation* occupe une place à part. Paradoxalement, ce texte périodiquement soumis à ré-écriture est un texte qui *n'évolue pas*. Il est très mouvant dans le détail, mais on verra que *dans son principe* il reste stable. Et c'est ce texte qui accompagne pas à pas une production évolutive: si la première version est comme l'aboutissement des œuvres de jeunesse, la deuxième fait directement suite à *Madame Bovary*, et la troisième s'intercale entre *l'Education sentimentale* et *Bouvard et Pécuchet*. On comprendra que j'aie dû entrelacer, dans mon étude, des chapitres exclusivement consacrés à *la Tentation* avec d'autres chapitres — ou sections de chapitres — consacrés à ces œuvres, ou à certains de leurs aspects. *La Tentation* n'est-elle pas une sorte de «témoin», ou de «moniteur»? Tout se passe comme si Flaubert y avait formulé quelque chose d'essentiel (touchant son expérience intime, ou son mythe de l'Artiste, ou sa problématique de l'écriture), quelque chose qui le fascine, puisque au lieu de mettre ce texte dans un tiroir comme tant d'autres, il y revient toujours. «Formulé» est inexact du reste, car il s'agit au contraire d'un informulé, d'un NON-DIT. C'est dans les lacunes qu'on peut le lire, par une lecture freudienne qui lit les mythes comme des fantasmes et qui décèle l'analogie entre texte et rêve. En effet, *«l'inconnu»* auquel Flaubert est arrivé dans *la Tentation de saint Antoine* n'a peut-être pas d'autre nom que *l'inconscient*.

Un danger guette ce nouvel interprétateur de rêves qu'est le critique: c'est de croire qu'il y a «un excès du signifié sur le signifiant»[6]. A l'écoute du signifiant, la critique dite psychanalytique mettrait au jour un signifié caché, comme l'Exégèse fait parler le Verbe de Dieu. Tentation redoutable, dont nul n'est sûr de s'être suffisamment défié. Je précise donc que j'ai bien été à l'écoute de ce que je peux appeler, métaphoriquement, «le Verbe de Dieu». Mais je n'ai pas cherché à en formuler le signifié caché, j'ai seulement essayé de montrer le fonctionnement — dans le texte — du signifiant, dont nul signifié ne peut rendre compte.

---

[6] Michel Foucault cité par Catherine Backès-Clément, «La stratégie du langage», in: *Littérature* N° 3, p. 14.

CHAPITRE I

LE LIVRE DU VOYANT

> C'est dans la Thébaïde, au haut
> d'une montagne, sur une plate-forme
> arrondie en demi-lune, et qu'enfer-
> ment de grosses pierres.
> La cabane de l'ermite occupe le
> fond. Elle est faite de boue et de
> roseaux, à toit plat, sans porte. On
> distingue dans l'intérieur une cruche
> avec un pain noir; au milieu, sur une
> stèle de bois, un gros livre...
>
> *La Tentation* III

Un livre qui fait peur

Il n'y a pas d'amateur de littérature, je crois, qui à la question: Connaissez-vous Flaubert? répondrait: Vous voulez dire l'auteur de *la Tentation de saint Antoine*? Beaucoup de gens, pour commencer, ignorent l'existence même du livre. Puis il y a ceux que le titre a arrêtés. A-t-on remarqué l'effet de cet article au singulier, qui confère à «la» tentation un sens absolu et écrasant? Une tentation vient rarement seule, et si l'ermite du désert est célèbre, c'est justement pour en avoir repoussé victorieusement d'innombrables. Le livre de Flaubert ne fait pas autre chose non plus que représenter une multitude de personnages qui sont autant de tentations! — Une fois passé l'obstacle du titre, il y a les lecteurs qui découvrant l'existence de TROIS versions différentes, écrites quand l'auteur avait respectivement vingt-sept, trente-quatre et cinquante ans, n'ont plus su à quel saint se vouer! La première version[1] (rédigée

---

[1] Code: *La Tentation* I ou: T. I.

entre le 24 mai 1848 et le 12 septembre 1849, jamais publiée du vivant de Flaubert) est la plus longue et la plus spontanée. La deuxième version[2] (retravaillée entre le mois de mai et l'automne de 1856 et dont Flaubert a fait paraître des extraits en revue) est la précédente réduite de moitié. La troisième version[3] (rédigée entre juin 1869 et juin 1872, et intégralement publiée en 1874) est la plus courte, la plus contrôlée, et diffère sensiblement des deux autres. Quel dilemme! Et s'il est vrai qu'il faut les lire toutes (encore que les éditions accessibles soient rares)[4], quel labeur!

Mais quel est le genre de l'œuvre? se demande l'acharné candidat à la lecture. Flaubert est un romancier, et voilà une œuvre dialoguée, avec des indications de mise en scène: une pièce de théâtre, semble-t-il. Elle a même été jouée[5]. Pourtant à lire le texte on voit bien que c'est seulement «comme» du théâtre. «J'ai vu un tableau de Breughel [...] qui m'a fait penser à ARRANGER POUR LE THÉÂTRE la Tentation de saint Antoine...» écrit Flaubert à Le Poittevin en 1845[6]. Mais dans ses notes en vue de la troisième version, on trouve: «Enlever tout ce qui peut rappeler un théâtre, une scène, une rampe.»[7] C'est pourtant cette troisième version que Barrault et Béjart ont choisie... La Tentation n'est pas une pièce de théâtre. L'œuvre ressortit au genre narratif. Elle n'est pas plus «dramatique» qu'un roman de Stendhal, plutôt moins. Par le style, elle renvoie au poème en prose. Par le contenu fantastique, au rêve ou au délire. Elle est à placer sous le patronage d'une autre œuvre réputée inclassable qui a fasciné les jeunes romantiques: Faust. Faust et la Tentation se présentent «comme» des pièces de théâtre parce que jusqu'en 1830 le théâtre était dans la hiérarchie des genres la référence suprême. 1830–1874... On voit que Flaubert sait rester fidèle toute sa vie à ses éblouissements d'enfant et d'adolescent. C'est qu'il a reconnu la plasticité du genre inventé par Goethe pour son Faust. Aujourd'hui, c'est

---

[2] Code: La Tentation II ou: T. II. — Publiée partiellement dans quatre livraisons de l'Artiste (21 et 28 décembre 1856, 11 janvier et 1er février 1857).

[3] Code: La Tentation III ou: T. III.

[4] L'édition à laquelle se réfère cette étude est «l'Intégrale» du Seuil, tome I, qui publie les trois versions à la file.

[5] De façon mémorable par la Compagnie Renaud-Barrault, au théâtre de l'Odéon, saison 1966-67, mise en scène de Maurice Béjart, rôle d'Antoine tenu par Jean-Louis Barrault.

[6] Correspondance, Pléiade, I, p. 230. Les capitales sont de moi.

[7] Cité in: Dumesnil et Demorest, Bibliographie de Gustave Flaubert, Giraud-Badin, p. 282.

évidemment au cinéma qu'il s'adresserait. Car, anachronisme à part, *la Tentation* est un véritable film-livre: un livre qui donne à lire l'équivalent verbal, plan après plan, séquence après séquence, d'un film (réel ou imaginaire).

> *Des hommes vêtus en femmes et des femmes en habits d'hommes se poursuivent en poussant de grands éclats de voix qui ressemblent à des rires ou à des sanglots; leurs robes jaunes transparentes sont collées sur leur bas-ventre par des plaques de sang caillé, et à travers le tissu mince on le voit qui coule en filets rouges sur les rondes cuisses blanches.* (T. I, p. 464 B)

Peut-on parler de genre? *La Tentation* transgresse les frontières de genre. Comme beaucoup d'œuvres modernes, elle met, par son existence même, la littérature en question. — Mais on peut désigner déjà le point sur lequel porte sa question. C'est le rapport du lisible et du visible.

En effet il faut garder à l'esprit la genèse de *la Tentation*, puisque nous avons la chance de la connaître. Elle s'est faite par l'œil. Aux origines: Flaubert a vu la *scène* d'un théâtre de marionnettes d'abord, puis un *tableau* dans un musée. Pendant l'élaboration: il a regardé les *figures* dans les ouvrages savants de Creuzer et de Matter[8], et une partie du texte de *la Tentation* n'est rien d'autre que la description minutieuse de ces illustrations. A cela il faut ajouter que l'ermite du IVe siècle est entré dans l'hagiographie pour avoir été tourmenté de *visions* (et Bosch, Breughel, Callot se donnent pour objet précisément de figurer ces visions) et enfin que Flaubert lui-même avait avec les phénomènes de *la vision* des rapports multiples qui relèvent tant de la psychologie normale (fantasmes, rêves, cauchemars, rêveries diurnes, voyeurisme) que de la maladie (hallucinations pendant ses crises). Le thème de la vision ou de la voyance fait d'ailleurs partie du discours esthétique de Flaubert et de ses critiques: je pense au «j'étais les chevaux, les feuilles, le vent», au regard de myope, au regard-scalpel, à la vision binoculaire, à la problématique des focalisations. — Il y a mieux: partie du visuel en 1845, vers 1890 cette œuvre de Flaubert est retournée au visuel! On sait en effet des délires et des délices de quelle littérature s'est nourrie la peinture dite «symboliste»: de ceux de *la Tentation* et de *Salammbô*, notamment.[9]

Ainsi il y a deux pôles vers lesquels tend cette œuvre si particulière. D'une part *la Tentation* est le LIVRE, formé de «tous les autres livres, (...)

---

[8] Creuzer, *Les Religions de l'antiquité...*, Jacques Matter, *L'Histoire du Gnosticisme...* Voir les travaux de Jean Seznec sur les sources de Flaubert.

[9] André Fermigier, «Le manteau de Tanit», *Le Monde*, 27 mai 1976.

repris, fragmentés, déplacés, combinés»[10], puisque Flaubert, avec ses immenses lectures, est un des explorateurs de «l'onirisme érudit». Et Michel Foucault a brillamment montré (après Valéry) comment *la Tentation* «se constitue d'entrée de jeu dans l'espace du savoir: elle existe dans un certain rapport fondamental aux livres». Cet espace, c'est

... la bibliothèque assourdie, avec ses colonnes de livres, ses titres alignés et ses rayons qui la ferment de toutes parts, mais bâillent de l'autre côté sur des mondes impossibles. [...] POUR RÊVER, IL NE FAUT PAS FERMER LES YEUX, IL FAUT LIRE.[10]

Mais justement, à l'autre pôle: comment la bibliothèque pourrait-elle «bâiller» sur le monde du rêve, sinon par ces fenêtres que sont les IMAGES? Ce sont les images qui restituent aux textes — aux INSCRIPTIONS — leur *dimension visuelle primitive.* Car à l'origine, nous dit un théoricien moderne de l'image, Jean-François Lyotard, un texte est toujours inscrit *dans* un tableau figuré (une peinture rupestre par exemple) et

... se donne à voir en même temps que cet objet, et il restera dessin tant que l'officiant ne viendra pas le faire *entendre...*[11]

On est moins loin de Flaubert qu'on ne le pense. Il devait rêver, enfant, sur le livre-objet — son conte intitulé *Bibliomanie* et écrit à quatorze ans le dit en clair:

... il aimait un livre parce que c'était un livre, il aimait son odeur, sa forme, son titre. Ce qu'il aimait dans un manuscrit, c'était sa vieille date illisible, les lettres gothiques bizarres et étranges, les lourdes dorures qui chargeaient ses dessins. [...]
Il savait à peine lire.[12]

Dix ans plus tard, le coup de foudre devant le tableau de Breughel, cela a peut-être été un de ces éclairs de l'intelligence ou de l'intuition où l'on conçoit un projet insensé: il faudrait faire fusionner le lisible et le visible! Il faudrait, pour reprendre la formulation d'aujourd'hui, celle de Lyotard, passer

... de l'espace linguistique, celui de la *lecture*, qui est celui où l'on *entend*, à l'espace visuel, celui de la peinture, où l'on *regarde*. L'œil n'écoute plus, il désire.[11]

---

[10] Michel Foucault, «La Bibliothèque fantastique», in: *Flaubert, Miroir de la critique,* Didier. Voir les p. 174-175. — Les capitales sont de moi.

[11] J.-F. Lyotard, *Discours, figure,* Klincksieck, p. 267.

Mais faire cela en restant au cœur de la bibliothèque, sur les pages du livre, dans le langage. *La Tentation de saint Antoine* est ce fabuleux livre-objet qu'il ne faut pas lire, qu'il faut lire mais sans l'entendre (le comprendre) de façon à le voir. «ET CE VOIR EST UN DÉSIRER.» [13] Pour rêver il faut lire, dit Foucault. Il ne faut pas lire mais voir, et voir c'est désirer, dit Lyotard. Les deux injonctions contradictoires se rejoignent si l'on reconnaît que lire, c'est voir. Et qu'«il y a une connivence radicale de la figure et du désir». [14] Désir! Poussée dans ses derniers retranchements, la peur du lecteur devant *la Tentation* de Flaubert, c'est la peur du désir. Mais c'est une de ces peurs qui ont pour autre nom: l'attirance. Ici se justifie l'article défini au singulier remarqué tout à l'heure. C'est que sans doute le livre de Flaubert est LA tentation de son lecteur.

Quel texte?

C'est un point à fixer avant de poursuivre. Je ne vois qu'un moyen de résoudre l'épineuse question des trois versions de *la Tentation de saint Antoine*: je considère qu'elles forment à elles trois le texte de *la Tentation*. Il m'arrivera de les séparer, de les comparer, de les individualiser chacune par rapport au moment historique de leur production par exemple. En effet ce n'est sûrement pas un hasard si Flaubert commence la rédaction de son rêve oriental et antique à un moment-clef de l'Histoire moderne: en mai 1848 (soit entre février et juin!), et s'il se remet d'arrache-pied à son travail au printemps de 1871, juste pendant les semaines de la Commune... Il m'arrivera d'étudier la permanence des séquences, leurs transformations (une séquence (a) dans *la Tentation* I peut devenir (a') dans *la Tentation* II et (a'') dans *la Tentation* III...), les lacunes, les censures, les adjonctions enfin. On voit qu'on a affaire à un ensemble de séquences «flottantes» les unes par rapport aux autres, tant sur l'axe des similarités (a = a' = a'') que sur l'axe des contiguïtés (quelle séquence vient avant? quelle séquence vient après? pas toujours la même). *La Tentation de saint Antoine*, en tant qu'œuvre-à-triplication, détruit le mythe de l'unité de l'œuvre aussi bien qu'elle détruit le concept de genre. Et pourtant, je le répète, il faut accepter les trois versions. Non seulement

---

[12] Flaubert, *Œuvres complètes*, tome I, Seuil, l'Intégrale, p. 79 A.

[13] Lyotard, ouvrage cité, p. 267. Les capitales sont de moi.

[14] *Ibid.*, p. 271.

parce que Flaubert n'en a brûlé ni renié aucune, mais encore parce que sa fidélité émouvante à un thème et à un texte qui l'accompagnent toute sa vie nous oblige à englober d'un seul coup d'œil cette vie, cette Histoire, cet œuvre entier et ce (triple) texte. Michel Foucault l'exprime parfaitement:

> *La Tentation* a existé avant tous les livres de Flaubert (...) et elle a été répétée — rituel, exercice, «tentation» repoussée? — avant chacun d'eux. En surplomb au-dessus de l'œuvre, elle la dépasse de ses excès bavards, de sa surabondance en friche, de sa population de bestiaire; et en retrait de tous les textes, elle offre, avec le négatif de leur écriture, la prose sombre, murmurante qu'il leur a fallu refouler et peu à peu reconduire au silence pour venir eux-mêmes à la lumière. [15]

Ainsi il n'y a, pour étudier le désir et son rapport avec le savoir dans l'œuvre de Flaubert, qu'une seule *Tentation*, comme il n'y a, selon Claude Lévi-Strauss [16], qu'un seul mythe d'Œdipe, formé de toutes les versions existantes, des plus archaïques et des plus lacunaires aux plus complètes et aux plus récentes. Une des dernières étant celle de Freud.

Dans le mythe d'Œdipe, Robert Georgin [17] inclut la «version de Lévi-Strauss». Vertige... On s'aperçoit alors que *la Tentation* de Flaubert ne met pas seulement en question le genre et l'unité. Encore plus moderne, l'œuvre transgresse la frontière même de l'œuvre. Le texte se perd dans l'intertextualité. *Smarh* est-il une version antérieure de *la Tentation*? une sorte de version «T. moins 1»? Et *la Danse des morts*? Et *Agonies*? Et *Rêve d'enfer*? Et *la Femme du monde*? Et *Voyage en enfer*, écrit à treize ans? Et «la belle explication de la fameuse constipation», écrite à neuf ans et qui préfigure la séquence du dieu Crépitus? Et — pourquoi pas — les représentations du père Legrain? etc. Vertige encore. Que l'on se rende bien compte: toute œuvre a ses sources, là n'est pas la question. Mais *la Tentation* seule se pose d'emblée en œuvre aux limites indécidables.

Quel désir?

La Reine de Saba:	Ah! tu me repousses, tu me dédaignes! eh bien, adieu! adieu! adieu!
	(...)
	Bien sûr?... Une femme si belle, qui a un bouquet de poils entre les deux seins!
	(...)
	Oh! je t'en prie! si j'ôtais ma chemise, tu changerais d'avis!

[15] Art. cité, p. 172.

[16] *Anthropologie structurale*, Plon, p. 240-242.

[17] *Le Temps freudien du verbe*, L'Age d'Homme, p. 139.

Elle rit très haut (...)

        Tu te repentiras, bel ermite, tu gémiras, tu t'ennuieras...

                                (T. I, p. 435 B-436 A)

Apollonius: Veux-tu que je t'enseigne où pousse la plante Balis, qui ressuscite les morts?

                   (...)

Damis: Tu comprendras la voix de tous les êtres, les rugissements, les roucoulements!

                   (...)

Apollonius: Tu connaîtras les démons qui habitent les cavernes, ceux qui parlent dans les bois, ceux qui remuent les flots, ceux qui poussent les nuages.

Damis: Serre ta ceinture, noue tes sandales!

Apollonius: Je t'expliquerai la raison des formes divines, pourquoi Apollon est debout, Jupiter assis, Vénus noire à Corinthe, carrée dans Athènes, conique à Paphos.

Antoine, *joignant les mains*:

        Qu'ils s'en aillent! qu'ils s'en aillent!

                              (T. III, p. 550 A-B)

Tout dépend du désir de qui l'on parle. Parlons donc d'abord du plus évident, du désir d'Antoine, le personnage de la fiction narrative, que d'autres personnages viennent «tenter». Les deux passages que je viens de citer n'épuisent sans doute pas tous les désirs d'Antoine mais signalent ses deux désirs essentiels (qui sont ceux de tout homme): l'amour et le savoir, la voie de la chair et la voie de l'intellect, «la concupiscence des choses du monde» et «les convoitises de l'esprit» (T. I, p. 472 B). (En vérité, depuis toujours les deux désirs ont été étroitement associés: ... *le jour où vous en mangerez, vos yeux se dessilleront et vous serez comme des dieux, connaissant le bien et le mal. La femme vit que l'arbre était bon à manger*... Gen. 3: 5-6.)

Le concept même de tentation implique le désir. Freud, étudiant le phénomène du *tabou*, qui est la forme de la prohibition (des désirs) chez les peuples primitifs, écrit: «Il ne peut s'agir que d'un facteur qui attise les désirs de l'homme et l'induit dans la *tentation* d'enfreindre la prohibition. L'homme qui a enfreint un tabou devient tabou lui-même, car il possède la faculté dangereuse d'inciter les autres à suivre son exemple.»[18] Et c'est alors qu'il dégage la caractéristique de l'homme ou de l'objet tabou: il est *contagieux*. Cette analyse éclaire la psychologie de la tentation dans le livre de Flaubert: le personnage central souffre de la prohibition de ses désirs; ses tentateurs enfreignent les prohibitions; d'où son cri «Qu'ils s'en aillent!»

Mais ce n'est pas tout. L'enchaînement même des apparitions des personnages tentateurs se fait, si l'on peut dire, par contagion: par le *déplacement* du désir sur chaque personnage ou groupe de personnages, successivement. Dans le même ouvrage, *Totem et tabou*, Freud a recours à un parallèle entre le phénomène du tabou et la névrose obsessionnelle. En effet cette névrose est une maladie du contact, dont l'origine est la prohibition de l'attouchement du corps. Le désir de se toucher, de toucher, a été refoulé mais non supprimé. On assiste alors à cette extraordinaire course *métonymique* entre le désir et la prohibition:

> La tendance-désir se déplace constamment, pour échapper à l'interdiction dont elle est frappée et elle cherche à remplacer ce qui lui est défendu par des substitutions: objets ou actes de substitution. La prohibition suit ces déplacements et se fixe successivement sur tous les nouveaux buts choisis par le désir. (...) [Les actes obsessionnels] sont manifestement des compromis: d'une part, des témoignages de repentir, des efforts d'expiation; d'autre part, des actes de substitution par lesquels le désir cherche à se dédommager de ce qui lui est interdit. C'est une loi de la névrose que ces actes obsessionnels se mettent de plus en plus au service du désir et se rapprochent de plus en plus de l'action primitivement prohibée.[19]

Du bon usage de la psychanalyse: on voit que Flaubert a non seulement fait d'Antoine un être-de-désir, mais qu'il a su tirer de la *structure* même de la démarche désirante la composition esthétique de son œuvre, qui se caractérise par le déplacement systématique. On voit aussi que, loin d'être pour Antoine une étape de son ascèse, sa nuit de tentation est au contraire, comme dit Freud, «au service» de son désir. Ce qui pose une autre question: celle de la sainteté.

C'est un lieu commun de la critique que de parler de saint Flaubert. Comme souvent, c'est l'auteur lui-même qui a commencé, et les commentateurs ont suivi. Donc nous changeons de niveau, nous sortons de l'univers de la fiction pour passer à la biographie de l'auteur ou, au

---

[18] Sigmund Freud, *Totem et tabou*, Payot, p. 44.

[19] *Ibid.*, p. 42.

mieux, au rapport entre l'auteur et son œuvre. *La Tentation* se présente alors à la façon d'un miroir: le personnage nous renvoie l'auteur, la marionnette son montreur, le désir d'Antoine le désir de Flaubert et ses affres d'écrivain. J'accepte de suivre provisoirement cette pente, mais à une condition, c'est que l'on renonce à traduire automatiquement «sainteté» par «ascèse», et à perpétuer le mythe de l'ascèse flaubertienne par l'écriture. Lacan rétablit la véritable pensée de Freud en disant que la sublimation est la satisfaction de la pulsion[20]. Voilà qui est clairement illustré par cet extrait de la correspondance de Flaubert:

> Je travaille comme un bœuf à saint Antoine. La chaleur m'excite et il y a longtemps que je n'ai été aussi gaillard. Je passe mes après-midi avec les volets fermés, les rideaux tirés, et sans chemise, en costume de charpentier. Je gueule! je sue! c'est superbe.[21]

Je veux bien que Flaubert à Croisset soit un saint Antoine, mais ni saint Antoine ni lui ne sont le saint que l'on pense! D'ailleurs il suffit de bien lire Flaubert pour voir qu'il n'est jamais dupe de la légende qu'il fabrique. C'est lui qui établit l'équivalence entre le mysticisme et la satisfaction des pulsions. La démarche est frappante dans la lettre des trois projets:

> 1° *Une nuit de Don Juan* [...] 2° L'histoire d'*Anubis*, la femme qui veut se faire baiser par le Dieu. [...] 3° Mon roman flamand de la jeune fille qui meurt vierge et mystique entre son père et sa mère, dans une petite ville de province, AU FOND D'UN JARDIN PLANTÉ DE CHOUX ET DE QUENOUILLES, au bord d'une rivière grande comme l'Eau de Robec. — Ce qui me turlupine, c'est la parenté d'idées entre ces trois plans.[22]

En plus de l'équivalence entre 1°, 2° et 3°, on remarque (lapsus inconscient) autour de la «sainte» ces détails apparemment superflus, en réalité d'évidents symboles sexuels. Mais si Flaubert s'est tant réclamé du mysticisme, c'est peut-être au sens antique du mot. *Flaubert n'est pas un mystique, mais un myste* qui cherche dans l'art, dernier refuge du «sacré» dans le monde moderne, le SAVOIR que les Anciens trouvaient dans les mystères.

Le désir de Flaubert, un psychanalyste allemand, disciple de Freud, l'a déjà lu avant moi dans *la Tentation*, et il l'a fait avec tant de sympathie et de perspicacité que je veux lui rendre hommage au seuil de mon étude. Il

---

[20] Jacques Lacan, *Les quatre concepts fondamentaux de la psychanalyse*, Seuil, p. 151-153.

[21] *Corresp.*, Conard IV, p. 111, à Louis Bouilhet, 15 août 1856.

[22] *Corresp.*, Pléiade, I, p. 708. Les capitales sont de moi.

s'agit de Theodor Reik, et de son ouvrage, publié en 1912, consacré à la troisième version de *la Tentation*.[23] J'en ai donc traduit quelques pages, tirées de la dernière partie intitulée «La psychogenèse de l'œuvre».

«Nous avons déjà appris que Flaubert s'identifie dans ses lettres avec Antoine. Le saint de l'œuvre, cela aurait été lui-même. C'est là qu'il aurait décrit son Moi tout entier. [...]

»Il ne reste plus qu'à montrer dans le détail la relation entre le personnage de saint Antoine et l'écrivain. Flaubert aussi se retire dans la solitude, se plonge dans le travail avec un amour fanatique, se tourmente et ressent toutes les séductions de la vie. Quand Antoine parle de sa nostalgie des lointains, nous nous souvenons des désirs de voyage de l'écrivain. C'est avant tout la pulsion qui vise à changer totalement de mode de vie; mais profondément, c'est une conversion de la privation sexuelle. Antoine compare sa vie avec la vie plus confortable d'autres moines. Flaubert se livre à des comparaisons avec d'autres écrivains et s'ensevelit pareillement dans son chagrin. De même que les pensées du saint se dirigent malgré la lecture de la Bible, plus exactement grâce à cette lecture, vers la satisfaction des pulsions, de même Flaubert est tourmenté de pensées sexuelles pendant son travail. Antoine compare ses peines avec celles d'autres martyrs et trouve qu'il supporte plus qu'aucun d'entre eux. Flaubert pense la même chose de ses contemporains. Et lui aussi cherche à rabaisser les autres écrivains, à les insulter comme l'anachorète les Pères de l'Eglise. Dans les attaques hystériques de l'écrivain, à la description desquelles peuvent se substituer les peintures des visions du saint, des complexes similaires ont émergé: des désirs de gloire et d'amour féminin, une ambition furieuse, le désir de se venger de sa propre souffrance sur les autres. (Vision des Pères de Nicée, dans la «Tentation».) Les instincts sadiques se réveillent et la pulsion sexuelle se fraie la voie. Lui aussi, Flaubert, il aimerait mener une vie purement animale, une vie de satis- faction des pulsions. (Métamorphose d'Antoine en Nabuchodonosor.) Mais ces représentations et ces désirs, il les rejette et il s'en punit, il s'en libère par un travail incessant. (Antoine se flagelle.) Et pourtant le travail ne parvient pas à lui apporter la libération tant souhaitée; de séduisantes images voltigent autour de l'écrivain et suscitent des désirs. (Antoine ressent l'effet d'excitation sexuelle des coups de fouet. Fantasme de l'amour dans la mort avec Ammonaria.)

---

[23] *Flaubert und seine « Versuchung des heiligen Antonius », ein Beitrag zur Künstler- psychologie*, Minden, 187 pages. L'extrait se trouve aux p. 179-185.

»Comme devant Antoine la Reine de Saba, ainsi devant l'écrivain était suspendue l'image de la lointaine maîtresse. Des doutes s'élèvent sur la grandeur de l'art, sur son exclusivité, sur sa valeur plus haute que celle de la vie. Une partie de son Moi s'y oppose. (Hilarion apparaît à l'anachorète.) Il ne sait plus que penser de son art, à l'appel de la vie. Peut-être ses peines et son travail ne servent-ils à rien, et ce qu'il faudrait, ce serait de se laisser vivre, de jouir. Mille doutes le tourmentent. (Hilarion pose à Antoine des questions insidieuses et ébranle sa foi.) L'imagination le conduit à Paris. (Antoine est transporté dans la grande basilique.) Il vient à sa rencontre mille conceptions de la vie toutes différentes, surtout pour ce qui est du sexuel, et elles cherchent à l'attirer à elles. Il voit la jouissance sans scrupule et le renoncement, la joie de vivre et le refoulement, et la parade de toutes les perversions. Quelle est la voie juste? (La pression des hérétiques sur Antoine, ses doutes religieux. La relation vient de ce que la religion a pris sur elle de surveiller aussi la vie sexuelle de l'individu.) L'écrivain se représente toutes les possibilités de sa vie: il va se détruire dans ce conflit entre la pulsion et le devoir; il va sacrifier sa vie à son art, qui est pour lui la religion suprême. (Scène des martyrs dans l'arène. Mort des chrétiens livrés aux bêtes féroces.) Mais ce sacrifice est une sottise. Sur sa tombe même la vie triomphe; les autres ne feront que jouir et l'oublieront. (La scène du cimetière: l'union sexuelle des endeuillés sur les tombes.) Ce qui est encore le mieux, c'est d'être solitaire, de ne se soucier de rien, intérieurement tranquille de tout regarder de haut, insensible à toutes les convoitises. Ah celui qui en serait capable! (Vision du Gymnosophiste.) Ou bien finalement, ne vaut-il pas mieux jouir par la femme, prendre des putains? (Ennoia apparaît, la femme par excellence, l'Immuable sous toutes ses formes. Le type de la putain.) Elle est Minerve. Elle sait tous les secrets du monde, elle connaît le sublime et la bassesse. Ou bien l'homme devrait-il chercher plus haut? Des tendances homo-sexuelles se font jour, plus puissantes presque que toutes les autres. (Apollonius apparaît, dont émane le charme le plus puissant.) Quelle folie de se tourmenter ainsi pour un Idéal, de passer sa vie de cette façon. Tous les idéaux s'évanouissent, le tien aussi. (Les religions viennent et tombent en ruines.) Qu'elle est sotte, se dit l'écrivain, ton abstinence sexuelle. On n'échappe pas aux lois de la nature. Même l'art ne peut te protéger de l'afflux des sentiments, car au fait, l'art lui-même plonge ses racines les plus profondes dans ces pulsions. (Insistance sur les usages et les représentations d'ordre sexuel dans la religion, toutes les perversions se révèlent dans les cultes.) Derrière la pulsion la plus sublimée se cache encore la volupté. Que reste-t-il donc de sûr? La mère et la bien-aimée. D'un côté, l'objet d'amour intensément convoité et inaccessible, dont la possession apporterait la punition et la mort. De l'autre, la putain qui ne peut apporter que la luxure. (La mère et Ammonaria se métamorphosent en «la Mort» et «la Luxure».) A elles seules ces deux forces règlent la vie. Elles sont indissolublement liées l'une à l'autre. (Duo de la Luxure et de la Mort.) Mais ta vie passe, tandis que tu te tourmentes par un travail de martyr. Regarde, voilà la volupté qui t'appelle, et déjà la mort t'attend.

»L'écrivain voudrait apprendre le secret du monde, pénétrer à l'intérieur de chaque chose. C'est la sublimation de la curiosité sexuelle de l'enfant. Il voudrait connaître le devenir des choses. Il voudrait tout connaître de la nature de Dieu (du père). Il voudrait voir comment est faite la Matière (le corps). Comment fonctionne l'ordre du monde (les rapports sexuels). Il s'aperçoit que c'est tout à fait différent de ce qu'il s'était représenté; tout est vide, il n'y a rien d'élevé, de saint dans le monde ni dans l'amour. Son initiation à l'amour a détruit son illusion. (Le diable, symbole des pulsions, le met au courant de la nature du monde. Les réactions du saint.) Ce n'est pas par hasard que réapparaît maintenant dans la «Tentation» le fantasme de la mère. C'est de ses rapports avec le père, que l'enfant a épiés, qu'il a reçu ces impressions qui l'ont désillusionné. Depuis lors sa libido s'est fixée sur le type de la putain. Dans la version antérieure, la Mère de Dieu déjà était descendue vers le saint et l'avait tenté. Donc la mère tient quelque chose de la putain — nous comprenons maintenant pourquoi Flaubert a laissé tomber cette scène, quelles importantes inhibitions internes s'opposaient à une prise de conscience et à une objectivation. A ce conflit correspond l'autre conflit de l'homme Flaubert, qui hésite entre l'imagination et la réalité, entre être artiste et vivre, entre la sublimation et la jouissance sexuelle. (La Chimère et le Sphinx.) La mère ou la putain?

»Autour de lui se dressent partout passions et désirs. (Les bêtes l'entourent.) En face, les Philistins, les esprits bornés, les esprits harmonieusement plats (les moitiés d'hommes, les Pygmées). Lui cependant se tient au milieu, les observe tous, voit tout, leurs occupations et leurs bonheurs, en tant qu'artiste, et cette contemplation lui apporte la félicité. Cette dernière scène est naturellement surdéterminée par le désir, que la «Tentation» a déjà montré, de voir ce qui est secret, caché, sexuel (il s'agit en effet de voir naître les bêtes), désir qui a son origine dans la vie psychique de l'enfant et qui a été refoulé. Le fameux cri d'Antoine: «Etre la matière», s'explique par le désir d'être libre de tous les tourments d'une sexualité ligotée par les conventions, d'être une créature naturelle. (...)

»Nous sommes au bout de notre psychanalyse. La preuve est apportée que la relation la plus étroite existe entre création littéraire et vie sexuelle. Jusqu'à quel point ce cas est général, c'est ce dont je n'ai pas pouvoir de décider. J'ai pu le démontrer pour ce qui est de cette œuvre littéraire, avec, je pense, une démarche logique et sûre. Personnellement, je suis d'avis que chaque création reçoit de fortes impulsions d'énergie en provenance de ce domaine. Mais pour montrer cela, il nous faudrait une psychocritique.»

Citer le travail de Reik me semblait un préalable. Reik dit excellemment tout ce qu'il pouvait dire il y a soixante ans, et il faut reconnaître qu'à l'époque son approche était révolutionnaire. Ma conception du désir dans l'œuvre littéraire est évidemment différente et plus difficile à cerner. Ce n'est ni le désir d'Antoine ni le désir de Flaubert — encore que je ne refuse pas en bloc de m'intéresser à l'un ou à l'autre. Ce n'est pas non plus *mon désir* que je cherche dans *la Tentation*, par un nouveau jeu de miroir — encore que je l'y trouve, et tout lecteur avec moi. Non, une lecture c'est autre chose, c'est plus que cela. Jean-François Lyotard dit des choses éclairantes à ce sujet. Il commence par mentionner précisément le type de lecture qu'il appelle «fusion» ou «mariage de fantasmatique à fantasmatique» [24]. Oui, Theodor Reik par exemple a été visiblement «séduit» par *la Tentation de saint Antoine*! Mais, dit Lyotard,

...plus encore que le rêve, la poésie est intéressante non par son contenu, mais par son travail. Celui-ci ne consiste pas à *extérioriser* en images des formes dans lesquelles le désir du poète ou le nôtre se trouve accompli une fois pour toutes, mais à *renverser* la relation du désir à la figure, à offrir au premier non pas des images dans lesquelles il va s'accomplir en se perdant, mais des formes [...] par lesquelles il va être réfléchi comme jeu, [...] comme procès de condensation et de déplacement, comme processus primaire. Le discours n'est pas poétique parce qu'il nous séduit, mais parce qu'en outre il nous fait voir les *opérations* de la séduction et de l'inconscient: leurre et vérité ensemble; fins et moyens du désir. [25]

Et il conclut en disant que le poème ouvre au lecteur «le laboratoire des images» [25].

Le laboratoire de Flaubert

Ces métaphores sont pédagogiques mais dangereuses. Il faut redire que le laboratoire, ce n'est pas quelque cabinet de Docteur Faust, c'est le

[24] Ouvrage cité, p. 321.
[25] *Ibid.*, p. 322.

texte de *la Tentation* lui-même, et le but de cette étude, c'est d'y observer le travail du désir. Et cela doit être possible dans la mesure où *la Tentation* est la grande œuvre OUVERTE de Flaubert, une œuvre en effet dont l'écriture «travaille» (comme dirait un maçon d'un mur) ou — autre métaphore — une œuvre démembrée, disjointe, dont on peut voir «le jeu». *La Tentation* craque de toutes les tensions qui la secouent et la soutiennent, à tous les niveaux de sa structure. TENtaTION: TENSION. Je n'en cite que quelques-unes. Tension entre le lire et le voir. Tension entre les trois versions. Tension — typographique — entre le texte (les dialogues) et le contre-texte (les indications scéniques, imprimées en caractères plus petits dans l'édition Charpentier de 1874). Tension — psychique — entre la prohibition et le désir. Tension — psychique encore — entre le Moi et les mille voix anonymes du Discours du Savoir, qui est le discours de l'Autre, entre l'imaginaire et le symbolique. Tension — archétypale — entre le Fils et le Père (entre le saint/le diable et Dieu/le diable), entre l'Artiste et Dieu. Tension — intellectuelle — entre ortho-doxie et hérésie, foi et incroyance, panthéisme et néant. A elles toutes, elles contribuent au «drame», elles réclament une SCÈNE. Mais cette scène n'est jamais que «l'autre scène» des rêves, dont parle Freud[26]. *Ein anderer Schauplatz* est le terme qu'il emploie. Or le «Schauplatz» n'est pas la «Bühne» (la scène d'un théâtre) mais, dans un sens à la fois plus large et tout spécifique, un *lieu de spectacle*. Et comme ces mots mystérieux des langues anciennes qui désignaient une chose et son contraire[27], le «Schauplatz» désigne selon les cas le lieu que l'on voit et le lieu d'où l'on regarde. Ce lieu de toute-voyance, c'est l'inconscient, et c'est à cette scène-là que *la Tentation* de Flaubert prête le support de son écriture.

---

[26] Freud, *Die Traumdeutung — L'Interprétation des rêves*, PUF, p. 51.

[27] Voir Freud, «Des sens opposés dans les mots primitifs», in: *Essais de psychanalyse appliquée*, Gallimard/Idées, p. 59-67.

CHAPITRE II

FLAUBERT ET ŒDIPE
(étude d'un roman familial)

«Qui ne désire la mort de son père?»

Ivan Karamazov

Le «sujet biographique»

Les auteurs qui se dérobent au public font bien les choses. Le lecteur de Shakespeare est tranquille: il n'a affaire qu'au texte. C'est selon le même principe que Freud, lecteur de la *Gradiva*, ne s'est pas préoccupé de Jensen. Le lecteur de Flaubert a affaire, lui, de plus, à un homme assez envahissant et parfois son intérêt bascule de l'œuvre à la vie de l'auteur. C'est ce qui est arrivé à Sartre, comme il s'en explique dans sa préface à *l'Idiot de la famille*:

...ses premières œuvres et sa correspondance apparaissent [...] comme la confidence la plus étrange, la plus aisément déchiffrable: on croirait entendre un névrosé parlant «au hasard» sur le divan du psychanalyste.[1]

Du moins Sartre délimite-t-il nettement son champ de recherche: «Que peut-on savoir d'un homme, aujourd'hui?»[2] et sa méthode: «L'œuvre pose des questions à la vie», elle est «plus complète, plus totale que la vie»[3]. C'est que Sartre n'a rien du psychanalyste orthodoxe. Les critiques inspirés par la méthodologie de la psychanalyse — Theodor Reik dont on a déjà lu une analyse, ou encore Marthe Robert[4] — ne sont pas aussi à l'aise en face d'un homme écrivain. A les lire, on ne sait jamais très bien si

---

[1] *L'Idiot de la famille*, tome I, Gallimard, p. 8.

[2] *Ibid.*, p. 7.

[3] *Question de méthode*, in: *Critique de la raison dialectique*, Gallimard, p. 90.

[4] «En haine du roman», chapitre consacré à Flaubert, in: *Roman des origines et origines du roman*, Grasset, p. 293-364.

l'œuvre éclaire la vie (comme le veut Sartre) ou la vie l'œuvre (comme le veut la critique littéraire depuis toujours). La vérité qu'ils atteignent est à ce prix.

Mon étude choisira pour objet le texte seul. J'emprunte à Julia Kristeva sa définition de l'auteur, que je fais mienne:

> ... ce qu'on a pu appeler un *auteur* c'est-à-dire une «personne» avec une biographie, ne saurait se confondre avec le texte: le texte n'est pas le résultat d'un effort produit par un individu et qui laisserait consciemment ou inconsciemment quelques vestiges biographiques dans son «œuvre». Le texte est une production anonyme, au sens que son «sujet» lui-même est objectivé dans et par les lois du signifiant, et en cela se distingue du «sujet biographique» qui, bien entendu, le sous-tend. [...] C'est dire que si un «je» apparaît dans le phénotexte comme un reste, [...] le lecteur n'a pas à le considérer comme un *créateur*, mais comme une porte d'entrée dans cette production qu'est le texte et dont le «je» d'un sujet phénoménal n'est pas le «compositeur», mais le «chef d'orchestre», donc: ce qui ouvre l'écoute, mais qui ne l'origine pas.[5]

Ainsi, étudier par priorité le «sujet biographique», c'est, pour reprendre la comparaison musicale que J. Kristeva tient de Mallarmé, faire l'erreur de confondre le chef d'orchestre avec le compositeur. Etant bien entendu que, si le texte a un chef d'orchestre (l'auteur, sujet biographique), il n'a pas de compositeur: «Le texte est la formulation de la pluralité des signifiants où se perd le sujet.»[6]

Si nous ne savions rien de Flaubert, si le Second Empire était l'empire hittite, nous nous arrêterions là et le texte se suffirait à lui-même. Mais l'homme Flaubert s'est trop livré, son temps touche le nôtre de trop près... Dans les strictes limites que je viens de me donner, il me faut lui faire une place, il me plaît de saluer celui qui s'est trouvé là pour «ouvrir l'écoute» du texte. Entre la vie d'un homme et l'Histoire, il y a des convergences qu'il faut connaître, quand elles sont connaissables. Et si cet homme est écrivain, son œuvre est au carrefour.[7] Après tout, c'est lui qui nous interpelle, qui nous désigne *la Tentation* comme «l'œuvre de toute sa vie». Comme si toute une vie (et toute une Histoire) pouvait se concentrer dans un texte.

---

[5] «Sémanalyse et production de sens», in: *Essais de sémiotique poétique*, ouvrage collectif, Larousse, p. 220-221.

[6] *Ibid.*, p. 221.

[7] C'est ainsi que Sartre retrace les convergences entre *Madame Bovary*, Flaubert et le Second Empire dans le tome III de *l'Idiot de la famille*.

Le rêve des hommes au couteau

J'étais couché dans la maison de mon père... (...) Ma porte s'ouvrit d'elle-même, on entra. Ils étaient beaucoup, peut-être sept à huit, je n'eus pas le temps de les compter. Ils étaient petits ou grands, couverts de barbes noires et rudes, sans armes, mais tous avaient une lame d'acier entre les dents... (...) Ils soulevèrent tous mes vêtements, et tous avaient du sang. Ils se mirent à manger, et le pain qu'ils rompirent laissait échapper du sang qui tombait goutte à goutte...[8]

Dans les *Mémoires d'un fou*, récit à caractère autobiographique rédigé à seize ans, Flaubert insère abruptement, et l'un après l'autre, deux récits de rêves d'enfance dont celui-ci est le premier. Il n'y a pas lieu de douter de leur authenticité, écrit à juste titre Marthe Robert: l'auteur «n'est sûrement pas assez rompu à son métier pour pouvoir «fabriquer» un rêve littéraire»[9]. Avec les réserves qui s'imposent quand on interprète un rêve en dehors du contexte d'une véritable analyse, Theodor Reik en donne le commentaire suivant: «Néanmoins nous ne nous tromperons sans doute pas si nous reconnaissons dans la situation du rêve un souvenir du père aperçu au chevet du petit garçon. Le sang est probablement une allusion à la profession du père. De même le couteau a pour origine le scalpel du chirurgien. Mais toute la structure du rêve montre qu'il s'agit de la castration. L'enfant rêve que le père, qui l'a menacé pour son onanisme, exécute la menace. (Je m'appuie ici sur une déclaration orale du professeur Freud, qui interprète ainsi ce rêve.)»[10] On peut compléter l'interprétation par ce fragment du commentaire de Marthe Robert: «Quant au nombre sept *ou* huit, ce vague dans la précision, qui laisse à la surdétermination des images un surcroît de liberté, suggère sans doute le désir de potentialiser la puissance phallique paternelle, mais aussi, la petite victime s'étant identifiée avec son agresseur, de nier la menace de castration dont les multiples lames d'acier sont le signe terrifiant.»[11]

Du docteur Flaubert, son fils, dans sa correspondance, ne dit rien que de pieusement filial. Il reste donc, comme documents certains, ce rêve, et le portrait (justement célèbre) du docteur Larivière dans *Madame Bovary*[12]. Comme le rêve, c'est un morceau hétérogène à la narration où il

---

[8] *Mémoires d'un fou*, in: *Œuvres complètes*, I, l'Intégrale, p. 233 A.

[9] Ouvrage cité, p. 308.

[10] *Flaubert und seine «Versuchung des heiligen Antonius»*, Minden, p. 99. C'est moi qui traduis de l'allemand.

[11] Ouvrage cité, p. 309, en note.

[12] *Madame Bovary*, Pléiade, I, p. 584.

s'insère: qu'on songe qu'il interrompt au beau milieu l'agonie d'Emma! Mais voici qui établit l'identité du docteur Larivière:

> Son regard, plus tranchant que ses bistouris, vous descendait droit dans l'âme et désarticulait tout mensonge à travers les allégations et les pudeurs.

Le portrait est plus intellectuel, plus calculé que le récit du rêve. Il comporte une ironie secrète qu'on pourrait prendre pour de la bonhomie:

> Tout tremblait dans son hôpital quand il se mettait en colère et ses élèves le vénéraient si bien, qu'ils s'efforçaient, à peine établis, de l'imiter le plus possible [...].

La critique l'a reconnu pour ce qu'il est en effet: un règlement de compte posthume, une «Lettre au Père» à la manière de Kafka.

> Et il allait ainsi, plein de cette majesté débonnaire que donnent la conscience d'un grand talent, de la fortune, et quarante ans d'une existence laborieuse et irréprochable.

Dominateur et castrateur, rival de l'enfant pour la possession de la mère, le père symbolique qui hante Flaubert emprunte à son père réel des traits particuliers: il est savant par fonction (médecin) et incroyant, deux manières de défier Dieu. Quand le docteur Larivière arrive, «l'apparition d'un dieu n'eût pas causé plus d'émoi». Son regard-bistouri ne voit-il pas tout, comme Dieu? N'a-t-il pas une quasi-toute-puissance sur les vies, comme Dieu? N'appartient-il pas «à cette génération, maintenant disparue, de praticiens philosophes», autrement dit n'est-il pas de la race des Encyclopédistes et autres savants athées du XVIIIe siècle?

> ...pratiquant la vertu sans y croire, il eût presque passé pour un saint si la finesse de son esprit ne l'eût fait craindre comme un démon.

Rival de Dieu, le père ne peut être que le diable.

Satan, *à Smarh*:

C'est la science, mon maître, qui nous enseignera tout cela.
Smarh: Quelle science?
Satan: La science que je sais.
Smarh: Laquelle?
Satan: La science du monde.
Smarh: Et vous me montreriez tout cela? Qu'êtes-vous? un ange ou un démon?
Satan: L'un et l'autre. [13]

[13] *Smarh*, in: *O.C.*, I, l'Intégrale, p. 190 B.

Le père est partout dans les œuvres de jeunesse (*Smarh*, «vieux mystère» qui préfigure *la Tentation*, est écrit par Flaubert à dix-sept ans). Restées longtemps inédites, les œuvres d'enfance et de jeunesse sont considérées à juste titre, par Sartre par exemple, comme des documents psychologiques. On sait que les enfants se racontent des histoires, s'inventent une autre famille. C'est ce que Freud a appelé le «roman familial» [14]. Que l'enfant appartienne à un milieu social où écrire est une activité de prestige, que des professeurs l'encouragent, et le voilà qui se met à rédiger ces petits romans qui chez d'autres en restent au stade mental. Le secret de la production précoce de Flaubert enfant est sans doute aussi simple que cela. L'écrivain est en quelque sorte celui qui ne se débarrasse jamais de sa hantise du roman familial. Si l'on songe que Flaubert enfant imagine volontiers sa seconde famille comme une famille de comédiens ambulants *(La Grande dame et le joueur de vielle, Un Parfum à sentir)*, c'est cette famille qu'on reconnaît avec surprise dans la première *Education sentimentale*, écrite pourtant par un jeune adulte entre ses vingt et un et vingt-trois ans. Lettre de Jules à Henry:

«Grande nouvelle! grande nouvelle! il y a ici une troupe de comédiens...
[Il raconte comment il a fait la connaissance de Bernardi, le directeur, et de Lucinde.]
«J'aurais voulu aller avec eux, vivre avec eux, être comédien moi-même, jouer avec Lucinde... (...) Oh! comme je maudis ma vie régulière et ma famille!» [15]

Famille autre, famille rêvée, famille œdipienne aussi. Quand la troupe de Bernardi lève le camp et que Jules part à leur poursuite, il aperçoit seulement très loin un point noir sur la route, mais celui-ci se métamorphose en une «vision» où l'on reconnaît sans peine la «scène primitive»:

Et puis tous les objets grandirent et je les vis nettement. Bernardi donnait le bras à Lucinde, il s'approcha d'elle et l'embrassa, je crois qu'ils riaient et qu'ils parlaient de moi. [16]

Bien sûr Bernardi (comme Arnoux dans la deuxième *Education sentimentale*) tient de Maurice Schlesinger, et l'on connaît par les *Mémoires d'un fou* la jalousie que le jeune Flaubert nourrissait de ses fantasmes sur les enlacements du couple des Schlesinger. Mais il ne faisait

[14] Voir M. Robert, ouvrage cité, p. 42-43, en note.
[15] *La première Education sentimentale*, Seuil, collection Tel Quel, p. 71 et 76.
[16] *Ibid.*, p. 117.

là que puiser dans ses fantasmes d'enfant sur le couple parental. Le voyeurisme est par exemple un des thèmes obsédants d'*Un Parfum à sentir*, rédigé au printemps de 1836, avant la rencontre de Trouville:

> ...lorsqu'elle entendait, le soir, les baisers des deux amants, lorsqu'elle les voyait s'entrelacer de leurs bras...
> ...tu entendras, non loin de toi, le bruit des baisers d'amour.
> ...il pouvait [...] lui peindre jusqu'au dernier détail l'amour de Pedrillo; il pouvait lui représenter avec chaleur leurs entrelacements dans le lit nuptial...[17]

Cela donne à penser que le choix de la famille de comédiens a un sens: ce sont des gens de spectacle. ils se donnent à voir («La parade allait commencer...» dit le début d'*Un Parfum*) et satisfont ainsi le désir chez l'enfant de «voir» les parents. Si bien qu'Arnoux lui-même, quand il apparaît dans le grand roman de l'âge mûr, arrive tout droit du roman familial! Que l'on pense que lui et sa femme sont «en voyage» quand Frédéric les rencontre... Que l'on lise sous cet angle tel fragment de la scène initiale:

> Il était républicain; il avait voyagé, il connaissait l'intérieur des théâtres, des restaurants, des journaux, et tous les artistes célèbres, qu'il appelait familièrement par leurs prénoms...[18]

Qu'on se rappelle surtout l'épisode du déjeuner: Frédéric, qui n'a pas d'argent, hésite à descendre dans la salle à manger du bateau (hésite à suivre le couple et à pénétrer dans son intimité). «Ensuite, il songea qu'il avait bien le droit, comme un autre, de se tenir dans la chambre.»[19] Il s'assied sur une banquette et observe (épie) le couple. La suite de la scène peut être lue comme une version édulcorée de la «scène primitive»:

> Mᵐᵉ Arnoux blâma son mari de sa faiblesse pour son enfant. Il chuchota dans son oreille une gracieuseté, sans doute, car elle sourit. Puis il se dérangea pour fermer derrière son cou le rideau de la fenêtre...[19]

avec ensuite, substitution imaginaire du rival au mari: «Frédéric, en face, *distinguait l'ombre de ses cils.*»[20]

Le docteur Larivière de *Madame Bovary* est préfiguré dans les œuvres de jeunesse par toute une galerie de «docteurs» — au triple sens de chirurgiens, de philosophes et de démons. Particulièrement axé sur les

---

[17] *Un Parfum à sentir*, in: *O.C.*, I, l'Intégrale, p. 62 A et 63 B.

[18] *L'Education sentimentale*, Pléiade, II, p. 35.

[19] *Ibid.*, p. 38.

[20] *Ibid.*, p. 39. C'est moi qui souligne.

rapports d'un cadet avec son père et son frère aîné (le docteur Flaubert et Achille?), et culminant dans le fratricide et dans le meurtre du cadet coupable par le père, le récit intitulé *la Peste à Florence*, écrit à quatorze ans, met en scène un certain docteur Roderigo, sorte de Voltaire égaré chez les Médicis. Rien n'échappe à son action destructrice:

> Quant [au prince], après chaque entretien qu'il avait eu avec son médecin, il s'en allait toujours avec une croyance de moins, une illusion détruite et un vide de plus dans l'âme...[21]

Mais — dédoublement de la figure — le prince lui-même se mue (métaphoriquement) en une sorte de médecin-chirurgien à la fin du conte. Il attend son fils cadet, il va le tuer:

> Il faisait frais dans cette chambre et l'on y sentait même quelque chose d'humide et de sépulcral, semblable à l'odeur d'un amphithéâtre de dissection.[22]

Suit une description clinique, de onze lignes, du cadavre du frère aîné, et enfin, le châtiment: «Quelque chose siffla dans l'air...»[23] La cruauté œdipienne est parfois d'ordre physique, comme ici, ou comme chez le père d'*Un Parfum à sentir* qui bat son petit garçon, et alors le jeune narrateur use avec prédilection de l'ellipse: «Depuis quelque temps le visage d'Ernesto se contractait convulsivement, l'on entendait quelque chose qui sifflait dans l'air...»[24] Mais plus souvent, on a affaire à une cruauté d'ordre intellectuel ou moral: c'est celle de Pedrillo et d'Isambart pour Marguerite la laide *(Un Parfum)*, d'Ernest pour la sublime Mazza (*Passion et vertu*, écrit à seize ans), d'Almaroës pour la tendre Julietta (*Rêve d'enfer*, écrit à quinze ans). Le père est un personnage glacial, qui prend avec Almaroës des proportions monstrueuses:

> ...on eût dit, à le voir ainsi sérieux et froid, un automate qui pensait comme un homme. (...) ...le peuple donc était persuadé que c'était un sorcier, un démon, Satan incarné.[25]

En effet, il n'a pas d'âme![26] Et comment qualifier le cruel Monsieur Paul, le savant dévoyé de *Quidquid volueris* (écrit à quinze ans) qui a fait

---

[21] *La Peste à Florence*, in: *O.C.*, I, l'Intégrale, p. 76 A.

[22] *Ibid.*, p. 77 B.

[23] *Ibid.*, p. 78 A.

[24] Ouvrage cité, p. 56 B.

[25] *Rêve d'enfer*, in: *O.C.*, I, l'Intégrale, p. 90 B.

[26] *Ibid.*, p. 100 A.

concevoir un enfant à une esclave d'un orang-outang? Qui est le vrai monstre, se demande le narrateur: Djalioh, l'homme-singe, ou «M. Paul, cet autre monstre, ou plutôt cette merveille de la civilisation, et qui en portait tous les symboles, grandeur de l'esprit, sécheresse du cœur»?[27]

On ne s'étonnera pas que le fantasme de la «mort du père» soit un thème itératif dans les œuvres de jeunesse de Flaubert. Je prendrai deux exemples de pères-docteurs, là encore, et d'abord le conte de l'enterré vivant, *Rage et impuissance* (écrit à quinze ans) dont le héros est «ce bon monsieur Ohmlin, le médecin du pays»[28]. Bien entendu, toutes ces histoires que se raconte l'enfant sont surdéterminées et M. Ohmlin est d'abord Flaubert lui-même se rêvant avec angoisse dans le corps maternel — car tel est le sens du fantasme de l'enterré vivant[29]. Le narrateur ne dit-il pas: «Il rêvait l'amour dans une tombe!»[30] Mais déjà à ce stade de l'interprétation le père est présent: c'est Dieu, protagoniste que l'enterré implore et maudit tour à tour. «Viens dans ma tombe avec moi», lui crie-t-il:

Viens! que je te broie, que je t'écrase entre ma tombe et moi, que je mange ta chair![31]

Maintenant, M. Ohmlin, c'est aussi le père lui-même, pour qui l'enfant imagine cette mort horrible, et il est reconnaissable à un signe certain: l'athéisme.

D'abord il douta de Dieu, puis il le nia, puis il en rit, puis il insulta ce mot.[31]

— Cependant, la complaisance de Flaubert pour le thème de l'agonie du père est plus évidente encore dans le récit très long et très gai intitulé *les Funérailles du docteur Mathurin* (écrit à dix-sept ans). «Se sentant vieux, Mathurin voulut mourir...» Cette fois la mort n'est pas horrible mais rabelaisienne. «A boire» dit ce septuagénaire agonisant, «je veux mourir, mais avant j'ai soif, et très soif...»[32] On a peut-être du mal à reconnaître

[27] *Quidquid volueris*, même éd., p. 105 B.

[28] *Rage et impuissance*, même éd., p. 83 A.

[29] Voir Freud, «L'inquiétante étrangeté», in: *Essais de psychanalyse appliquée*, Gall./ Idées, p. 198.

[30] Ouvrage cité, p. 85 A.

[31] *Rage et impuissance*, éd. citée, p. 86 A.

[32] *Les Funérailles du docteur Mathurin*, in: *O.C.*, I, l'Intégrale, p. 222 A.

dans cet heureux ivrogne le docteur Flaubert travesti. C'est bien lui pourtant:

> Vous me demanderez pourquoi on l'appelait docteur? Vous le saurez un jour... [...] Il connaissait la vie surtout, il savait à fond le cœur des hommes, et il n'y avait pas moyen d'échapper au criterium de son œil pénétrant et sagace; quand il levait la tête, abaissait sa paupière, et vous regardait de côté en souriant, vous sentiez qu'une sonde magnétique entrait dans votre âme et en fouillait tous les recoins. [33]

Sa mort est comme de juste celle d'un athée, et même d'un impie, ce qui donne lieu à un excellent épisode burlesque:

> ...il prend encore un carafon et veut le boire. Le prêtre entre, il le lui jette à la tête, salit le surplis blanc, renverse le calice, effraie l'enfant de chœur...

épisode qui se termine en scène démoniaque:

> ...en prend un autre et se le verse dans la bouche en poussant un hurlement de bête fauve; il tord son corps comme un serpent, il se remue, il crie, il mord ses draps, ses ongles s'accrochent sur le bois de son lit. [34]

Le 15 janvier 1846 — Gustave Flaubert vient d'avoir vingt-quatre ans — le docteur Flaubert meurt à l'âge de soixante et un ans.

Ce qu'a été cette mort en tant que deuil familial et événement social est secondaire ici — je m'attache seulement à l'événement symbolique. On connaît les notions freudiennes d'«ambivalence affective» et de croyance en la «toute-puissance des idées» [35]. Ces deux processus psychiques sont communs à l'homme civilisé (dans ses rêves et ses névroses), à l'enfant et au primitif. Aussi est-ce à partir de son analyse du tabou que Freud progresse. Comment expliquer, se demande-t-il, que chez les primitifs les morts soient «considérés comme des ennemis» [36] et qu'il soit sévèrement interdit de prononcer le nom du mort [37]?

Ce sont précisément les tabous des noms qui nous révèlent ces raisons inconnues. [...]

Les primitifs ne cherchent pas à dissimuler la *peur* que leur inspire la présence de l'esprit et la *crainte* qu'ils éprouvent à l'idée de son retour possible. (...) Prononcer son nom, c'est user d'un exorcisme qui ne peut avoir pour effet que de rendre l'esprit présent et actuel. [38]

---

[33] *Ibid.*, p. 221 A.

[34] *Ibid.*, p. 225 B.

[35] *Totem et tabou*, Payot, p. 76 et 101.

[36] *Ibid.*, p. 65.

[37] *Ibid.*, p. 68.

[38] *Ibid.*, p. 71.

C'est ainsi que l'étude des tabous éclaire les troubles psycho-
névrotiques, plus particulièrement ces «reproches obsessionnels»[39] qui
affectent les membres d'une famille après la mort d'un proche:

> Ils ont beau se dire qu'ils n'ont rien négligé pour prolonger la vie du ou de la
> malade, qu'ils ont rempli consciencieusement tous leurs devoirs envers le disparu
> ou la disparue: rien n'est capable de mettre fin à leurs tourments... [...] L'examen
> psychanalytique de ces cas nous a révélé les raisons secrètes de cette souffrance.
> [...] ... cela signifie tout simplement que la mort du parent a procuré satisfaction à
> un désir inconscient qui, s'il avait été assez puissant, aurait provoqué cette
> mort.[40]

En vertu de ce processus extrêmement fréquent, et parfaitement
applicable à son cas, Flaubert, à la mort de son père, s'est senti coupable.
Il y avait trop rêvé pour que la toute-puissance de ses idées ne fût pas pour
quelque chose dans cette mort... Et une fois mort, il faut penser que le père
— «âme devenue démon»[38] — est beaucoup plus menaçant encore que
quand il était vivant.

C'est le moment de considérer une séquence chronologique intéressante:

mai	1845	Au cours du voyage familial, Flaubert voit à Gênes le tableau de Breughel qui lui donne l'idée de *la Tentation de saint Antoine*.
janvier	1846	Mort du docteur Flaubert.
juillet	1846	Début de la liaison de Flaubert avec Louise Colet.
février	1848	Révolution à Paris, fuite de Louis-Philippe. Le 23 février Flaubert et Bouilhet sont à Paris. Le 24 février Flaubert et Du Camp sont aux Tuileries.
avril	1848	Mort d'Alfred Le Poittevin.
mai	1848	Flaubert commence la rédaction de *la Tentation*.
septembre	1849	Achèvement de *la Tentation*.

Cette chronologie, je la compare à une autre, tirée de l'ouvrage du
psychanalyste Otto Rank, *Don Juan*[41]:

| printemps | 1787 | Da Ponte suggère à Mozart, retour de Prague, le sujet de *Don Giovanni*. |

---

[39] *Ibid.*, p. 73.

[40] *Ibid.*, p. 74.

[41] Otto Rank, «Die Don Juan-Gestalt. Ein Beitrag zum Verständnis der sozialen
Funktion der Dichtkunst», in: *Imago*, 1922, vol. VIII. Traduit en français in: O. Rank,
Don Juan. Une étude sur le double, Denoël et Steele. La chronologie se trouve p. 172.

28 mai	1787	Mort du père de Mozart.
3 septembre	1787	Mort de Barisani, le meilleur ami de Mozart.
29 octobre	1787	Première de l'opéra. Selon la légende, l'ouverture a été composée dans la nuit précédant la première.
juillet	1789	Début de la Révolution française.

On voit ce que l'analogie apporte (pour osée qu'elle soit). La mort du père apparaît comme un événement capital, producteur d'effet. Elle est d'ailleurs redoublée très curieusement dans les deux cas par la mort du meilleur ami. Enfin pour Flaubert elle est redoublée aussi par la chute du roi, tandis que l'œuvre de Mozart en constitue l'annonce prémonitoire. Le père est au centre de l'œuvre produite: sommairement parlant, il est le centre invisible de *la Tentation de saint Antoine*, c'est-à-dire Dieu; dans *Don Giovanni* c'est évidemment le Commandeur. La thèse d'Otto Rank, c'est qu'on a tort de ne voir en Don Giovanni qu'un don juan. Plus que par le motif érotique, Mozart a été inspiré par le «motif tragique de la culpabilité et du châtiment»[42]. Mais l'aspect sensuel, passionné, «vitaliste» de l'opéra, de sa musique surtout, est célèbre. «Viva la libertà!» De même quand Flaubert lit sa *Tentation* à Bouilhet et à Du Camp, il veut leur faire pousser «des hurlements d'enthousiasme»[43]. Tous deux ont travaillé à un rythme très rapide — les chronologies le montrent — avec, pourrait-on dire, «la joie voluptueuse du conquérant»[44]. Autrement dit, si le père hante les deux créateurs à la manière d'un «démon», leur œuvre est aussi une libération de l'emprise du père et des puissances de mort. Dans le cas de Flaubert, la liaison avec Louise Colet marque la fin d'une longue chasteté et désigne le docteur Flaubert comme un père castrateur. C'est une revanche sur le père. D'autre part, le retour du refoulé se manifeste dans les fantasmes dont est tissée *la Tentation*. Ainsi *la Tentation de saint Antoine* est-elle une œuvre de violence à deux titres au moins: à la violence du père qui «punit» le fils (n'est-ce pas Dieu qui permet les souffrances d'Antoine?) répond la violence avec laquelle s'expriment les désirs effrénés du fils. — C'est un peu ce qui se passe dans les rues de Paris en juin 1848, tandis que Flaubert se penche sur son écritoire dans le cabinet de Croisset.

---

[42] *Ibid.*, p. 171.

[43] Maxime Du Camp, *Souvenirs littéraires*, in: Flaubert, *O.C.*, I, l'Intégrale, p. 25 A.

[44] Otto Rank, ouvrage cité, p. 173. L'auteur parle de la musique de *Don Giovanni*.

Le rêve de la mère qui se noie

... c'était dans une campagne verte et émaillée de fleurs, le long d'un fleuve; — j'étais avec ma mère qui marchait du côté de la rive; elle tomba. Je vis l'eau écumer, des cercles s'agrandir et disparaître tout à coup. — L'eau reprit son cours, et puis je n'entendis plus que le bruit de l'eau qui passait entre les joncs et faisait ployer les roseaux.

Tout à coup, ma mère m'appela: «Au secours!... au secours! ô mon pauvre enfant, au secours! à moi!»

Je me penchai à plat ventre sur l'herbe pour regarder, je ne vis rien; les cris continuaient.

Une force invincible m'attachait sur la terre...[45]

Ce deuxième rêve suit sans transition le premier dans le texte des *Mémoires d'un fou*. Après le père, la mère — voilà les parents au complet. Je cite le commentaire qu'en donne Theodor Reik: «Ce rêve est un rêve de naissance typique, je dirais presque classique. [...] L'eau signifie le liquide amniotique, les joncs les poils pubiens. Le rêveur voudrait venir au secours de celle qui se noie, c'est-à-dire lui faire un enfant. Et voici l'expression la plus vigoureuse de cette inclinaison incestueuse, sous forme de satisfaction du désir: c'est la mère elle-même qui l'appelle au secours. Nous comprenons aussi quelle «force invincible» le retient, ne le laisse pas passer à l'acte. C'est la morale.»[46] L'attitude de Flaubert vis-à-vis de sa mère est en effet plus que classique. Il faut redire un fait tout de même énorme: c'est que Flaubert resta célibataire et vécut avec sa mère jusqu'à la mort de celle-ci. Il faut mentionner ces autres banalités, à savoir que ce qui l'a frappé d'abord en Mme Schlesinger, c'est la jeune mère allaitant, et que Louise Colet, au physique généreux, était mère d'une petite fille. Ces deux femmes (les seules qui aient vraiment compté pour lui, et auxquelles on peut seulement ajouter deux aventures: Eulalie Foucaud ou l'initiation, et Kutchiuk-Hanem ou la rencontre avec une extra-terrestre!) étaient nettement plus âgées que lui. Ceci pour les faits. Les documents ne manquent pas non plus, dans les œuvres de jeunesse, la correspondance, les notes de voyage, etc., qui disent clairement la fixation à la mère. Un des plus anciens contes de Flaubert, plutôt un brouillon, que Jean Bruneau a publié en le datant de fin 1835-début 1836 (quatorze ans), est *la Grande dame et le joueur de vielle ou la mère et le cercueil*. Il dit l'inceste de la manière la plus crue, tout en ne le nommant pas. Une «grande dame» tombe dans la misère après la Révolution française. Elle

---

[45] *Mémoires d'un fou*, éd. citée, p. 233 B.
[46] Ouvrage cité, p. 100. C'est moi qui traduis de l'allemand.

avait eu un fils mais un jour «un monsieur» (le père) avait emmené l'enfant de chez sa nourrice. Pour survivre, la «grande dame» finit par se faire prostituée.

Un jour entra dans ce lieu-là un jeune homme de vingt ans. (...) Henriette ne ressentit jamais tant de plaisir qu'avec celui-là, jamais les baisers n'avaient si (doux) suaves, les propos de tendresses si doux et si bien choisis. [sic]
Le jeune homme après avoir payé était parti.
Bientôt après elle entendit des cris, un bruit de couteaux et puis un dernier râlement de vie et de désespoir. Elle regarda ce n'était plus qu'un cadavre.[47]

Un aspect intéressant de ce texte-fantasme, c'est que la punition de l'inceste suit immédiatement la consommation, sans que le jeune auteur se soucie de la moindre transition narrative. Et cette juxtaposition vaut pour une relation de causalité: exemple de la «grammaire» du symbolique, dont Freud a dressé les éléments dans sa *Traumdeutung*.

D'autres récits traitent le thème de manière plus voilée. C'est le cas de *Madame d'Ecouy*, un brouillon[48], où il faut le retrouver derrière une substitution; mais Jean Bruneau écrit lui-même: «Le thème de ce drame est l'inceste»[49]. Voici encore *la Dernière heure* (quinze ans) qui déplace l'inceste de la mère à la sœur. Cette sœur (Caroline? étrange prémonition, en 1837, du deuil de 1846...) meurt, et le jeune narrateur, qui nous promet du reste son suicide pour dans une heure, la regrette en ces termes:

...ce que je voulais, c'était Lélia [...], ma belle petite sœur aux grands yeux bleus, Lélia qui m'embrassait le soir après sa poupée [...]
Son âme, son âme [...] je n'y pense plus. [...] Mais c'est son corps que je veux![50]

Mais le meilleur document, quoiqu'il soit tardif (avril 1851, Flaubert a vingt-neuf ans), c'est la description minutieuse de la Vierge de Murillo qu'il a confiée à ses *Notes de voyage*:

Elle porte le Bambino sur la cuisse gauche [...] ... de sa main droite avancée elle retient un linge blanc [...]. La robe est ouverte pour donner à téter et le sein gauche à nu; c'est un sein poire, petit, chaud, d'une inconcevable beauté comme douceur et comme allaitement.[51]

---

[47] Jean Bruneau, *les Débuts littéraires de Gustave Flaubert, 1831-1845*, Armand Colin, p. 126. (On remarque que ce brouillon est à peine rédigé.)

[48] *Ibid.*, p. 99 (quinze ans?).

[49] *Ibid.*, p. 100.

[50] *La Dernière heure*, in: *O.C.*, I, l'Intégrale, p. 88 B- 89 A.

[51] Passage cité in: Jean Seznec, *Nouvelles études sur «la Tentation de saint Antoine»*, the Warburg Institute, p. 91.

Dans les semaines qui suivent sa découverte de ce tableau, Flaubert écrit à deux reprises à Bouilhet que cette madone le poursuit.

Ainsi, quand on cherche Mme Schlesinger dans les héroïnes maternelles des romans, dans Mme Renaud (de la première *Education sentimentale*), dans Mme Arnoux (de la seconde), on fait une légère erreur de perspective. Mme Schlesinger n'est pas l'origine, elle n'est qu'un effet. C'est à la mère qu'il faut remonter: non pas tant du reste à Mme Flaubert qu'à la mère archétypale et symbolique, qui est notre mère à tous. La Vierge Marie et la déesse Cybèle — les deux mères de l'Occident et de l'Asie — sont les grandes figures maternelles de *la Tentation de saint Antoine*, les grandes figures incestueuses aussi. On sait qu'au début des deux premières versions une image de la Vierge, pieusement contemplée par l'ermite, se transforme en une image érotique, et que Flaubert censure cette scène dans la troisième version. Au contraire (par compensation peut-être?) le couple d'Atys et de Cybèle s'amplifie de version en version et acquiert dans la troisième une existence autonome. «Cybèle, *lui entourant la taille de ses bras*: Réchauffe mon corps! unissons-nous!» (T. III, p. 556 A), après quoi Atys, le fils-père [52] se châtre sur scène. La propre mère de l'ermite est un personnage à peine suggéré (le père est inexistant — pourtant, selon son hagiographe Athanase, Antoine a eu une famille) et la seule fois où cette mère est évoquée dans la première version, elle est aussitôt sublimée dans un rôle qui la replace au contact de la religion:

La Luxure: Te souviens-tu, quand tu étais petit, ta mère, le soir, te prenait sur ses genoux pour te faire dire ta prière, en te tournant vers une image du Bon Dieu qui était accrochée à la muraille; c'était un grand vieillard accoudé sur les nuages, avec une barbe blanche. (T. I, p. 452 A)

Certes, Dieu le Père et Marie, mère de Dieu, sont les vrais parents symboliques de l'Occident chrétien.

---

[52] Selon l'interprétation de J.G. Frazer, *Adonis, Attis, Osiris*, Macmillan, p. 178: «Le nom d'Attis paraît signifier simplement «père». Cette explication, suggérée par l'étymologie, est confirmée par l'observation qu'un autre nom d'Attis était Papas. (...) De même la mère d'Attis était appelée Nana... (...) Ainsi la mère d'Attis n'était que sa maîtresse divine sous une autre forme, et nous sommes ramenés au mythe de la mère et du fils amants.» C'est moi qui traduis de l'anglais.

La forme de la Vierge, se détachant de l'image, surgit tout à coup, de grandeur naturelle. Antoine recule tout en la regardant. (...)

La voix : Mais c'est une femme, rien qu'une femme! Tiens, ses vêtements s'écartent. La veux-tu voir, sous tes baisers, au vent frissonner nue comme une Vénus?

Antoine, *s'arrachant les cheveux*:
    Quelle idée! quelle idée!

La voix : Ce ne serait pas la première fois, va! elle a couché avec Pan-thérus qui était un soldat romain à la barbe frisée...
    [...]
    Le long de ses jambes sa robe remonte, elle la lève des deux doigts, comme les courtisanes des carrefours.

Antoine: Oh! il me vient aux entrailles des fantaisies monstrueuses...
    (T. I, pp. 378 B — 379 A)

Rien que de très classique aussi dans cette équivalence entre la mère et la prostituée, qui semble être une constante de l'inconscient masculin. Dans le rêve de Flaubert déjà, la mère fait une «chute» — et l'on sait ce que c'est, dans le langage du XIXᵉ siècle, qu'une «femme tombée» [53]. Sur l'ensemble de ce processus psychique, voici un commentaire succinct de Theodor Reik:

> L'enfant qui découvre pour la première fois le secret du rapport sexuel des parents voit dans la mère une sorte de putain. Le tertium comparationis est sans doute l'abandon sans réserve de la femme. C'est ainsi que l'inclinaison de l'enfant se fixe sur ce type. Ce qu'il est impossible à l'adulte de jamais rapprocher consciemment: la mère et la putain, un enfant de ce genre est capable de le relier. Freud a cherché à rassembler les caractéristiques de ce type de choix de l'objet. Les principales sont: la pulsion à se porter «au secours» de la femme aimée (voyez le rêve de sauvetage de Flaubert), ensuite, comme condition, l'existence du tiers trompé, qui tient la place du père, et l'inclinaison vers le type de la prostituée. [54]

La femme en danger de se prostituer et qui, à défaut de secours, suscite la pitié du narrateur de quatorze ans, c'est l'héroïne d'*Un Parfum à sentir*, Marguerite (homonyme d'une autre «femme tombée» chère aux romantiques, la Marguerite de Faust). Ce conte, qui est décidément un

---

[53] Le rêve est surdéterminé, et la détermination de la mère-prostituée n'est pas en contradiction, loin de là, avec la détermination de l'inceste. — Sartre aussi a remarqué la «chute»: *l'Idiot de la famille*, I, p. 702.

[54] Ouvrage cité, p. 101. C'est moi qui traduis de l'allemand.

réservoir de fantasmes, comporte entre autres thèmes obsédants celui de la prostitution: le mot (ou la mention) ne revient pas moins de neuf fois. Si la seconde famille de l'enfant est bien une famille de comédiens, il faut en corriger l'image. Le couple parental rêvé, c'est l'union d'un père comédien et d'une mère prostituée:

> ... aussi je plains d'un amour bien sincère les baladins et les filles de joie.
> ... j'aime ce que la société méprise, j'aime les baladins, moi, j'aime les filles de joie et celles du dernier rang... [55]

La «grande dame» déchue et le «joueur de vielle» (sans doute un ci-devant devenu saltimbanque) en sont un autre exemple. Il n'est pas nécessaire de s'étendre sur l'intérêt permanent que Flaubert a montré pour ce thème. Deux romans font une place de choix au personnage de la prostituée: *Novembre*, avec Marie, et *l'Education sentimentale*, avec Rosanette. Il n'est pas indifférent de savoir que deux autres œuvres — *Salammbô* et *Hérodias* — mettent en scène une héroïne (Salammbô, Salomé) dont le modèle dans la vie fut la danseuse-prostituée orientale Kutchiuk-Hanem. Ajoutons les romans restés à l'état de plan [56] et les innombrables lettres à Le Poittevin, Bouilhet, Louise Colet elle-même, où Flaubert avoue son attirance pour les prostituées. Le schéma freudien cité par Reik dessine la structure de base du roman flaubertien, structure à trois actants comme on sait:

Le mari, la femme, l'amant. Tous s'aimant, tous lâches [57]

et qui n'est pas sans rapport homologique avec la structure «familiale» classique: le Père, la Mère, le Fils.

Auto-censures et violences du texte

Dans les grandes œuvres de la maturité (*Madame Bovary*, *Salammbô*, *l'Education sentimentale*), les schémas œdipiens ne sont pas toujours perceptibles à première vue. Si les œuvres d'enfance et de jeunesse ont été l'expression à peine voilée des processus inconscients et si la première *Tentation de saint Antoine* a été marquée par un spectaculaire retour du refoulé, on peut considérer la période du Second Empire, qui coïncide

---

[55] Ouvrage cité, p. 58 A et 65 B.

[56] Par ex.: plan pour «Un ménage parisien sous Napoléon III»: «Le mari exploite sa femme, ça devient une maison de commerce». Cité in: Marie-Jeanne Durry, *Flaubert et ses projets inédits*, Nizet, p. 349.

[57] Flaubert, esquisse pour *l'Education sentimentale*. Carnet 19, *ibid.* p. 137.

précisément avec la production des trois grands romans, comme une phase de refoulement. Qu'est-ce à dire, sinon qu'un nouveau père — Louis-Napoléon Bonaparte — a pris la place du docteur Flaubert et de Louis-Philippe... Cette activité castratrice du Second Empire est parfaitement illustrée par les procès intentés à *Madame Bovary* et aux *Fleurs du mal*, et par l'amputation dont ce recueil a fait l'objet. Ce n'est pas sans raison que Freud a introduit dans le vocabulaire de la psychanalyse un mot de gouvernement: la CENSURE. Ainsi, c'est de l'auto-censure qu'est victime la seconde *Tentation*. Ce travail, qui se situe chronologiquement à la charnière de *Madame Bovary* et de *Salammbô*, se fait, pourrait-on dire, «à coups de ciseaux», puisque l'apport nouveau de Flaubert est minime et qu'il se contente de réduire la première *Tentation* à la moitié de son volume. L'absence d'inspiration créatrice est aussi frappante et aussi significative que la pratique de l'auto-censure. Quant à *l'Education sentimentale*, ce roman raconte, comme on sait, un amour non consommé, très bien perçu par Flaubert comme un impossible amour incestueux. Les dernières pages sont célèbres:

> Frédéric soupçonna Mme Arnoux d'être venue pour s'offrir; et il était repris par une convoitise plus forte que jamais, furieuse, enragée. Cependant, il sentait quelque chose d'inexprimable, une répulsion, et comme l'effroi d'un inceste. Une autre crainte l'arrêta, celle d'en avoir dégoût plus tard. D'ailleurs, quel embarras ce serait![58]

La porte des fantasmes est bien close, on le voit, et le principe de réalité veille en sentinelle. Il faut, pour rouvrir cette porte, une nouvelle secousse de l'Histoire. En effet, s'il est exact que Flaubert se remet à sa troisième version de *la Tentation de saint Antoine* dès 1869, on observe cependant le curieux regain d'activité que lui apporte le début de la guerre, en été 1870, et l'ardeur avec laquelle il se replonge dans le travail dès avril 1871. On ne peut pas ne pas voir la contagion de la violence. Le rôle stimulant que la chute de la monarchie et une révolution prolongée avaient joué pour Flaubert en 1848, ce même rôle est repris en 1870-71 par l'occupation étrangère, la chute de l'empire et par une guerre civile[59].

On peut hasarder ici une question (à laquelle cette étude répondra peut-être): Sartre n'a-t-il pas tort d'expliquer Flaubert par *Madame Bovary*? Sa

---

[58] Ouvrage cité, p. 452.

[59] Voir les nouvelles de Maupassant pour les horreurs de l'occupation. La férocité de la répression de la Commune est connue.

démarche est certes originale, puisque avant lui on expliquait surtout *Madame Bovary* par Flaubert. Mais ce choix qu'il fait de l'unique œuvre-clef:

N'importe qui vous le dira: «Gustave Flaubert, c'est l'auteur de *Madame Bovary*» [60]

n'est-il pas un choix trompeur? Bien sûr, c'est dans cette œuvre-là que Flaubert a trouvé son être-écrivain. Oui, tout ce que Sartre dit de la léthargie du Second Empire, de ce cocon mortifère où Flaubert trouve une sorte de bonheur, toute l'analyse qu'il fait du public potentiel qui demandait, sans le savoir, les insidieux poisons que lui distillerait *Madame Bovary*, tout cela est juste et convaincant. Mais (et le quasi-silence de Sartre sur *la Tentation* doit choquer) faut-il que Flaubert soit l'homme d'un seul livre? La *Bovary* et *la Tentation* ne représentent-elles pas plutôt (comme le suggère Michel Foucault) deux pôles existentiels qu'il faut saisir ensemble, sous peine de passer à côté du vrai Flaubert: la raréfaction et l'expansion, le vide aspirant et les forces centrifuges, la beauté glacée du néant et la folle anarchie de la résurrection?

La violence de la version finale de *la Tentation* est, il faut le dire, une violence contrôlée. C'est un dernier sursaut, et même une re-création esthétique (ce que la seconde version n'était pas), mais l'œuvre vient trop tard pour n'être pas marquée du sceau mortel du style flaubertien. «L'œuvre de toute sa vie»? C'est à prendre à la lettre. Quand elle est enfin publiée, en 1874, l'auteur a le double de l'âge qu'il avait quand il l'avait entreprise! C'est un homme presque vieux qui publie l'œuvre d'un ancien jeune homme. A vingt ou à trente ans, on liquide ses conflits, à cinquante ans on les remâche — ou bien on les embaume dans une belle forme. Et à cinquante-quatre, on les sent toujours là quelque part, qui vous étouffent. C'est en septembre 1875 que, renouant avec son passé d'enfant le plus reculé (par le choix du genre: le conte), Flaubert écrit *la Légende de saint Julien l'Hospitalier*, dernier avatar du roman familial pur. Les échos de la violence réveillée en 1870 y résonnent encore, en vain maintenant. La vie ne se déroule plus qu'«à rebours». Mme Flaubert est morte (au printemps 1872), Mme Schlesinger est vieille, Croisset a failli être vendu, une ferme normande, unique résidu de l'héritage paternel, a été vendue effectivement (en été 1875). Un ressentiment immense, qui couvait sous la cendre, se ravive, comparable seulement au ressentiment que George Painter décèle chez Marcel Proust. Nous lui devons les *Trois contes*. Deux des trois ont

---

[60] Ouvrage cité, préface, p. 8.

pour sujet le meurtre sanglant du père: *Hérodias* lui coupe la tête et *Saint Julien* le tue deux fois, d'abord sous l'aspect du cerf aux seize andouillers et à la «barbe blanche»[61], fabuleux totem[62], ensuite dans le lit conjugal. A chaque fois, le parricide est perpétré par le fils À CAUSE de la mère. Hérode-Antipas est poussé à l'acte par Hérodias/Salomé. Mais l'épouse/mère de Julien, surprise en flagrant délit d'adultère — «un homme! un homme couché avec sa femme!»[63] — est tout aussi coupable, indirectement. C'est pourquoi le ressentiment ne peut s'assouvir totalement que dans le meurtre simultané des deux parents. Pour saisir de quelles profondeurs il vient, on peut relire le document œdipien que constitue cette lettre de Gustave à sa sœur Caroline, du 16 novembre 1842 (il n'a pas tout à fait vingt et un ans et il est étudiant à Paris):

Tu me demandes si j'ai un fauteuil: je n'ai pour sièges que 3 chaises et une manière de divan qui peut servir à la fois de coffre, de lit, de bibliothèque et d'endroit pour mettre les souliers. Je crois aussi qu'on pourrait en faire une loge à chien ou une écurie pour un poney. C'est le lit que je destine à mes parents quand ils viendront me voir. Je m'aperçois que j'ai dit une malhonnêteté en voulant dire quelque chose de spirituel et faire l'agréable.[64]

Le troisième conte, *Un Cœur simple*, est un «procès» où le père (Dieu) est l'accusé, la mère (Félicité) la victime, et le fils (le narrateur) le procureur général. Mais le procès n'arrive jamais à terme car la victime ne demande rien. Elle fait plus que pardonner au père indigne, elle l'aime, et le fils ne peut que baisser les bras devant cet amour, lui qui ne connaît que le ressentiment. Des trois contes, c'est le plus apaisé, puisque malgré la violence qui y affleure (l'épisode de la malle-poste[65] est à cet égard une des pires «stations» du martyre de Félicité), le fils ne trouble pas l'incompréhensible union du bourreau et de la victime, et cette indulgence est figurée par la merveilleuse métamorphose de l'oiseau[66].

[61] *La Légende de saint Julien l'Hospitalier*, Pléiade, II, p. 632.

[62] Dans l'épisode du cerf, Flaubert réinvente une figuration très archaïque du père, celle-là même que Freud a découverte au cours de l'analyse d'un enfant. Chez le «petit Hans» la phobie du cheval signifie la peur du père (*Cinq psychanalyses*, PUF, p. 120). Dans *Totem et tabou* Freud reconstitue ainsi les phases de la figure de Dieu/du père: le père de la horde ⟶ l'animal totem ⟶ le dieu à tête d'animal ⟶ le dieu accompagné de son animal ⟶ le dieu-homme, figure «dans laquelle le père a recouvré les traits humains» (p. 169-170).

[63] Ouvrage cité, p. 641.

[64] *Corresp.*, Pléiade, I, p. 128-129.

[65] *Un Cœur simple*, Pléiade, II, p. 616.

[66] Le perroquet est l'objet-fétiche, le symbole phallique du père. C'est en tant que tel qu'il suscite d'abord la haine du narrateur, qui le fait dévorer par les vers (p. 620).

Mais ce n'est pas dans *Un Cœur simple* que Flaubert dit son dernier mot. Dans l'ordre de la composition, ce conte s'insère entre les deux contes parricides. Donc le dernier mot, il faut le laisser à *Hérodias*. Et pour en goûter pleinement la saveur amère, il faut peut-être se souvenir du très ancien récit de l'espiègle potache, de ces *Funérailles du docteur Mathurin*: l'ivrogne mort, ses deux amis «le retirent de son lit, le roulent dans ses draps rouges, le prennent à eux deux: à Jacques la tête, à André les deux pieds, — et ils s'en vont»... lui faire faire une ultime tournée des cabarets![67] Trente-sept ans plus tard, cela donne (humour noir? colère blanche? on ne sait...):

> Et tous les trois, ayant pris la tête de Iaokanann, s'en allèrent du côté de la Galilée.
> Comme elle était très lourde, ils la portèrent alternativement.[68]

* * *

Mais après cette incursion trop indiscrète, trop tentante — «on entre dans un mort comme dans un moulin» dit Sartre![1] — il est temps de revenir aux seules pages du livre. Elles ont une vie à elles. Elles «travaillent».

---

[67] Ouvrage cité, p. 225 B.
[68] *Hérodias*, Pléiade, II, p. 678.

CHAPITRE III

REPÈRES TEXTUELS
(trois versions, onze séquences)

> Peut-être même que le premier
> Nouveau Roman que j'ai lu, c'est
> l'Evangile qui est quatre fois la même
> histoire, racontée par des person-
> nages différents *(Rires)* avec des
> passages qui se recoupent et des
> passages qui se contredisent.
>
> Robbe-Grillet, au colloque
> Robbe-Grillet
> de Cerisy

Les microstructures

Ce livre, *la Tentation de saint Antoine*, est, on le sait, un triple texte, un texte à se représenter mentalement comme fait de trois couches super-posées plus ou moins équivalentes. Dumesnil et Demorest, dans leur *Bibliographie de Gustave Flaubert*, ont déjà répertorié les principales suppressions et adjonctions de T. II et de T. III par rapport à T. I, ainsi que les modifications du plan, c'est-à-dire les transferts de séquences dans T. III par rapport à T. I — T. II [1]. «Ni tout à fait la même ni tout à fait une autre», telle se présente *la Tentation:* une œuvre qui ne peut s'incarner, s'actualiser, qu'en une seule de ses versions à la fois (à l'exclusion des deux autres, provisoirement, mais en maintenant avec elles une relation in absentia), et sans que l'on puisse privilégier aucunement l'une quelconque de ces trois versions autrement que par leur numéro d'ordre chrono-logique [2].

---

[1] Dumesnil et Demorest, *Bibliographie de Gustave Flaubert*, Giraud-Badin, à partir de la p. 266.

[2] Ceci est un parti pris. Je ne reconnais pas la primauté de la «version définitive», la seule publiée par les soins de Flaubert il est vrai. C'est un des objets de ce travail que de soutenir ce parti pris.

On peut se demander comment une œuvre-à-triplication peut être désignée malgré tout comme «une» œuvre, comment je peux prétendre qu'il n'y a qu'une seule *Tentation* (en ajoutant toutefois: comme il n'y a qu'un seul mythe d'OEdipe). Avant de répondre à cette question, il convient d'observer le fonctionnement du triple texte, et cela tout d'abord au niveau de ces *microstructures* que sont les phrases. Une comparaison vient aussitôt à l'esprit, avec les *Essais* de Montaigne, cet autre fameux texte à trois couches (édition de 1580, édition de 1588 et exemplaire de Bordeaux). Ces couches, l'érudition moderne les a pieusement restituées et marquées de trois lettres ou de trois chiffres — et l'on se prend à rêver d'une édition de *la Tentation* sur ce modèle. Entreprise impossible puisque Flaubert n'a pas travaillé de la même manière que Montaigne. Ce n'est pas lui qui pourrait dire: «J'ajoute, mais je ne corrige pas.» Pourtant, si l'entreprise est impossible pour l'ensemble de l'œuvre, elle est réalisable sur les microstructures. En étudiant un fragment pris au hasard dans la séquence d'introduction, on va voir d'abord le travail de compression d'une version à l'autre:

T. I	T. II	T. III
La Voix	La Voix reprend	Antoine
Là-bas est une prairie, les barques s'y arrêtent, la litière est sur le bord, dans les sables elle avance, remuant aux bras noirs des eunuques qui marchent d'accord à pas pressés.	C'est par là que s'avance dans les sables la litière de pourpre, remuant doucement aux bras noirs des eunuques;	C'est par là qu'elles arrivent, balancées dans leurs litières aux bras noirs des eunuques.

Mais si la deuxième version comprime, la troisième apporte parfois l'expansion d'un texte nouveau (que je souligne):

T. I	T. II	T. III
Elles soupirent leurs douleurs, elles te content leurs songes, elles ont vu, sur des rivages, des dieux qui les appelaient, doivent-elles se refuser à leurs maris? (p. 380 A)	Elles viennent te raconter leurs souffrances. (p. 475 A)	Elles me racontent leurs inquiétudes. *Le besoin d'une volupté surhumaine les torture; elles voudraient mourir*, elles ont vu dans leurs songes des dieux qui les appelaient; — *et le bas de leur robe tombe sur mes pieds.* (p. 526 A-B)

Enfin, une présentation sur le modèle de celle des *Essais* montre bien le jeu complexe des variantes:

III Elles descendent, et joignant leurs mains chargées d'anneaux, I elles s'agenouillent... ici... par terre; de leur front goutte à goutte l'eau tombe sur tes mains. (...) Elles soupirent (II viennent te raconter) (III me racontent) leurs douleurs (II leurs souffrances) (III leurs inquiétudes). III Le besoin d'une volupté surhumaine les torture; elles voudraient mourir, I elles te content leurs songes, elles ont vu sur des rivages (III dans leurs songes) des dieux qui les appelaient, doivent-elles se refuser à leurs maris? III et le bas de leur robe tombe sur mes pieds.

Présentation barbare, sacrilège! Et c'est vrai dans la mesure où Flaubert, contrairement à Montaigne, a soigneusement séparé ses trois versions. Je me livre donc là, à des fins de démonstration, à un jeu cruel (pour le texte) de découpage et de patch-work. Mais la preuve est faite, peut-être, que le texte est un «feuilleté» de trois couches et qu'il n'y a pas de version privilégiée. Chacune des trois a ses additions qui n'appartiennent qu'à elle, mais aussi ses lacunes. Les «lacunes» de T. I sont constituées de tout ce que T. II et T. III apportent en plus. Les trois versions sont donc bien *plus ou moins équivalentes*, c'est-à-dire font sens chacune par rapport aux deux autres, si l'on veut bien admettre que Flaubert n'a pas poursuivi de l'une à l'autre un obsédant travail de perfectionnement, mais qu'il a exprimé dans trois textes qui forment un «jeu» (un système ludique ?) des préoccupations constantes [3].

Les macrostructures

Les unités supérieures aux phrases sont les *séquences narratives.* Tout serait plus simple si elles étaient superposables, mais ce n'est apparemment pas possible car la troisième version comporte des transferts spectaculaires. L'épisode de la Reine de Saba, par exemple, qui débute dans la première version aux six dixièmes du texte, se trouve dans la troisième version rétrogradé au premier septième du texte. Le vœu d'Antoine — «être la matière» — passe du début du dernier tiers à la limite terminale. Que l'on confronte ces deux figures (il s'agit de proportions, il n'est pas tenu compte du volume de T. I qui est le double du volume de T. III :

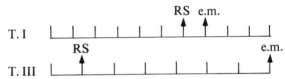

et l'on pensera que la première et la troisième version sont difficilement comparables au niveau des macrostructures. La confusion est accrue par les découpages variables pratiqués par Flaubert lui-même: 3 divisions ou parties pour T. I et T. II, 7 divisions pour T. III. Voici ce que cela donne au début de *la Tentation:*

T. I et T. II		T. III	
div. 1	Antoine	*div. 1*	Antoine (seul), des Voix
	la Voix		
	le Cochon	*div. 2*	Antoine (seul), puis Antoine
	la Logique		et la Reine de Saba
	les 7 Péchés		
	les Hérétiques	*div. 3*	Antoine, Hilarion
	les 3 Vertus	*div. 4*	Les mêmes, les Hérétiques

Les personnages semblent n'être pas du tout les mêmes et le découpage de Flaubert n'est d'aucun secours. Ne dirait-on pas qu'il ne s'agit pas du

---

[3] Jean-Marie Villegier a essayé de matérialiser ce «jeu» en récrivant un épisode de *la Tentation* pour la radio, sous la forme d'une juxtaposition des trois strates du texte. Il a obtenu un effet de «vibration» intéressant: «Le festin de Nabuchodonosor», montage radiophonique, Radio-France, France-Musique, 13 avril 1976 (première de six émissions intitulées *A l'horizon, le désert*).

tout du même texte ? Et pourtant, en fait, il y a là une suite de séquences superposables, pour peu que l'on procède aux subdivisions logiques qui s'imposent (et auxquelles il se prête) dans le texte ininterrompu de T. I. Ces subdivisions, je vais les désigner pour commencer par leur contenu psychologique :

séquence	désignation	T. I	T. III
1	*examen de conscience*	Antoine, son double le Cochon, la Voix	Antoine (monologue), des Voix
2	*la tentation des sens*	Antoine, son double le Cochon, la Logique, les 7 Péchés	Antoine (monologue), puis la Reine de Saba
3	*la tentation du doute*	Antoine, la Logique	Antoine, Hilarion
4	*la tentation de l'hérésie*	Antoine, la Logique, les 7 Péchés, les Hérétiques, les 3 Vertus	Antoine, Hilarion, les Hérétiques

Que voit-on ? D'abord, de T. I à T. III, une simplification du nombre des personnages. Ainsi, si la Voix est la voix de la conscience (T. I, p. 379 B), il est naturel que le dialogue d'Antoine et de la Voix ait pour équivalent les monologues d'Antoine dans T. III. Le Cochon, qui était *le double* matérialiste d'Antoine, «la bête» en lui, a disparu, mais son rôle n'a pas disparu. C'est Antoine, encore, qui le tient.

T. I, sq. 2	T. III, sq. 2
Le Cochon : ...j'épouvanterai les villes, sur les portes je dévorerai les enfants, j'entrerai dans les maisons, je trotterai sur les tables et je renverserai les coupes. (p. 382 B)	*Antoine retrouve tous ses ennemis l'un après l'autre. (...) Il éventre, égorge, assomme, traîne les vieillards par la barbe, écrase les enfants, frappe les blessés. (p. 529 A) ...et comme rien n'est plus vil qu'une bête brute, Antoine se met à quatre pattes sur la table et beugle comme un taureau.* (p. 530 B)

Il en est de même pour ces personnages que l'analyse structurale du récit appelle les *adjuvants* et les *opposants* et qui sont «des projections de la volonté d'agir et des résistances imaginaires du sujet lui-même» [4]: les 7 Péchés capitaux et les 3 Vertus théologales. Ils ont disparu (encore que les Péchés apparaissent dans T. III dans une vision fugitive, p. 527 A) et leur rôle a été repris, là encore, par Antoine. Par exemple, aux discours de l'Avarice:

Tu aurais sculpté des images pieuses, que tu aurais vendues aux pèlerins, et tu aurais mis l'argent dans un pot que tu aurais enfoui dans un trou, en terre, dans ta cabane; seul, la nuit, tu aurais compté une à une les pièces d'or sonnantes. (T. I, p. 383 B)

correspond l'épisode hallucinatoire de la coupe (T. III, pp. 527 B — 528 A). Cependant, un de ces personnages — la Logique, projection des conflits intellectuels d'Antoine — est demeuré en tant que personnage autonome, mais il est devenu Hilarion. Tant il est vrai, comme le dit Roland Barthes, qu'il faut absolument des personnages:

...les personnages (de quelque nom qu'on les appelle: *dramatis personae* ou *actants*) forment un plan de description nécessaire, hors duquel les menues «actions» rapportées cessent d'être intelligibles, en sorte qu'on peut bien dire qu'il n'existe pas un seul récit au monde sans «personnages», ou du moins sans «agents». [5]

C'est pourquoi la troisième version ne rend pas seulement les personnages moins nombreux, elle les rend plus homogènes. Ils ne sont jamais de simples «discourants», toujours des actants. A la limite, l'actant peut se passer de paroles. Dans la troisième version, ce sont des actants muets que Flaubert projette sur l'écran des rêves d'Antoine, tel cet empereur Constantin qui *«lui pose son diadème sur le front. Antoine le garde, trouvant cet honneur tout simple»* (p. 530 A). Procédé narratif plus efficace que tout un long discours de l'Orgueil.

Si l'on veut pousser plus loin l'étude textuelle de *la Tentation*, il faut recourir au précieux travail de formalisation du récit qu'a inauguré le folkloriste Vladimir Propp il y a cinquante ans et que poursuit le linguiste A.J. Greimas. Ce travail est clairement résumé par Barthes:

A.J. Greimas a proposé de décrire et de classer les personnages du récit, non selon ce qu'ils sont, mais selon ce qu'ils font (d'où leur nom d'*actants*), pour

---

[4] A.J. Greimas, *Sémantique structurale*, Larousse, p. 180.

[5] R. Barthes, «Introduction à l'analyse structurale des récits», in: *Communications* N° 8, Seuil, p. 16.

autant qu'ils participent à trois grands axes sémantiques [...] qui sont la communication, le désir (ou la quête) et l'épreuve; comme cette participation s'ordonne par couples, le monde infini des personnages est lui aussi soumis à une structure paradigmatique *(Sujet/Objet, Donateur/Destinataire, Adjuvant/Opposant)*, projetée le long du récit; et comme l'actant définit une classe, il peut se remplir d'acteurs différents, mobilisés selon des règles de multiplication, de substitution ou de carence.[6]

Empruntons à Greimas lui-même les «trois types caractérisés de syntagmes narratifs» dont est constituée la chaîne du récit:

   1° les syntagmes performanciels (épreuves);

   2° les syntagmes contractuels (établissements et ruptures de contrat);

   3° les syntagmes disjonctionnels (départs et retours).[7]

Il est évident que cet ensemble de nouveaux concepts forme un instrument privilégié pour une lecture unificatrice des trois versions de *la Tentation*.[8] On va le voir tout de suite en reprenant le début du texte, c'est-à-dire les quatre séquences que j'avais identifiées et désignées provisoirement par leur contenu psychologique. Or l'analyse structurale a horreur du psychologique, et cela se comprend dans la mesure où le psychologique ouvre sur l'infinie variété, alors que la production du récit proprement dite combine un nombre restreint de types de syntagmes. Voici la nouvelle désignation des quatre séquences:

séquence 1 (examen de conscience): *rupture du contrat initial;*

séquence 2 (la tentation des sens): *épreuve;*

séquence 3 (la tentation du doute): *établissement d'un contrat;*

séquence 4 (la tentation de l'hérésie): *épreuve.*

La chaîne syntagmatique que constitue le début de *la Tentation* (toutes versions confondues) se structure narrativement selon le principe de

---

[6] Art. cité, p. 17.

[7] «Eléments pour une théorie de l'interprétation du récit mythique», in: *Communications* N° 8, p. 32.

[8] Pour la formalisation proprement dite, qu'il serait trop long d'exposer ici en détail, voir dans *Sémantique structurale* les deux chapitres: «Réflexions sur les modèles actantiels» et «A la recherche des modèles de transformation».

l'alternance: un syntagme contractuel, un syntagme performanciel, etc. Cela, l'ancienne désignation ne permettait pas de le percevoir.

Mais il faut justifier la nouvelle désignation, et pour cela revenir d'abord à la «matrice» des six actants, puisqu'on s'est aperçu que les actions étaient étroitement liées aux actants. Comment se distribuent les très nombreux personnages, les personnages proliférants qui sont pour beaucoup dans l'étrangeté de cette œuvre? Le Sujet et l'Objet. Le Sujet, c'est Antoine, *en quête* d'un Objet qui est bien sûr le savoir (la Vraie Religion, la Foi). Le Donateur et le Destinataire. Comme c'est habituel dans les contes, le Destinataire se confond avec le Sujet, donc c'est encore Antoine; mais qui le mande, qui le charge de chercher l'objet-savoir? Si l'Objet est la Vraie Religion, le Donateur ne peut être que Dieu. Mais alors c'est là proprement un Donateur *absent*, avec lequel la communication est impossible (cas de carence d'actant). Sur le difficile chemin de sa quête, le Sujet est confronté, au cours des épreuves, à des Opposants, contre lesquels des Adjuvants lui apportent leur aide. Les Adjuvants sont très peu nombreux dans T.I et T.II (ce sont essentiellement les trois Vertus théologales); ils disparaissent totalement de T.III. C'est dans la logique de l'œuvre: Antoine est un «solitaire».

Des six classes d'actants, il en reste une, les Opposants, qui se remplit d'une multitude! Mais il faut bien voir (et c'est encore dans la logique de l'œuvre, qui est un «mystère») qu'il n'y a qu'*un seul Opposant*, celui qui dit: «Je suis plusieurs, je m'appelle légion» (T. I, p. 471 A): le Diable.

Tous les autres en sont des émanations: des métamorphoses ou la maléfique engeance. L'Orgueil dit au Diable: «Doutes-tu de moi, père du mal?» (T. I, p. 412 A). Le Diable dit aux Péchés: «Vous avez de mon sang, filles de ma souffrance!» (T. I, p. 414 B). Cette «chimère» inscrite dans le texte est plus évocatrice encore:

C'est le Diable, accoudé contre le toit de la cabane et portant sous ses deux ailes, comme une chauve-souris gigantesque qui allaiterait ses petits, — les sept Péchés capitaux, dont les têtes grimaçantes se laissent entrevoir confusément.
(T. III, p. 527 A)

Quant à Hilarion, c'est un faussement nouveau personnage qui est introduit dans la troisième version, car il reprend à son compte les discours antérieurement réservés à la Logique et à la Science, et il se change en Diable dans le cours de l'œuvre: *«Un pied fourchu se montre»* (T. III, p. 563 B). Tous les autres personnages enfin sont autant de produits du Diable. «Va-t'en! tu es une illusion! je le sais, arrière!» dit Antoine à la Reine de Saba (in: T. II uniquement, p. 498 B). Si le Diable est l'Opposant, il est normal que ce soit avec lui que le Sujet établisse — par deux fois, on le verra — le *contrat*, séquence canonique qui précède l'épreuve.

Dans un autre chapitre, à propos de certaines séquences, apparaîtra l'étroite relation des *structures profondes* de *la Tentation* avec le MYTHE. Mais la *structure narrative* du syntagme global relève du CONTE. Dans le conte, il s'agit toujours de rétablir une situation perturbée. Le conte est centré sur *l'épreuve* qui met aux prises le Sujet et l'Opposant (le «Traître» de Propp). Et en effet, dans *la Tentation*, toutes les épreuves auxquelles est soumis Antoine sont des traîtrises. Elles ont pour condition préalable *le manque* qu'Antoine reconnaît lui-même ou dont la reconnaissance lui est extorquée par la tentation du doute: Antoine a perdu le savoir. A partir de là, la traîtrise consiste à le mettre en présence d'Opposants qui sont des Donateurs en puissance; tous lui proposent, tel le camelot sa marchandise, des objets (ou des paroles) de toute sorte: les objets enchantés des contes [9]. Si Antoine ne s'en gardait, il serait perdu. L'épisode de la Reine de Saba est une assez bonne condensation de ces différents aspects de l'épreuve, puisque la Reine est à la fois un *objet* érotique et le *donateur* de l'objet-savoir mortifère:

> Mais si tu savais ce que je porte dans ma petite boîte! tu la vois bien, n'est-ce pas? retourne-la! essaie à l'ouvrir! personne n'y parviendrait; l'ouvrier qui l'a faite a été mis à mort sans qu'on sache ce qu'il est devenu, moi seule connais ce qu'il y a dedans, et moi seule peux l'en tirer... embrasse-moi, je vais te le dire.
> (T. I, p. 435 A)

Mais Antoine n'a pas seulement perdu le savoir, il a aussi perdu le Vrai Donateur. Les Opposants, ces Faux Donateurs, monopolisent la communication, et le bruissement de leurs discours est d'autant plus assourdissant qu'il s'inscrit dans le silence de Dieu.

Le tableau des séquences

Il devient possible d'analyser l'ensemble de *la Tentation*, c'est-à-dire de découper le texte (le triple texte) en un certain nombre de séquences que l'on peut numéroter. *Ce découpage n'a rien à voir avec les découpages auxquels a procédé Flaubert.* Il provient de la logique de l'analyse structurale et des commutations.

---

[9] Greimas distingue trois catégories d'objets: l'objet-message (ou objet-savoir), l'objet-vigueur, enfin l'objet-bien, qui est habituellement l'objet du désir (*Sémantique structurale*, p. 209). Dans *la Tentation* c'est l'objet-message qui est l'objet du désir. Les axes de la communication et de la quête ont tendance à se rejoindre.

Analyse structurale	*Repères*		
Désignation	T. I	T. II	T. III
Personnages			
Caractérisation	Pages N°	Pages N°	Pages N°
Rupture du contrat initial avec Dieu	1	1	1
Antoine avec ses doubles (T. I, T. II) ou seul (T. III)			
Refus de la situation actuelle			
«Autrefois pourtant, je n'étais pas si misérable!» (T. III)	376-381	473-475	523-527
Epreuve	2	2	2
Antoine, la Logique et les 7 Péchés (T. I, T. II), Nabuchodonosor et la Reine de Saba (T. III)			
Présentation de l'objet-bien			
Extorsion du message (de l'objet-savoir) = constitution du manque (T. I, T. II)			
«...car je ne t'aime pas, Seigneur, pas autant que je le désire.» (T. I)	381-386	475-476	527-533
Etablissement du contrat avec l'Opposant	3	3	3
Antoine, la Logique (T. I, T. II) Hilarion (T. III)			
Acceptation du contrat, explicite ou tacite			
«Tu les écouteras; et la face de l'Inconnu se dévoilera!» (T. III)	386-389	476-478	533-535

Epreuve	4	4	4
Antoine, les mêmes, les Hérétiques dont Simon et Hélène, Apollonius et Damis, les 3 Vertus (T. I, T. II) Présentation de l'objet-savoir			
«Comment! Il ressuscite les morts?» (T. I)	389-411	478-491	535-550

Epreuve	4 bis	4 bis	non repré-senté
Antoine, le Diable, la Science, la Logique, les 7 Péchés, les 3 Vertus Combat direct entre l'Opposant et Antoine, aidé par ses Adjuvants (les Vertus)			
«Sans vous j'étais perdu.» (T. I)	411-426	491-494	

Epreuve	4 ter	4 ter	non repré-senté sauf Nabucho-donosor et la Reine de Saba trans-férés dans la sé-quence N° 2
Antoine, le Diable, 3 Femmes-Allé-gories (T. I), la Courtisane, la mère d'Antoine (T. II), la Femme et le Pas-teur, Diane, Nabuchodonosor, les Poètes et les Baladins (T. I), la Reine de Saba, les hommes dans la tour (T. II)			
L'objet-bien (la femme, la puissance) et l'objet-savoir	426-436	494-501	

Epreuve	5	5	10
Antoine, la Chimère, le Sphinx, les monstres, les Bêtes de la mer, les organismes			

L'objet-savoir «...être matière moi-même pour savoir ce qu'elle pense.» Le Diable, ricanant: «Tu vas le savoir, je vais te l'apprendre!» (T. I)		436-442		501-504	568-571
Disjonction (départ)	6		6		6
Antoine, le Diable «Dans les espaces» (T. I)		442		504-505	563
Etablissement du contrat avec l'Opposant (duplication) Antoine, le Diable	7		7		7
Acceptation du contrat «Oh! comme tu es beau!» (T . I)		442-446		505-506	563-565
Disjonction (retour)	8		8		8
Antoine		447		506	565-566
Epreuve	9		9		9
Antoine, la Luxure et la Mort, la Vieille et la Jeune Femme (T. III) L'objet-savoir. «—Tu détruis, pour mes renouvellements! —Tu engendres, pour mes destructions!» (T. III)		447-454		507-509	566-568
Epreuve	10		10		5
Antoine, la Mort et le Diable (T. I, T. II), Hilarion (T. III), les Idoles, Bouddha (T. III), Oannès (T. III), les Dieux, la Voix (Jéhovah) L'objet-savoir «On a adoré tout cela, pourtant!» (T. I)		454-469		509-520	551-563

Rétablissement du contrat initial	11	11	11
Antoine, le Diable, les Péchés (T. I, T. II), Antoine seul (T. III)			
«O père des tendresses, j'espère en toi, je crois en toi.» (T. I)			
«Antoine fait le signe de la croix et se remet en prières.» (T. III)	470-473	520-522	571

	Paradigmes (lecture verticale)		
	syntagmes contrac- tuels	syntagmes performan- ciels	syntagmes disjonc- tionnels
1	C		
2		E	
3	C		
4		E	
(10)5		E	
6			D
7	C		
8			D
9		E	
(5)10		E	
11	C		

Aperçu paradigmatique des onze séquences de *la Tentation*:

Aperçu syntagmatique des onze séquences de *la Tentation*:

1	2	3	4	5 (10)	6	7	8	9	10 (5)	11
C	E	C	E	E	D	C	D	E	E	C

Note: Il n'a pas été possible de spécifier davantage la catégorie de l'épreuve (Greimas distingue trois catégories) car c'est toujours la même: l'épreuve principale, recommencée. On peut seulement observer une progression quant à l'Objet: objet-savoir et objet-bien d'abord, puis à partir de la séquence 4, objet-savoir uniquement.

On peut aussi observer: l'encadrement du récit par le contrat avec Dieu (sq. 1 et 11); la mise en valeur du deuxième contrat avec le Diable (sq. 7) grâce à l'encadrement de cette séquence par les séquences du «départ» et du «retour» (sq. 6 et 8); enfin, des deux premières versions à la troisième, la permutation des séquences 5 et 10.

La grande découverte qu'apporte le tableau, en effet, c'est que — malgré des bouleversements apparents — *la troisième version entre dans le cadre commun.* Un artifice de numérotation (4 bis et 4 ter pour les deux séquences qui ne sont représentées que dans la première et dans la deuxième version) a permis de conserver le même nombre de séquences pour les trois versions. On constate alors, avec une certaine surprise, que le déroulement de T. I et de T. III est rigoureusement le même [10] *sauf* en ce qui concerne les séquences 5 et 10, mais celles-ci sont simplement inter-verties. Et comme la séquence 10 (je veux dire le N° 10, quel qu'en soit le contenu) est la dernière grande séquence narrative, celle qui mène l'œuvre à sa conclusion, on peut s'interroger sur la valeur conclusive à accorder à l'une ou à l'autre de ces deux séquences. En d'autres termes, *la Tentation* trouve-t-elle son «mot de la fin» dans: «J'étais le Dieu des armées! le Seigneur! le Seigneur Dieu!» (T. I, p. 469 B) ou dans: «... être la matière!» (T. III, p. 571 B)? Mais puisque les deux séquences (et elles seules) ont donné lieu à permutation, on peut aussi choisir de les considérer comme *équivalentes:* c'est là une lecture paradigmatique que le tableau autorise.

D'autres séquences, ou fragments de séquence, sont éclairés par la mise en tableau. C'est ce qui se passe pour la séquence 4 bis. Si elle n'a pas été reprise dans la troisième version, ce n'est pas par manque d'intérêt intrinsèque, mais parce qu'elle était liée à la présence de personnages qui n'existaient que dans la première et dans la deuxième version. Les seuls qui auraient subsisté seraient Antoine et Hilarion, et dans ce cas la séquence 4 bis ferait double emploi avec les sq. 3 et 7. Mais cela signifie que cette sq. 4 bis, loin d'être une séquence «condamnée», représente au

---

[10] Du point de vue *formel*, et compte tenu des transferts déjà signalés: Nabuchodonosor, la Reine de Saba, plus quelques autres fragments (la coupe), qui passent de la sq. 4 ter (T. I et T. II) à la sq. 2 (T. III).

contraire une des «possibilités» du texte. Curieusement, c'est la séquence 4 ter qui renferme le plus de trésors, c'est-à-dire de fragments narratifs qui ne sont représentés que dans les deux premières versions, ou même dans une seule des deux. Cette séquence a disparu sans doute parce qu'elle réintroduisait l'objet-bien et qu'elle rompait ainsi la continuité entre les sq. 4 et 5, centrées sur l'objet-savoir. On y trouve des épisodes étranges:

— l'Adultère, la Fornication et l'Immondicité (T. I)
— la Courtisane, Lampito et «le Faux Antoine» (T. I, T. II)
— la mère d'Antoine (T. II)
— la Femme et le Pasteur (T. I, T. II)
— Diane (T. I, T. II)
— le mystérieux épisode de la tour qui s'ensable (T. II).

C'est cette même séquence qui a «délégué» des épisodes ailleurs (voir note 10). Est-ce une séquence fourre-tout? Ou plutôt le refuge secret d'épisodes errants — dont certains très beaux — qui n'ont pas trouvé d'attache permanente dans le texte, peut-être à cause de leur nature trop purement fantasmatique, peut-être à cause de l'hétérogénéité de leur inspiration? C'est le moment de signaler l'existence d'un autre épisode errant, très beau aussi, et dont le destin est d'errer. On l'appelle «le Christ dans la banlieue» et il a été restitué par un érudit d'après les brouillons de Flaubert[11].

Peut-être est-on plus à même, maintenant, de considérer *la Tentation de saint Antoine*, en ses trois versions solidaires, comme UN TEXTE UNIQUE, comme un texte qui se prête au même type de lecture qu'un mythe: à une *lecture verticale* et à une *lecture «en épaisseur»*. Double lecture paradigmatique en effet, dans la mesure où il y a un double jeu de paradigmes:

1° *Les paradigmes du syntagme*

C (contrat), E (épreuve), D (départ ou retour): on les a déjà vus, regroupés en colonnes. Les séquences forment paradigme, les personnages aussi, par relation d'opposition (les Opposants/les Adjuvants) ou d'identité: dans T. III, Hilarion se métamorphose en Diable, il y a donc dans cette version un paradigme Hilarion/le Diable.

[11] Par Louis Bertrand. On trouve ce texte en note dans l'édition de la Pléiade, tome I, p. 1019-1021.

2° *Les paradigmes des trois couches du texte*
Chaque séquence (sauf les sq. 4 bis et 4 ter) est sujette à triplication. Exemple: T.I sq. 7/T.II sq. 7/T.III sq. 7. De même, Hilarion forme dans l'épaisseur du texte un paradigme: T.I-T.II la Logique/T.I-T.II la Science/T.III Hilarion. Enfin on a vu les relations de couche à couche des microstructures.

Si chacune des trois versions, prise en elle-même, est un texte à deux dimensions, l'ensemble est (je laisse la parole à Claude Lévi-Strauss parlant du mythe d'Œdipe)

> un ensemble tri-dimensionnel: lequel peut être «lu» de trois façons différentes: de gauche à droite, de haut en bas, d'avant en arrière (ou inversement). [12]

Il n'est pas malséant de lui emprunter également sa figure (chaque carte représentant une version de *la Tentation*):

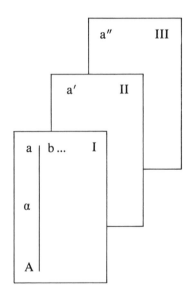

---

[12] *Anthropologie structurale*, Plon, p. 241.

CHAPITRE IV

ENTRE L'AUTRE ET LE MÊME
(étude du symbolique dans l'épisode des dieux)

> ... Pitié pour ma volonté, Dieu des
> âmes! Donne-moi la force et l'espoir!
>
> Flaubert, prière pour *Salammbô*,
> 12 juin 1858

L'écriture de la répétition [1]

L'épisode des dieux, c'est cette séquence [2] par laquelle se terminent la première et la deuxième version de *la Tentation de saint Antoine*. C'est une des deux «fins» possibles de l'œuvre [3]. Il y a certainement des justifications méthodologiques à aborder un texte par sa fin. Les fins des romans de Flaubert (les derniers chapitres et les dernières phrases) sont aussi travaillées et ont donné lieu à autant d'exégèses que les commencements. L'incipit, le chapitre liminaire, les dernières pages et le «mot de la fin» produisent *plus de sens* — un excès, un surplus de sens. «C'est la faute de la fatalité!» «C'est là ce que nous avons eu de meilleur!» «Pour qu'il croisse, il faut que je diminue.» En effet, à ces points-limites du texte, lieux privilégiés car détachés du reste, le signifiant apparaît clairement comme excédant tous les signifiés déterminés qui chercheraient à l'épuiser. Ce surplus de sens, Lévi-Strauss l'appelle «la part de Dieu» (seul l'entendement divin l'absorberait) et il y voit «le fondement de la pensée symbolique» [4].

---

[1] Expression empruntée à Françoise Gaillard, «L'en-signement du réel (ou la nécessaire écriture de la répétition)» in: *La Production du sens chez Flaubert — colloque de Cerisy*, 10/18, p. 197 et suiv.

[2] T. I sq. 10, T. II sq. 10, T. III sq. 5, p. 454, 509, 551.

[3] L'autre étant la séquence de la fusion d'Antoine avec les organismes — «être la matière» (fin de T. III).

[4] Cité in: F. Gaillard, art. cité, p. 216.

«J'étais le Dieu des armées! le Seigneur! le Seigneur Dieu!» Quel est le fonctionnement symbolique de cette phrase-clausule et de l'épisode des dieux tout entier? La question s'impose, d'autant que cet épisode, comme par hasard, thématise la part de(s) dieu(x) et s'aventure même à figurer sur la «scène» la transcendance divine, du moins à faire retentir Sa Voix. Mais une question plus simple se pose d'abord.

L'épisode des dieux est-il une «tentation»?

Ce défilé de dieux païens n'est pas mentionné par les hagiographes parmi les tentations qui auraient assailli le saint [5] — c'est donc une pure invention de Flaubert [6]. D'autre part, si l'on y prend bien garde, on s'aperçoit que cet épisode ne représente pas une tentation au sens strict du mot. Il suffit de faire la comparaison avec par exemple l'épisode des hérétiques, ou séquence 4. Les hérétiques, historiquement ses contemporains, interpellent personnellement Antoine (fonction conative), ils lui apportent une connaissance et une pratique de culte actuelles, ce sont des fidèles cherchant à gagner un néophyte (tous les personnages sont sur le même plan). L'enjeu de l'épreuve est bien la séduction religieuse d'Antoine. «Approche donc, tu verras parmi nous des docteurs, des martyrs, des prophètes!» (T. I, p. 390 A) «Tu les écouteras; et la face de l'Inconnu se dévoilera!» (T. III, p. 535 B) Et l'organisation métonymique du texte (qui s'éclaire, on s'en souvient, du rapprochement opéré par Freud entre le tabou et la névrose obsessionnelle) est le fait du libre jeu des désirs d'Antoine. Les désirs sont figurés par les sectes hérétiques; le jeu entre les désirs et leur prohibition, par les «jeux de scène» des personnages:

La flamme poursuit saint Antoine; il fuit partout pour l'éviter (...).
Antoine: Que faire? que faire? Ah! si j'avais de l'eau bénite!
Le feu disparaît, Ennoïa jette un cri plaintif; Simon (...) *disparaît avec Ennoïa.*
Aussitôt on voit sortir du côté gauche
Les Elxaïtes...

(T. I, p. 396 A)

---

[5] Contrairement à d'autres éléments: l'enfant noir, la tentation des pièces d'or, la taille gigantesque de Satan... Jacques de Voragine, *la Légende dorée*, éd. Perrin, p. 87 et suiv.

[6] Une invention inspirée d'une source moderne: le Christ dans l'*Ahasvérus* de Quinet.

C'est seulement en apparence que l'épisode des dieux suit un déroulement parallèle. Le Diable se charge de la fonction conative. «Tiens! regarde!» (T. I, p. 454 A) «Ecoute-les, il y en a d'autres.» (T. I, p. 456 A) Les dieux viennent à tour de rôle faire eux-mêmes l'exposé de leur culte. Mais leurs discours sont des lamentations — «Ecoute, c'est un dieu qui pleure!» (T.I, p. 458 B) —, leurs cultes sont révolus, comme le souligne la distribution des formes verbales: le présent a pour fonction essentielle d'actualiser la déchéance, et les formes du passé prédominent. «Je fus un petit poisson...» (un dieu de l'Inde, T. I, p. 455 B) «J'ai dompté le taureau de l'île de Crète, j'ai tué le sanglier d'Erymanthe, j'ai percé de flèches les oiseaux du lac Stymphale, j'ai étouffé à bras le corps le lion de Némée.» [7] (Hercule, T. I, p. 462 B) «Maintenant les hommes sont ennuyés de moi, le blé de lui-même pousse dans leurs sillons.» (Cérès, T. I, p. 461 B) «Dans les sépulcres d'Israël, le vautour du Liban vient pondre sa couvée, mon temple est détruit, mon peuple est dispersé.» (Jéhovah, T. I, p. 469 B) Autre différence qui exclut toute séduction religieuse: les dieux ne s'adressent pas à Antoine, les personnages sont sur deux plans qui ne s'interpénètrent pas, la Mort et le Diable faisant la médiation. On sait en effet que dans la première et dans la deuxième version, le défilé des dieux se fait *sous le fouet de la Mort*. Cette allégorisation naïve établit une continuité narrative entre les séquences 9, 10 et 11. La séquence 9 (Antoine, la Luxure et la Mort) introduit le thème de la «tentation du néant». La séquence 10 (le défilé des dieux) fait porter l'attaque du néant sur la religion: «On a adoré tout cela, pourtant!» (Antoine, T. I, p. 465 B) et la séquence 11 tire la leçon:

Le Diable, *frappant du pied:*

> Ils sont tombés, le tien tombera. *(Montrant la Mort et la Luxure.)* Elles seules resteront.
>
> (T. I, p. 470 A)

On voit bien que cette «tentation» demande à être mieux définie. S'agit-il de désir? L'organisation du texte est métonymique, comme dans l'épisode des hérétiques. Mais ici, dans la séquence 10, elle ne repose pas sur ce déplacement du désir d'un protagoniste au suivant, qu'on voyait à l'œuvre dans la séquence 4. La succession des personnages n'est pas

---

[7] Flaubert emploie le passé indéfini avec sa valeur moderne de passé révolu.

dynamique mais purement mécanique, et il faut, pour la soutenir, ce geste d'automate:

La Mort, *frappant:*
> Plus vite! plus vite!

Puis l'idole de Tartarie, statue d'homme en agate verte, qui dans sa main d'argent tient sept flèches sans plumes.
La Mort, *frappant:*
> Allez donc! allez donc!

Puis les trois cent soixante idoles des Arabes, correspondant aux jours de l'année, qui vont grandissant de taille et diminuant.
La Mort, *frappant:*
> Passez! passez!

Puis l'idole des Gangarides...

(T. I, p. 454 B)

Cependant, c'est ce caractère rigide du texte qui nous ramène finalement au *Totem et tabou* de Freud et à la névrose obsessionnelle. A la lumière de l'analyse freudienne, un certain nombre d'éléments se dégagent, qui font système. Au niveau des actants, il faut retenir les dieux qui s'abolissent successivement pour faire place au Dieu de l'Ancien Testament, à DIEU LE PÈRE, et ensuite Antoine, personnage FILIAL qui *«tombe la face contre terre»* devant Dieu (T. I, p. 469 A) et qui dans la troisième version récitera le Credo avec soumission. Au niveau des thèmes: l'OBSESSION DE LA MORT des dieux (DE DIEU). Au niveau des affects: l'ANGOISSE d'Antoine (T. I, p. 470 A) quand le Diable et la Logique lui démontrent que «Dieu est mort» (*«le tien tombera»* est la transcription en langage du IVe siècle du «Dieu est mort» du XIXe). Au niveau de l'écriture: le caractère COMPULSIF du texte, dont le fonctionnement sera étudié plus loin.

Le rapport entre la *religion* et la *famille* est bien connu. Quoi de plus explicite que le Credo? «Je crois en un seul Dieu, le Père, — et en un seul Seigneur, Jésus-Christ — fils premier-né de Dieu...» (T. III, p. 559 A) Le problème que la mort pose aux hommes, écrit Freud, n'est peut-être pas à l'origine un problème intellectuel: «nous croyons que la force qui pousse l'homme à réfléchir sur la mort a sa source dans le conflit affectif que cette situation [le deuil] crée chez les survivants [d'un proche].»[8] L'épisode des dieux, dans *la Tentation de saint Antoine*, montre, avec beaucoup

---

[8] *Totem et tabou*, Payot, p. 108.

d'intuition de la part de Flaubert, que la tentation du néant universel, tout intellectuelle d'apparence, est la transposition des conflits engendrés par la mort (le meurtre) du Père symbolique. Derrière la tentation du néant se lit la tentation de TUER LE PÈRE.

Le crépuscule de Dieu

La version flaubertienne de la «Götterdämmerung» n'a rien de grandiose. Quand il s'agit du meurtre du Père, Flaubert travaille toujours délibérément dans le grotesque[9]. Si les dieux sont tous plus ou moins maltraités, on remarque surtout un Apollon bégayant qui a des ennuis avec sa cithare (T. I, p. 466 A) et un Cupidon aux «paupières chassieuses» qui apparaît juste après que la Mort a chassé Vénus *«en lui donnant de grands coups de fouet sur les fesses»* (T.I, p. 468 A). Après cela, on imagine bien que les plus nobles discours sont piégés, même si l'ironie est indécidable. «De quel rivage souffle ce vent qui trouble ma pensée?» (Minerve, T. I, p. 461 A) «Dès avant ma naissance je pesais plus qu'un homme...» (Hercule, T.I, p. 462 A) «je tremblais comme un épileptique aux secousses de mes volcans» (la Terre, T. I, p. 459 B). «...et ma désolation allait de droite à gauche, comme un chameau lâché dans un champ de maïs» (Jéhovah, T. I, p. 469 A). On observera la désinvolture de la comparaison entre Dieu... et un chameau. Surtout, cette image a un caractère primitif: le comparé est un état psychologique et le comparant un animal. Le figuré s'intègre au désigné (biblique). C'est le principe d'une image de *Madame Bovary:* «Sa pensée, sans but d'abord, vagabondait au hasard, comme sa levrette, qui faisait des cercles dans la campagne...»[10] Dans toute l'œuvre se pose le problème de la dimension ironique (auto-ironique?) des figures.

Que dire alors du discours du fondateur de religion Zoroastre (pour qui Flaubert n'éprouve pas la même admiration que Nietzsche!) —

On commence [à se laver] par l'espace compris entre les sourcils, puis le derrière de la tête, puis l'oreille droite, puis l'oreille gauche, puis l'épaule droite, puis l'épaule gauche, ensuite l'aisselle droite, ensuite l'aisselle gauche, ensuite la mamelle droite, puis la mamelle gauche, puis la fesse droite, puis la fesse gauche; si c'est un homme, il lavera d'abord le derrière et ensuite le devant; si c'est une femme, elle lavera d'abord le devant, et ensuite le derrière (etc.)

(T. I, p. 458 A)

---

[9] L'œuvre de référence étant le conte de jeunesse: *les Funérailles du docteur Mathurin,* in: *O.C.,* I, l'Intégrale, p. 220.

[10] Pléiade, I, p. 331.

— qu'en dire? sinon que Flaubert a saisi sur cet exemple combien le rituel religieux est proche de l'acte obsessionnel de la névrose. On peut lire ce texte comme une excellente charge antireligieuse. Qu'on ne s'y trompe pas, il n'y a pas de dieu qui soit épargné par Flaubert [11], tous se valent. Ils sont les formes diverses d'une même divinité, dont la forme pénultième est le Dieu d'Israël et la forme ultime «le Dieu de Nazareth» (T. I, p. 469 B). Ainsi le crépuscule des dieux signifie-t-il nécessairement le crépuscule de Dieu.

Dieu est mort. A cette découverte propre au XIXᵉ siècle, et dont le rapport avec l'Histoire n'a pas échappé aux contemporains — Nerval en témoigne, «[né] dans des jours de révolutions et d'orages, où toutes les croyances ont été brisées» [12] — Flaubert donne, avec une intuition très sûre là encore, la dimension mythique de *la loi du talion*. Depuis l'aube des temps, Dieu a été voué à la mort, et toujours le fils a pris la succession du père. «Chacun son tour...» (T. III, p. 559 B) *La Tentation de saint Antoine* illustre par avance les études sur les mythes d'Otto Rank. «Saturne m'a mutilé...» se plaint Uranus [Ouranos] (T. I, p. 459 A) «Puisque j'avais détrôné Uranus, pourquoi donc Jupiter est-il venu?» poursuit Saturne [Kronos] (T. I, p. 459 B) Comme l'écrit le psychanalyste: «Le fils tue le père parce que celui-ci le menace, mais craint que ses propres enfants ne lui fassent subir le même sort» [13].

Cependant «le mythe de Kronos se reconnaît comme une adaptation du mythe égyptien encore plus primitif d'Osiris». [14] Aussi Flaubert n'a-t-il pas manqué de placer avant les dieux grecs «Isis toute éplorée qui se lamente au clair de lune, elle ne se lasse pas de chercher les membres de son époux... (...) et sur son cœur amaigri elle presse en pleurant le phallus de sycomore qui ne la fécondera plus que du débile Harpocrate [Horus]...» (T. I, p. 458 B)

A présent, des origines passons à l'autre bout du processus, à la religion juive: «un transport de dévotion fut la première réaction au retour du Père tout-puissant», écrit Freud dans *Moïse et le monothéisme* [15]. Mais

[11] Dans T. III, Flaubert ajoute au défilé le dieu-poisson Oannès, peut-être le plus grotesque de tous: *«Il s'avance droit en l'air, en battant le sable de sa queue; — et cette figure de patriarche avec de petits bras fait rire Antoine.»* (p. 553 B)

[12] *Aurélia*, Garnier-Flammarion, p. 160.

[13] Otto Rank, *Don Juan. Une étude sur le double*, Denoël et Steele, p. 219 («Die Don Juan-Gestalt», in: *Imago*, 1922, vol. VIII).

[14] *Ibid.*, p. 217.

[15] Idées/Gallimard, p. 179.

l'hostilité ancienne des fils vis-à-vis du père devait se manifester tôt ou tard. Et comme la religion juive n'admettait que des sentiments positifs, c'est par une autre voie que l'hostilité devait se faire jour, par «un sentiment de culpabilité, le remords d'avoir péché et de continuer à pécher envers Dieu» *(ibid.)*. C'est là, selon l'interprétation audacieuse de Freud, que Jésus entre en scène et prend sur lui la culpabilité des Juifs. Evidemment, Jésus ne parle pas du meurtre de Dieu... Mais, selon la logique de l'inconscient, «un crime que seul le sacrifice d'une vie pouvait racheter pouvait-il être autre chose qu'un meurtre? Il était dit, de plus, que le sacrifié était le propre Fils de Dieu...» [16] Ainsi le passage du judaïsme au christianisme entre-t-il dans l'enchaînement de la loi du talion:

> Issu d'une religion du Père, le christianisme devint la religion du Fils et ne put éviter d'éliminer le Père. [17]

Qu'on lise en regard les plaintes que Flaubert prête à Jéhovah:

> On a étranglé les prêtres avec les cordons de leurs habits, les forts ont péri par le glaive, les femmes sont captives, les vases sont tous fondus.
> C'est le Dieu de Nazareth qui a passé par la Judée! Comme un tourbillon d'automne il a entraîné mes serviteurs, les nations sont pour lui, on adore son tombeau, on invoque ses martyrs, ses apôtres ont des églises, sa mère aussi, sa famille, tous ses amis! et moi je n'ai pas un temple! pas un morceau de pierre où soit mon nom!
>
> (T. I, p. 469 B)

Mais le Père se sera pas tué. La «tentation» — si tel était bien son sens — est victorieusement repoussée, comme l'ont été les autres tentations précédemment. Elle était grande cependant, comme en témoigne l'angoisse d'Antoine, signe inversé de son désir. Le père ne sera pas tué, parce que dans le christianisme le nouveau dieu coexiste avec l'ancien dieu, le Fils est *aux côtés* du Père [17]. «Je crois en un seul Dieu, le Père — et en un seul Seigneur, Jésus-Christ, — fils premier-né de Dieu — [...] et en un seul Saint-Esprit...» (T. III, p. 559 A) Malgré un dernier et vain effort du Diable qui prophétise la venue d'un Contre-Christ, l'œuvre s'achève sur le triomphe de Dieu [18]:

> O père des tendresses, j'espère en toi, je crois en toi. [...] Je répéterai ton nom tous les jours et toutes les nuits, je l'écrirai avec mes mains sur les rochers, avec mes pas je le tracerai sur la poussière... (...) Oh! Dieu! Dieu! Dieu! Dieu!
>
> (T. I, p. 470 B)

---

[16] *Ibid.*, p. 181.

[17] *Ibid.*, p. 182.

[18] Dans sa première et sa deuxième version. On se demandera plus tard pourquoi l'épisode des dieux est rétrogradé dans la troisième version.

C'est-à-dire sur l'énonciation du nom de Dieu, qui n'est autre que *le Nom-du-Père*, le signifiant du Père. Ceci est dans la logique du christianisme... et dans la logique de l'inconscient. Freud, écrit Lacan, a été amené «à lier l'apparition du signifiant du Père, en tant qu'auteur de la Loi, à la mort, voire au meurtre du Père — montrant ainsi que si ce meurtre est le moment fécond de la dette par où le sujet se lie à vie à la Loi, le Père symbolique en tant qu'il signifie cette Loi est bien le Père mort» [19]. Mais qu'en est-il du Nom-du-Père, du signifiant du Père, dans l'ensemble de l'épisode des dieux?

Trop de noms, pas de nom

Nulle part autant que dans *la Tentation de saint Antoine* Flaubert n'a été «tenté» d'accéder au symbolique. Jean Seznec nous le restitue lisant *la Symbolique* de Creuzer [20], et c'est à chaque page, de chaque illustration, que le symbole devait jaillir devant lui, dans son évidence et son étrangeté: *«dieux à plusieurs têtes, à plusieurs bras»... «leurs trompes d'éléphants se balancent comme des encensoirs»... «des plantes descendent de leur nez, des jets d'eau jaillissent de leurs têtes...»* (T. I, p. 455 A) [21] Le symbole est de l'ordre du *plus*, et donc aussi du *moins: «Ceux qui avaient plusieurs têtes se la tranchent avec leurs épées...» (ibid.)* Le symbole par excellence, les religions antiques en faisaient l'objet de leurs cultes et la révélation suprême de leurs mystères: *«Droit en l'air se tient un phallus...» (ibid.)* Ainsi des religions mortes, recueillies dans les pages mortes des encyclopédies, authentifient notre savoir latent, c'est-à-dire que

tous les symboles primaires se rapportent au corps, au sexe, à la naissance et à la mort. Ils relèvent de la pensée magique, et ils expriment les fantasmes du corps morcelé, avant l'image «orthopédique» du miroir. Ils sont la métaphore des parties du corps perdues, le sein maternel, l'excrément, le phallus: tout ce qui tombe ou pourrait s'en aller de soi, tout ce qui menace l'unité du sujet, tout ce qui l'angoisse depuis le déchirement de la naissance. [22]

«Petite chose pouvant être détachée du corps» [23], le phallus renvoie à la castration symbolique, et inversement toute image de mutilation renvoie au phallus et à la fonction symbolique du Père.

[19] Lacan, *Ecrits*, Seuil, p. 556.

[20] Titre exact: *Religions de l'Antiquité considérées principalement dans leurs formes symboliques et mythologiques.*

[21] J. Seznec a montré que ces phrases n'étaient rien d'autre que la transcription des figures illustrant l'ouvrage de Creuzer, in: *Les Sources de l'épisode des dieux dans «La Tentation de saint Antoine»*, Vrin, p. 45-46.

[22] Robert Georgin, *Le Temps freudien du verbe*, L'Age d'Homme, p. 105.

[23] Freud, *Cinq psychanalyses*, PUF, p. 389.

Dire le *plus* par le *moins* est toujours plus facile. Dans la troisième version de *la Tentation*, où Flaubert se censure, l'épisode des dieux est troué de figures de la mutilation: «J'ai donné mes mains aux manchots, mes jambes aux boiteux, mes prunelles aux aveugles; j'ai coupé ma tête pour les décapités.» (Le Bouddha, T. III, p. 553 B) *«Alors un vertige prend les dieux. (...) Ils arrachent leurs attributs, leurs sexes...»* (T. III, p. 553 B) *«Avec une pierre tranchante il s'émascule...»* (Atys, T. III, p. 556 A); et une place de choix est réservée au mythe d'Osiris, avec la création du personnage d'Isis (nouveauté par rapport à la première et à la deuxième version):

> ... apprenez-moi où se trouve Osiris!
> Je l'ai cherché par tous les canaux et tous les lacs — [...] Nous avons retrouvé tous ses membres. Mais je n'ai pas celui qui me rendait féconde!
> (T. III, p. 557 A)

Que Flaubert ait opté, dans la troisième version, pour le manque de préférence au surplus, c'est ce que montre encore ce fragment que l'on trouve dans T. III uniquement:

> Antoine: Quelle déesse?
> Hilarion: La voilà!
> *Et il lui fait voir, tout au fond de l'avenue, sur le seuil d'une grotte illuminée, un bloc de pierre représentant l'organe sexuel d'une femme.*
> Antoine: Ignominie! quelle abomination de donner un sexe à Dieu!
> (T. III, p. 554 B)

On observera la rupture logique apparente entre ce qu'Antoine voit et ce qu'il dit: on lui montre un sexe de femme et il pense au sexe de l'homme! Dans la perspective symbolique, rien de plus logique au contraire. La psychanalyse a montré que le sexe féminin est le signifiant privilégié de la castration. C'est la découverte de cette prétendue «castration» maternelle qui est pour l'enfant la première étape sur la voie de la reconnaissance de la Loi du Père.

Mais dans la première version, Flaubert pratique une écriture de la transgression. Fort sans doute de ses références savantes, il pointe du doigt vers le signifiant-type, il nomme l'innommable. Des idoles défilent, *«qui embrassent à deux bras des phallus monstrueux»* (T. I, p. 454 B). Isis «presse en pleurant le phallus de sycomore» d'Osiris (T. I, p. 458 B), et pour Cybèle «est dressé tout droit le phallus de cent vingt coudées...» (T. I, p. 464 B). Nommer, c'est commencer à symboliser. Mon nom est mon premier symbole. «J'ai trois frères, Paul, Ernest et moi » dit l'enfant, car «ce qui me représente symboliquement — fût-ce le nom propre ou le pronom personnel — ne sera jamais totalement moi» [24]. On saisit peut-être mieux la force symbolique du discours déjà cité où Antoine promet de «nommer» Dieu: «Je répéterai ton nom [...] je l'écrirai [...] je le tracerai...» (T. I, p. 470 B), et au contraire le rejet de la Loi dont témoigne la lamentation du Dieu d'Israël: «... et moi je n'ai pas un temple! pas un morceau de pierre où soit mon nom!» (T. I, p. 469 B). Le texte propose ici, à une page de distance, deux attitudes extrêmes vis-à-vis du nom: trop de noms, ou pas de nom du tout; deux manières de rester au bord du symbolique, sans y accéder vraiment.

Le symbole, je l'ai dit en introduction à ce chapitre, a *un surplus de sens flottant*. Ne pas cerner le sens, le laisser flotter, est essentiel. Pour des raisons historico-idéologiques [25], l'écriture flaubertienne à la fois *produit* ce surplus (elle assume un écart constitutif entre la représentation et le réel, donc il y a quelque part un inaccessible surplus de réel) et *refuse* de laisser librement jouer son potentiel de signification (elle tend à plier le symbole à la loi de la représentation: un signifiant pour un signifié). Il est des symboles purs, chez Flaubert:

> A mon chevet fume la coupe des enchantements, dont il suffit d'avoir bu pour n'en pas perdre le goût; je me sers des parfums qui mettent en amour, ET LES ROUGES PHALLUS SE DRESSENT DANS MA MAIN.
>
> (T. I, sq 4 ter, p. 429 A) [26]

En voilà un, moulé dans un alexandrin dont l'écriture n'est pas celle de la représentation. C'était, écrit Maxime Du Camp, le premier auditeur de *la Tentation de saint Antoine*, «des phrases, des phrases, belles, habilement construites, harmonieuses, souvent redondantes, faites d'images grandioses et de métaphores inattendues, mais rien que des phrases...» [27] Il est symptomatique que le fragment ci-dessus cité ait disparu de la deuxième et de la troisième version. Du Camp et Bouilhet ont rappelé à Flaubert le précepte de La Bruyère: «Si vous voulez dire: Il pleut, dites: Il pleut.» [28] Mais en lui rappelant le principe de l'écriture de la représentation, ils sont allés au-devant de sa propre tendance. Les

---

[24] R. Georgin, ouvrage cité, p. 93.

[25] F. Gaillard, art. cité, p. 215-217.

[26] Les capitales sont de moi.

[27] Maxime Du Camp, *Souvenirs littéraires*, in: Flaubert, *O.C.*, I, l'Intégrale, p. 25 A.

[28] *Ibid.*, p. 25 B.

symboles purs sont rares, même dans la première version de *la Tentation*. D'appeler la locutrice qui prononce le discours aux «rouges phallus», la Fornication, c'est déjà couper court au libre jeu du symbole, éliminer le surplus de sens. Cet effet de chute, de dégonflement du symbole, est souvent perceptible dans l'épisode des dieux:

Droit en l'air se tient un phallus
dans une vulve...

> ... *comme* un cierge dans un chandelier.   (T. I, p. 455 A)

Et c'est pour elle qu'est dressé tout droit le phallus de cent vingt coudées où l'on grimpe avec des cordes...

> ... *comme* au tronc d'un palmier quand on va cueillir les dattes.
> (T. I, p. 464 B) [29]

Dans ces phrases, la première partie est la métaphore de l'objet perdu et inaccessible, tandis que la deuxième partie rabat le symbole vers le signe, et ramène l'inconnu au connu et même au banal. Il faut noter le rôle réducteur de la comparaison par «comme». On observe que la première partie, c'est le symbole brut tel que le livrent à Flaubert ses sources savantes — textes ou images d'illustration. La comparaison, elle, est le produit de l'écriture dite réaliste. — De même, que reste-t-il de la puissance suggestive de la castration SYMBOLIQUE, lorsque Flaubert saisi par le démon du réalisme se laisse aller, dans la troisième version (T. III, p. 556 A), à la représenter en acte? *La Tentation* n'est que de l'écrit. Mais l'écriture de la représentation implique que l'acte est performable. Paradoxalement, au théâtre (dans l'adaptation de Béjart), cette scène retrouvait sa charge symbolique, parce que le théâtre *n'est pas* un lieu de réel. Mais au cinéma, où «l'effet de réel» fonctionne encore à plein, le problème se pose à nouveau. Le phallus «ne peut jouer son rôle que voilé» [30].

---

[29] C'est moi qui souligne.
[30] Lacan, *Ecrits*, p. 692.

Le surplus comprimé DU signifiant devient chez Flaubert prolifération DES signifiants. C'est ainsi que le Nom-de-Dieu est multiplié (et dévalué, comme quand on a trop recours à la planche à billets) en un nombre délirant de noms de dieux. Pourquoi Flaubert tenait-il tant à cette séquence, qui est entièrement de son invention? Le rapport au Père a fourni l'amorce d'une réponse; mais on voit maintenant que la nécessité de cet épisode (épisode qui posait d'insurmontables problèmes esthétiques et qui reste raté, d'un certain point de vue) est de l'ordre du fonctionnement textuel proprement dit. — A quoi bon compter les noms, quand le but du texte est de suggérer qu'on ne peut pas les compter? Il est intéressant de voir seulement que les premiers dieux n'ont pas de noms, ils n'ont justement que le nombre: *«elles* [les idoles] *se suivent à la file, en silence, tassées, nombreuses, remuant toutes la tête...»* (T. I, p. 454 B) *«Puis les trois cent soixante idoles des Arabes, correspondant aux jours de l'année...» (ibid.)*

Après le passage de cette foule anonyme, c'est Zoroastre qui inaugure le régime du nom, dans la première version. Alors commence la prolifération des noms, qui se complique du fait que quatre instances énonciatrices se partagent le nom: 1° l'instance du narrateur, lorsque le nom figure dans les «indications scéniques»: *«A la voix du Diable, Zoroastre se retourne d'un bond.»* (T. I, p. 457 B) 2° l'instance d'un personnage qui parle de (ou à) Zoroastre, sur le mode du *il* (ou du *tu*):

Le Diable: ... la bourrasque d'automne a soufflé sur ton feu, ô Zoroastre...

(T. I, p. 457 B)

3° l'instance d'un personnage qui dit son propre nom sur le mode du *je:* «Comment, moi Pallas, moi la fille de Jupiter...» (T. I, p. 461 A) A cela il faut ajouter un 4°: l'instance (la même que celle du 1°?) qui prend en charge l'attribution des «rôles» et qui écrit en tête de chaque discours le nom du personnage qui va le prononcer. Prenons l'exemple d'une page (la page 459 de T. I). On y trouve, au titre de:

— la 1re instance: Apis, Uranus (2 ×), la Terre (2 ×), Saturne, Rhéa,
                     Jupiter, Junon;
— la 2e instance: Sérapis, Phta, Epaphus, Saturne, Dieu (2 ×), Chaos,
                     Cyclopes, Uranus (2 ×), Jupiter, Neptune;
— la 3e instance: Osiris, Sérapis, Anubis, Dieu, le Démiurge, l'Ame
                     incarnée, le Grand-Tout;
— la 4e instance: Uranus, la Terre, Saturne, Rhéa.

Ce qui fait, toutes instances confondues, trente-deux noms. «J'étais Osiris, Sérapis, Anubis, j'étais Dieu; j'étais le Démiurge apparu, l'Ame incarnée, le Grand-Tout...» tous les noms — Apis s'attribue TOUS les noms, ce qui montre bien qu'ils ne sont que les multiples DU nom.

Je laisserai la deuxième version de côté, car elle ne constitue vraiment qu'un resserrement de la première[31]. Mais il devient intéressant de comparer *la troisième version* avec *la première version*, dans la mesure où l'épisode des dieux a subi de T. I à T. III un remaniement profond. On note d'abord que les dieux dans T. III, loin de diminuer en nombre, semblent se multiplier encore. Une sorte de compulsion pousse Flaubert, qui trouve dans les métamorphoses des dieux de l'Inde la justification emblématique de son délire: *«Et ces dieux, ces déesses se décuplent, se multiplient. Sur leurs épaules poussent des bras, au bout de leur bras des mains...»* (T. III, p. 552 A) — Tout le monde connaît les dieux de la Grèce. Pas d'évocation qui frôle davantage le cliché scolaire, qui risque autant d'ennuyer le lecteur le mieux disposé. Flaubert en était conscient, comme le prouve une lettre d'août 1849 au bibliothécaire Baudry:

Savez-vous de quoi un citoyen peut avoir soif par le temps qui court? — de renseignements sur Apollon. Voilà ce qui me manque...[32]

Eh bien, croira-t-on que vingt ans plus tard, il n'ait rien trouvé de mieux pour sa troisième version qu'une interminable «indication scénique» (totalement absente de la première version) dont je donne ici les principaux jalons narratifs. On jugera si la sensibilité esthétique de Flaubert pouvait s'en satisfaire...

Au milieu du péristyle, sur un trône, JUPITER, colossal et le torse nu, tient la victoire d'une main, la foudre dans l'autre...
JUNON, auprès de lui...
Par derrière, MINERVE, debout sur un piédestal...
A la droite du palais, le vieillard NEPTUNE chevauche un dauphin...
De l'autre côté, PLUTON, farouche...
MARS, vêtu d'airain...
HERCULE, plus bas, le contemple, appuyé sur sa massue.
APOLLON, la face rayonnante, conduit (...) quatre chevaux (...) et CÉRÈS, dans un chariot que traînent des bœufs...
BACCHUS vient derrière elle, sur un char très bas, mollement tiré par des lynx...
DIANE, la tunique retroussée...
Au fond d'une caverne, VULCAIN...　　　　　　　(T. III, p. 558 B)

---

[31] Cependant, même dans la deuxième version, le volume de l'épisode reste important. Voici le décompte des pages dans l'Intégrale: T. I: 15 p. ¾ T. II: 10 p. ¾ T. III: 12 p. ¾.

[32] *Corresp.*, Pléiade, I, p. 510.

On pourrait dire qu'au théâtre il faut reconnaître chaque personnage à ses attributs traditionnels. Mais il ne s'agit pas de théâtre, il s'agit d'un écrit, et le nom, qui est bien en évidence, suffit. On pourrait penser que Flaubert se contente de faire défiler ces dieux trop connus, et qu'il fera l'économie de leurs discours. Pas du tout, il leur réserve encore deux pages et chacun aura droit à son couplet. Il faut donc conclure à la redondance la plus délibérée, dont l'effet le plus clair est la répétition des noms. Il y a, à l'intérieur de la troisième version, une relation paradigmatique entre la page 558 B d'une part (où les noms relèvent de la première instance énonciatrice) et d'autre part les pages 559 B, 560 A-B et 561 A, où les noms (relevant cette fois de la quatrième instance) reviennent dans l'ordre suivant: JUPITER, JUNON, MINERVE, HERCULE, PLUTON, NEPTUNE, DIANE, MARS, VULCAIN, CÉRÈS, BACCHUS, APOLLON.

De version à version, quels sont les principaux dieux (ceux qui parlent sur le mode du *je*)? Sont-ce les mêmes? Et sinon, lesquels se maintiennent, lesquels sont «limogés», lesquels sont «promus» ou créés? Dans quel ordre apparaissent-ils? Une chose est certaine: l'épisode des dieux est un texte *en travail*. Aucune des versions ne peut être dite achevée. Pour s'en tenir à la première et à la troisième version, il y a des abandons justifiés (Uranus et Saturne), mais aussi des substitutions malheureuses (Ormuz remplaçant Zoroastre) et des réductions incompréhensibles (le discours d'Hercule passe de 80 lignes à 8). On trouve dans la troisième version des créations réussies (le Bouddha, Oannès), mais aussi des promotions dont l'intérêt échappe (Bacchus, mieux représenté auparavant dans le discours des Bacchantes et des Satyres).

Dans le relevé qui suit, les dieux sont cités dans l'ordre de leur succession. Sont mis entre parenthèses ceux qui ne sont pas sujets mais seulement objets de discours (ceux qui relèvent de la première ou de la deuxième instance).

T.I:

(idoles) — dieux du Gange — dieux du Nord — Zoroastre — (Ormuz) — Apis — (Isis et Osiris) — Uranus — la Terre — Saturne — Rhéa — Jupiter — Junon — Minerve — Mars — Cérès — Neptune — Hercule — (Adonis) — (Cybèle et Atys) — (Oannès) — (Vulcain) — (Mercure) — (La Grande Diane d'Ephèse) — (Les Dianes) — (petits dieux des Grecs) — (petits dieux des Latins) — Apollon — (Bacchus) — les Muses — Vénus — Cupidon — (les Lares) — Crépitus — Jéhovah

T. III:

(dieux d'Egypte) — (idoles) — (dieux de l'Inde) — Bouddha — Oannès — (Zoroastre) — Ormuz — la Grande Diane d'Ephèse — Cybèle et Atys — (Adonis) — (Osiris) et Isis — (Apis) — (Mercure) — (Vénus Anadyomène) — (Sainte Trinité) — (Uranus et Saturne) — Jupiter — Junon — Minerve — Hercule — Pluton — Neptune — Diane — Mars — Vulcain — Cérès — Bacchus — Apollon — Vénus — (petits dieux des Grecs) — (dieux du Nord) — (petits dieux des Latins) — les Lares — Crépitus — Jéhovah

Le caractère à la fois constant et mouvant du texte apparaît dans ce relevé. A part la création du Bouddha — personnage, on le verra par ailleurs, hétérogène à la série paternelle [33] — la troisième version n'apporte rien de fondamentalement neuf [34]. Quand on passe d'une version à l'autre on a l'impression de ne pas lire la même séquence et en même temps de l'avoir déjà lue... A nombre à peu près égal, des personnages se sont évanouis ou effacés, d'autres ont pris le devant de la scène. Tous les discours ont été récrits (à l'exception de ceux de Crépitus et de Jéhovah). Une poussière de menus changements de style fait qu'on ne retrouverait pas une seule phrase de T. I intacte dans T. III! On ne sait si l'on y gagne ou perd, qu'on en juge sur ces exemples:

T. I	T. III
Un dieu tout bleu, à tête de sanglier, avec des boucles d'oreille, tenant dans ses quatre mains un lotus, une conque, un cercle et un sceptre.	... et trois grands dieux paraissent. Le premier, qui est rose, mord le bout de son orteil. Le second, qui est bleu, agite quatre bras. Le troisième, qui est vert, porte un collier de crânes humains.
(p. 455 B)	(p. 551 B - 552 A)

[33] Le Bouddha est un double d'Antoine.

[34] T. III tend seulement au gommage du symbole: «quelle abomination de donner un sexe à Dieu!» (T. III, p. 554 B) On y trouve aussi cet aspect de séduction religieuse qui manquait dans T. I et T. II. «L'empereur Constantin adore Apollon», murmure Hilarion à l'oreille d'Antoine (T. III, p. 559 A).

Car ce qui semble nouveau dans T. III ne l'est pas nécessairement: on le trouve dans T. I. — à d'autres endroits:

Les déesses (...) allaitent des dieux (...) suçant l'ongle de leur pied...
Ils portent (...) des têtes de morts autour du cou...

(p. 455 A)

Parfois la supériorité de T. I est évidente:

... les dieux pâlissent, le char roule, ils tremblent, ils crient, ils s'accrochent les uns aux autres, ils se mordent les bras, leurs sceptres se brisent, leurs lotus se fanent, une déesse qui portait trois œufs dans son tablier les casse par terre.	Ils chancellent, tombent en convulsions, et vomissent leurs existences. Leurs couronnes éclatent, leurs étendards s'envolent.
Ceux qui avaient plusieurs têtes se la tranchent avec leurs épées, ceux qui étaient entourés de serpents s'étranglent dans leurs anneaux, ceux qui buvaient dans des coupes les jettent par-dessus leurs épaules, avec leurs talismans, leurs cassolettes, et leurs cymbales...	Ils arrachent leurs attributs, leurs sexes, lancent par-dessus l'épaule les coupes où ils buvaient l'immortalité, s'étranglent avec leurs serpents, s'évanouissent en fumée...
(p. 455 A)	(p. 553 B)

Il se passe avec les mots ce qui se passe avec les noms — et on connaît un texte flaubertien qui dit, sans plus la voiler, la hantise névrotique de la ré-écriture:

Bonne idée nourrie en secret par chacun d'eux. Ils se la dissimulent. — De temps à autre, ils sourient quand elle leur vient, — puis, enfin, se la communiquent simultanément.
Copier comme autrefois.[35]

[35] Plan des dernières pages projetées de *Bouvard et Pécuchet*, Pléiade, II, p. 987.

Copier! copier dans les livres pour reporter dans son livre... recopier, à l'intérieur du livre, de page en page («ils tremblent», «Nous avons froid», «je tremble», «il est tout froid», «je grelotte de froid» : T.I, p. 455, 456, 461, 463, 468)... recopier son livre enfin, et plutôt deux fois qu'une! C'est cela, *la Tentation de saint Antoine*, réalisation-limite de cette hantise de la copie. Quant à l'épisode des dieux, il est à l'intérieur de l'œuvre la séquence qui trahit le rapport essentiel entre la prolifération des signifiants et «la part de Dieu»: «quels bavards que tous ces dieux!» (T.I, p. 467 A) De même que le Nom-de-Dieu s'éparpille dans l'inflation des noms, de même la Loi de Dieu est l'absurde instance où prend son origine la répétition des mots. Dans *Un Cœur simple*, note très justement Françoise Gaillard, Dieu est un perroquet. Donc le psittacisme est l'expression du verbe divin. Le Verbe est une répétition de répétition. «Il y a toujours pour Flaubert un déjà-là du discours, une répétition toujours antérieure qui se donne pour la loi, la loi du Père.» [36]

L'inflation des noms prend des proportions extraordinaires vers la fin de l'épisode, et cette fois la troisième version est plus révélatrice que la première. Je veux parler de la place que fait Flaubert aux *petits dieux* des Grecs et des Latins. Que l'on se reporte au relevé et l'on verra que dans T.I ces petits dieux sont encore suivis de quelques grands (Apollon, Bacchus, Vénus, Cupidon), tandis que dans T.III un jeu de suppressions et de transferts les repousse à la fin, juste avant le dernier groupe (stable) formé par les Lares — Crépitus — Jéhovah. Dans T.I, la liste est déjà longue de ces noms parfois inconnus, ou de sonorités barbares, et se référant souvent à des activités mineures (l'Accoucheuse, la Lucifère, la Protectrice des ports, le dieu de l'éloquence...): Hursida, Orthia, les Potniades, Laphria, Hymnia, Stymphalia, Eurynome, Aïus Locutius, Rubigo, Angerona, Perfica, Terminus, Epona, Acca Laurentia, Anna Perenna (T.I, p. 465 B-466 A). Mais bien plus fournie est la liste de T.III: Samos, Télesphore, Sosipolis, Doespoené, Britomartis, les Gelludes, les Stryges, les Empuses, *Eurynome*, *Orthia*, *Hymnie*, *Laphria*, Aphia, Bendis, *Stymphalia*, Triopas, Erichtonius, Zalmoxis, Artimpasa, Orsiloché, les Aesars, Tagès, Nortia, Kastur, Pulutuk, Summanus, Vesta, Bellone, Virbius, Libitina, les Larves, les Lémures, *Terme*, Vertumne, Sartor, Sarrator, Vervactor, Collina, Vallona, Hostilinus, Domiduca, Virgo, Subigo, Praema, Nona, Decima, les Nixii, Educa, Potina, Carna, Ossipago, Barbatus, Stimula, Volupia, Fabulinus, Numeria, Camoena,

---

[36] Art. cité, p. 201.

Consus (T. III, p. 561-562).[37] On notera le très petit nombre de noms repris de T. I: comme si Flaubert tirait les noms d'un trésor inépuisable. Ce vertige de la dénomination aboutit à l'extrême opposé, à l'abolition du nom. Ces divinités en effet semblent devenir de plus en plus microscopiques, reculer vers l'infiniment petit. Les activités qu'elles ont pour fonction de sacraliser sont de plus en plus partielles. On a l'impression d'une division en particules: «Domiduco devait l'amener, Virgo défaire sa ceinture, Subigo l'étendre sur le lit, — et Praema écarter ses bras...» (T. III, p. 562 B) Ainsi le symbole — l'or de la signification — s'éparpille jusqu'à disparaître sous forme de menue monnaie. Si l'on s'arrête enfin sur l'aspect proprement signifiant des noms, on voit comment le nom finit par se confondre avec la fonction. Flaubert, bon latiniste, joue de cette quasi-équivalence entre le signifiant et le signifié:

«Domiduca devait l'amener...»	domum ducere: conduire à la maison
«les deux nourrices Educa et Potina	edere: manger potare: boire
«Carna berceuse»	carmen: chant

et une fois de plus il s'abandonne au délire: «Plus tard, Ossipago [os] lui aurait affermi les genoux, Barbatus donné la barbe, Stimula les premiers désirs, Volupia la première jouissance, Fabulinus [fari: parler] appris à parler, Numéria à compter...» (T. III, p. 562 B) L'effet est double. Effet de répétition (voilé), puisqu'en énonçant le nom et la fonction, le texte dit deux fois la même chose. Effet d'effacement du symbole, puisque ces dieux ont à peine encore un nom propre, et se perdent dans le langage commun. Dieu n'a plus de nom à la fin de l'épisode des dieux.

Dieu (sans article, tel que le monothéisme juif l'a posé dans l'absolu), Dieu n'est qu'UNE VOIX. Il n'est pas NOMMÉ par celle que j'ai appelée la 4e instance énonciatrice. *Tu ne prononceras pas en vain le nom de Yahvé, ton Dieu; car Yahvé ne laisse pas impuni celui qui prononce son nom en vain.* (Ex.: 20: 7)[38] Flaubert s'autorise sans doute de ce tabou sur le nom pour faire de Yahvé un Sans-Nom.

---

[37] C'est moi qui souligne les noms repris de T. I dans T. III.

[38] «Par respect du nom divin, on est allé dans le judaïsme jusqu'à éviter de le prononcer.» Commentaire du verset cité, in: *La Bible Osty*, Seuil, p. 183.

J'avais gravé ma loi sur des tables de pierre...

. . . .

Malheur! malheur! le Saint des Saints s'est ouvert!
LA LOI A ÉTÉ CASSÉE EN MORCEAUX, l'arche est perdue...

(T. I, p. 469 B)[39]

Mais il ne suffit pas de défier ou de nier la Loi du Père pour l'abolir, et celle-ci continue de s'affirmer dans les dernières paroles de la Voix qui s'éloigne:

J'étais le Dieu des armées! le Seigneur! le Seigneur Dieu! *(Ibid.)*

Cependant, il y a une autre manière de défier le Père symbolique. J'arrive au fragment apparemment le plus gratuit de l'épisode des dieux, au plus significatif peut-être: Crépitus.

Le nom-en-trop

Quelques faits d'abord. Le discours de Crépitus est *l'élément le plus constant* de tout l'épisode. Il est là en 1849, il est là en 1856 (ayant subi des suppressions tout à fait minimes), il est toujours là en 1874, certes un peu rogné, mais beaucoup moins que le discours de Jéhovah [40]. Le discours de Crépitus et le discours de Jéhovah vont *ensemble*. Ils forment un bloc constant, toujours à la même place — une place privilégiée! — dans chacune des trois versions. Crépitus et Jéhovah forment un couple, et leurs discours renvoie it l'un à l'autre, selon des oppositions et des ressemblances. (Etant donné l'inspiration scatologique du discours de Crépitus, on conçoit que ce rapprochement mette à mal la dignité de Jéhovah!) Voici un aperçu de ce couplage:

Crépitus	*Jéhovah*
— le dieu-nain	— le Dieu terrible
— voix flûtée	— précédé du tonnerre
— «...j'arrivais tout à coup, j'éclatais, comme un tonnerre, je me suivais en cascade, en déchirement, en roulement, en battement.»	— «Alors ma gloire éclatait plus sonore que les cymbales...»

[39] Les capitales sont de moi.

[40] Le discours de Crépitus occupe trois quarts de colonne dans T. I et une demi-colonne dans T. III; le discours de Jéhovah passe de une colonne et demie à deux tiers de colonne.

— «...en plein soleil les hommes d'autrefois se soulageaient avec lenteur...»

— «...et se dilatant à cause de moi, l'homme exhalait sa gaieté par les trous de son corps.»

— «...on rougit de moi (...) et les meilleures sociétés mêmes se récrient à MON NOM.»

— «Comme des robinets d'argent je lâchais les pluies du ciel...»

— «...les parfums de mon autel par les fentes de la muraille se sont dispersés à tous les vents.»

— «...et moi je n'ai pas un temple! pas un morceau de pierre où soit MON NOM.»
(T. I, p. 468 B - 469) [41]

Crépitus enfin est *un dieu qui n'existe pas!* et Flaubert le savait depuis 1849! Au début d'août, Flaubert écrit à Baudry: «Je vous rappelle votre [...] promesse: [...] Les notes sur Crepitus dont j'aurais grand besoin maintenant.» [42] Il reçoit une réponse à laquelle il réagit violemment au début de sa lettre suivante au même Baudry:

Crepitus est une blague!!!

J'en suis foudroyé. N'importe, c'est le cas de dire: «s'il n'existait pas, il aurait fallu l'inventer.» Car, ainsi que Dieu, ça me semble trop beau pour ne pas être.

Ne pensez-vous pas, ô savant ami, que Crepitus pourrait être une invention de quelque père de l'Eglise? Ne m'aviez-vous pas dit qu'il en était question dans saint Augustin? *Apocryphe ou vrai, il me faut quelque texte là-dessus,* ça dérange trop toutes mes combinaisons. Je suis tout indigné, mais je m'en doutais. [43]

La déconvenue de Flaubert nous vaut, comme on le voit, un document fascinant. La lettre confirme le rapprochement entre Crépitus et Dieu. Elle donne une importance hyperbolique à Crépitus, élément de «combinaisons» mystérieuses. Elle esquisse d'avance ce qui sera l'attitude constante de Flaubert vis-à-vis de la vérité historique: qu'importe qu'une chose ait existé ou non, pourvu qu'on en ait écrit. «J'ai un texte!» répétera-t-il à toutes les objections, au moment de la querelle de *Salammbô* [44]. Et, pour revenir à la lettre, quelle caution souhaite-t-il? Celle de «quelque PÈRE de l'Eglise»! Il faut en conclure qu'exceptionnellement, faute d'avoir trouvé ce «père», Flaubert se résigne à se substituer à lui, et à «créer» Crépitus, en lui donnant *un nom de trop* par rapport à la série.

---

[41] Les capitales sont de moi.

[42] *Corresp.*, Pléiade, I, p. 510.

[43] *Ibid.*, p. 511. C'est moi qui souligne.

[44] Voir la réponse de Flaubert à Froehner, à la fin de *Salammbô*, Pléiade, I, p. 1006 et suiv.

«LÉGITIME PAR MOI-MÊME» (T. I, p. 469 A) [45], ainsi se définit le petit dieu (mais ces mots sont supprimés à partir de la deuxième version). Il est le seul, dans l'épisode des dieux, à ne pas tenir son nom de Dieu (de la Loi du Père). Il n'entre pas dans le rapport au symbolique, qui régit tout le reste du texte. En «créant» Crépitus, Flaubert régresse évidemment en-deçà du symbolique. Ce n'est pas sans raison que la critique a rattaché Crépitus à un petit texte sur la constipation écrit par Flaubert à neuf ans! La clef est évidemment dans la thématique anale. C'est le moment de citer l'analyse qu'un psychanalyste d'aujourd'hui, Serge Leclaire, fait de l'analité:

> Il y a là nous semble-t-il, quelque ambiguïté lorsque Freud décrit [le rejet de l'excrément chez l'enfant] comme un *don*, c'est-à-dire comme un acte primitivement symbolique; car, si ce rejet est en effet symbolique, c'est dans la mesure où il représente l'expérience d'une sorte de bipartition, d'enfantement auto-érotique (...).

Cette distinction entre le symbole primitif authentique (le phallus) et l'excrément, amène Serge Leclaire à opposer *«l'altérité tierce»* à cette autre altérité,

> *l'altérité* profondément narcissique, *duelle*, purement imaginaire en fin de compte, née d'une expérience de création autogène sur le mode de la bipartition, *qui aboutit au concept de l'autre comme partie de soi-même* (...). [46]

L'«indignation» de la lettre n'apparaît peut-être plus aussi frivole. Flaubert en écrivant *la Tentation* a senti comme jamais l'emprise du symbolique. L'épisode des dieux est voué au symbole, on pourrait dire au dieu symbole. Comme à chaque fois que j'ai affaire au symbole, une vérité se fait jour: c'est que le symbole me vient de l'Autre. Cette vérité se heurte à la méconnaissance. L'écriture de *la Tentation* est tissée de ces fils de vérité et de méconnaissance. On a vu quel traitement subissent ici les pères, les dieux et les signifiants! Pour équilibrer Dieu le Père qui reste, malgré toutes les avanies, le Dieu terrifiant de la Bible, il fallait («il me faut» dit Flaubert dans sa lettre) le subversif et malicieux petit dieu *«bulle de savon, bleuâtre et tout léger»* (T. I, p. 468 B). Face à l'Autre, il vient rappeler les prérogatives du Moi de l'Artiste, de ce Moi mégalomane qui prétend faire concurrence à Dieu, alors qu'il n'est capable, à lui tout seul, que de reproduire sa propre image.

---

[45] Les capitales sont de moi.

[46] «A propos de l'épisode psychotique que présenta l'Homme aux loups», in: *La Psychanalyse, 4 — Les Psychoses*, PUF, p. 92-93. C'est l'auteur qui souligne.

CHAPITRE V

L'ÉTERNEL FÉMININ DANS *LA TENTATION DE SAINT ANTOINE*

> Mon désir est trop universel, trop
> permanent et trop intense pour que
> j'aie des désirs.
> Je ne me sers pas des femmes, (...)
> je les use par le regard.
>
> Flaubert à Alfred Le Poittevin,
> 13 mai 1845

Antoine et les femmes

Ce titre de drame (ou de vaudeville) est à prendre par antiphrase.
Jamais Antoine ne rencontre de femme! On chercherait en vain dans *la
Tentation* l'équivalent de l'histoire de Faust et de Gretchen, qui a tant fait
pour la renommée du premier *Faust*. Dans l'épisode des dieux, on a vu
que le Père était à la fois un personnage invisible (comme Dieu) et diffus,
éclaté dans une multitude d'autres personnages. Il en est de même pour la
femme, c'est-à-dire pour la Mère[1]. Le texte de *la Tentation* s'en tient aux
archétypes[2]. Il manifeste par là ouvertement ce que les romans de
Flaubert — dont la racine est tout aussi archétypale — déguisent sous le
masque de la psychologie romanesque. *La Tentation* ne s'embarrasse pas
de psychologie. Les personnages n'y jouent que leur double fonction
d'actants dans l'ordre du syntagme, et de supports de structures
symboliques. Parmi les femmes innombrables qui apparaissent dans les
pages du livre, celle qui se rapprocherait le plus d'un personnage à

---

[1] Tout objet du désir est un doublet de la Mère symbolique.

[2] Je prends ce terme au sens jungien: «éléments constitutifs «mythogènes» du psy-
chisme inconscient». P. 107 in: C.G. Jung et Ch. Kérényi, *Introduction à l'essence de la
mythologie*, Payot.

l'ancienne, ce serait la Reine de Saba. C'est la seule à qui Antoine soit directement confronté dans un tête-à-tête![3] La Reine de Saba est à Antoine ce qu'Hélène est à Faust dans *le Second Faust*. Goethe et Flaubert se rejoignent ici dans la mesure où Flaubert fait pour la Reine de Saba un exceptionnel effort de psychologisation et de dramatisation et où Goethe d'autre part traite Hélène beaucoup plus comme un mythe que comme un personnage. Créatures de l'imaginaire, Hélène et la Reine de Saba sont vouées à s'évanouir quand on les touche: *«Elle étreint Faust; l'être corporel disparaît; sa robe et ses voiles restent dans les bras de Faust.»*[4] *«Mais sa robe traînante, qui s'allonge par derrière à mesure qu'elle s'en va, arrive comme un flot jusqu'aux sandales de saint Antoine. Il pose le pied dessus: tout disparaît.»* (T. II, p. 500 B)

La Vierge Marie et Cybèle-Isis sont les deux déesses-mères qui ont hanté le XIXe siècle occidental. Nerval se serait reconnu dans *la Tentation*! Cependant, d'une version à l'autre, on sent comme une hésitation du texte flaubertien. La figure maternelle oscille entre l'archétype et le personnage d'une mère réelle (la propre mère d'Antoine), et une lecture superficielle peut donner l'impression que l'archétype s'estompe au profit du personnage.

La première version commence sous le signe de la Vierge (T. I, p. 377-379) et l'on se souvient que l'image pieuse se transforme en image érotique — la Vierge est une «Vénus»! (T. I, p. 379 A) De cette importante séquence il ne reste déjà plus grand-chose dans la deuxième version, dont le texte est nettement moins suggestif (T. II, p. 474-475). Il y a donc là un indiscutable cas de censure: «... la mère tient quelque chose de la putain — nous comprenons maintenant pourquoi Flaubert a laissé tomber cette scène, quelles importantes inhibitions internes s'opposaient à une prise de conscience...» observe dans son commentaire Theodor Reik[5]. Et en effet, la troisième version, dont le début est entièrement récrit, plutôt que de conserver cette ambivalence constitutive dont l'inconscient dote la figure maternelle, préfère supprimer d'un seul coup l'image pieuse et le problème. Mais c'est le cas de dire, comme le fait malicieusement Freud à propos du refoulement: *Naturam furca expellas semper redibit*. La mère ambivalente revient en fait, au début de cette troisième version, mais

---

[3] Mais il ne lui adresse pas un mot, sauf dans T. II.

[4] Goethe, *le Second Faust*, in: *Théâtre*, Pléiade, p. 1261.

[5] Th. Reik, *Flaubert und seine «Versuchung des heiligen Antonius»*, Minden, p. 183. C'est moi qui traduis de l'allemand.

dédoublée en deux souvenirs, qui sont aussi deux visions. Voici comment s'articule la correspondance entre la première et la troisième version:

T. I	T. III
(a) Salut, Marie, pleine de grâce! (...) Oh! que je t'aime! (...) Tu as la tendresse des mères avec quelque chose de plus encore. (sq. 1, p. 377 A)	(c) Tous me blâmaient lorsque j'ai quitté la maison. Ma mère s'affaissa mourante, ma sœur au loin me faisait des signes pour revenir... (sq. 1, p. 523 B)
(b) Mais c'est une femme, rien qu'une femme! (...) La veux-tu voir, sous tes baisers, au vent frissonner nue comme une Vénus? (sq. 1, p. 379 A)	(d) Au milieu du portique, en plein soleil, une femme nue était attachée contre une colonne... [développement en fantasme sadique] (sq. 1, p. 524 A)

On voit qu'on a affaire à quatre images (a, b, c, d) qui entretiennent entre elles des rapports complexes. (a) et (c) sont plus ou moins interchangeables; de même (b) et (d). Verticalement, (a) et (b) forment un couple: la deuxième image se superpose à la première, mais les deux sont inséparables. On peut déduire qu'il en est de même pour (c) et (d). Dans l'épaisseur — ou à la transversale — des deux versions, on a donc un couple encore: (a) et (d). Le passage de la première image à l'image substitutive, on le trouve figuré dans une gravure de Félicien Rops que Freud décrit ainsi: «Un moine ascète a fui — sans aucun doute, les tentations du monde — au pied de la croix portant le Sauveur. Voilà que la croix s'effondre comme une ombre, et qu'en sa place (...) s'élève, radieuse, l'image d'une femme superbe et nue dans la même pose de la crucifixion.» [6] (Mais il est plus fort de donner un rôle médiateur dans le processus du désir à la (Vierge-) Mère, comme le fait Flaubert, plutôt qu'au Christ, à la manière du peintre. Ce rôle de la Mère sera étudié plus loin.)

---

[6] Freud, *Délire et rêves dans la «Gradiva» de Jensen*, Gallimard, «les Essais», p. 139.

Parce que dans T. III la Vierge-Mère a laissé la place à la mère d'Antoine, peut-on dire qu'il y a un recul du mythe et parallèlement une psychologisation significative du personnage principal? Ni l'un ni l'autre n'est sûr. Il est vrai que dans T. I, Antoine ne mentionne guère sa famille et que le souvenir de sa mère y est évoqué très fugitivement[7]. Mais ce n'est pas dans T. III, c'est dans T. II que la mère d'Antoine est le plus favorisée. Occurrence unique dans les trois versions, elle y obtient un «bout de rôle», elle peut parler sur le mode du *je:*

Une vieille femme
qui file au fuseau, sort de sa maison (...) ...pour essuyer ses paupières rouges, elle prend à pleines mains les longs cheveux qui lui pendent sur les épaules, plus blancs [...] que le lin de sa quenouille, et elle murmure:

> Les publicains ont tout enlevé! ... Je suis malade... Je vais mourir... Où est-il donc?

Antoine: Me voilà, mère! c'est moi! c'est moi! je reviens!
Et, courant les bras étendus, il se heurte contre la roche...

(T. II, sq. 4 ter, p. 496 B)

Or ce flash-back émouvant, d'un effet fellinien, que Flaubert dans cette deuxième version insère entre deux scènes à thématique sexuelle (la visite du Faux Antoine chez la Courtisane et la scène d'amour entre le Femme et le Pasteur) — il y renonce dans la troisième version, qui est pourtant celle où il s'efforce d'«humaniser» son héros au maximum. Ou plutôt, disons que si la plupart des mots sont maintenus, ils n'ont plus le même effet, dès lors que l'instance énonciatrice change. Dans T. III, la mère d'Antoine est redevenue un personnage sur le mode du *il*. C'est ce que montre ce tableau des correspondances entre la deuxième et la troisième version:

T. II	T. III
(Pas de correspondance.)	Quand j'étais un enfant, je m'amusais avec des cailloux à construire des ermitages. Ma mère, près de moi, me regardait.

---

[7] Elle lui a appris à prier (T. I, p. 452 A). Le soin d'évoquer leur mère est laissé à d'autres personnages, qui sont des doubles d'Antoine: Apollonius (p. 403 B) et... le Cochon (p. 382 B): «Ma mère pleurait, je criais.»

JE suis malade... Je vais mourir... où est-il donc?	ELLE m'aura maudit pour mon abandon
Me voilà, mère! c'est moi! c'est moi! je reviens!	(Pas de correspondance.)
...*elle prend à pleines mains les longs cheveux* (...) *plus blancs* (...) *que le lin...*	──➤ en arrachant à pleines mains ses cheveux blancs.
Une vieille femme *qui file au fuseau, sort...*	*Alors apparaît* Une vieille femme *Antoine se relève dans un sursaut d'épouvante. — Il croit voir sa mère ressuscitée.*
(Pas de correspondance.)	[Mais cette vieille femme, c'est la Mort.]
(T. II, sq. 4 ter, p. 496 B)	(T. III, sq. 9, p. 566 A-B) [8]

On peut essayer de tirer quelques conclusions claires de cet ensemble d'éléments. Dans T. I, la déesse-mère de la religion chrétienne est le représentant privilégié de la Mère symbolique, tandis que la mère selon la chair n'a droit qu'à une allusion discrète. Isis et Cybèle sont mentionnées sur le mode du *il*. Dans T. II, la mère selon la chair devient — brièvement — un personnage autonome. L'«humanisation» du héros s'accentue, soulignée sur le mode ironique par un énoncé du Cochon, parallèle à ceux d'Antoine («J'ai souvenir d'une basse-cour... (...) Je dormais à l'ombre, le groin posé sur des tétines roses, et j'avais continuellement dans la gorge le goût du lait», T. II, p. 496 B.) Dans T. III, la mère d'Antoine reperd son statut de personnage. Néanmoins, elle occupe autant de place que précédemment: les énoncés la concernant, qui étaient condensés sur la même page dans T. II (sq. 4 ter), sont disséminés dans T. III à deux endroits différents (sq. 1, sq. 9). Dans T. III, la Vierge, déesse-mère du christianisme, est éliminée, mais en compensation les deux grandes déesses-mères des religions antiques obtiennent le statut de personnage autonome. Ainsi, la dimension mythique de la Mère est conservée, jusque dans sa composante essentielle qui est l'amour incestueux du Fils et de la Mère. Un personnage entièrement nouveau apparaît dans T. III: Ammonaria, l'ancien «amour» d'Antoine. Encore un moyen, dira-t-on, de rendre le héros plus humain. Si c'est le cas, alors ce personnage est surdéterminé. Je

---

[8] Les capitales sont de moi.

retiendrai ici sa fonction mythique: *Ammonaria est une des deux moitiés de la Mère symbolique*. On l'a vu en couplant son image avec l'image maternelle, dans la séquence 1. Ce qui n'était encore qu'hypothétique est confirmé par la séquence 9. C'est le texte lui-même qui, par la figuration d'une série de métamorphoses, nous invite à ne voir dans la mère/Ammonaria, la Vieille Femme/la Jeune Femme, la Mort/la Luxure, que les formes changeantes d'une seule et même figure primordiale. Tout ceci place clairement *la Tentation de saint Antoine* sous le signe de la fonction maternelle.

Toutes les femmes renvoient donc à une femme. Flaubert le sait comme tous les poètes.

Une ou plusieurs
Le visage ganté de lierre
Tentantes comme du pain frais
Toutes les femmes qui m'émeuvent
Parées de ce que j'ai souhaité
Parées de calme et de fraîcheur
Parées de sel d'eau de soleil
De tendresse d'audace et de mille caprices
De mille chaînes [9]

Flaubert le dit pour son compte à sa manière burlesque dans la lettre des tétons [10]: parti d'un sein de femme en marbre aperçu à Athènes, il écrit à Bouilhet deux pages d'énumération de tous les «tétons» du monde! Quant à *la Tentation*, ses pages sont le réceptacle de choix de tous ces corps imaginaires. L'énumération est voulue exhaustive, on y trouve toutes les femmes qui peuvent peupler les rêves de l'adolescent romantique qui se projette dans l'anachorète du IVe siècle! Il n'y manque même pas, en fin de compte, la jeune fille amoureuse. Avec la création tardive d'Ammonaria, *la Tentation* finit par trouver, en 1874, sa Gretchen (travestie seulement dans le goût antique):

...ma sœur de loin me faisait des signes pour revenir; et l'autre pleurait, Ammonaria, cette enfant que je rencontrais chaque soir au bord de la citerne, quand elle amenait ses buffles. Elle a couru après moi. Les anneaux de ses pieds brillaient dans la poussière, et sa tunique ouverte sur les hanches flottait au vent.

(T. III, p. 523 B)

Mais le personnage se fige dans ce gracieux médaillon. Par la suite, Ammonaria ne sera plus qu'un nom, apposé à des fantasmes d'une tout

[9] Eluard, «Une pour toutes», *la Vie immédiate*.
[10] *Corresp.*, Pléiade, I, p. 752-754, à Louis Bouilhet, 10 février 1851.

autre sorte. — Pour être complet, il faut dire qu'il y a un type éminemment romantique qui se remarque par son absence: c'est la femme-ange. Flaubert n'a donc suivi ni Byron ni Quinet[11] sur ce point... et on ne le regrettera pas. La spiritualité n'a pas de place dans *la Tentation*, elle ne s'y trouve qu'en creux, elle est le négatif de la sensualité qui s'épanouit.

Toutes les femmes, oui mais — il ne faut jamais l'oublier — *dans un texte*. Comment les femmes dont rêve le saint s'inscrivent-elles dans le texte? Le terme d'«énumération» n'est pas bon, en fait. Il fait trop penser à l'air de Leporello, il suggère trop qu'une femme remplace l'autre sitôt dévorée. Saint Antoine ne partage pas avec Don Juan cet insatiable appétit de possession. Il use les femmes *par le regard*, selon la remarquable expression que Flaubert s'applique à lui-même. Si la dynamique du désir dans *Don Giovanni* est de faire surgir devant «l'ogre» de nouveaux «objets de proie» (les expressions sont de Jean et Brigitte Massin), elle est dans *la Tentation* de faire surgir de nouvelles images. Ce n'est pas par hasard si la première femme désirée est une petite image pieuse. Il arrive que 1° l'image reste inanimée; 2° s'anime; 3° devienne un personnage; 4° devienne un personnage qui parle; 5° devienne le protagoniste d'une scène où Antoine est impliqué. Je viens de donner tous les degrés d'une hallucination. En voici des exemples. (Les images peuvent relever de chacune des trois grandes instances du texte de *la Tentation:* du narrateur, du personnage qui parle d'un personnage, du personnage qui parle en son nom propre.)

— l'image inanimée:

> *Et, tout à coup, passent au milieu de l'air, d'abord une flaque d'eau, ensuite une prostituée, le coin d'un temple, une figure de soldat...*
>
> (T. III, p. 526 B)

— l'image animée:

> *Des aboiements, lointains d'abord, éclatent, deux lévriers passent leurs museaux par les branches, en tirant sur la corde que retient du doigt Diane chasseresse, court vêtue.*
>
> (T. I, p. 431 B)

---

[11] *Heaven and Earth* de Byron et *Ahasvérus* de Quinet figurent parmi les sources esthétiques et philosophiques de *la Tentation*. On y trouve des anges amoureux (voir Max Milner, «Le sexe des anges» in: *Romantisme* N° 11, Champion, p. 55 et suiv.) et une ange rédemptrice, la Rachel de Quinet. L'ange apparaît dans *Smarh*. Les trois Vertus théologales en sont le vestige (T. I, T. II). Il n'y a plus d'ange dans T. III.

— l'image-personnage: *Il la regarde, ils se regardent, l'homme sourit,*
                            la femme soupire. Il s'approche d'elle...
                                                    (T. I, p. 430 B)

— le personnage qui parle: La femme: Tu mettras ta bouche sur mon
                            cou, et tu baiseras mon sein nu; il est dur
                            comme une grenade et blanc comme la lune.
                                                    (T. I, p. 431 A)

— la scène hallucinatoire: La Reine de Saba et Antoine.

La femme dans *la Tentation* n'est jamais qu'une image psychique, un fantasme. Le reste n'est qu'une question de degré. Il n'y a pas d'énumération, pas de défilé linéaire des fantasmes. D'une part ils varient par leur degré d'élaboration, ensuite ils entrent dans une organisation paradigmatique. Le fantasme se propage par ondes, par arborescences — cette figure est dans le texte:

La Logique: Ah! il ne fallait pas, dès ta jeunesse, vouloir à fleur de terre
            couper le désir; enfant, tu as oublié les racines, il repousse en
            ton cœur en mille rameaux et bourgeonne à toutes ses
            branches.
                                                    (T. I, p. 382 A-B)

Un fantasme est toujours l'écho ou l'appel d'un autre, l'ébauche du suivant, le souvenir ou le développement d'un fantasme antérieur. Mais parler d'images est encore impropre, si l'on ne précise pas qu'il s'agit *d'images verbales*. Ces corps de femmes ne sont pas seulement des corps imaginaires, ce sont des mots, des paradigmes verbaux. Les «mille et trois» femmes d'Antoine sont des fragments du texte conçu comme un corps: le CORPS TEXTUEL. En construisant ce corps, le désir l'a morcelé, pour pouvoir le reconstruire indéfiniment.

Mais c'est une femme, rien qu'une femme! Tiens, ses vêtements s'écartent. La veux-tu voir, sous tes baisers, au vent frissonner nue comme une Vénus?
                                                    (T. I, p. 379 A)

Un soir, nue, debout et le cistre à la main, je faisais danser des matelots grecs.
                                                    (T. I, p. 395 A)

...et nous vîmes avec eux la Vénus indienne, la femme jaune et blanche, qui dansait toute nue au milieu des singes.
                                                    (T. I, p. 405 B)

Comme elle rit, la grande fille brune (...) ... un grain tombe, il glisse sur sa joue, et, roulant entre ses seins, la chatouille tout entière, depuis le menton jusqu'au nombril.

(T. I, p. 424 A)

... inclinées, couchées, habillées, voilées, décolletées, nues, elles sont à toi, les filles de la terre!

(T. I, p. 425 A)

Les nymphes accourent, en s'appelant par leurs noms; elles retirent leurs vêtements qu'elles accrochent aux branches des arbres, elles rient d'être nues...

(T. I, p. 431 B)

Bien sûr? ... Une femme si belle, qui a un bouquet de poils entre les deux seins! (...) Oh! je t'en prie! si j'ôtais ma chemise, tu changerais d'avis!

(LA REINE DE SABA, T. I, p. 436 A)

La Belle Hélène de Flaubert

Comme le jeu du désir n'a pas de fin, il fallait l'arrêter quelque part — et la Reine de Saba peut tenir lieu de cette limite car elle est la référence suprême. En effet (soit dit en passant) il y a trois personnages qui dominent les autres dans *la Tentation*, au titre respectivement du savoir, du pouvoir et de l'amour. Dans la troisième version cet énoncé tient lieu de commentaire métanarratif:

Celui-là [Apollonius] vaut tout l'enfer!
Nabuchodonosor ne m'avait pas tant ébloui.
La Reine de Saba ne m'a pas si profondément charmé.

(T. III, p. 551 A)

Ce qui vaut leur suprématie à ces trois personnages, ce n'est pas l'importance et la renommée que leur accorde l'Histoire ou l'Ecriture. Il est d'autres tyrans, d'autres illuminés. On trouverait à la Reine de Saba bien des rivales que Flaubert n'a pas retenues: Eve, Circé, Cléopâtre, et j'en passe. Donc il faut chercher à l'intérieur même du texte. Si ces personnages dominent tous les autres, c'est à cause de la réussite textuelle des épisodes où ils sont impliqués. Parvenu à eux, le texte a su faire sa part à ce «surplus de sens» qui rend inépuisables le festin de Nabuchodonosor, les répliques alternées d'Apollonius et de Damis, le monologue de la Reine. Mais si la Reine de Saba est la référence féminine suprême dans *la Tentation*, elle n'est pas la seule. A côté d'elle, il faut mentionner la Cybèle et l'Isis de la troisième version (la *maternité* et le *désir*), Diane et Vénus (références secrètes pour ce qui touche à l'*art*) et enfin Ennoïa-Hélène, la compagne de l'hérésiarque Simon le Magicien, que Flaubert a retenue, semble-t-il, parce qu'il voulait une Hélène mais qu'il ne voulait pas plagier Goethe.

Les discours d'Ennoïa-Hélène et de Simon [12] se révèlent être le montage d'une suite de textes disparates. «J'ai souvenir d'un pays lointain...» est selon Seznec un couplet «sorti tout entier d'un simple graphique: le dessin du Plérôme tel qu'on le trouve dans Matter» [13]. Les deux paragraphes suivants proviennent à la fois de *l'Iliade* et du *Second Faust*. La suite démarque les premiers historiens des hérésies, tels Irénée et Epiphane [14]. Les discours de Simon et d'Hélène ne sont pas un des sommets de l'œuvre. Du moins Hélène reçoit-elle sa caractéristique propre: elle est TOUTES les femmes:

Regarde-la, Antoine! tu la vois? C'est celle-là qu'on appelle Charis, Sigé, Ennoïa, Barbelo, [Prounikos — T. III, p. 545 B]; elle était la pensée du Père, le Nous [...] ...elle fut la Lune... [...] Elle a été cette Hélène [des Troyens — T. III, ibid.] [...] ...elle a été Lucrèce que les rois violaient et qui s'est tuée par orgueil, elle a été la Dalilah infâme qui coupait les cheveux de Samson, elle a été cette fille des Juifs qui s'écartait du camp pour se livrer aux boucs... [...] A Tyr, quand je l'ai retrouvée, elle était la maîtresse des voleurs...   (T. I, p. 395 A-B)

...et elle revient [...] purifiée, lavée, éprouvée [...]. La trouves-tu belle, hein? la veux-tu? c'est l'Idée; elle vaut mieux que la Vierge, car elle a la connaissance de l'amour. Prends-la, elle est à toi...   (T. I, p. 410 B)

Par le biais de la Gnose, Flaubert a retrouvé l'Hélène de Goethe:

— On dit cependant que tu apparus sous une double image
Dont on vit l'une à Ilion, l'autre en Egypte.
— Ne trouble pas encore mes sens déjà égarés;
En ce moment même, je ne sais qui je suis. [15]

— une Hélène qui donne à l'éternel féminin le sens de *l'éternelle métamorphose*. Au cours de l'élaboration de l'œuvre, le thème de la métamorphose s'amplifie, et c'est ainsi que dans la troisième version le discours de la Reine de Saba elle-même reçoit une adjonction dans ce sens. «Toutes celles que tu as rencontrées [...], demande-les! Je ne suis pas une femme, je suis un monde.» (T. III, p. 532 B) On s'aperçoit qu'Hélène est dans *la Tentation* un personnage plus important qu'il n'y paraissait.

[12] Il faut les lire dans leur état de plus grand développement, c'est-à-dire dans la première version: T. I, p. 394-395 et p. 410 B.

[13] J. Seznec, *Flaubert, historien des hérésies dans la «Tentation»* in: *the Romanic Review*, octobre-décembre 1945, p. 215. Jacques Matter, *l'Histoire du Gnosticisme*. Le Plérôme est le domaine de l'Esprit pur dans la cosmographie de l'hérésiarque Valentin.

[14] Comparer le texte de Flaubert avec H. Leisegang, *la Gnose*, Payot, p. 51.

[15] *Le second Faust*, Pléiade, p. 1222.

Le besoin et le désir

Si j'avais, pour palper, des mains sur tout mon corps! si j'avais, pour baiser, des lèvres au bout des doigts!

(La Luxure, T. I, p. 414 B)

A mesure qu'il promène sur les mets ses yeux équarquillés, d'autres s'accumulent, formant une pyramide, dont les angles s'écroulent. Les vins se mettent à couler, les poissons à palpiter, le sang dans les plats bouillonne, la pulpe des fruits s'avance comme des lèvres amoureuses.

(T. III, p. 527 B)

Il en est des femmes dans *la Tentation* comme des nourritures. Malgré les offres alléchantes — «la veux-tu?» «elle est à toi» — elles ne sont pas à prendre ni à manger, elles ne sont que des objets creux. La pulsion, dit Lacan en soulignant l'apport radical de Freud, n'est pas excitée par un besoin cyclique comme la faim. La pulsion «n'a pas de jour ou de nuit [...]. C'est une force constante.»[16] La pulsion est satisfaite alors même qu'elle n'atteint pas son objet[17]. Comment rendre compte de cette satisfaction paradoxale? Il faut se reporter à la distinction freudienne entre le principe de réalité et le principe de plaisir. L'objet du besoin relève du principe de réalité, c'est un objet désexualisé. C'est pourquoi la pulsion — qui, elle, est toujours liée à une des parties du corps érotique — ne peut se satisfaire d'aucun objet d'aucun besoin. «La pulsion saisissant son objet apprend en quelque sorte que ce n'est justement pas par là qu'elle est satisfaite»[18]. La pulsion va à l'objet — «l'objet éternellement manquant»[19] —, elle le contourne et se referme sur ce creux. Par exemple l'objet alimentaire se transforme, dans l'hallucination la plus simple (un rêve d'enfant célèbre rapporté par Freud) en objet sexualisé. «La petite Anna n'hallucine que les objets interdits»[20]. SAVOIR du texte flaubertien: *«la pulpe des fruits s'avance comme des lèvres amoureuses...»*

La pulsion orale est donc la pulsion fondamentale. «Le sein — [et] comme équivoque, [...] le placenta par exemple — représente bien cette part de lui-même que l'individu perd à la naissance, et qui peut servir à symboliser le plus profond objet perdu»[21]. A la béance ouverte par l'objet

[16] Jacques Lacan, *les Quatre concepts fondamentaux de la psychanalyse*, Seuil, p. 150.
[17] C'est le processus de la sublimation. Voir *ibid.*, p. 151.
[18] *Ibid.* p. 153.
[19] *Ibid.* p. 164.
[20] *Ibid.* p. 142.
[21] *Ibid.* p. 180.

perdu, le désir répondra par l'hallucination. *La Tentation de saint Antoine*, c'est l'hallucination faite texte. A la jonction de l'inconscient et de l'art, ce texte donne à lire, pour commencer, que le désir n'est pas le besoin. Pas d'objet qui ne relève du principe de plaisir. Ainsi est rendu au désir «le caractère paradoxal, déviant, erratique, excentré, voire scandaleux, par où il se distingue du besoin» [22]. Texte pulsionnel, *la Tentation* érotise le corps — le corps maternel, le corps textuel. Chaque image fantasmatique (chaque fragment du texte) représente l'objet perdu et assigne à la Mère sa place originelle à l'entrée du symbolique et de l'imaginaire — les deux registres de l'œuvre d'art.

La Reine de Saba, ou l'énigme

Flaubert était content de l'épisode de la Reine de Saba — la preuve en est qu'il ne l'a presque pas retouché d'une version à l'autre. C'est l'épisode de charme de *la Tentation*. Ce plaisir que donne le texte, cet émerveillement où il nous tient, d'où vient-il? De beaucoup de choses, et d'abord du merveilleux oriental. L'Orient est le rêve romantique. Qu'il s'agisse d'un rêve, d'un objet imaginaire, on le voit bien à cette fidélité de Flaubert à son texte de 1849: c'est donc qu'il y avait mis tout «son» Orient d'avance. Le voyage en Orient n'est pas à mettre sur le même plan.

Il avait pour se documenter la Bible d'abord [23] — en particulier I Rois 10 et II Chroniques 9, plus un verset d'Isaïe où le pays de «Cheba» est désigné comme le pays de l'or et de l'encens (Is. 60:6) — et cela aurait été déjà bien suffisant. Si les deux versions bibliques (Rois et Chroniques) de la visite de la Reine de Saba à Salomon sont assez sobres, Flaubert n'a pas manqué de les déborder, d'abord en les contaminant avec d'autres passages de la Bible (les richesses de Salomon), ensuite et surtout en faisant marcher son imagination. Il avait encore d'autres sources: le Coran, et enfin des études savantes (les orientalistes des années 1840 ne dédaignaient pas d'en consacrer à l'oiseau Simorg!) [24]. Certes, Flaubert n'était pas seul en ce temps-là à penser à la Reine de Saba, puisque c'est en mars-avril 1850 que paraît dans le *National* l'«Histoire de Soliman et de la Reine du matin» de Nerval. Au reste, l'inspiration des deux écrivains

[22] Lacan, *Ecrits*, Seuil, p. 690.

[23] La Bible est pour les gens du XIXe siècle une ancienne lecture d'enfance: elle renvoie donc à un monde doublement imaginaire et doublement perdu.

[24] Voir Jean Richer, *G. de Nerval et les doctrines ésotériques*, Ed. Griffon d'Or, p. 150.

est très différente. Mais les sources de leur merveilleux sont évidemment communes, comme leur plaisir à y puiser:

Bible	Nerval	Flaubert
Elle arriva à Jérusalem...	Derrière [la Reine] apparaissent soixante éléphants blancs chargés de tours où brillent l'or et la soie;	*Accourt du fond un éléphant blanc caparaçonné d'un filet d'or (...) Sur son dos (...) il y a une femme si splendidement vêtue qu'elle envoie des rayons tout autour d'elle.*
	mille Sabéens à la peau dorée par le soleil...	*Derrière, à la croupe, debout sur un pied, un nègre...*
		. . . .
...avec d'immenses richesses, des chameaux...	...conduisent des chameaux qui ploient les genoux sous le poids des bagages et des présents de la princesse. [25]	*[arrivent des] chameaux en licol de soie rouge, des mulets chargés de bagages et des femmes empaquetées de voiles violets...* (T. I, p. 433 B)
	. . . .	. . . .
...chargés de baumes, d'or en très grande quantité et de pierres précieuses.	...tandis que défilaient les esclaves chargés des présents de la reine de Saba: de l'or, du cinnamome, de la myrrhe, de l'encens surtout, dont l'Yémen faisait un grand commerce; puis, des dents d'éléphants, des sachets d'aromates et des pierres précieuses.	*...sur un signe de sa main les esclaves exhibent ce qu'elle indique.* Voici du baume de Génézareth, de l'encens du cap Gardefan, du ladanon, du cinnamome et du silphium bon à mettre dans les sauces... etc. [encore vingt-quatre objets, y compris le dernier, la boîte énigmatique]. (T. I, p. 434 B)

[25] Nerval, *OEuvres*, Pléiade, II, p. 515.

. . . .

| Elle donna au roi cent vingt talents d'or... (Rois I, 10, 2-10)[26] | Elle offrit aussi au monarque cent vingt talents d'or fin.[27] |

Cette comparaison permet de préciser l'originalité du merveilleux flaubertien. Nerval est plus proche de la «lettre» de ses sources et il exprime son émerveillement par le nombre: soixante éléphants, mille Sabéens... Flaubert n'a pas besoin du nombre: un éléphant, un nègre... Il tire l'effet de merveilleux du détail à la fois précis et accessoire: «caparaçonné d'un *filet*», «en licol de *soie rouge*», «de l'encens *du cap Gardefan*», «du silphium *bon à mettre dans les sauces*»[28]. Le détail flaubertien n'est pas explicatif, il est inessentiel, immotivé, et par là fascinant[29]: «de l'encens du cap Gardefan» ne se lit pas de la même manière que «de l'encens (...) dont l'Yémen faisait un grand commerce». On peut tirer quelques autres enseignements de l'ensemble de l'épisode de la Reine de Saba dans *la Tentation*. Si Flaubert juge inutile le recours au nombre, il travaille dans le nombre d'une autre manière, par l'accumulation. Cette accumulation est voulue, soulignée par l'anaphore: «Ces plaques d'or (...) c'est pour...» / «ces carcans d'argent, c'est pour...» (T. I, p. 434 B)

> Et j'ai bien d'autres choses encore, va!
> j'ai des trésors...
> j'ai des palais...
> j'ai des troupeaux...
> j'ai des îles...
> j'ai des artistes..., des orfèvres..., des fondeurs..., des parfumeurs...
> j'ai des ouvriers..., des couturières..., des coiffeuses..., et des vernisseurs...
> j'ai des suivantes..., des eunuques...
> j'ai des armées, j'ai des peuples, j'ai (...) une garde de nains...
> j'ai des attelages de gazelles, des quadriges d'éléphants,
>   des couples de chameaux...
> j'ai des girafes...
>
> (T. I, p. 435 A)

---

[26] *La Bible Osty*, Seuil, p. 678.

[27] Nerval, ouvrage cité, p. 517.

[28] C'est moi qui souligne.

[29] Comme l'a vu Proust quand il a pastiché Flaubert. Voir Gérard Genette, «Le travail de Flaubert» in: *Tel Quel* N° 14, p. 57 A.

La rhétorique même de cette accumulation participe à l'effet de merveilleux. L'énumération perd par instants de sa linéarité pour devenir dynamique, productrice: on n'a plus des éléments discontinus se suivant à la file, mais l'élément (a) qui engendre l'élément (b) qui engendre l'élément (c). «J'ai des suivantes de quoi faire un *harem*, des *eunuques* de quoi faire une *armée; j'ai des armées*, j'ai des peuples...» (T.I, p.435 A)[30] Un procédé analogue est l'emboîtement: «et cette boîte de bronze [premier englobant] remplie de neige [deuxième englobant] contient une outre [troisième englobant] de chalibon, vin réservé pour les rois...» (T.I, p.434 B) Le merveilleux de Flaubert est un merveilleux de l'expression, au moins autant que du contenu.

Quant à ce contenu, Flaubert, plus libéré que Nerval, n'hésite pas à le contaminer par d'autres apports encore. «Assise dans une coquille et traînée par des dauphins verts, je me promène dans les grottes marines...» (T.I, p.435 A-B) est d'un baroque XVIIᵉ siècle qui fait aussitôt penser à Perrault ou à Fénelon. Et en effet, voici l'extrait de *Télémaque* que le manuel de Fontanier proposait aux élèves de la classe de Rhétorique, pour illustrer ce que c'est qu'un «tableau»:

Pendant qu'Hazaël et Mentor parlaient, nous aperçûmes des dauphins couverts d'une écaille qui paraissait d'or et d'azur. [...] Après eux venaient des Tritons qui sonnaient de la trompette avec leurs conques recourbées. Ils environnaient le char d'Amphitrite [...]. Le char de la déesse était une conque...[31]

Mais le franc anachronisme même ne fait pas peur à Flaubert. Il devait penser (précédant en cela le goût du Second Empire pour Watteau) que rien ne surpassait le XVIIIᵉ siècle pour ce qui est de connoter une indéfinissable grâce féminine. D'où la surprenante description de la Reine, et la «scène de genre», si datée, par laquelle elle se termine:

Elle est montée sur des patins à *talon haut* [...] ... sa chevelure, qui est rassemblée *en cône* sur le sommet de sa tête et *poudrée de poudre bleue*... [...] ... et ce sont douze *négrillons*, six de chaque côté, tous crépus et vêtus de *cotillons plissés*, qui portent *la longue queue de sa robe* traînante, dont *un singe*, pareillement habillé, tient l'extrémité, qu'il tire à lui, *tout en la soulevant de temps à autre comme pour regarder dessous*.

(T.I, p. 433 B-434 A)[32]

---

[30] C'est moi qui souligne.

[31] Reproduit in: Pierre Fontanier, *les Figures du discours*, Flammarion, p. 432. Les deux manuels de Fontanier étaient en usage quand Flaubert était au lycée.

[32] C'est moi qui souligne. Dans T.II et T.III, le texte est maintenu, légèrement allégé seulement. — Salammbô aura la même coiffure (Pléiade, I, p. 718), dite par Flaubert «chananéenne».

Par contre, il y a d'extraordinaires inventions, qu'on ne peut rapporter à rien, sinon à la capacité de vision SURRÉALISTE de Flaubert:

> A la longue, mes larmes en tombant ont fait à la tête de mon lit deux trous sur le marbre...
> ... des cure-dents faits avec les poils du tachas, animal perdu qui se trouve sous la terre.
> *Les yeux de la queue* [une queue de paon] *de Simorg-anka se mettent à tourner tous à la fois.*
>
> (T. I, p. 434 A-B-435 A-B)

Mais il est évident que l'épisode de la Reine de Saba dans *la Tentation* est surdéterminé. Le chatoiement des phrases et des choses signale un fonctionnement textuel très riche. A la base de tout, il y a l'énigme. On connaît la phrase mystérieuse par laquelle la Reine de Saba est introduite dans la Bible — cette phrase, Flaubert finit par la placer lui-même dans les premières pages de sa troisième version: «La Reine de Saba, connaissant la gloire de Salomon, vint le tenter, en lui proposant des énigmes.» (T. III, p. 525 B) Citation explicite de la Bible (I Rois 10:1; II Chroniques 9:1), la phrase établit un rapport d'équivalence entre Salomon et saint Antoine et produit dans le texte une de ces structures en abîme que Flaubert pratique constamment. Mais cette équivalence n'est pas sans poser des problèmes. «Comment espérait-elle le tenter?» se demande aussitôt Antoine. Et nous pouvons ajouter: qu'est-ce qu'une énigme? et — dans le texte flaubertien — où est l'énigme?

La Bible est un livre d'Histoire. Voici le commentaire que donnent au texte des Rois les érudits Emile Osty et Joseph Trinquet:

> Il serait téméraire de dénier à ce récit toute historicité, comme il serait hasardeux de le suivre en tous ses détails. La visite d'une reine de quelque tribu sabéenne de l'Arabie septentrionale n'a rien que de vraisemblable. Mais il est douteux que ce voyage n'ait eu pour motif que la curiosité; la reine de Saba pourrait bien être venue à Jérusalem pour y traiter d'affaires et conclure avec Salomon un accord commercial. En tout cas, cette visite est restée célèbre (Jésus y fait une allusion flatteuse, cf. Mat. 12:42) et on sait la place qu'elle tient dans la légende musulmane avec la reine Balkis et dans la légende éthiopienne avec la reine Makedo.[33]

Qu'a retenu la légende (cette légende qui du Moyen Orient antique est parvenue jusqu'à Hollywood!) et qu'a-t-elle «oublié»? Elle a oublié les

---

[33] *La Bible Osty*, en note, p. 678 A.

prosaïques affaires commerciales, pour aller droit à l'essentiel: aux fabuleuses richesses des deux partenaires et à l'histoire d'amour — à l'or et au sexe. (On notera que cette histoire d'amour entre Salomon et la Reine de Saba, véritable création du mythe, ne figure pas dans la Bible, pas même implicitement.) Quant aux énigmes, la légende les a fait passer au second plan. Pourtant, à l'origine, le mythe se constitue autour de ce rapport au SAVOIR. L'épreuve des énigmes est le but que le mythe assigne à la visite de la Reine. Pour comprendre le mythe, il importe donc de spécifier la nature du savoir qui est ici questionné, et il ne faut pas se contenter de le désigner comme la proverbiale sagesse de Salomon. Il est instructif de se reporter au texte biblique d'abord: «... pour l'éprouver par des énigmes» disent les traductions modernes. Flaubert, qui suit sans doute la Vulgate, écrit: «... vint le tenter, en lui proposant des énigmes.» Ce faisant, il joue sur le sens du mot latin *temptare, essayer, sonder. Temptare, tenter* est seulement un sens dérivé du précédent. La Reine de Saba est venue sonder le savoir de Salomon, et non sa résistance à la séduction! Mais que «l'épreuve» du savoir soit une «tentation» nous met sur la voie de la vraie nature de ce savoir. — Peut-être faut-il, selon la méthode analogique chère à Freud, rapprocher le mythe de Salomon de notre mythe occidental le plus fameux: du mythe d'OEdipe. Car ce mythe-là aussi est constitué à partir d'une énigme, et progresse vers la vérité selon la démarche la plus entravée qui soit, et la plus implacable. «Le mythe est le royaume du sexe.» [34] Le savoir dont il s'agit est toujours, au plus profond, le savoir de l'inconscient.

C'est sous cet angle, en ayant à l'esprit l'énigme du sphinx, qu'il faut relire les énigmes proposées par la Reine de Saba, telles que les donne par exemple une source arabe:

Elle lui députa un ambassadeur chargé de lui présenter deux briques, l'une en or, l'autre en argent, une boîte en or, et un rubis non percé. Ces présents étaient en même temps autant d'énigmes posées à la sagacité de Soliman qui devait, à première vue, *deviner le contenu de la boîte* en or et trouver sans hésiter le moyen de percer le rubis [qu'elle contient]. Il lui fallait en outre distinguer les uns des autres les cent jouvenceaux des cent jouvencelles tous vêtus de la même façon qui escortaient l'ambassadeur, et dire enfin «quelle est l'eau qui ne vient ni de la terre, ni du ciel et qui désaltère». [la sueur du cheval] [35]

---

[34] Robert Georgin, *le Temps freudien du verbe*, l'Age d'Homme, p. 129.

[35] Note de Jean Richer pour l'édition Nerval, d'après la *Chronique* d'Abou Djafar Mohammed, in: Nerval, *OEuvres*, Pléiade, II, p. 1370. — C'est moi qui souligne.

Les symboles sont clairs, ces énigmes concernent toutes le sexe et le corps. Soliman *sait* répondre (mais, notons-le, avec le secours de Dieu: de l'ange Gabriel envoyé par Allah). On retrouve la Bible:

> Arrivée près de Salomon, elle parla avec lui de tout ce qu'elle avait *dans le cœur*. Salomon élucida pour elle toutes ses questions; il n'y eut aucune question qui fût obscure pour Salomon et qu'il ne pût élucider. (II Chroniques 9:1-2)[36]

Salomon sait, mais la Reine sait encore mieux que lui. Elle ne vient pas le consulter, mais l'éprouver! Il y a — et le texte arabe est là-dessus plus explicite — une connivence fondamentale entre la femme et le savoir. Flaubert l'a bien compris en ne retenant de tous les objets énigmatiques que la seule BOÎTE: symbole féminin, réceptacle d'un savoir qui reste en même temps une énigme. La vérité de l'inconscient, la Reine de Saba l'a enfouie «dans le cœur». «Jocaste a toujours su.» «Jocaste sait avec une paisible tranquillité et une absolue impudeur», écrit Robert Georgin qui relit la tragédie de Sophocle à la lumière du travail de Lévi-Strauss. «Elle est avec opacité ce continent noir de la féminité dont parle Freud...» et qu'il n'a pas su explorer. Tandis qu'au contraire de Jocaste, «ŒEdipe sait, mais de cette vérité il ne veut rien savoir».[37]

La Reine de Saba est l'énigme elle-même, et l'énigme est une métaphore du signifiant. — Qu'apporte-t-elle en effet? Des objets? Non: «ces présents étaient en même temps autant d'énigmes...» Donc, des objets symboliques. Flaubert, dans sa version du mythe, franchit un pas de plus: *la Reine de Saba n'apporte à Antoine que son discours.* Des objets symboliques d'un genre particulier: des mots considérés essentiellement sous leur aspect signifiant. La perfection à laquelle atteint le mythe dans la version de Flaubert est remarquable. Que l'on observe la progression: dans la Bible il s'agit encore incontestablement d'objets: de l'«or en très grande quantité», des «pierres précieuses» (I Rois 10:2); dans la légende arabe, l'objet glisse vers le symbole: dans la boîte il y a une perle de rubis rouge à percer (on notera que le symbole phallique se manifeste par son manque); dans *la Tentation de saint Antoine* il n'y a plus d'événement autre que linguistique, puisque le manque, c'est UNE PHRASE QUI SE DÉROBE:

> Mais si tu savais ce que je porte dans ma petite boîte! [...] ... embrasse-moi, je vais te le dire.
>
> *Elle prend saint Antoine par les deux joues et l'attire à elle, il la repousse.*

---

[36] C'est moi qui souligne.

[37] R. Georgin, ouvrage cité, p. 130 et 133.

C'était une nuit que le roi Salomon perdait la tête, il me demandait des choses que je lui refusais; enfin nous conclûmes un marché, et alors il se leva de suite, sortit à pas de loup de son palais, et s'en fut dans le temple y prendre...
Elle pirouette sur ses talons.
Ah! ah! bel ermite! tu ne le sauras pas! tu ne le sauras pas!

(T. I, p. 435 A)

La phrase interrompue est la trouvaille stylistique de Flaubert. Mais la révélation du langage comme manque a été préparée par toute une mise en scène. On aura observé à quel point le discours de la Reine était sexualisé: «C'était une nuit» (entendez: d'amour); «il me demandait des choses» (entendez: sexuelles); enfin, qu'est-ce que Salomon peut aller chercher dans le temple de Jéhovah? sinon, encore une fois, le symbole par excellence, Dieu ou phallus, l'innommable.

L'épisode de la Reine de Saba diffère de l'épisode des dieux en ce que les structures inconscientes de cette séquence sont régies par la fonction maternelle, comme celles de l'autre étaient régies par le Père. C'est pour cela que l'épisode de la Reine accueille le symbole, alors que l'autre séquence lui menait une sourde guerre. On retrouve la fascination de Flaubert pour les beaux signifiants, reconnus — comme l'a très justement vu Sartre — dans «leur fascinante *altérité*» [38]. «Voici du baume de Génézareth, de l'encens du cap Gardefan... cette racine en paquets est le malobathre de Limyrica... Voilà des colliers de chien de Nisibis, avec des agrafes de Carthage, des housses de Dan... de la poudre d'or de Baasa, du cassiteros de Tartessus, du bois bleu de Pandio, des fourrures blanches d'Issedonie, des escarboucles de l'île Palaesimonde... la fameuse toile jaune apportée par des marchands de la Bactriane...» (T. I, p. 434 B) On se souvient qu'en tant que précision géographique ou culturelle, ces mots sont inessentiels, accessoires, gratuits. «Ces plaques d'or ovales, c'est pour mettre aux oreilles des éléphants» est un magnifique exemple du détournement d'une locution raisonnable («c'est pour») vers un usage délirant! L'inessentiel, l'accessoire, le gratuit, qu'est-ce d'autre que la marque du SURPLUS de sens du signifiant. Un surplus qui se creuse immédiatement de néant:

... et cette boîte de bronze remplie de neige contient une outre de chalibon, vin réservé pour les rois d'Assyrie *et qui se boit pur dans une corne de licorne.*
... et des cure-dents faits avec les poils du *tachas, animal perdu* qui se trouve sous la terre. [39]

(T. I, p. 434 B)

---

[38] *L'Idiot de la famille*, tome I, Gallimard, p. 926.
[39] C'est moi qui souligne.

La boîte se referme sur une autre boîte qui se referme sur «l'objet éternellement manquant». C'est avec le MANQUE déjà que la séquence avait commencé, un manque thématisé sous une forme hyperbolique: «J'envoyais des hommes sur le sommet des montagnes, qui passaient la journée à regarder si tu viendrais, et des chasseurs qui criaient ton nom dans les bois, et des espions qui parcouraient toutes les routes en demandant à chaque passant: l'avez-vous vu?» (T. I, p. 434 A) Mais la vraie réponse au manque n'est pas d'apporter de quoi le remplir. Il pourrait sembler que c'est ce que fait pourtant la Reine de Saba, qui apporte des choses bonnes à manger (des épices, et «des boissons froides dans des écorces de fruits» — T. I, p. 435 B) et bonnes à prendre, et qui parle continuellement sur le mode de l'*avoir*. Mais sous la surface du discours, le fonctionnement textuel est beaucoup plus complexe. La Reine de Saba ne remplit pas le manque mais apporte un savoir — savoir énigmatique, vérité voilée, c'est la règle. Elle affirme, ou le texte par son style affirme, l'irréductibilité radicale du manque. Le symbole est un objet perdu (un animal fabuleux — licorne, tachas, oiseau Simorg). Pourtant le symbole est la seule garantie d'un langage authentique. Hors de la dépendance du symbolique (de l'Autre) le langage se désagrège et s'anéantit, tel le discours de la Reine face au silence d'Antoine.

> Tu te repentiras, bel ermite, tu gémiras, tu t'ennuieras, prends-y garde! Moi, je m'en moque! la, la, la, la ... oh! oh! oh! oh! oh! oh!
>
> (T. I, p. 436 A)

Aphrodité marine, ou l'Artiste au miroir

Elle apparaît seulement dans la troisième version, au milieu d'un «halo de nacre» et de nuages de roses, et avec des détails qui font immanquablement penser au tableau de Botticelli:

> ... *VÉNUS ANADYOMÈNE se regarde dans un miroir...* [...]
> *Elle a de grands cheveux blonds qui se déroulent sur ses épaules, les seins petits, la taille mince, les hanches évasées comme le galbe des lyres, les cuisses toutes rondes, des fossettes autour des genoux et les pieds délicats; non loin de sa bouche un papillon voltige...*
>
> (T. III p. 558 B)

mais elle a toujours été là, puisque Marie, la Vierge Mère, était déjà «comme une Vénus» dans la première version (T. I, p. 379 A). L'une des images idéales du Moi[40], dans *la Tentation de saint Antoine*, c'est peut-être Vénus au miroir. Tout ce qui est évocation de verdure, de fraîcheur, d'eau et de mer[41] s'y rattache — je pense en particulier à la très belle narration du bain des nymphes (T. I, p. 431 B). La Vérité sort toute nue du puits. Vénus naît de la mer, dans une coquille. Les deux allégories disent la même chose. Elles associent, en une image de naissance (de création, du point de vue de l'Artiste), beauté et vérité au miroir — *la vérité du symbolique* au *mensonge de l'imaginaire*. La vérité naît de la mer (de la mère). L'Artiste doit-il se fondre dans la mer, s'identifier à la Mère? C'est — transposé au plan de l'art — le sens du cri d'Antoine, «être la matière». Mais alors l'Artiste renonce au *faire* pour *s'absorber dans le pur être*[42]. C'est mourir. En effet (j'y reviendrai) la mort est pour Flaubert la sanction de l'art. Le miroir se ternit et à la place de la Mère renvoie à l'Artiste la macabre image de la tradition médiévale et fantastique:

> ...*et il aperçoit au milieu des ténèbres une manière de monstre devant lui. C'est une tête de mort, avec une couronne de roses. Elle domine un torse de femme d'une blancheur nacrée.*
>
> (T. III, p. 567 B)

La Mort (on notera qu'elle est l'image inversée de Vénus) n'est qu'un autre visage de la Vérité (ou Loi du symbolique) qui vient se rappeler ainsi à l'Artiste. Dans le texte flaubertien, les jeux ne sont jamais faits. Entre la vérité, qui vient de l'Autre (de Dieu), et la méconnaissance que lui oppose le Moi de l'Artiste, le combat souterrain n'a pas de fin. Ce n'est pas Flaubert qui pourrait conclure que «L'éternel féminin / Nous attire vers En-Haut».

---

[40] Par le Moi, je n'entends pas, ou pas exclusivement, le Moi de Flaubert. Sartre a étudié la fascination de Flaubert pour le miroir, où il lui est arrivé de se voir en femme (*L'Idiot de la famille*, I, p. 684 et suiv.). Le Moi de l'Artiste s'exprime dans *la Tentation* par plus d'une voix (Antoine, un dieu indien, etc.) et à plusieurs niveaux du texte.

[41] La même thématique se trouve dans *le Second Faust*. Notamment à l'acte V, la puissance de l'Artiste rivalise avec la puissance de la mer.

[42] Comme l'ont bien vu Michel Foucault et Jean Levaillant. Voir «La Bibliothèque fantastique», in: *Flaubert, Miroir de la critique*, Didier, p. 171 et 189-190, et «Flaubert et la matière», in: *Europe* (colloque Flaubert de Rouen), sept.-nov. 1969, p. 203-204.

CHAPITRE VI

L'ARTISTE FACE À DIEU
(étude des œuvres de jeunesse)

> Maintenant d'ailleurs j'ai toujours
> peur d'écrire. (Eprouves-tu ainsi que
> moi avant de commencer une œuvre
> une espèce de terreur religieuse...?)
>
> Flaubert à Louise Colet,
> 4 octobre 1846

Les deux idéologies [1]

Dieu est le personnage — central, décentré, caché — d'un certain nombre d'œuvres de jeunesse de Flaubert, de celles qu'il appelle parfois du nom de «mystère» et dont *la Tentation de saint Antoine* est l'indiscutable aboutissement. Toute classification est schématique. Il en faut pourtant, si l'on veut s'y reconnaître. Je propose le critère du «profane» et du «mystique» (étant entendu que ces termes ne postulent pas de ma part une quelconque religiosité chez le jeune Flaubert). On distingue ainsi d'une part les œuvres profanes: drames historiques, narrations historiques, contes et romans (historiques ou modernes); d'autre part les œuvres mystiques, qui ressortissent elles aussi aux genres du dialogue dramatique, de la narration, du conte (à quoi on peut ajouter l'aphorisme), mais dont la caractéristique est de se dérouler en quelque sorte *sous le regard de Dieu* et de mettre en scène un ou plusieurs des personnages suivants: le Christ, le Diable, la Mort, des morts, un ermite. Les œuvres mystiques forment, avec *la Tentation*, un PARADIGME de textes, et qui a commencé à se constituer très tôt, puisque le premier texte

---

[1] Titre repris d'un chapitre de *l'Idiot de la famille* de Sartre, tome I, Gallimard, p. 453.

conservé de ce type, *Voyage en enfer*, a été écrit par Flaubert à l'âge de treize ans:

— *Voyage en enfer*, 1er semestre 1835, p. 42 A [2]
— *La Femme du monde*, 2 juin 1836, p. 69 A (quatorze ans)
— *Rêve d'enfer*, 21 mars 1837, p. 90 A (quinze ans)
— *Agonies*, avril 1838, p. 157 A (seize ans)
— *La Danse des morts*, mai 1838, p. 162 A (seize ans)
— *Smarh, vieux mystère*, avril 1839, p. 186 A (dix-sept ans).

Il s'agit on le voit, d'une véritable prédilection pour cette orientation philosophico-religieuse de la littérature, orientation que l'adolescent avait trouvée chez de grands romantiques étrangers — Byron et Goethe — et chez Quinet en France [3]. *Cent fois sur le métier remettez votre ouvrage...* C'est bien ce qu'il semble faire, et cette répétition obstinée de la même œuvre, d'année en année, préfigure déjà la ré-écriture de *la Tentation*. Il est vertigineux de penser que tout ce travail souterrain, commencé en 1835, aboutira à la publication d'une unique œuvre... au bout de quarante ans! C'est un secret bien gardé, et bien surprenant peut-être, mais l'œuvre mystique semble représenter pour Flaubert *l'œuvre idéale*. On le constate en lisant ce qu'il a écrit à la fin de son manuscrit de *Smarh:*

> *Réflexion d'un homme désintéressé à l'affaire et qui a relu ça après un an de façon.*
> Il est permis de faire des choses pitoyables, mais pas de cette trempe. Ce que tu admirais il y a un an est aujourd'hui fort mauvais; j'en suis bien fâché, car je t'avais décerné le nom d'un grand homme futur, et tu te regardais comme un petit Goethe. (etc.)   (p. 218 B)

Il y a là un véritable problème. Comment concilier l'image que nous nous faisons habituellement de Flaubert — l'incroyant, le sceptique — avec cette attirance pour un type d'œuvre que l'on verrait plus en conformité avec un Lamennais... Il est significatif d'ailleurs que de Quinet Flaubert ait retenu l'esthétique, mais nullement la foi ni l'idéologie humanitaire. Mais qu'avait-il besoin de prendre modèle sur cette littérature-là? Qu'en attendait-il?

---

[2] Les œuvres de jeunesse se trouvent dans l'édition de «l'Intégrale» du Seuil, tome I, comme les trois versions de *la Tentation*. Mes références renvoient à cette édition, sauf indication contraire.

[3] Byron: *Caïn, a Mystery* (1821), *Heaven and Earth* (1823). Goethe: le premier *Faust* (1808). Quinet: *Ahasvérus* (1833). Le jeune Flaubert a dû lire Byron et Goethe en traduction. En 1847, il relit le *Caïn* de Byron en vue de *la Tentation* (et alors peut-être en anglais?): *Corresp.*, Pléiade, I, p. 437.

On peut poser ces questions dans une optique biographique et sociologique. C'est ce que Sartre a fait. Dans un long chapitre de *l'Idiot de la famille*, il a relié les structures familiales de la famille Flaubert aux «deux idéologies» de la société de 1830. L'enfant, dit-il en substance, essaie d'approcher son vécu familial à travers les idéologies dont il dispose: «l'une, la Foi, lui venait de sa mère; l'autre, le Scientisme, de son père» [4]. Le rapprochement s'impose en effet entre le satanique docteur qui apparaît dans tant de contes de jeunesse, et le docteur Flaubert [5]. Je l'avais montré, ce père, comme une figure castratrice; Sartre transpose la castration sur le plan de la science. Positiviste, héritier du XVIIIe siècle intellectualiste, le docteur Flaubert dissèque les cadavres comme des machines, donc il fait «de la mort la vérité de la vie» [6]. L'enfant intériorise cette conception et en même temps la rejette. A l'autre pôle de la science, il y a la religion. La religion «combattrait, s'il pouvait y croire, le regard analytique du père par le Regard absolu et totalitaire de Dieu» [7]. Seulement la foi ne vient pas. Alors le fils Flaubert «inverse les signes et se donne à Satan» [8]. «Dieu serait le Contre-Père», écrit Sartre, mais il ne s'est pas manifesté; «le père, étant Contre-Dieu, apparaît (...) comme le Démon lui-même» [9]. Par la suite, à partir de *la Tentation de saint Antoine* — dont Sartre analyse un fragment [10] — Flaubert ne va cesser de témoigner «de sa désillusion (...) et de sa frustration profonde, c'est-à-dire de l'absence infinie d'un Dieu qui n'a point cessé de l'environner mais dont il s'est hystériquement déterminé à douter (...), bien qu'il (...) ne puisse concevoir son propre doute, sa désespérance blasphématoire et son angoisse qu'à partir de Son indubitable existence» [11]. Ainsi Flaubert renvoie-t-il désormais dos-à-dos, dans un jeu de tourniquet, les deux idéologies de son temps.

J'ai voulu rappeler le travail de Sartre, même si ma perspective sera légèrement déplacée par rapport à la sienne. On considère généralement les œuvres de jeunesse de Flaubert comme des confessions romantiques.

---

[4] Ouvrage cité, p. 453.

[5] Voir supra, le chapitre «Flaubert et OEdipe».

[6] Sartre, ouvrage cité, p. 471.

[7] *Ibid.*, p. 512.

[8] *Ibid.*, p. 518.

[9] *Ibid.*, p. 519.

[10] *Ibid.*, p. 550 et suiv. Il s'agit de la première version, séquence 4 bis.

[11] *Ibid.*, p. 556.

Cette impersonnalité qu'il a réussi à imprimer à ses grands romans à partir de *Madame Bovary*, on la sent ici prise en défaut, et on part à la chasse au «moi». Smarh, c'est Flaubert. Le narrateur des *Mémoires d'un fou* et de *Novembre*, c'est Flaubert[12]. Que se passerait-il si, au lieu du «moi» de l'auteur, on ne considérait que la figure de l'Artiste (le défaut de Sartre, c'est de les confondre)? et si on prenait le parti d'étudier les œuvres de jeunesse simplement comme *une série de textes qui fonctionnent ensemble*, vu leur proximité dans le temps et vu leur caractère commun d'être *impubliés:* des textes qui n'ont pas été écrits en vue de la publication, mais seulement pour permettre la publication d'une œuvre future, œuvre mythique sans cesse repoussée dans un avenir indéterminé.

Dans cette perspective, les œuvres de jeunesse retrouvent, je crois, leur unité et leur cohérence profonde: ce sont des œuvres écrites pour aborder, de front ou de biais, le problème de l'écriture. Le drame qui s'y joue est le drame de l'Artiste par rapport au Père, maître de la première «œuvre» et source du langage. Celles des œuvres que j'ai appelées par commodité «mystiques» nous font assister à ce drame en direct. Mais il y a de fortes chances pour que les autres, les œuvres «profanes», traitent du même problème.

On trouverait facilement la confirmation de mon hypothèse dans les données de la biographie. La *Correspondance* des années 1840 abonde en refus de publier. «J'ai écrit çà et là quelques belles pages mais pas une œuvre. J'attends un livre que je médite pour me fixer à moi-même ma valeur, mais ce livre ne s'exécutera peut-être jamais...»[13] Le rapport entre le Regard de Dieu et le regard du docteur Flaubert, et l'effet de ce regard sur l'activité d'écrire, même cela peut se lire entre les lignes de la *Correspondance:* «...Je n'en fais rien pour éviter certaines allusions, certains REGARDS, voilà tout. C'est de même que pendant 10 ans je me suis CACHÉ D'ÉCRIRE pour m'épargner une raillerie possible»[14]. Caché devant quel regard? Le regard du père, évidemment. «Pendant 10 ans»: 1835-1845. «Je me suis caché»: je ne me cache plus. Le docteur Flaubert est mort le 15 janvier 1846.

---

[12] Je joins, pour mon étude, à la liste des «mystères» déjà donnée, les œuvres «profanes», et parmi elles plus particulièrement:
— *Mémoires d'un fou*, automne 1838, p. 229 A (seize ans).
— *Novembre*, 1840-25 octobre 1842, p. 247 A (entre dix-huit et vingt ans).

[13] *Corresp.*, Pléiade, I, p. 378. A Louise Colet, 7 octobre 1846.

[14] *Ibid.*, p. 369. A la même, 30 septembre 1846. Les capitales sont de moi.

Pour Flaubert, l'Artiste a affaire à Dieu. Ce qui peut nous faire superficiellement l'effet d'une métaphore filée tout au long de sa vie — l'art-sacerdoce, l'impassibilité «divine» de l'artiste, son épouvante «religieuse» au moment d'écrire [15] — renvoie en fait au schéma œdipien, qui constitue la structure inconsciente de l'art. «Tout texte a pour sujet la passion du fils: OEdipe et le Christ varient seulement par l'éclairage.» [16] Non seulement les trois protagonistes (Père, Mère et Fils) sont les actants de tout récit, mais l'acte même de produire le récit s'inscrit à son tour dans le schéma. Aussi le récit peut-il fort bien raconter l'histoire de sa propre production conflictuelle sous le couvert même de l'histoire œdipienne. C'est l'interprétation que je propose des œuvres de jeunesse de Flaubert.

Pour finir, je voudrais suggérer combien la cosmologie de Flaubert lui appartient peu, combien elle lui échappe pour trouver des affinités ailleurs. Je pense à Kafka et à Nerval. Les cinq sonnets du «Christ aux oliviers» sont l'expression condensée du drame commun à Nerval et à Flaubert (malgré tout ce qui les sépare). Et pour Kafka, il a lui aussi placé au centre de son monde une inconnaissable et effrayante transcendance, il a partagé la fascination de Flaubert pour la Loi (la Loi qui inscrit dans la chair d'illisibles hiéroglyphes), et il est allé chercher dans la Bible (dans le mythe de Babel) l'origine de son expérience tragique du langage: «S'il avait été possible de bâtir la tour de Babel sans l'escalader, cela aurait été permis» [17]. Ni Kafka ni Nerval ne sont une clef pour Flaubert. Dans le cas de Kafka c'est évident. Quand «le Christ aux oliviers» de Nerval a paru en mars 1844 dans *l'Artiste*, Flaubert avait déjà longuement élaboré son «drame» à lui. (On peut écarter de même l'hypothèse de l'influence directe du «Mont des oliviers» de Vigny, également publié en 1844.) Mais de texte à texte, le courant passe. Ils tournent tous autour de la «passion du fils».

Eléments pour une Passion, ou: Dieu est un écrivain

Il n'est pas facile de lire les œuvres de jeunesse de Flaubert, à cause de leur romantisme affiché. Il y a les emprunts (parfois textuels) à Goethe, Byron et Quinet, sans parler de Hugo, ou du Balzac des *Etudes philosophiques*. Les clichés romantiques arrêtent l'analyse. Mais il faut en

---

[15] Voir Victor Brombert, «Style et sacerdoce», in: *Flaubert par lui-même*, Seuil, p. 27 et suiv.

[16] Robert Georgin, *La Structure et le style*, l'Age d'Homme, p. 25.

[17] Aphorisme 18, in: Marthe Robert, *Kafka*, Gallimard, «La Bibliothèque idéale», p. 253.

prendre son parti. Ce n'est pas l'originalité qu'il faut chercher, c'est *un système* — un système en voie de constitution: car en produisant ses histoires, Flaubert retouche et perfectionne son système. Premier terme du système: LE MONDE. Tous les «mystères» du jeune Flaubert ont pour scène le monde (au sens totalisant du mot) et l'action principale du drame consiste à le parcourir ou à le survoler. L'écrivain semble avoir été à jamais impressionné par le passage de l'Evangile où le Diable emmène Jésus «dans une montagne très élevée et lui montre tous les royaumes du monde et leur gloire» (Mat. 4:8). «Et j'étais au haut du mont Atlas, et de là je contemplais le monde, et son or et sa boue...» — tel est le brillant début du premier «mystère» (*Voyage en enfer*, p. 42 A), et le ton et le cadre sont fixés pour longtemps. En effet, on trouve un schéma identique dans *la Femme du monde* (parcours mental du monde), dans *Rêve d'enfer* (le monde est un protagoniste du prologue et de l'épilogue), dans *Agonies* («alors Satan m'apparut... [...] Et il m'emmena avec lui et je planais dans les airs...» p. 161 B), dans *la Danse des morts* (Satan rencontre Jésus dans le ciel et l'emmène sur la terre), dans *Smarh* (Satan emmène l'ermite dans les airs et Yuk l'emmène sur la montagne «pour expliquer le monde », p. 199 B), dans *la Tentation de saint Antoine* enfin. Que la première scène de l'acte II du *Caïn* de Byron et le prologue du premier *Faust* suivent le même schéma spatial et thématique, cela ne pouvait qu'augmenter la fascination de Flaubert. Mais d'où vient celle-ci? Elle vient (et le contexte de la Bible est essentiel) de ce que le «monde» est perçu dans son sens de «création», et qu'il renvoie au Créateur. *Le monde est une «œuvre»*, et observer le monde, c'est juger le Créateur sur son œuvre, c'est même faire l'historique d'une *genèse*. La *science* qui est alors proposée au héros (à Smarh, comme par la suite à Antoine, par Satan), c'est la science qui lui apprendrait *le secret de la création:*

Smarh, *seul. Il sort de sa cellule et marche.*
> Quelle est donc cette science qu'on m'a promise? [...] Où vais-je? Je ne sais, mais j'ai un désir d'apprendre, d'aller, de voir. [...] Si j'allais apprendre l'infini, si j'allais vous connaître, ô monde sur lequel je marche! si j'allais vous voir, ô Dieu que j'adore!
>
> (p. 190 B)

Deuxième terme du «système»: LE POÈTE. C'est un cliché romantique que de dire que *le poète est un monde*. La *Correspondance* de Flaubert dit en plus sobre ce que ses œuvres de jeunesse figurent avec lyrisme.

Quand je lis Shakespeare, je deviens plus grand, plus intelligent et plus pur. Parvenu au sommet d'une de ses œuvres, il me semble que je suis SUR UNE HAUTE MONTAGNE. [18]

L'aboutissement logique du cliché, c'est que *le poète est un dieu* (entendez: il est Dieu lui-même). Et si le poète est Dieu, à son tour *Dieu est un poète!* Ce retournement est aussi dans la logique romantique et il est illustré par une étonnante formule d'une lettre de Flaubert: «Les trois plus belles choses que Dieu ait faites c'est la mer, l'*Hamlet* et le *Don Juan* de Mozart» [19]. Ainsi se précise progressivement le «système» du jeune Flaubert: un champ où s'affrontent des instances (l'Artiste face à Dieu) autour d'un enjeu (L'ŒUVRE d'art/le monde). Leur conflit peut s'énoncer en termes de langage/de complexe d'Œdipe/de cosmos, selon l'isotopie que l'on choisit.

L'attitude du fils vis-à-vis du père est bien entendu ambivalente. D'un côté, il est le fils aimant et aimé du père. Mais les textes mettent beaucoup plus volontiers en scène le fils critique. C'est le moment de rappeler l'attirance de Flaubert — attestée par la *Correspondance* [20] — pour le passage de l'Evangile selon saint Matthieu qu'on appelle «le Sermon sur la montagne» (Mat. 5-7). Qu'est-ce que Flaubert pouvait bien y lire, sinon l'affrontement de la Loi ancienne et de la Loi nouvelle? «Ne croyez pas que je sois venu renverser la Loi ou les Prophètes; je ne suis pas venu renverser, mais compléter» (Mat. 5:17) assure le Christ. Mais en réalité, à chaque fois qu'il dit «Et moi, je vous dis que...», c'est bien à une critique implicite de la Loi (du Père) qu'il se livre, et c'est bien une nouvelle Loi, une Contre-Loi qu'il apporte. Saint Matthieu a placé côte à côte Jésus fils aimant (la tentation — infructueuse — de Jésus par le Diable, Mat. 4) et Jésus fils rebelle (le Sermon sur la montagne, Mat. 5). Dans le «système» de Flaubert, le second texte finira par contaminer le premier, le fils rebelle fera alliance avec le Diable.

---

[18] *Corresp.*, Pléiade, I, p. 364, 27 septembre 1846, à Louise Colet. Les capitales sont de moi.

[19] *Ibid.*, p. 373, 3 octobre 1846, à L. Colet.

[20] «Après ma première visite au Saint-Sépulcre, je suis revenu à l'hôtel lassé [...]. J'ai pris un saint Matthieu et j'ai lu avec un épanouissement de cœur virginal le discours sur la montagne.» *Corresp.*, Pléiade, I, p. 666.

Un nouveau terme du système se dégage: LA LOI. Le secret de la création n'est autre que la Loi. Survoler ou parcourir le monde, c'est la chercher:

> Qui donc a fait cela? Est-ce lui qui mourait aux Oliviers? est-ce lui qui parlait aux armées d'Israël dans le désert...? (Smarh, p. 192 B)

et c'est aussi la subvertir, par exemple par l'hypothèse du déterminisme, qui ramène l'ordre du monde à une loi supérieure, au-dessus de la loi divine: Dieu lui-même ne saurait se soustraire à la fatalité de son œuvre, dit Satan à Smarh. «Oh! quelle suprême joie de se dire que lui aussi périra...» (Smarh, p. 193 B). «Quelle chose grandement niaise et cruellement bouffonne que ce mot qu'on appelle Dieu!» (Agonies, p. 158 A). Mais, on le sait, il ne suffit pas de nier la Loi pour s'y soustraire. Il y a un dernier recours du Fils, à première vue tout à fait surprenant: c'est de marquer le Père du signe négatif généralement réservé au Diable. Le narrateur d'Agonies le compare à un enfant qui martyrise un hanneton (p. 157 B); dans Smarh, Satan parle, s'adressant à l'ermite:

> Oui, celui qui a fait tout cela est peut-être le démon de quelque enfer perdu, plus grand que celui qui hurle maintenant [= lui-même, Satan], et la création elle-même, n'est peut-être qu'un vaste enfer dont il est le Dieu, et où tout est puni de vivre. (p. 195 A)

On constate que Flaubert a l'intuition de l'identité profonde entre Dieu et le Diable. L'ambivalence du fils vis-à-vis du père, du peuple vis-à-vis de sa divinité, donne naissance à une double image, selon Freud. «Quand un peuple est vaincu, il n'est pas rare que ses dieux tombés se muent en démons pour le peuple vainqueur» [21].

La rébellion contre la Loi peut consister à désigner Dieu comme le Diable (le père du Mal), ou pousser le fils à s'allier au Diable (à s'approprier la Création en tant que Mal). On reviendra sur chacune de ces deux attitudes.

Dans un système symbolique comme celui que j'essaie de reconstituer à travers cette relecture des œuvres de jeunesse, les éléments sont souvent surdéterminés. Ainsi en est-il du MAL. Le héros du «mystère» parcourt le monde et constate que n'y règnent que le vice et la mort. Dans

---

[21] «Une névrose démoniaque au XVIIe siècle», in: Essais de psychanalyse appliquée, Gall./Idées, p. 227.

un premier temps, le Mal est évoqué pour humilier Dieu (un Dieu encore marqué du signe positif):

> ... j'ai vu un prêtre et une prostituée qui blasphémaient Dieu (...).
> Mon pied heurte quelque chose, c'était un Christ en bronze, un Christ dans la boue! (...)
> Dites-moi maintenant que la vie n'est pas une ignoble farce, puisque le prêtre jette son Dieu pour entrer chez la fille de joie!
> (le narrateur, *Agonies*, p. 159 A-B)

Mais dans un deuxième temps, c'est Dieu lui-même qui est le «farceur»!

> Je m'ennuie, je voudrais être crevé, être ivre, ou être Dieu, pour faire des farces. (*ibid.*, p. 158 A)

Dieu, père du Mal, est alors le père redoutable qui menace le fils de la mort (entendez: de la castration). Les œuvres de jeunesse de Flaubert font une large place aux thèmes frénétiques. C'est dire qu'on y meurt beaucoup, et de mort violente souvent. Mais les «mystères» ont ceci de particulier que la mort leur donne leur *titre* encore (*Agonies, la Danse des morts*), et surtout qu'elle les colonise sous la forme du *personnage* même de la Mort, un personnage obsédant: «sa tête était chauve, ornée, derrière, d'une seule mèche de cheveux rouges; ses yeux étaient fixes et dévorants, son front reluisait comme le cuivre, sa voix était douce et fatiguée; on eût dit une vieille mère qui rappelait à elle ses enfants» (*la Danse des morts*, p. 170 A-B). C'est elle qu'on reverra dans les trois *Tentations*. Sous-romantisme? Macabre d'un Moyen Age de pacotille? La Mort de Flaubert est la Mob de Quinet, qui est un personnage d'une envergure certaine. Mais surtout, si elle hante le texte flaubertien, c'est parce qu'elle symbolise le châtiment divin — comme Flaubert n'a pas manqué de le lire dans le *Caïn* de Byron:

Caïn [à Lucifer]:

> Esprit!
> Je ne sais rien de la mort, sauf que c'est une chose horrible
> Dont mes parents m'ont parlé comme
> D'un hideux héritage que je leur dois
> Autant que la vie; un héritage malheureux
> Selon ce que j'en juge...

Et Caïn de rappeler le souvenir traumatisant du jour où Dieu chassa son père du paradis *«avec la mort inscrite sur son front»* [22].

Inscrite sur le front de l'homme, la mort apparaît bien comme la Loi de Dieu-le-Père. Si le Mal est l'exercice de la puissance paternelle, il se traduit pour le fils par la SOUFFRANCE. Dans le «système» flaubertien, la souffrance du fils prend modèle — cosmologie oblige! — sur la Passion du Christ. Ici l'influence de Quinet a beaucoup joué. Le héros de Quinet, Ahasvérus, le futur Juif-errant, rencontre le Christ sur le chemin de croix. Son errance éternelle est désignée comme l'équivalent du Golgotha. De plus Quinet n'hésite pas à mettre le Christ directement sur scène. C'est ce que fait aussi le jeune Flaubert dans *la Danse des morts*. On y trouve le Christ livré au Diable (toujours Mat. 4) mais en réalité c'est *par le Père* que le Christ souffre. Car c'est le Père que le Diable désigne comme le véritable responsable du Mal. «Tu triomphes vraiment?» demande le Christ, et le Diable rétorque:

> Demande-le à ton père; si tu savais, tu pleurerais sur tes souffrances passées. Ton père m'aime bien... (p. 163 A)

Pleurer, c'est en effet ce qui reste à ce fils martyr. «Aucun ne pense à moi, dit le Christ, et pourtant j'ai souffert pour eux, j'ai pleuré des larmes de sang!» (p. 172 B) Il reparaîtra, Christ déchu, dans l'épisode hors-texte de *la Tentation* déjà signalé. Mais tous les héros souffrants des œuvres de jeunesse tiennent un peu du Christ, même les plus inquiétants, tel le duc Arthur d'Almaroës, le héros (homme, ange et démon) de *Rêve d'enfer*. Quant à l'ermite Smarh, il éprouve, dans les dernières pages du «mystère» du même nom, une «agonie» aux références explicites:

> Cette agonie-là dura longtemps, et plus longue et plus cruelle que celle du Christ... [...] Lui aussi sua une sueur de sang et de larmes... (etc.). (p. 214 A)

Or, que se passe-t-il dans les dernières pages de *Smarh?* Le texte y revient sur lui-même et recommence à zéro. L'ermite connaît une agonie, une mort et une résurrection (il renaît «enfant» p. 214 B). Cet enfant passe sa jeunesse à rêver devant le monde, jusqu'au jour où il découvre qui il est: «Poète!» (p. 215 B) Les œuvres de jeunesse sont circulaires. On va toujours du monde à Dieu, de Dieu au Mal, du Mal à la Passion, du Fils au Poète et du Poète à Dieu.

---

[22] *Caïn, a Mystery*, Galignani, p. 55-56. C'est moi qui traduis de l'anglais, et qui souligne.

C'était bien lui, ce fou, cet insensé sublime

Les œuvres de jeunesse de Flaubert retentissent du désespoir romantique. On a continuellement l'impression du déjà lu, donc du faux:

> Non! si quelqu'un vient à découvrir ceci, qu'il se garde de le lire; ou bien, si son malheur l'y pousse, qu'il ne dise pas après: c'est l'œuvre d'un insensé, d'un fou, mais qu'il dise: il a souffert... *(Agonies*, p. 157 B)

Malgré les clichés, on devrait mieux voir à présent le sens précis, œdipien, de ce désespoir, qu'il faut lire dans la perspective du drame de l'Artiste. Le jeune Flaubert a retenu de ses lectures (et de l'air du temps) que le poète se définit face à la création divine. La parcourant (dans un esprit d'opposition au Père déjà, puisque c'est le Diable qui l'y incite, sur le modèle de Mat. 4), il y découvre la Loi du Père sous son aspect redoutable de Mort (la mort est la punition que le Père réserve au Fils curieux qui a voulu goûter à l'arbre du savoir — Gen. 3:19). La Mort (la castration, au sens œdipien) a pour synonyme, dans le «système» de Flaubert, le Mal. Dire le Mal, c'est en effet énumérer l'œuvre de mort (*Voyage en enfer* et *la Femme du monde*). Cette révélation du Mal peut s'exprimer en termes moraux (fragment d'*Agonies* cité ci-dessus) ou en termes esthétiques: en ce cas, le synonyme de «Mort» et de «Mal» est «Infini».

> Dans ce monde et dans la poésie, dans le fini et dans l'infini, (...) tout me ment, tout me trompe (...) ...me voilà au fond du gouffre. (...) ...après avoir pris la nature, j'ai voulu prendre le cœur, après le monde, l'infini, et je me suis perdu dans ces abîmes sans fond, voilà que j'y roule.
> (L'ermite devenu poète, *Smarh*, p. 216 B, à rapprocher terme à terme du début du ch. XIX des *Mémoires d'un fou*, p. 243 A)

Sous les redondances, on notera le thème de la Chute, qui se recoupe avec le thème de la punition du Fils (-Poète) par le Père. Nerval est ici très proche de Flaubert, et partage sa hantise d'être précipité du ciel:

> *C'était bien lui, ce fou, cet insensé sublime,*
> *Cet Icare oublié qui remontait les cieux,*
> *Ce Phaéton perdu sous la foudre des dieux,*
> *Ce bel Atys meurtri...*

Pourtant, malgré la sanction qui est au bout, quelque chose pousse le Fils à parcourir, embrasser, s'approprier la création paternelle. C'est sous cet angle qu'il faut relire les si nombreux passages des œuvres de jeunesse où l'activité du poète s'exprime comme un panthéisme, une fusion entre le poète et le monde. Autant de variations, déjà, sur le «être la matière».

«Mon âme s'élargit peu à peu», s'écrie Smarh après que le Diable lui a promis la science, «je sens que la création entière peut y entrer.» (p. 190 B) «Je me perdrai dans la course errante du monde», dit le Poète qui surgit, brève apparition emblématique, à la fin de *la Danse des morts* (p. 174 B). «J'étais, dans la variété de mon être, comme une immense forêt de l'Inde, où la vie palpite dans chaque atome...» «...j'aimerais [...] être déposé sur un lit de feuilles sèches, au fond des bois, et que mon corps s'en allât petit à petit au bec des oiseaux et aux pluies d'orage.» C'est dans ces fragments de *Novembre* (p. 253 B, 255 B) que l'on trouve certainement la meilleure expression de cette conception panthéiste de l'art, dans laquelle l'acte de l'Artiste finit par s'abolir.

La chute de l'Artiste dans le gouffre, il faut l'énoncer maintenant *en termes de langage*. En effet, si l'on trouve chez Flaubert bien des figures de l'Artiste (il est acrobate, joueur de vielle, copiste, violoniste, comédien, peintre dans les œuvres de jeunesse; baladin dans la première *Tentation*; c'est un bourgeois qui a un tour dans *Madame Bovary;* il est peintre, faïencier, chanteur dans *l'Education sentimentale*; jardinier, érudit, copiste dans *Bouvard et Pécuchet*) — il est évident qu'elles renvoient toutes au seul Artiste qui compte c'est-à-dire à l'écrivain. La Bible propose l'image d'un Dieu potier ou sculpteur (Genèse), ou encore architecte (Job). La légende faustienne lui oppose un alchimiste (Homunculus naît d'un alambic) ou un conquérant, un bâtisseur (acte V du *Second Faust*). Flaubert, on l'a vu, n'hésite pas à imaginer Dieu poète. C'est donc au plan du langage et de l'écriture que le héros flaubertien s'oppose à Dieu. Mais c'est là où le drame de l'Artiste devient aigu, parce que Flaubert sait bien que le langage est soumis à la Loi de Dieu (au symbolique). La Mort, le Mal, l'Infini sont autant de synonymes de la «part de Dieu» dans le langage, de ce «surplus de sens» dont seul l'entendement divin a la maîtrise [23]. Il faut lire l'important fragment des *Mémoires d'un fou* qui suit, pour comprendre que dans le «système» élaboré par le jeune Flaubert, c'est l'impossibilité d'accéder *au langage de Dieu* qui est métaphorisée comme une chute (que l'on repense à Kafka et à sa tour de Babel):

J'ai lu, j'ai travaillé [...], j'ai écrit. Oh! comme j'étais heureux alors! comme ma pensée dans son délire s'envolait haut, dans ces régions inconnues aux hommes [...]. J'avais un infini plus immense, s'il est possible, que l'infini de Dieu, où la poésie se berçait et déployait ses ailes dans une atmosphère d'amour et d'extase; et puis il fallait redescendre de ces régions sublimes vers les mots — et comment rendre par la parole cette harmonie qui s'élève dans le cœur du poète...?

(p. 231 A-B)

[23] Voir supra, le chapitre « Entre l'autre et le même ».

Dans *Agonies* déjà, le narrateur-poète exprimait l'irréductible fonction du langage:

> Je me sens dans le cœur une force intime que personne ne peut voir. Serai-je condamné toute ma vie à être *comme un muet qui veut parler* et écume de rage? Il y a peu de positions aussi atroces.[24]   (p. 158 A)

On retrouve, une fois de plus, le Fils martyr face à l'insupportable Loi du Père.

Pourquoi l'Infini, où se résume la poésie divine, fait-il si atrocement souffrir le poète? Je laisse la parole à Shoshana Felman qui — à propos justement des *Mémoires d'un fou* — explicite le sens spécifiquement linguistique de la castration:

> L'infini n'est pas en trop: il est au contraire *une case vide*, à partir de laquelle fonctionne le discours. L'infini n'est donc pas un excès thématique: il est fait non d'un signifié excédant, mais d'*un signifié manquant*, d'un *excès de signifiant*[25] qui n'en finit pas de se déplacer, et de se substituer à un autre signifiant. [...] Ma pensée se déplace et m'échappe, et le sens dès lors ne s'inscrit que dans la béance de sa disparition, de sa propre *castration*.[26]

Il est certain que «la castration du sens»[27] n'est pas assumée par les œuvres de jeunesse, qui essaient d'y parer au contraire par une écriture qui assigne son signifiant à chaque signifié. Il est significatif que la béance que Shoshana Felman décèle dans les *Mémoires* et donne en exemple (la substitution de Maria se baignant, à la mère noyée) soit ouverte par un récit de rêve... Dans les œuvres de jeunesse, l'Artiste flaubertien ne trouve à son drame qu'une ébauche de solution: par un retournement typique de la psychologie de l'enfant, il va s'approprier magiquement le Mal qu'il redoute de l'Autre. Il va décréter qu'*écrire, c'est le Mal!* et s'instituer à son tour le maître du Mal. L'écriture se fera *contre Dieu.*

Quand le jeune Flaubert termine son conte intitulé *Un Parfum à sentir*, il n'a que quatorze ans. Mais il sait déjà deux choses essentielles du métier d'écrivain: 1° que ma pensée est un jeu du signifiant dont je ne suis pas le maître, comme nous venons de le voir, et que l'œuvre écrite m'apparaît autre, dictée par l'Autre:

> Je viens donc d'achever ce livre étrange, bizarre, incompréhensible. (p. 67 A)

---

[24] C'est moi qui souligne.

[25] Jusque-là, c'est moi qui souligne.

[26] S. Felman, «Thématique et rhétorique ou la folie du texte», in: *La Production du sens chez Flaubert — colloque de Cerisy*, 10/18, p. 26.

[27] *Ibid.*, p. 27.

Mais de cette découverte il ne tire aucune conclusion. 2° que l'écriture fait de moi l'égal du Créateur:

> Vous ne savez peut-être pas quel plaisir c'est: composer! Ecrire! oh! écrire, c'est s'emparer du monde, de ses préjugés, de ses vertus et le résumer dans un livre; c'est sentir sa pensée naître, grandir, vivre, se dresser debout sur son piédestal, et y rester toujours. *(ibid.)*

Dès ce moment l'écriture est sous le coup de la culpabilité œdipienne. Le chemin est clair, de *Voyage en enfer*, première œuvre «mystique», écrite à treize ans et dont le héros est déjà le Diable, en passant par *Un Parfum à sentir*, jusqu'à *Smarh* qui contient l'aveu complet:

> Ecris, écris donc, malheureux, puisque le démon t'y pousse!   (p. 216 A)

Le dernier élément du «système» esthético-cosmique que j'ai reconstitué se dégage: c'est LE PACTE, le pacte avec le Diable, bien sûr. Le pacte avec le Diable est toujours la réponse appropriée aux problèmes que pose la relation avec Dieu (avec le Père) — Freud l'a bien montré en étudiant un cas d'archives de névrose dite «démoniaque» [28]. Puisque écrire selon la Loi de Dieu ne donne pas de satisfaction à l'Artiste, il va écrire selon la Loi du Diable! Si Faust conclut le pacte avec Méphistophélès pour accéder à un savoir et un pouvoir d'essence divine, on peut dire que (plus ambitieux ou plus modeste?) le héros flaubertien conclut le pacte avec le Diable... pour écrire.

Une objection se présente peut-être, c'est qu'on ne trouve jamais chez Flaubert «la scène du pacte» avec tout l'attirail obligé, parchemin, plume et petite goutte de sang... Je répondrai que le texte flaubertien fonctionne par inversion de signes: ainsi la tentation de Jésus ou d'un saint par le Diable — dont la règle veut qu'elle soit toujours avortée — signifie-t-elle très exactement le pacte. Il n'en sera pas autrement dans *la Tentation de saint Antoine*, dont le schéma narratif de base est issu, comme il apparaît, de la problématique de l'Artiste. Tout commence, en fait, avec *Voyage en enfer*, texte fascinant pour être le premier en date, le plus concis et le plus complet, le plus proche de ses sources et le plus prophétique, texte matriciel.

> I. Et j'étais au haut du mont Atlas, et de là je contemplais le monde, et son or et sa boue, et sa vertu et son orgueil.
>
> II. Et Satan m'apparut, et Satan me dit: «Viens avec moi, regarde, vois; et puis ensuite tu verras mon royaume, mon monde à moi.»

---

[28] Ouvrage cité.

III. Et Satan m'emmena avec lui et me montra le monde. [Le monde comme succession d'œuvres de mort.]

XV. — Montre-moi ton royaume? dis-je à Satan.
    — Le voilà!
    — Comment donc?
Et Satan me répondit:
    — C'est que le monde, c'est l'enfer!   (p. 42 A-B)

«Le monde, c'est l'enfer!» A cette formule non pas finale mais initiale, initiatique (1835), fait écho, à l'autre bout des œuvres de jeunesse, à la fin de la première version de *la Tentation* (1849), une autre parole profonde du Diable:

... sais-tu où il se trouve, le véritable enfer? *(Lui montrant son cœur.)* Là!
                                                          (p. 472 B)

«Ecris, écris donc, malheureux, puisque le démon t'y pousse!» est l'énoncé (1839) qui relie ces deux-là, et partant, le nœud même du pacte.

CHAPITRE VII

LA TENTATION DE LA MÉTAMORPHOSE

> L'artiste, selon moi, est une
> monstruosité — quelque chose de
> hors nature.
>
> Flaubert à sa mère,
> 15 décembre 1850

Dieu et le savoir

Ce qui sépare, fondamentalement, *la Tentation* des œuvres de jeunesse, c'est que *la Tentation* a été écrite pour être publiée. Elle est cette œuvre-témoin, cette pierre de touche qui doit indiquer infailliblement à Flaubert s'il est ou non un écrivain. Le projet de publication est implicite. Si les deux censeurs, Bouilhet et Du Camp, avaient donné leur autorisation, l'œuvre aurait été proposée à un éditeur. On ne peut s'expliquer autrement le choc que provoque leur incompréhension — «Flaubert fit un bond et poussa un cri d'horreur»[1] — un choc dont on sait que les vibrations furent longues à s'éteindre. Le 4 septembre 1850, un an exactement après, Flaubert écrit à Bouilhet: «Je suis pourtant revenu (non sans mal) du coup affreux que m'a porté *Saint Antoine*. Je ne me vante point de n'en être pas encore un peu étourdi, mais je n'en suis plus malade comme je l'ai été pendant les quatre premiers mois de mon voyage. — Je voyais tout à travers le voile d'ennui dont cette déception m'avait enveloppé...»[2] Mais est-ce à dire qu'il y a solution de continuité avec les œuvres précédentes? Certainement pas. On sait que le drame de l'Artiste donne à *la Tentation* son schéma narratif... Maintenant qu'on a lu les œuvres de jeunesse sous

[1] Maxime Du Camp, *Souvenirs littéraires*, in: Flaubert, *O.C.*, I, l'Intégrale, p. 25 B.
[2] *Corresp.*, Pléiade, I, p. 678.

cet angle, il apparaît évident que *la Tentation* entre à son tour dans le PARADIGME des «mystères» — elle le couronne.

Pourtant, en écrivant l'histoire de saint Antoine, Flaubert avait l'impression de faire cette fois quelque chose de neuf, et même d'inouï. L'éblouissement qu'il a eu en 1845 devant le tableau de Breughel mérite qu'on s'y arrête. Qu'est-ce qui l'a frappé dans le THÈME qui se présentait? Il faut dépasser l'analogie superficielle: un garçon de vingt-trois ans ne se «reconnaît» pas dans un vieillard à barbe blanche, ne projette pas nécessairement «ses» fantasmes dans une légende pieuse, ni dans un tableau plus fantastique et grotesque que sensuel. Entre le tableau et Flaubert, il y a une distance, et une réflexion. «Mais cela demanderait un autre gaillard que moi.»[3] Il faut penser que depuis plus d'un an (depuis la maladie nerveuse qui a débuté en janvier 1844), Flaubert est, du point de vue des bourgeois, un jeune homme sans avenir. Il a laissé tomber le droit et il reste dans sa famille, au coin de son feu. Depuis qu'il a fini *la première Education sentimentale* (le 7 janvier 1845), il n'écrit plus. Il étudie. C'est-à-dire qu'il commence à pratiquer systématiquement cette érudition, cette consommation de livres dont finiront par sortir — papillons envolés d'un gigantesque cocon de papier — *la Tentation, Salammbô* et *Bouvard et Pécuchet*. Dire: «cela demanderait un autre gaillard que moi», c'est affronter la «tâche impossible» des contes! Et il est sûr que le travail sera difficile, qui consistera à faire LIRE pour faire VOIR — puisque aussi bien Flaubert a reconnu d'instinct la connivence radicale qui existe entre VOIR et DÉSIRER[4]. Mais ce travail en suppose, au préalable, un autre: l'érudition. C'est l'érudition, la «tâche impossible» (et pour cela même fascinante) qui lie, à vie, Flaubert à saint Antoine. L'idée de saint Antoine investit Flaubert au moment même où il est en train de se constituer une nouvelle définition de l'Artiste, issue sans doute de toute cette réflexion antérieure dont témoignent les œuvres de jeunesse, et qu'on pourrait formuler ainsi: l'Artiste se définit par rapport au SAVOIR. Foucault l'a très bien dit, comparant Flaubert à Manet:

> Il se peut bien que *le Déjeuner sur l'herbe* et l'*Olympia* aient été les premières peintures «de musée»: pour la première fois dans l'art européen, des toiles ont été peintes [...] pour témoigner [...] d'un rapport nouveau de la peinture à elle-même... [...]. Flaubert est à la bibliothèque ce que Manet est au musée. Ils écrivent, ils peignent dans un rapport fondamental à ce qui fut peint, à ce qui fut

---

[3] *Ibid.*, p. 230, à Alfred Le Poittevin, 13 mai 1845.

[4] Voir supra, le chapitre «Le livre du voyant».

écrit [...] ...ils font venir au jour un fait essentiel à notre culture: chaque tableau appartient désormais à la grande surface quadrillée de la peinture; chaque œuvre littéraire appartient au murmure indéfini de l'écrit. [5]

«L'onirisme érudit» [6], voilà la double orientation que le thème de saint Antoine offre à l'Artiste: l'écriture comme champ du savoir offert au désir. En travaillant à ce thème, Flaubert dépassera sa problématique antérieure. Il ne se contentera plus de poser la question angoissée: Comment écrire sous le Regard de Dieu?, mais il y apportera une réponse. Cette réponse sera une contre-attaque, bien sûr, et nous retrouverons, au plan thématique, les mêmes personnages, le même conflit œdipien que dans les «mystères», en plus élaboré. Jusque-là, face à la Loi divine, seul le Diable proposait une Contre-Loi cohérente. A présent, l'environnement historique du saint apporte les ressources inexplorées des hérésies, le plus beau spécimen peut-être d'une écriture du Mal! Mais c'est au plan de *l'acte d'écrire* qu'il y a du nouveau, car c'est *dans son travail* que l'Artiste a rapport au savoir. Au Savoir de Dieu s'oppose le Contre-Savoir de la bibliothèque. Qu'on y songe bien: c'est sur le savoir qu'a porté la querelle entre Dieu et l'homme — la Genèse le dit en clair; et quant au désir (désir d'Infini, infini désir), ce n'est qu'un autre nom du châtiment, ou Chute. Ainsi, c'est par les conditions mêmes de sa production que *la Tentation de saint Antoine* constitue une fulgurante contre-attaque de l'homme révolté. En s'installant dans ce «murmure indéfini de l'écrit», au cœur de la bibliothèque, l'écrivain libère le savoir refoulé, restitue son sens originel à la *libido sciendi* que perpétue le mythe biblique de l'arbre, et désigne ainsi, avec vérité, le savoir comme notre paradis perdu. En écrivant la première version de *la Tentation*, Flaubert s'était cru écrivain; il avait raison, et ses amis avaient tort. Cette œuvre méritait d'être publiée... à la face de Dieu. Grâce à la prise en charge — par l'acte d'écrire — de l'érudition, écrire contre/comme Dieu était cette fois autre chose qu'une métaphore. Il reste à voir maintenant comment le conflit s'articule. L'Artiste est tenté par la dénégation, par le refuge dans le pur imaginaire. *La Tentation*, livre des métamorphoses, est la version flaubertienne du mythe de Protée, le savant vieillard. Mais l'image narcissique n'est jamais pure. Ce que l'Artiste voit au miroir, c'est son autocréation, le monstre, c'est (en proie à l'Autre) son image aliénée, la

---

[5] Michel Foucault, «La Bibliothèque fantastique», in: *Flaubert, Miroir de la critique*, Didier, p. 175-176.

[6] *Ibid.*, p. 174.

Mort. La mort orphique est-elle l'accomplissement suprême de l'Artiste flaubertien? C'est une question que *la Tentation* pose. Quant à l'autre modalité du combat, qui vient en droite ligne des œuvres de jeunesse, elle consiste à se mesurer à Dieu. Mais le Savoir, conçu comme un Contre-Savoir, finit par se révéler de nature irréductiblement divine. *La Tentation de saint Antoine* ne résout pas le drame de l'Artiste: aucune œuvre littéraire ne le peut. *La Tentation* est le texte exemplaire qui en fait jouer tous les rouages, qui en multiplie les reflets.

Le Père dans la Tentation: une mise à mort

Antoine, *mettant les deux mains sur son front comme pour ressaisir ses idées.*
> La loi? Eh bien, oui!... Voyons cependant: le Fils a été envoyé par le Père pour...

La Logique:
> Pourquoi pas le Père par le Fils?

(T. I, p. 387 A-B)

Le Père, dans *la Tentation*, est une instance recherchée et redoutée — «Au Père on n'ose parler» (T. I, p. 377 B) — mais il n'apparaît pas. Antoine n'évoque jamais son père, seulement son héritage (T. I, p. 383 B). Ce n'est que dans T. III qu'apparaissent, mais sur le mode du *il*, des doublets du «bon père»: «le vieil ascète qui m'emmenait» [7], «alors, j'ai voulu m'instruire près du bon vieillard Didyme» (T. III, sq. 1, p. 523 B). Le père semble si peu redoutable en ce début de texte, lequel correspond aux débuts de la carrière d'Antoine, que le jeune moine n'hésite pas à choisir «pour demeure le tombeau d'un Pharaon»! Mais...

> ...un enchantement circule dans ces palais souterrains [...]. Du fond des sarcophages j'ai entendu s'élever une voix dolente qui m'appelait...

(ibid.)

Le Père, dans *la Tentation de saint Antoine*, c'est bien le Père mort. Il hante le livre de Flaubert comme il hante (fantôme ou statue) *Hamlet* et le *Don Juan* de Mozart — les deux œuvres que Flaubert admirait par-dessus tout [8]. Mais il est plus discret. On ne le voit pas, on n'entend en effet

---

[7] Au début de T. I est également évoqué «le vieil anachorète mon maître», mais il apparaît d'emblée malfaisant puisqu'il pousse Antoine au martyre (p. 376 B).

[8] Passage déjà cité. *Corresp.*, Pléiade, I, p. 373.

que sa voix: voix de la conscience, voix échappée du tombeau, voix de Jéhovah. Ce qui se joue, c'est, comme toujours et simultanément, le drame de la culpabilité/de la passion (souffrance)/de la révolte du Fils. Culpabilité, passion et révolte imprègnent tous les discours d'Antoine, ce sont des thèmes imbriqués: la plainte «car je ne t'aime pas, Seigneur, pas autant que je le désire» (T. I, p. 385 B) s'accompagne de la référence à Job...

De ces trois thèmes, la culpabilité est le plus diffus, le plus insaisissable, et de ce point de vue la Tentation fait assez penser au Manfred de Byron[9]. Dans Manfred, version byronienne du mythe de Don Juan, le héros ne commet aucun crime, il rumine seulement un lourd et mystérieux passé qui le voue inéluctablement à la damnation. — Deux fragments seulement du texte flaubertien donnent à la culpabilité quelque consistance. Il est frappant que l'un soit une création de la seule troisième version, et que l'autre — chose plus remarquable encore — ne figure que dans la deuxième version. Tout vieillard est un doublet du père: c'est sous cet aspect qu'il faut voir, parmi les chrétiens qui attendent d'être livrés aux lions, le vieillard qui «*n'a pas voulu payer, à l'angle d'un carrefour, devant une statue de Minerve* [...] ... *et il considère ses compagnons avec un regard qui signifie:*

Vous auriez dû me secourir!»

(T. III, sq. 4, p. 542 B)

L'épisode de la tour qui s'ensable semble sorti de «l'Enfer» de Dante. C'est une hallucination d'Antoine qui est tout entière prise en charge par l'instance du narrateur, paroles prononcées comprises.

Et il aperçoit soudain l'intérieur d'une tour. Elle est percée d'un créneau qui découpe tout en haut, dans la couleur sombre du mur, un étroit carré de ciel bleu; et un filet de sable coule par ce créneau, sans bruit, continuellement, de manière à emplir peu à peu la tour.

Sur le sol Antoine distingue des hommes assis dans une étrange position rituelle, un couteau à la main. Ils ressemblent à «*des gens qui vont mourir*». Puis un rat passe au milieu d'eux et ils se jettent sur lui avec leurs couteaux.

Il les revoit accroupis tous en rond, devant un cadavre mutilé, dont ils prennent avec leurs mains de grands lambeaux. [...]

---

[9] *Manfred, a dramatic poem* (1817).

> *...et saint Antoine les entend murmurer: «Nos pères ont mangé des raisins verts et nous avons les dents tout agacées.»* [...] *Le sable monte...*
>
> (T. II, sq. 4 ter, p. 500 B-501 A)

...et finit par les recouvrir. — On ne peut pas s'empêcher de reconnaître dans ce récit une figuration du repas totémique, dont Flaubert a fort bien compris la signification œdipienne. Il a même su y rapporter un dicton de la Bible [10] qui se transforme dans ce contexte en une phrase surréaliste. L'épisode est le lieu d'une condensation. Il y a une faute commise par les pères et reportée sur les fils, et en même temps une faute commise par les fils à l'encontre du père et qui n'est autre que le repas totémique lui-même [11]; enfin le récit de la faute est en même temps le récit du châtiment, un châtiment dantesque dont l'auteur est évidemment le Père (Dieu), figuré par ce créneau, morceau de ciel ou œil hugolien, qui laisse pénétrer dans l'espace clos de la tour le sable instrument de mort. Flaubert craignait-il de n'être pas compris, ou d'être trop bien compris? Toujours est-il que nous avons là un épisode tardif (1856) et finalement éliminé.

La souffrance du fils, c'est au contraire dans la première version uniquement qu'elle a droit à son «morceau» emblématique: une évocation de la Passion du Christ sur le mode de la dérision. Le Diable s'en fait le narrateur. Il pratique le style romantique avec un sens de la parodie qui rappelle le personnage de Mob chez Quinet, et qui annonce Lautréamont:

Le Diable [aux Vertus]:

> Où étiez-vous, répondez donc, quand *aux secousses de l'aquilon* la croix tremblait sur le Calvaire et que le Christ mourant râlait dans la tourmente? *Comme une tunique usée* que l'on déchire de haut en bas, *son âme se fendait et flottait dans le vent, avec ses cheveux sanglants* qui fouettaient son front livide; il écoutait *glapir* le corbeau [...] ... il eût voulu défaire ses membres des clous qui les attachaient, et retirer la couronne d'épines qui lui entrait *dans les oreilles*, mais roulant

---

[10] «Nos pères ont mangé...» etc. est un souvenir du Livre de Jérémie 31, 29.

[11] Voir Freud: «Le sacrifice animal primitif était [...] destiné à remplacer un sacrifice humain, la mise à mort solennelle du père». *Totem et tabou*, Payot, p. 174.

sur ses épaules sa tête endolorie, il sentait son œuvre achevée et
la mort venir.

La Science: Hély! Hély! lamma sabacthani!!!

(T. I, sq. 4 bis, p. 425 B-426 A)[12]

S'il y a clairement un rapport entre ce texte et les «mystères» du jeune
Flaubert (eux-mêmes inspirés par *Ahasvérus*), la rupture est aussi
évidente. L'Ecriture n'est plus qu'un prétexte pour une interprétation
aussi personnelle que celle de Vigny ou de Nerval, mais — dans le cas de
Flaubert — franchement «satanique». La révolte prend ce caractère
d'outrance sacrilège qui, de *l'Elixir de longue vie* de Balzac[13] aux *Chants
de Maldoror*[14], traverse le XIXe siècle sous le couvert des thèmes frénétiques et fantastiques. Mais les hésitations de Flaubert sont là encore
perceptibles. Ce discours du Diable, marqué d'une si grande jubilation de
l'écriture dans la version de 1849, n'existe plus en 1856. Une simple
phrase, prononcée par la Logique, en tient lieu: «Pourquoi avait-il peur de
mourir?» (T. II, sq. 4 bis, p. 494 A).

En 1874 cependant Flaubert récidive. Il semble qu'il ait enlevé au
dernier moment l'épisode dit du «Christ dans la banlieue». Dans une
nouvelle hallucination, Antoine voit la banlieue industrielle d'une grande
ville du XIXe siècle, peuplée d'un prolétariat hideux.

*Et voilà qu'au milieu d'eux saint Antoine aperçoit JÉSUS. Depuis le temps
qu'il marche sa taille s'est courbée, sa chevelure a blanchi, — et sa croix fait,
en pliant, un arc immense sur son épaule.*

Comme dans *Ahasvérus*, Jésus appelle à l'aide et se heurte au refus.
Mais, opérant comme la perversion de l'ouvrage de Quinet, Flaubert
imagine pour le Christ le destin même du Juif errant. Il est le maudit et le
bouc émissaire. Dans une sorte de télescopage de tous les siècles de la
modernité, il se voit rejeté par les *«hommes de toutes les nations»*. La
science et la révolution industrielle l'achèvent:

*Les Pharisiens prétendent qu'il encombre la voie. Les docteurs, ayant fouillé
ses plaies, prétendent qu'il n'y faut pas croire, et les philosophes ajoutent: «Ce
n'était rien qu'un fantôme!» On ne le regarde même plus. On ne le connaît pas.*
[...]

---

[12] C'est moi qui souligne.

[13] *L'Elixir de longue vie*, 1830. C'est la version balzacienne du mythe de Don Juan, et
elle se termine par une scène à la fois démoniaque et burlesque dont le jeune Flaubert s'est
peut-être inspiré pour ses *Funérailles du docteur Mathurin*.

[14] *Les Chants de Maldoror*, 1869.

La multitude le piétine, le broie, — et, à la fin [...] *il ne reste plus sur le pavé que son grand cœur tout rouge...* [15]

Plus que tout autre, un tel épisode est surdéterminé. Flaubert y règle ses comptes avec une image idéale de fils martyr qui l'a fasciné depuis son enfance — tout en continuant sans doute à se reconnaître en elle. Ce Christ-là n'est pas satanique, mais la manière dont a été trafiqué *Ahasvérus* l'est. Enfin le rationalisme et la déchristianisation, à travers le Fils, attaquent aussi le Père. La déchéance du Christ rejaillit sur Dieu. Encore une fois, la culpabilité, la souffrance et la révolte ont sécrété ensemble un texte d'autant plus étrange qu'il est le seul, de *la Tentation*, à pratiquer l'anticipation historique. Cette hétérogénéité temporelle par rapport au reste de l'ouvrage n'est peut-être pas la moindre des raisons qui l'ont fait exclure.

«Le Diable attribut de Dieu. Il est l'action, la vie qui manifeste l'Etre. Beauté du diable. Le Diable est le vainqueur de Dieu.» [16] Ces notes du scénario, en style télégraphique, ont essaimé à deux endroits différents du texte définitif de la première version: «Oh! comme tu es beau!» dit Antoine au Diable dans l'épisode de l'ascension dans les airs (séquence 7, T. I, p. 446 B). Mais c'est dans l'autre séquence de contrat avec le Diable (la séquence 3) que la Logique développe l'argumentation que le scénario présentait en condensé:

La Logique: Tu ne nies pas Dieu, le Diable est en Dieu... tu adores
          Dieu...
          Alors la Logique [...] *lentement et se penchant à l'oreille*
          de saint Antoine:
          tu adores Dieu... adore le Diable!

(T. I, sq. 3, p. 389 A)

On ne reviendra pas sur les fondements et les modalités du pacte [17]; mais on étudiera ce que le Diable apporte à l'Artiste, en quoi il contribue à son entreprise de Contre-Création.

Le Bouddha: La tentation du Diable me manquait.
          Je l'ai appelé.

---

[15] «Le Christ dans la banlieue», *OEuvres*, Pléiade, I, p. 1020-1021.

[16] Scénarios pour la première *Tentation*, ms. 23671, folio 103 recto, publié in: Flaubert, *OEuvres complètes*, Club de l'Honnête Homme, éd. établie par la Société des Etudes littéraires françaises, tome 9, p. 501.

[17] Voir supra, le chapitre «L'Artiste face à Dieu».

> Ses fils sont venus, — hideux [...]. Quelques-uns crachent des flammes par les naseaux, quelques-uns font des ténèbres avec leurs ailes (...); ils ont des têtes de *porc*, de *rhinocéros* ou de *crapaud*...
>
> (T. III, p. 553 A)[18]

Ce que le Diable apporte à l'Artiste, c'est d'abord le don de la métamorphose.

Le langage et la métamorphose

«Quant à moi je deviens colossal, monumental, je suis bœuf, sphinx, butor, éléphant, baleine...»[19] «Je suis un lion, un tigre — tigre d'Inde, boa constrictor!»[20] C'est «au niveau du langage» que Pierre Brunel saisit, avec raison, «le premier affleurement de la métamorphose: quand elle n'est encore que métaphore».

On connaît ces expressions que nous employons sans y prendre garde: «être comme un poisson dans l'eau» [...] etc. Elles ont pour caractéristique commune d'être chargées de nos répulsions et de nos vœux secrets.[21]

Flaubert, on le voit, a usé et abusé de cette propension du langage à la métamorphose. Il faut noter aussi qu'il ne fait pas de différence entre son moi et les autres: «Il y a quantité de bourgeois qui me représentent le bouilli [...]. Moi je suis comme le macaroni au fromage»[22]. Dans le monde de la métamorphose, l'Autre semble n'être qu'une extension du Moi — c'est peut-être ce que raconte, en forme d'apologue, le conte de Perrault *Riquet à la Houppe*[23]. Métamorphoser — comme *se* métamorphoser — c'est créer un être qui me ressemble. La métamorphose «combine altérité et identité»[24]. Elle est la mise en pratique de cette création autogène — que l'on doit situer, dans les structures psychiques, au stade narcissique[25] — par laquelle l'Artiste flaubertien entend faire concurrence à Dieu.

---

[18] C'est moi qui souligne.

[19] *Corresp.*, Pléiade, I, p. 83, à Ernest Chevalier, 7 juillet 1841.

[20] *Ibid.*, p. 86, au même, 23 octobre 1841.

[21] Pierre Brunel, *le Mythe de la métamorphose*, Armand Colin U, p. 25.

[22] *Corresp.*, Pléiade, I, p. 427, à Louise Colet, janvier 1847.

[23] Riquet, qui a de l'esprit (mais qui est laid), a reçu le don de donner de l'esprit à celle qu'il aimera. La princesse, qui est belle (mais sotte), a reçu le don de rendre beau celui qu'elle aimera.

[24] Pierre Brunel, ouvrage cité, p. 181.

[25] Voir Serge Leclaire, supra, conclusion du chapitre «Entre l'autre et le même».

«Nous usons de la création pour nos métaphores» disent les Poètes et Baladins de *la Tentation*[26]. Cet énoncé est aussi vrai, retourné: le poète use de la métaphore pour opposer sa création à la Création.

La Tentation est bien, de ce point de vue, un livre-laboratoire. Dans ce récit qui n'en est pas un — puisqu'il ne se passe rien, au sens propre, rien que la nuit de veille d'un personnage solitaire — tout est effet de langage. La distance est imperceptible entre le figuré et le désigné, entre la métaphore et son actualisation sous forme d'êtres qui se meuvent (et parfois parlent). Le désigné, dans la bouche d'un des locuteurs du dialogue, n'est-il pas toujours une métaphore? Quand la Reine de Saba dit à Antoine: «Regarde la corne du pied des chameaux, elle est toute usée», ne formule-t-elle pas la métaphore de sa propre quête? «Sais-tu qu'à force de frapper du pied, dans mon impatience, il m'est venu des calus au talon...» (T. I, p. 434 A) Quant au désigné que prend en charge le narrateur, est-il moins FICTIF que la métaphore, quand il suffit de souffler dessus pour le faire disparaître? C'est pourquoi on peut dire que Jéhovah et Antoine SONT des chameaux (le temps d'une image), comme aussi dans leur course folle Apollonius et la Reine; et qu'à l'inverse les bêtes qui hantent les pages de *la Tentation* sont toujours proches de leur origine figurale: des bêtes toujours magiques.

figuré	désigné (dialogue)	désigné (narrateur)
...et ma désolation allait de droite à gauche, comme un chameau lâché dans un champ de maïs. (Jéhovah, T. I, p. 469 A)	...l'esclave courait en avant (...) et nos chameaux courbaient les reins pour passer sous les arbres... (Apollonius, T. I, p. 405, A-B)	*On entend un bruit de grelots... (...)* *Ce sont des gens qui voyagent, il y a trois dromadaires et cinq cavaliers; les hommes endormis laissent retomber leur tête au pas de leur monture...* (Narrateur, T. I, p. 427 B)

[26] Pas dans le texte, mais dans un scénario pour T. I, folio 210 verso, publié in: *OEuvres complètes*, Club de l'Honnête Homme, tome 9, p. 486.

Naguère (...) ta pensée s'agitait dans un cercle restreint (...) et s'affaissait épuisée (...) comme un chameau fatigué qui s'assoit sur son bagage. (Le Diable à Antoine, T. I, p. 443 A)	Je suis partie en hâte, nous avons fait du chemin (...) Regarde la corne du pied des chameaux, elle est toute usée, et voilà les onagres des courriers verts qui sont morts de fatigue. (La Reine de Saba, T. I, p. 434 A)	*...et des étendards paraissent entre les fentes des rochers, avec des têtes de chameaux en licol de soie rouge, des mulets chargés de bagages* (...) *Les bêtes se couchent sur le ventre...* (Narrateur, T. I, p. 433 B)

Le monde n'est qu'un réseau de métaphores — *la Tentation* répond par avance aux vœux les plus chers des surréalistes. Il faut dire que ce travail novateur du texte prend racine dans la plus ancienne des traditions: la Bible. Comment démêler le figuré du désigné dans le Cantique des Cantiques par exemple?

Que tu es belle, ma compagne,
que tu es belle!
Tes yeux sont des colombes
derrière ton voile.
Tes cheveux sont comme un troupeau de chèvres
qui dévalent de la montagne de Galaad.
Tes dents sont comme un troupeau de brebis tondues
qui remontent de la baignade;
toutes ont des jumeaux
et il n'en est point de stérile.
[...]
Comme une tranche de grenade est ta joue
derrière ton voile.
. . . .
Au jardin des noyers je suis descendu,
pour voir les jeunes pousses du ravin,
pour voir si la vigne bourgeonne,
si les grenadiers fleurissent.

(Cant. 4-6)[27]

---

[27] C'est moi qui souligne.

Le grand poème biblique du couple amoureux circonscrit un monde clos: «C'est le monde palestinien qui défile sous nos yeux avec ses plus gracieuses images: son printemps peuplé d'oiseaux et de chansons, son décor bucolique...»[28], et ce monde clos fournit les images qui circonscrivent à leur tour l'amour du couple. On peut dire que la Bible apporte à Flaubert *une leçon d'écriture*, dont il se ressouviendra dans *Madame Bovary* quand il voudra circonscrire Emma dans un réseau de métaphores intradiégétiques (la levrette, l'assiette...). Mais à l'opposé du monde du Cantique, celui-ci sera un Contre-Eden. L'Artiste qui écrit contre Dieu ne peut qu'écrire contre la Bible, en dérision de «l'œuvre» que Dieu a «écrite». C'est peut-être ce rapport ambivalent à la Bible qui donne à la métaphore flaubertienne sa dimension (auto-)ironique.

Mais comme le langage, le processus de la métamorphose se déroule sur deux axes simultanément. Que je me change en un autre est de l'ordre de la métaphore. Que je reste moi-même est de l'ordre de la métonymie. On a déjà vu l'organisation métonymique de la narration dans *la Tentation de saint Antoine*. La démarche désirante se caractérise par le déplacement systématique. Chaque objet s'évanouit, aussitôt remplacé par un autre. Voici une métamorphose au sens propre, la métamorphose de la coupe[29]:

> *Il la ramasse. (...)*
> C'est de l'argent.
> *Il la retourne et regarde le dedans.*
> Une obole!... quoi! une autre? une troisième?
> encore?...
> oh! oh! quelle couleur!
> *La coupe devient verte.*
> Mais c'est de l'émeraude! de l'émeraude!... voilà de l'or maintenant!
> *La coupe se remplit d'or.*
> Les pièces sont toutes neuves... comme elles reluisent!
> *La coupe devient transparente.*
> Quoi! c'est du diamant!
>
> (T. I, p. 427 A-B)

Le langage joue un rôle essentiel. La métamorphose consiste en cette *scansion* — par une voix redoublée, celle d'Antoine et celle du narrateur

---

[28] Emile Osty et Joseph Trinquet, Introduction au Cantique des Cantiques, *Bible Osty*, Seuil, p. 1359 B.

[29] T. I - T. II séquence 4 ter; T. III séquence 2.

— des disparitions-réapparitions de l'objet magique. Chaque énoncé entraîne automatiquement un changement de l'apparence (qui n'est qu'un nouvel énoncé). Le texte relève clairement, pour ce qui est de son dynamisme, du fonctionnement métonymique du langage — ce qui n'exclut pas le fonctionnement métaphorique concomitant, qui serait à chercher du côté des symboles de la coupe, de la pierre précieuse et surtout de l'or.

Il donne un coup de pied dans la coupe, la vision DISPARAÎT. ON ENTEND UN BRUIT de grelots et de pas...(ibid.) [30]

Dans *la Tentation*, toujours, une apparition chasse l'autre. L'enchaînement que l'on observe ici (et qui est semblable à cent autres) autorise à voir ce texte comme *une métamorphose généralisée.* Chaque apparition peut être conçue comme la métamorphose de la précédente. C'est évident dans la séquence des hérésies, où chaque discours est comme une nouvelle mouture du discours qu'on vient d'entendre — Flaubert ayant soigneusement brouillé tous les repères. Mais il suffit d'observer les transitions, tout spécialement dans la troisième version. Ce ne sont que «fondus-enchaînés», effets visuels comme le cinéma peut en produire: *«Alors les deux ombres dessinées derrière lui par les bras de la croix se projettent en avant. Elles font comme deux grandes cornes...»* (T.III, p.525 B) *«L'enceinte des roches se change en une vallée. Un troupeau de bœufs y pâture l'herbe rase. [...] La vallée devient une mer de lait, immobile et sans bornes. Au milieu flotte un long berceau...»* (T.III, p.551 B) Mais pas seulement des effets visuels: des enchaînements sonores, comme les grelots du fragment cité plus haut. Un fragment de la troisième version va plus loin dans cette généralisation de la métamorphose, en associant le tact à l'ouïe (et à la vue, qui relève ici du narrateur). Toutes les choses sont gagnées par la contagion du processus:

...il étale ses membres sur la natte.
Elle lui semble douce, de plus en plus, si bien qu'ELLE SE REMBOURRE, elle se hausse, elle devient un lit, le lit une chaloupe; de l'eau CLAPOTE contre ses flancs.

(T.III, p.527 A) [31]

Si donc le mode d'apparition des objets et des personnages est de l'ordre de la métonymie, on peut ajouter qu'il en est de même quant à la

---

[30] Les capitales sont de moi.
[31] Les capitales sont de moi.

substance proprement dite des personnages. On peut avancer que tous les personnages, sans exception, sont *des métonymies d'Antoine*. Déjà dans mon étude des actants du récit, j'ai pu réduire le nombre des personnages à deux: Antoine et son Opposant, le Diable (dont tous les autres personnages sont de maléfiques émanations). Il faut pousser plus loin cette analyse. Une double relation unit le héros au Diable. *Le Diable est la métaphore d'Antoine* dans la mesure où ils sont dans une relation d'opposition et/ou de similarité, par exemple sur leur terrain commun qui est la science. Cette mise en équivalence des deux personnages peut aboutir à une véritable identification: «Veux-tu être le diable?»[32] — à partir de quoi, la métamorphose peut commencer... Mais l'identification suppose que l'altérité ait été posée au préalable. Il en est différemment quand on reconnaît son IDENTITÉ dans l'autre. C'est ainsi qu'on se métamorphose en «l'animal qu'on veut être», mais qu'on découvre en même temps «l'animal qu'on est»[33]. En ce sens, *le Diable est la métonymie d'Antoine*, ou plus précisément sa synecdoque[34]. Antoine porte l'enfer dans son cœur (T. I, p. 472 B), Diable et Péchés Capitaux compris. Il est vrai que ce caractère synecdochique des personnages est plus lisible dans la première et dans la deuxième version, où Flaubert n'a pas hésité à faire dialoguer la FOI, l'ESPÉRANCE et la CHARITÉ avec l'ORGUEIL ou la GOURMANDISE! Les allégories disparaissent totalement de la troisième version, à l'exception de la LUXURE et de la MORT. Mais le principe demeure inchangé.

Saint Antoine fait bien partie de ces «héros aux contours métonymiques» dont parle Jakobson[35]. Décomposé en autant de synecdoques que *la Tentation* comporte de personnages, il les (il se) regarde défiler, c'est-à-dire qu'il assiste (émerveillé ou horrifié) à l'éclosion de ses propres métamorphoses. Il est plusieurs, comme le(s) diable(s). L'aboutissement de la métamorphose est le monstre composite:

---

[32] Pas dans le texte, mais dans un scénario pour T. I, ms. 23671, folio 29 verso, cité in: Max Milner, *Le Diable dans la littérature française*, Corti, p. 228.

[33] Pierre Brunel, *Le Mythe de la métamorphose*, p. 181.

[34] Je définis la synecdoque comme une figure de formation métonymique; mais plutôt que de contiguïté, il faut parler ici d'inclusion logique. Voir Gérard Genette, «La rhétorique restreinte», in: *Communications* N° 16, Seuil, p. 167.

[35] Roman Jakobson, «Notes marginales sur la prose du poète Pasternak», in: *Questions de poétique*, Seuil, p. 139.

... le Diable paraît (...) tel que le moyen âge l'a rêvé. [...] *...à son dos s'agitent des ailes de chauve-souris; sa tête, au front démesuré, garnie de cornes, s'allonge par le bas en façon de porc et de tigre...*

(T. I, p. 411 B)

et, à regarder coexister toutes ces synecdoques de lui-même, Antoine se perçoit nécessairement comme un monstre. Il se voit Griffon, *«lion à bec d'aigle»*, Catoblepas, *«corps de taureau, terminé par une tête de sanglier»*, Tragelaphus, *«moitié cerf et moitié bouc»*, Myrmecoleo, *«lion par devant, fourmi par derrière»*... (T. I, p. 439-441) Le monstre est métonymique par définition, lui qui ne ressemble à rien, qui est l'anti-métaphore. Lewis Carroll a dû réfléchir à la question en créant, à partir du papillon (BUTTERFLY), le papillon-pain-beurre (BREAD-AND-BUTTER-FLY)!

Ses ailes sont de fines tartines de pain beurré, son corps est un croûton, et sa tête est un morceau de sucre.[36]

La métamorphose s'arrête au monstre. Il est la limite à ne pas franchir. Par un retournement paradoxal, mais somme toute logique[37], le monstre interroge l'identité de son créateur:

Le Lion regarda Alice avec lassitude:
«Etes-vous un animal... un végétal... ou un minéral? dit-il en bâillant à chaque mot.
— C'est un monstre fabuleux! s'écria la Licorne...»[38]

A se voir en monstre dans le miroir de *la Tentation*, l'Artiste recule. Car seul Dieu, sans doute, peut créer impunément des monstres (Gen. 1:21) et s'en prévaloir pour affirmer sa puissance (Béhémoth et Léviathan, dans: Job. 40-41).

Les structures en miroir dans *la Tentation*

L'œuvre d'art est toujours une production narcissique. Mais nous avons maintenant suffisamment de données pour comprendre que *la Tentation de saint Antoine* est narcissique avec méthode. L'Artiste va tout tirer de lui-même, en prenant modèle sur un Byron mythifié que les romantiques opposent, en manière de lieu-commun, au Dieu

---

[36] *Through the Looking-Glass*, Macmillan, p. 53. Traduction d'André Bay, *Alice au pays des merveilles — De l'autre côté du miroir*, Club des libraires de France, p. 252.

[37] Signalé par Pierre Brunel, *le Mythe de la métamorphose*, p. 63.

[38] *De l'autre côté du miroir*, éd. citée, p. 345.

Shakespeare. «Reproduire l'univers», ce serait se heurter à Dieu. Mais «il y en a d'autres qui n'ont (...) qu'à s'occuper d'eux-mêmes pour rester éternels» [39], tel Byron. Le thème de la tentation du saint ermite, en fait, propose les deux orientations: on jettera le défi à Dieu sur le plan du Savoir, on imaginera pouvoir tourner sa Loi par une œuvre de pure métamorphose.

On sait que Lacan appelle «stade du miroir» [40] le moment même de la constitution du Moi, et qu'il le situe très tôt, quand l'enfant n'est encore qu'un *infans*. Tenu dans les bras de sa mère, l'enfant reconnaît son image au miroir. Jusqu'alors il n'a pu saisir son corps que par fragments; c'est donc seulement dans l'assomption de son image spéculaire, image «orthopédique», qu'il se saisit dans sa totalité. Mais du même coup cette image du Moi est perçue comme altérée:

> ...elle lui apparaît dans un relief de stature qui la fige et sous une symétrie qui l'inverse, en opposition à la turbulence de mouvements dont [l'enfant] s'éprouve l'animer. [...] ...elle est grosse [...] des correspondances qui unissent le *je* à la statue où l'homme se projette, comme aux fantômes qui le dominent, à l'automate enfin où dans un rapport ambigu tend à s'achever le monde de sa fabrication. [41]

Le miroir désigne bien comme *imaginaire la génèse du Moi*. Pour s'y être saisi dans sa totalité, le Moi n'en demeure pas moins prisonnier de ces métonymiques *images du corps morcelé*, vestiges de son expérience archaïque, que la psychanalyse retrouve dans les fantasmes et même dans les symptômes organiques de l'hystérie [42]. C'est au stade du miroir encore que se mettent en place «les mécanismes d'inversion, d'isolation, de réduplication, d'annulation, de déplacement, de *la névrose obsessionnelle*» [43]. C'est devant le miroir enfin que l'enfant — se tournant vers la mère — découvre, «en marge» et par «l'échange des regards», l'autre qui du même coup aliène l'image et lui confère ce pouvoir mortifère, «ce l'un ou l'autre» qui fait d'elle *«la figure du meurtre»* [44].

---

[39] Flaubert, *Corresp.*, Pléiade, I, p. 396-397, à L. Colet, 23 octobre 1846.

[40] Voir in: Lacan, *Ecrits*, Seuil: «De nos antécédents», p. 65 et suiv., et «Le stade du miroir», p. 93 et suiv.

[41] Lacan, *Ecrits*, p. 95.

[42] *Ibid.*, p. 70 et 97.

[43] *Ibid.*, p. 97-98. C'est moi qui souligne.

[44] *Ibid.*, p. 70. C'est moi qui souligne.

On étudiera successivement les structures en miroir sur le plan de l'espace «scénique», puis de ce qu'on appelle «l'espace textuel», ensuite on verra le motif du miroir et les doubles, et enfin, sur le plan des micro-structures, on s'arrêtera à la symétrie dans les dialogues.

Je pense avoir suffisamment démontré le dynamisme métonymique du texte et son lien avec la névrose obsessionnelle. Ce qui m'intéresse à présent, c'est plutôt cet espace «scénique» qui se dessine dans la vision hallucinée du lecteur, s'il consent un moment à réduire *la Tentation* à n'être qu'un récit de rêve ou de rêverie. Cet espace est à rapprocher de la métaphore spatiale formulée par Lacan d'après son expérience clinique:

> un camp retranché, voire un stade, — distribuant de l'arène intérieure à son enceinte, à son pourtour de gravats et de marécages, deux champs de lutte opposés où le sujet s'empêtre dans la quête de l'altier et lointain château inté-rieur... [45]

On reconnaît (référence implicite?) *le Château* de Kafka. Chez Flaubert le château du «ça» reste abstrait, mais l'arène du sujet se déploie avec une précision surprenante:

> *Sur une montagne. A l'horizon, le désert; A DROITE, la cabane de saint Antoine, avec un banc devant sa porte; A GAUCHE, une petite chapelle de forme ovale...* [46]
>
> (T. I, p. 376 A)

et les deux lieux antagonistes (un profane, un consacré) sont en effet les deux points de repère d'un espace «scénique» destiné à la lutte. La chapelle est un lieu de refuge (T. I, p. 411 A, 415 B, 417 B) mais bien fragile puisque le Diable arrache les tuiles du toit! (T. I, p. 423 B). Dans la troisième version, la chapelle disparaît, remplacée par un pur symbole (une grande croix plantée dans le sol), mais l'espace (tout en perdant de sa détermination théâtrale) se resserre encore:

> *C'est dans la Thébaïde, au haut d'une montagne, sur une plate-forme ARRONDIE EN DEMI-LUNE, et qu'enferment de grosses pierres.*
> *La cabane de l'ermite occupe le fond. (...)*
> *La vue est BORNÉE à droite et à gauche...* [46]
>
> (T. III, p. 523 A)

Cette enceinte, premier lieu onirique du drame, est redoublée — en abîme — par d'autres lieux similaires: la *salle immense* où se donne le

---

[45] *Ibid.*, p. 97.
[46] Les capitales sont de moi.

festin du roi Nabuchodonosor, dans les trois versions; et dans la troisième version seule, *l'hippodrome* où l'Empereur Constantin emmène Antoine (T. III, p. 529 B), *la basilique* où Antoine assiste au défilé des hérétiques, et — en abîme par rapport à la basilique! — *la prison* des chrétiens, d'où il aperçoit (dans une curieuse vision en contre-plongée) *l'arène* où les martyrs vont être livrés aux bêtes (T. III, p. 542 A).

Projection figurée de «l'autre scène», la «scène» de *la Tentation* est coupée par le miroir. On s'en apercevra de reste, mais il faut signaler le moment où le miroir invisible est montré au lecteur:

> ... *et il voit en face de lui trois cavaliers, montés sur des onagres, vêtus de robes vertes, tenant des lis à la main et se ressemblant tous de figure.* (...) *Antoine se retourne et il voit derrière lui trois autres cavaliers semblables sur de pareils onagres, alignés de même, dans la même posture.*
>
> (T. I, p. 433 B; avec de légères variantes, T. II, p. 498 A, T. III, p. 530 B)

On ne saurait mieux dire que celui qui se tient à la place du miroir, c'est Antoine lui-même.

La description de l'espace «scénique» n'a pu se faire sans que soit mentionnée la structure en abîme. Or celle-ci relève de l'espace textuel, puisqu'on ne la perçoit que si l'on construit un certain «volume» imaginaire avec des fragments du texte. L'espace textuel est plus plastique que notre espace représentable! En écrivant trois versions de *la Tentation*, par exemple, Flaubert instituait une macrostructure en abîme, que l'on peut approfondir vertigineusement en y incluant un certain nombre d'œuvres de jeunesse. De même, on peut déceler une macrostructure en miroir cette fois, dans le déroulement syntagmatique de chaque version prise en particulier. Je redonne les onze séquences du syntagme[47]:

1	2	3	4	5	6	7	8	9	10	11
				(10)					(5)	
C	E	C	E	E	D	C	D	E	E	C

Une fois que l'on a isolé les séquences 1-2-3 qui forment un prologue dont le pendant est la séquence-épilogue (sq. 11), on voit nettement deux épreuves (4 et 5, 9 et 10) de part et d'autre d'un *pivot* constitué par

---

[47] Voir supra, le chapitre «Repères textuels».

l'épisode de l'ascension dans les airs (sq. 7). (Les séquences 6 et 8 ne représentent que des disjonctions spatiales, départ et retour.) Ce caractère pivotal de la séquence de l'ascension dans les airs, qui ressort ici de l'analyse formelle, est confirmé sur le plan thématique. *Voyage en enfer*, on le sait, constitue l'embryon de cette séquence, et la scène du *Caïn* de Byron intitulée «The Abyss of Space» (l'abîme de l'espace), en est la source majeure. Enfin, la symétrie de la disposition formelle des séquences 4 à 10 est encore accentuée par le caractère interchangeable des épreuves 5 et 10, c'est-à-dire de la deuxième épreuve de chacun des couples (4 et 5) (9 et 10). *La Tentation* «en miroir» se lit donc ainsi, dans sa première et sa deuxième version:

épreuve a	épreuve b	pivot	épreuve a′	épreuve b′
hérétiques	monstres bêtes de la mer organismes	ascension dans les airs	Luxure et Mort	dieux

et dans la troisième version:

épreuve a	épreuve b′	pivot	épreuve a′	épreuve b
hérétiques	dieux	ascension dans les airs	Luxure et Mort	monstres bêtes de la mer organismes

Cependant il ne faut pas oublier que cette belle épure est une construction. Elle ne tient pas compte des séquences que j'ai délimitées et numérotées 4 bis et 4 ter, et qui viennent — si l'on peut dire — alourdir la première et la deuxième version. D'autre part, la séquence de l'ascension dans les airs, qui est un tête-à-tête entre Antoine et le Diable (sq. 7) a pour pendant, à l'intérieur de *la Tentation*, la séquence 3. Cette correspondance est masquée dans T. I et T. II par le grand nombre d'actants qui occupent la séquence 3. Mais elle ressort dans T. III, où — les doubles du Diable ayant été liquidés — nous n'avons plus, dans la séquence 3 comme dans la séquence 7, qu'Antoine et Hilarion. Je dirai que la relation de symétrie entre 3 et 7 introduit dans l'espace textuel une seconde structure en miroir, qui vient contrarier la structure $(4+5/7/9+10)$.

Mais la classique élaboration d'une structure en abîme consiste à confronter l'œuvre (ou une séquence importante de l'œuvre) à son image réduite. C'est ainsi que la critique a reconnu, à la fin de *l'Education senti-mentale*, dans «l'histoire de la Turque» un élément de mise en abîme du roman tout entier. *La Tentation* abonde en «motifs» de ce genre. L'évocation des femmes qui arrivent de loin, en litière, consulter le saint (T. I, sq. 1, p. 380) est une image réduite de l'épisode de la Reine de Saba. De même le festin évoqué par l'Envie — «... il y en a d'autres, Antoine, qui maintenant, attablés...» etc. (T. I, sq. 2, p. 383 A) — renvoie au festin de Nabuchodonosor. Cependant, des trois versions, c'est la troisième qui pousse le plus loin cette structuration. La version de 1874 a donc éliminé les personnages allégoriques, supprimé deux séquences (4 bis et 4 ter), imposé comme modèle de base, pour le dialogue, le «duo» (Antoine — Hilarion), accentué la structure en miroir de l'axe syntagmatique, multiplié enfin les mises en abîme. Elle témoigne des recherches formelles de Flaubert, qui se montre de plus en plus exigeant.

D'emblée, les premières lignes du texte de T. III introduisent l'objet symbolique par excellence, le «miroir» qui retient l'œuvre captive, où elle se regarde en abîme, je veux dire le Livre. On l'aura reconnu: *«au milieu, sur une stèle de bois, un gros livre...»* Ce livre n'est autre que la BIBLE. *La Tentation* se veut une Contre-Bible. C'est dire que sans la Bible elle n'existerait pas. Renonçant à le dissimuler, le texte de la troisième version affiche au contraire ce lien ombilical, et l'on voit Antoine lire, dès la première séquence, un certain nombre de *versets* de l'Ecriture qui sont autant d'embryons de scènes hallucinatoires (le carnage à Alexandrie, le festin de Nabuchodonosor, la coupe, la Reine de Saba) que développera ensuite la séquence 2. On peut donc conclure avec Michel Foucault (en laissant de côté provisoirement le problème de la «théâtralité» du texte) que «le livre est le lieu de la Tentation. Et non point n'importe quel livre...» [48]

Flaubert a vis-à-vis de la Bible une attitude ambiguë. Prenons par exemple la scène la plus osée de *la Tentation*, cette version flauber-tienne de la «scène primitive»: l'épisode de la Femme et du Pasteur (séquence 4 ter, T. I, p. 430 B - 431 A; T. II, p. 497 A), qui n'est autre que l'histoire de Tamar et de Juda (Gen. 38). Dans la Bible cette histoire raconte (comme *la Marquise d'O.* de Kleist, quoique selon d'autres modalités) une recherche en paternité. L'héroïne est une fille soumise à la

---

[48] Michel Foucault, art. cité, p. 177.

Loi du Père, et l'histoire est une pure construction fantasmatique. Flaubert, fasciné, raconte à son tour l'épisode essentiel de l'histoire de Tamar, qui déguisée en prostituée sacrée couche avec son beau-père. Mais il gomme de sa première version toute référence, et jusqu'au nom des personnages. Dans la deuxième version, c'est l'inverse. Antoine lit le verset de Gen. 38:13. Puis, *«continuant à lire, Antoine voit en face de lui...»* (T. II, p. 497 A) Par cette transition, qui est un aveu, *la Tentation* apparaît clairement comme générée à partir de la Bible, la vision à partir de la lecture. Mais du coup, c'est l'histoire à raconter qui est cette fois gommée, réduite à presque rien, comme si elle se dérobait à la narration parce qu'elle est *déjà écrite.* Certes, la Bible est cet inépuisable réservoir à fantasmes que l'Occident a hérité de ses origines orientales, et c'est pour cela que Flaubert y puise. C'est même la raison pour laquelle Antoine l'a séduit: le thème l'autoriserait à récrire la Bible, de même que *Hérodias* plus tard à récrire l'Evangile. Mais en même temps l'Artiste flaubertien est toujours en compétition. Son livre se mire dans le Livre, mais aspire à exister seul, sans support. C'est impossible, et les deux images restent face à face. Alors le livre de Flaubert assumera au moins (on le verra dans un autre chapitre) son statut d'*image renversée.* La Gnose, écriture maudite, inversera l'Ecriture Sainte.

... dans l'eau des fontaines ta figure sera belle...
(Apollonius à Antoine, T. I, p. 408 B)

J'ai vu dans les sources que ma figure était belle...
(l'Hermaphrodite, T. I, p. 438 B)

VÉNUS ANADYOMÈNE se regarde dans un miroir...
(T. III, p. 558 B)

... et les deux mondes pareils se contemplent continuellement.
(T. III, p. 554 A)

Saint Antoine se voit lui-même, voit un autre saint Antoine qui passe et repasse dans la rue devant la maison de la courtisane.
(T. I, p. 429 B)

Le miroir ouvre sur les dédoublements et les ambiguës images du corps morcelé. Corps décomposé d'Adonis, corps meurtri d'Atys, corps dépecé d'Osiris, corps des martyrs chrétiens promis à la dévoration des bêtes féroces. Antoine *«croit sentir leurs dents, leurs griffes, entendre ses os craquer dans leurs mâchoires.»* (T. III, p. 543 A) Effroyables, ces corps en morceaux sont pourtant les vestiges d'un état archaïque que le dieu chaldéen Oannès évoque comme un éden perdu:

> J'ai habité le monde informe où sommeillaient des bêtes hermaphrodites (...) — quand les doigts, les nageoires et les ailes étaient confondus, et que des yeux sans tête flottaient comme des mollusques...
>
> (T. III, p. 553 B)

La métamorphose apparaît chez Flaubert sous son double aspect de création autogène du même par le même — ce qu'illustrent le Phénix «fils ressuscité du Père» (T. I, p. 440 A) et le dieu bleu (Vishnu?) qui se change successivement en serpent, en poisson, en solitaire, en cheval, en lion, en sanglier (T. I, p. 456 A) — et de suppression des limites qui séparent l'un de l'autre les êtres, ainsi que les règnes. Aussi les corps morcelés sont-ils aussitôt ressoudés selon cette autre loi qui crée les monstres:

> *Les végétaux maintenant ne se distinguent plus des animaux. Des polypiers, qui ont l'air de sycomores, portent des bras sur leurs branches.* (...) *Des cailloux ressemblent à des cerveaux...*
>
> (T. III, p. 571 A-B)

Mais à côté des monstres composites, *«lion par devant, fourmi par derrière»*, dont j'ai déjà parlé, il faut en citer d'autres qui sont au contraire *incomplets* ou *inversés*, et qui signifient emblématiquement que le monstre tire son origine du miroir. Flaubert les place à l'entrée de sa galerie de monstres (T. I, pp. 437 B - 438). Ce sont les Sciapodes (qui vivent couchés quand nous vivons debout), les Nisnas («moitiés d'hommes» dans leurs «moitiés de maisons»), les Astomi (qui ont la consistance du reflet), les Blemmyes (qui n'ont pas de tête), et les Pygmées (dont le monde est la réplique en miniature du nôtre). L'image des Nisnas qui n'ont «qu'un œil, qu'une joue, qu'une narine, qu'une main, qu'une jambe» (T. I, p. 438 A) nous introduit à l'étude des doubles dans *la Tentation*.

Si l'on admet que tous les personnages sont des métonymies d'Antoine, on conçoit que le dédoublement joue dans *la Tentation* un rôle aussi important que dans n'importe quel conte fantastique. Le dédoublement régit l'action. Ces doubles qui surgissent de l'activité mentale d'Antoine accomplissent, on le sait, ses propres désirs prohibés. Le Cochon (T. I, T. II) et Nabuchodonosor disent son rêve animal, le Diable (Hilarion, T. III) et les hérésiarques sont sa révolte, en Vénus il se voit femme — Hilarion, son disciple, ne l'appelait-il pas «claire étoile du matin»? (T. III, p. 534 B) En de certaines occurrences, le texte «met en scène» le dédoublement et l'identification: quand Antoine *se voit* en Faux

Antoine rôdant autour de la maison de la courtisane (T. I, p. 429 B - 430, T. II, p. 495 B - 496), quand il *se reconnaît* dans le cadavre d'Adonis:

> *On distingue sur le lit le cadavre d'un homme.* (...)
> *La ligne des flambeaux trop pressés empêche de voir sa figure; et Antoine est saisi par une angoisse. Il a peur de reconnaître quelqu'un.*
>
> (T. III, p. 556 B)

Mais ce ne sont là que des signaux qui désigent le dédoublement généralisé.

Certains fragments de discours agissent dans le même sens, ainsi la prophétie de l'Antéchrist (prononcée par le Diable à la fin de T. I et de T. II) qui est une version délirante de l'Evangile, son image déformée dans un miroir maléfique:

> Il naîtra dans Babylone, il sera de la tribu de Dan et fils d'une vierge aussi, d'une vierge consacrée au Seigneur qui aura forniqué avec son père; je me glisserai comme le Saint-Esprit dans le ventre de sa mère... (etc.)
>
> (T. I, p. 471 A)

En effet ce fragment révèle, à la manière d'un apologue, que les *oppositions* qui sont à la base du drame (Fils *versus* Père, Diable *versus* Dieu, saint *versus* Diable) se résolvent dans *la Tentation par le dédoublement*. L'Autre n'est pas vraiment l'Autre, mais seulement la mauvaise moitié du Moi. Par ce traitement de l'Autre, Flaubert montre qu'il a une intuition très juste des structures inconscientes de la religion (qui dédouble toujours ses divinités en dieux et démons: Dieu a pour autre moitié le Diable). En écrivant *la Tentation* il a très bien su faire le lien entre les structures religieuses et la structure narcissique-anale de la névrose obsessionnelle, qui ne connaît l'altérité que «duelle», comme l'expose Serge Leclaire:

> Cette altérité imaginaire, purement narcissique est bien celle à laquelle s'arrête le futur obsédé. Contrairement à l'usage approximatif que l'on fait habituellement de la conception de l'organisation libidinale de type anal, il faut clairement reconnaître ici qu'il n'y a *pas d'échange* à strictement parler, au niveau de l'analité, mais une simple confrontation imaginaire par l'intermédiaire dérisoire de ce tiers objet narcissique que sont les fèces et qui ne sont *autres*, qu'en tant qu'elles sont en fait *le même*. [...] ... cet *autre*, partie de soi, restera fondamentalement ce qu'il est, le *mauvais même* pour ainsi dire. [49]

---

[49] S. Leclaire, «A propos de l'épisode psychotique que présenta l'Homme aux loups», in: *La Psychanalyse, 4 — Les Psychoses*, PUF, p. 93. C'est l'auteur qui souligne.

Tous les personnages sont des doubles, tous sont le «mauvais même» d'Antoine. Retenons tout de même les moins contestables: le Diable/Hilarion, Apollonius de Tyane, dans la troisième version le Bouddha. Il sera reparlé du Diable dans un autre chapitre. Apollonius de Tyane et le Bouddha ont en commun d'être, pour le pauvre ermite, de véritables images au miroir, des images du Moi idéal: «il a je ne sais quoi qui respire la sainteté; je voudrais bien lui parler, je me sens attiré vers lui...» pense Antoine en voyant Apollonius. «Ne pourrait-on savoir comment il s'y est pris pour acquérir cette sagesse? est-ce par la foi? par les œuvres?» demande-t-il naïvement à Damis (T. I, p. 402 B - 403 A). C'est ce même accomplissement dans la sainteté que lui apporte le Bouddha, en lui contant sa fabuleuse légende. Et Antoine a l'impression d'avoir subi les mêmes épreuves que lui. «Ah! lui aussi?» «J'ai enduré cela autrefois!» (T. III, p. 553 A) Il faut noter que si Apollonius finit par se révéler démoniaque, aucun signe négatif ne vient marquer le Bouddha. «Tu viens de voir la croyance de plusieurs centaines de millions d'hommes!» conclut sentencieusement Hilarion (T. III, p. 553 B), en hommage à une religion dont est peut-être même suggérée la pérennité et l'actualité.

La figure médiatrice qui permet l'identification est toujours — on n'en sera pas surpris — le Christ. Apollonius apparaît en «*longs vêtements blancs*», il est «*de haute taille, de figure douce, de maintien grave; ses cheveux blonds, séparés par une raie à la manière du Christ, descendent régulièrement sur ses épaules.*» (T. I, p. 401 B - 402 A) Son histoire, racontée en versets alternés par lui-même et par Damis, est elle aussi parallèle à l'Evangile, ce qui suscite ces exclamations d'Antoine:

— Comment! il chasse les maladies?
— Quoi! il délivre des démons?
— Comment! il ressuscite les morts?

(T. I, p. 406 A, T. III, p. 487 B)

Flaubert a suivi *la Vie d'Apollonius* de Philostrate, et Seznec note que «c'est lui qui souligne les ressemblances avec Jésus»[50]. Le même syncrétisme l'a guidé pour la présentation de l'histoire du Bouddha. Là c'est le savant Hilarion qui commente le récit à l'oreille d'Antoine et qui souligne les parallélismes en lui citant Mat. 2:10, Luc 2:25 et 2:47 et

[50] Jean Seznec, *Nouvelles études sur «la Tentation de saint Antoine»*, the Warburg Institute, p. 49.

encore Mat. 23:27 et 23:33 (T. III, p. 552 B - 553 A). Mais Apollonius et le Bouddha ne sont pas les seuls à entrer dans ce qu'on pourrait appeler le paradigme du Christ. On y trouve aussi Adonis, sur le corps de qui une femme se penche avec une douleur *«plus qu'humaine, infinie. Antoine songe à la mère de Jésus»* (T. III, p. 556 B). «Je suis le Christ», disent à peu près tous les grands hérésiarques (Simon le Magicien, T. I, p. 396 A; Montanus, T. I, p. 399 A; Théodotus, T. I, p. 391 B, etc.). Si l'on part du principe que les trois versions ne font, du point de vue des structures inconscientes, qu'une seule *Tentation de saint Antoine*, on peut déjà interpréter la mystérieuse image sur laquelle se termine la version de 1874:

> *Tout au milieu et dans le disque même du soleil rayonne la face de Jésus-Christ*
>
> (T. III, p. 571 B)

comme une dernière apparition du double — qui n'est pas loin de représenter l'apothéose d'Antoine!

Sur le plan des microstructures, enfin, *la Tentation* devait nécessairement trouver du côté de la rhétorique classique — dans la symétrie, le parallèle, l'anaphore, l'antithèse, le chiasme, la stichomythie... — l'expression adéquate de ce dualisme constitutif. Flaubert était nourri de Fontanier et des grands auteurs classiques du XVIIe siècle français. A partir de *Madame Bovary* il pratiquera obstinément la censure de tous les effets de style traditionnels, autrement dit il inaugurera cette écriture de la dissymétrie et de l'ellipse qui garde son nom [51]. Aussi *la Tentation* est-elle vraiment la marge de l'œuvre de Flaubert, le seul texte où — passé la coupure de 1851 — il pourra, fidèle à sa jeunesse, écrire *à la manière de* Bossuet, La Bruyère, Corneille, Fénelon... et des bibles de l'humanité, Ancien et Nouveau Testaments, Coran ou livres sacrés de l'Inde.

Je ne t'ai pas semé, que celui qui t'a semé soit semé!
Je ne t'ai pas moissonné, que celui qui t'a moissonné soit moissonné!
Je ne t'ai pas fait cuire, que celui qui t'a fait cuire soit cuit lui-même!
                                (les Manichéens, T. I, p. 392 B)

Beau! beau! il est beau!
                                (les femmes du cortège d'Adonis, T. III, p. 556 B)

---

[51] Je parle dans les grandes lignes. L'écriture dite «flaubertienne» réinvente un nouveau lyrisme stylistique (fondé sur l'imparfait, le discours indirect libre, l'emploi des pronoms, la place des mots et le souci du rythme). Dans *la Tentation* il y a beaucoup d'ellipses narratives.

Au milieu de lacs grands comme des mers, j'ai des îles rondes comme des pièces d'argent, couvertes de nacre, blanches comme des poissons, dont les fruits rouges brillent au soleil, et dont les rivages chargés de coquilles font de la musique au battement des flots se roulant sur leurs grèves.

(La Reine de Saba, T. I, p. 435 A)

— Je hâte la dissolution de la matière!
— Je facilite l'éparpillement des germes!
— Tu détruis, pour mes renouvellements!
— Tu engendres, pour mes destructions!

(la Mort et la Luxure, T. III, p. 567 B)

Comme on le voit, c'est dans le dialogue à deux que le dualisme de *la Tentation* trouve sa meilleure expression. Mais c'est la particularité de l'œuvre (quand on la compare au comparable, par exemple à *Faust*) que le dialogue véritable ne s'y instaure jamais. Les personnages parlent en général tout seuls, sans qu'Antoine leur ait rien demandé. Il n'y a pas d'échange de paroles entre Antoine et la Reine de Saba (excepté dans T. II). Du Diable, on le verra, Antoine n'apprend que ce qu'il sait déjà. Le modèle du «duo» flaubertien, c'est *le faux dialogue à répliques alternées* qui s'opposent, se complètent ou font redondance (l'une étant la répétition dégradée de l'autre) dans une pure relation de contiguïté. C'est ce qui se passe dans les deux premières versions entre Antoine et le Cochon. Le discours du Cochon redouble tout simplement le discours d'Antoine, mais dans le registre de l'animalité. Ce qui fait rire, c'est l'automatisme de répétition et l'effet de chute, mais c'est aussi la vérité que révèle la duplication des discours: c'est-à-dire qu'Antoine et le Cochon ne font qu'un. Antoine se lamente-t-il sur sa misère existentielle, aussitôt le Cochon se fait entendre:

Le Cochon: Je m'embête à outrance; j'aimerais mieux me voir réduit en jambons et pendu par les jarrets aux crocs des charcutiers.

(T. I, p. 448 B - 449 A)

Le Cochon fait beaucoup pour le charme de *la Tentation*. Il est le Sancho Pança ou le Leporello d'Antoine. Le couple d'Antoine et du Cochon a son pendant symétrique dans le couple d'Apollonius et de Damis. On aurait tort de faire d'Antoine la moitié noble du couple, dont le Cochon serait la moitié terre-à-terre. Comme Antoine, le Cochon est un être-de-désir, il exprime seulement ses désirs dans le registre burlesque que toute une tradition littéraire (Pétrone, Rabelais, Scarron...) a légué à Flaubert. Quand Antoine s'envole avec le Diable dans le cosmos, le

Cochon se cabre sur ses pattes de derrière et s'écrie: «Oh! que n'ai-je des ailes, comme le cochon de Clazomène!» (T.I, p. 442 A) Le Cochon est un saint Antoine qui ose dire dans ses discours, remplis de fantasmes alimentaires, érotiques, sadiques etc., ce que son maître n'ose dire que par personnages interposés. Il y a donc entre eux la même intime fusion qu'il y a — pour d'autres raisons — entre Don Giovanni et Leporello[52]. Le Cochon entre naturellement dans le processus des métamorphoses: toute une tradition littéraire, là encore (Circé et les compagnons d'Ulysse, Jésus faisant entrer les démons dans un troupeau de cochons...), nous invite à cette lecture. Le Cochon *est* Antoine métamorphosé. Etre un animal est l'expression du vœu le plus «mystique» d'Antoine, puisque «Moi aussi je suis animal» est l'équivalent exact de «je voudrais [...] être matière moi-même pour savoir ce qu'elle pense» (les deux énoncés: T.I, p. 442 A). Cette identité profonde se décèle encore dans le fonctionnement textuel même. Là où le Cochon disait, dans la première version: «je trotterai sur les tables» (T.I, p. 382 B), le narrateur de la troisième version dit d'Antoine (c'est à la fin du festin de Nabuchodonosor et c'est lié à une autre métamorphose légendaire: celle du roi): *«Antoine se met à quatre pattes sur la table»* (T.III, p. 530 B). On ne saurait trop regretter que Flaubert, cédant à des soucis de décence et de rationalité, ait supprimé le Cochon de la version de 1874.

En tout cas, si Antoine et le Cochon ne sont qu'un même personnage, on comprend qu'il ne puisse y avoir de véritable dialogue entre eux. Avec la scène d'Apollonius et de Damis, Flaubert a réussi son chef-d'œuvre de faux dialogue[53].

---

[52] Voir Jean et Brigitte Massin, *Mozart*, Fayard, p. 1064, et Otto Rank, *Don Juan. Une étude sur le double*, Denoël et Steele, p. 185.

[53] Flaubert le savait bien, puisque cet épisode figure parmi ceux qu'il a choisi de donner en primeur à ses lecteurs (*l'Artiste*, 11 janvier 1857, p. 67-73). Les autres fragments étaient: Nabuchodonosor et la Reine de Saba; la Courtisane; les monstres.

Il s'agit d'une nouvelle variation sur le double, et le schéma se complique:

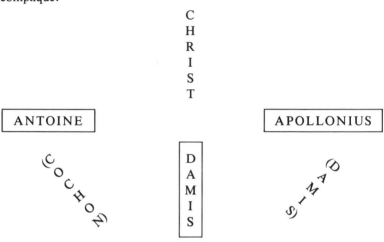

Malgré l'illusion du «trio», le schéma des actants est construit sur des dédoublements et des symétries. Nous avons deux doubles face à face (Antoine et Apollonius), chacun accompagné de son double «dégradé», et tous deux se référant à leur double commun, le Christ, personnage médiateur *in absentia*. Il ne peut y avoir de dialogue véritable entre Antoine et Apollonius, puisque Apollonius n'est qu'une image idéale d'Antoine, «plus doux qu'une fille et plus beau qu'un dieu», «sage préoccupé de pensées sublimes» (T.I, p. 402 A - 404 A)[54]. Il arrive qu'Apollonius s'adresse deux ou trois fois directement à Antoine, mais la règle est que, comme tous les personnages de *la Tentation*, il discoure sans s'occuper de savoir si quelqu'un l'écoute. Antoine de son côté s'adresse rarement aux voyageurs. Il a des apartés, il parle de ses interlocuteurs sur le mode du *il*. C'est de préférence sur ce mode qu'il pose des questions: «Ne pourrait-on savoir comment...» (p. 402 B). S'il s'adresse enfin à Apollonius, c'est indirectement, en passant par l'intermédiaire de Damis. Damis devient ainsi un deuxième médiateur dans le schéma, comme le Christ, et sur le même axe (de la communication). Mais il serait plus juste de dire que les questions d'Antoine viennent se répercuter sur Damis, dont la médiation est purement formelle. «Je ne saurais vous répondre, jamais

---

[54] Je prends pour texte d'étude la première version, p. 401-410.

je ne lui adresse de questions qu'avec sa permission.» (p. 403 A) «Laissez-le poursuivre, taisez-vous, vous interrompriez ses idées.» (p. 403 B) Aussi n'y a-t-il jamais de réponse aux questions posées; placé apparemment sous le régime de l'échange, le dialogue est un leurre.

Cette surdité des personnages, qui n'est que la traduction — au plan psychologique — de l'imperméabilité réciproque des fragments textuels, est à l'origine de l'inquiétante étrangeté de ce texte, au même titre pour le moins que son contenu de géographie fabuleuse ou d'êtres merveilleux (empuse au pied de fer, chameaux magiques, fiancée - vampire...).

Antoine: Quoi! il délivre des démons?
Apollonius: En Egypte, j'ai apprivoisé un satyre.

(p. 406 A)

Antoine: Que fait-on des os des martyrs?
Apollonius: Le soir de notre arrivée aux portes de Rome, nous vîmes venir à nous un homme qui chantait d'une voix douce. C'était des vers de Néron...

(p. 407 A)

Il arrive que les fragments textuels se chevauchent dans un étrange désordre organisé:

Apollonius: Etant donc à table avec lui, aux bains de Baïa...
Antoine: Excusez-moi, étrangers, mais il est tard, et...
Damis: Ce disciple s'appelait Ménippe. Un soir il rencontra une femme qui le prit par la main.
Antoine: C'est l'heure de la première veille, allez-vous-en!
Apollonius: Un chien entra portant à la gueule la main coupée d'un homme.
Antoine: [...] retirez-vous!
Damis: Cette femme lui dit... [...]
Antoine: [...] allez-vous-en!
Apollonius: Le chien cependant... [etc.]

(p. 406 A-B)

Ce désordre est comique ou angoissant, selon l'isotopie de lecture choisie. Si l'on adopte la lecture fantastique, on peut reconnaître dans le texte, au niveau de son *fonctionnement textuel*, le fantasme du corps morcelé. Apollonius de Tyane — né de la conjonction entre l'érudition de Flaubert et les nécessités de la structure narcissique — devait aboutir à ce beau cas de «folie du texte».

Fragments de mythes: Actéon, Orphée, Narcisse, Protée

Le syncrétisme a été la pratique constante des romantiques. Nerval a assimilé Isis à toutes les déesses de la Grèce et de l'Orient, et à la Vierge Marie de surcroît. Pour lui Orphée est un autre Moïse. Quant au fils divin, dieu immolé et rédempteur, il lui donne pour noms: Iacchus (Bacchus), Horus, Osiris, Adonis, Atys, et Jésus[55]. Hugo, et bien d'autres, ont assimilé Caïn, Satan et Prométhée. Pour Ballanche, c'est Orphée qui est un autre Prométhée, par son caractère de philanthrope et de civilisateur[56]. Flaubert est de son temps: on a pu lire au passage, dans *la Tentation*, l'assimilation de Jésus à Adonis par exemple. Mais, à la différence des premiers romantiques ses maîtres, Flaubert n'est jamais attiré par un mythe en tant que tel, dont il proposerait une réécriture systématique. Il serait faux de dire par exemple que *la Tentation* est à lire comme le mythe de Satan, même si ce mythe y affleure par endroits: *«Et Hilarion est devant lui, mais transfiguré, beau comme un archange, lumineux comme un soleil, — et tellement grand, que pour le voir Antoine se renverse la tête.»* (T. III, p. 563 B) Flaubert ne saisit le mythe que par fragments, il répugne à le concevoir dans sa totalité. En cela il est moderne, puisqu'il anticipe sur ce que Claude Lévi-Strauss pense des mythes, et Freud des fantasmes. Pour Lévi-Strauss (selon l'analyse de Catherine Clément)[57], les mythes sont des textes morcelés:

> L'unité attribuée au mythe par le mythologue est donc imaginaire et projective... (...). Il n'existe pas de centre à cette réflexion mythique: le foyer est virtuel, il n'existe pas d'origine réelle des récits... (...) [Le mythologue] déduit et décrit des parcours imaginaires, des parcours d'ombre, exactement comme le psychanalyste décrit les parcours des fantasmes de l'analysant, ombres dont ils ne pourront jamais connaître les foyers réels: le souvenir-écran, le fantasme originaire sont des ombres portées pour un réel à jamais disparu.[58]

C'est quelques-uns de ces parcours d'ombre que je me propose de décrire. Ainsi Orphée: il serait étrange que Flaubert hanté par l'Artiste ne se réfère pas au mythe d'Orphée. Pourtant on ne trouve, en tout et pour tout, qu'une unique référence, et censurée dès la deuxième version. C'est

---

[55] *Isis* (1845), in: *Les filles du feu*, éd. Léon Cellier, Garnier/Flammarion, p. 195-197.

[56] Ballanche, *Orphée* (1828), d'après l'analyse de Léon Cellier, «Le romantisme et le mythe d'Orphée» in: *L'Epopée humanitaire et les grands mythes romantiques*, SEDES, p. 346.

[57] C. Clément, *Miroirs du sujet* (recueil d'articles), 10/18.

[58] *Ibid.*, p. 21-22.

Damis qui raconte à Antoine qu'il a vu à Babylone une tapisserie «qui figurait Orphée au milieu des lynx; il avait sa lyre, une tiare persique et des caleçons» (T. I, p. 404 B). Référence distanciée, on le voit, et taraudée par l'ironie narrative. Il y en a une deuxième qui, pour n'être pas directe, n'en est pas moins évidente. C'est, dans la galerie des monstres, le Sadhuzag, *«grand cerf noir à tête de boeuf»*, qui fait ainsi son autoportrait «orphique»:

> Enchanteur mélodieux [...], mes soixante-douze andouillers qui couronnent ma tête sont creux comme des flûtes... [...]. Quand je me tourne vers le vent d'ouest [...], il en sort des sons qui font venir à moi les bêtes ravies. Alors accourent ensemble la gazelle aux yeux bleus, l'éléphant, l'épervier, les buffles sortant de la vase, le rhinocéros qui se hâte, le renard, les singes, les chats sauvages, les ours... (etc.)
>
> (T. I, p. 439 A)

Mais qu'il se tourne vers le vent d'est, et aussitôt «il en part un bruit terrible et tout fuit». Dans la troisième version, Antoine qui l'entend en *«est comme déchiré»* (T. III, p. 569 B). On en retiendra que dans *la Tentation* la référence attendue à Orphée est fuyante mais qu'elle fixe néanmoins un petit nombre d'éléments qui vont servir à découvrir l'enchaînement mythique d'une importante séquence. Ces éléments sont:

Babylone — l'art — l'Artiste-Animal — l'animalité et la métamorphose — le corps déchiré.

La séquence en question est *la séquence 4 ter:* une séquence qui n'est pas représentée dans la troisième version[59], seulement dans les deux premières. Je vais en retenir les épisodes qui se trouvent et dans T. I et dans T. II, c'est-à-dire:

- la coupe
- le discours du Cochon («J'étais au bord d'un étang...»)
- la Courtisane, Lampito et le Faux Antoine
- la Femme et le Pasteur
- Diane et sa meute
- le bain des nymphes
- le festin de Nabuchodonosor[60]

---

[59] Mais la coupe, Nabuchodonosor et la Reine de Saba passent de la séquence 4 ter dans la séquence 2 de T. III.

[60] T. I, p. 427-432. T. II, p. 494-498. (Je n'inclus pas dans mon étude l'épisode de la Reine de Saba.) Il sera tenu compte de la version de T. III du festin de Nabuchodonosor.

Rien de plus disparate, en apparence, que cette séquence. Cela explique peut-être qu'elle ait été supprimée de la version de 1874. Mais cette condamnation tardive ne l'empêche d'exister bel et bien en 1849 et en 1856. Que Flaubert ait pu la démembrer par la suite pour en faire passer certains épisodes ailleurs dans le corps de son texte, cela ne peut que nous alerter sur le caractère de «textes morcelés» de ces épisodes, *à la fois mythes et fantasmes*. Une des étrangetés de cette séquence, c'est qu'elle nous promène dans des temps historiques ou légendaires très divers. Ainsi avons-nous pour:

— la coupe: le temps d'Antoine (IVe siècle après Jésus-Christ);
— le discours du Cochon: le temps du rêve et le temps mythique du Chaos;
— la Courtisane: le temps de la civilisation grecque (IVe siècle avant Jésus-Christ);
— la Femme et le Pasteur: le temps de la Genèse (IIe millénaire avant Jésus-Christ), temps plus mythique qu'historique;
— Diane et sa meute: le temps du mythe grec;
— le bain des nymphes: le temps du mythe grec et du folklore;
— le festin de Nabuchodonosor: le temps historique de la Mésopotamie (VIe siècle avant Jésus-Christ) et le temps mythique de la Bible.

La séquence 4 ter de *la Tentation de saint Antoine* semble illustrer cette analyse de Freud:

Les fantasmes se forment par un processus de *fusion* et de *déformation* [...]. Le premier type de déformation consiste en une falsification du souvenir par fragmentation, ce qui implique un MÉPRIS DES RAPPORTS CHRONO-LOGIQUES... Un fragment de la scène vue se trouve ainsi relié à un fragment de la scène entendue pour former un fantasme, tandis que le fragment non utilisé entre dans une autre combinaison. *Ce processus rend impossible la découverte de la connexion originelle.* [61]

Il n'est pas question de retrouver ce que Freud appelle «la connexion originelle» et Catherine Clément le «réel à jamais disparu». Je ne cherche que l'enchaînement du parcours mythique/fantasmatique. Cependant, s'il est vrai que «la butée fictive du réel disparu» est *la scène primitive* [62], on reconnaît indiscutablement celle-ci dans l'épisode central de la Femme et du Pasteur, souvenir obscur des temps de la Genèse...

---

[61] Freud, *Naissance de la Psychanalyse, Manuscrit*, cité in: C. Clément, ouvrage cité, p. 71. Les capitales sont de moi.
[62] *Ibid.*, p. 70.

*...le pasteur jette son manteau, elle s'y couche sur le dos, le pasteur s'abaisse
sur elle.*
On ne les voit plus.

(T. I, p. 431 A)

*...et le soleil devient si fort, si lumineux, qu'ils disparaissent dans un
éblouissement.*

(T. II, p. 497 A)

Et d'emblée on retrouve un des fils conducteurs de la problématique de
l'Artiste, qui est le VOIR ou le SAVOIR — c'est la même chose. «Le
savoir archaïque consiste à voir»: que l'on se rappelle Tirésias![63] A partir
de l'épisode-foyer de la «scène primitive» s'éclairent, par contiguïté,
l'épisode de la Courtisane et l'épisode de la déesse chasseresse. *Vénus et
Diane épiées par l'Artiste.* Une histoire gaie, une histoire triste.

La Courtisane:
Adieu les longues causeries de l'atelier [...] ...le maître, nu-bras,
pétrissait la brune argile; du haut de l'escabeau où je posais debout, je
voyais son vaste front se plisser d'inquiétude; il cherchait sur mon
corps la Forme conçue, et il s'épouvantait en l'y découvrant tout à
coup plus splendide même que l'Idéal; et moi, je riais à voir l'Art se
désespérer à cause du dessin de ma rotule et des fossettes de mon dos.

(T. I, p. 430 B)

Quoique Flaubert ait tenu à donner (mais très obliquement, p. 429 B) à
la Courtisane le nom de «Demonassa la Corinthienne», on ne peut douter
qu'elle représente Phryné, évoquée dans l'atelier de Praxitèle, Artiste
heureux à qui il a été donné de VOIR sans punition. Tout à l'opposé, le
mythe d'Actéon hante *la Tentation* comme un non-dit essentiel et énigmatique.

Le mythe d'Actéon est l'objet de tant de déplacements qu'on a du mal à
le reconnaître. Pourtant Diane et sa meute s'offrent bien à la *VISION*
d'Antoine(-Actéon), qui se souvient même (dans la deuxième version) du
temps où il était chasseur: «...comme autrefois, dans ma jeunesse, quand
je courais sur les montagnes après les cerfs légers...» (T. II, p. 497 B) Le
bain de Diane est *déplacé* sur le bain des nymphes. La métamorphose
d'Actéon en animal est *déplacée* sur le festin de Nabuchodonosor, orgie
de bestialité, laquelle représente de surcroît, par un nouvel effet de

[63] R. Georgin, *La Structure et le style*, l'Age d'Homme, p. 10.

déplacement, la MÉTAMORPHOSE LÉGENDAIRE de Nabuchodonosor en bête des champs (Dan. 4:29-30). Dans la troisième version, la
métamorphose du roi, qui n'était jusque-là qu'implicite, apparaît comme
élément explicite du récit, mais *déplacée* sur Antoine:

> *Antoine lit, de loin, sur son front toutes ses pensées. Elles le pénètrent, et il*
> *DEVIENT Nabuchodonosor. [...] ...et comme rien n'est plus vil qu'une bête*
> *brute, Antoine se met à QUATRE PATTES sur la table et BEUGLE comme un*
> *TAUREAU.*[64]

(T. III, p. 530 B)

Et cette signification fondamentale du festin de Nabuchodonosor
conçu comme un lieu de métamorphose — et de mort — est soulignée par
le rapport textuel nouveau établi dans la troisième version entre la lecture
des versets de la Bible dans la séquence 1, et l'épisode lui-même. Antoine
lit Dan. 2:46 (verset qui suit l'élucidation par Daniel du songe de la statue
aux pieds d'argile). Son commentaire marque une rupture logique: «Mais
Dieu, par punition, l'a changé en bête. Il marchait à quatre pattes.» (T. III,
p. 525 A-B) De plus, une analogie est suggérée entre le festin de
Nabuchodonosor et le festin de Balthasar (Dan. 5), car le verset que lit
Antoine («Nabuchodonosor se prosterna le visage contre terre et adora
Daniel» Dan. 2:46) est très proche du verset qui suit l'élucidation par
Daniel des fameux mots Mené, Teqél, Perés, au banquet de Balthasar:
«Alors Balthasar ordonna de revêtir Daniel de pourpre...» (Dan. 5:29).
S'adressant à Balthasar, Daniel lui a rappelé du reste la métamorphose de
son prédécesseur Nabuchodonosor. Si l'élucidation du songe de la statue
était une prophétie de *DÉMEMBREMENT* (du corps de la statue/du
royaume), l'élucidation des trois mots magiques est une prophétie de
MORT (du royaume/de Balthasar lui-même). Je viens de décrire un
processus de *condensation* (Nabuchodonosor et Balthasar sont
condensés dans la version flaubertienne du festin de Nabuchodonosor),
en même temps que de nouveaux processus de *déplacement:* le
démembrement et la mort d'Actéon sont déplacés sur la statue aux pieds
d'argile et sur la fin tragique du festin de Balthasar; Flaubert récrit Dan. 4,
mais en réalité pense à Dan. 2 (qu'il cite dans T. III) et à Dan. 5, donc il
déplace Dan. 2 et 5 sur Dan. 4.

Je peux dire pour me résumer qu'Actéon n'est jamais nommé, mais que
le bain de Diane (qui est un fragment important du mythe) est *désigné*

---

[64] Les capitales sont de moi.

dans le texte de la première et de la deuxième version, puis *immédiatement suivi* du festin de Nabuchodonosor, épisode qui peut *figurer* — par une série de déplacements et de condensations dont la clef se trouve curieusement dans la troisième version de *la Tentation* — la suite de la fable de Diane et d'Actéon. Ainsi avons-nous le déroulement complet: vision — punition — métamorphose en animal — corps voué au démembrement (Actéon déchiré par les chiens) — mort. Mais — ici intervient le syncrétisme de Flaubert — le mythe d'Actéon ne prend sens que par rapport au mythe d'Orphée. Si Orphée le musicien-poète est une évidente figure d'Artiste, Actéon en est une aussi pour Flaubert. Tous les éléments du puzzle d'Orphée dégagés plus haut se sont insérés dans notre reconstitution de l'image morcelée d'Actéon: même Babylone, souvenir du mythe de Babel (?) et métonymie du roi Nabuchodonosor. On se doute que c'est leur faute commune (ils ont tous deux transgressé le tabou de la vision) et leur mort identique qui autorisent Flaubert à identifier Orphée et Actéon; mais il apparaît de plus en plus clairement que l'élément prégnant, c'est leur commune «animalité». Si Orphée a su charmer les animaux (entendez: pénétrer leur langage, qui n'est autre que le langage divin), Actéon, lui, a poussé sa «curiosité» jusqu'à se transformer en animal. Ainsi, ce qui les réunit profondément, c'est *leur rapport au Savoir.* Ils connaissent la Vérité (vérité du symbolique). Le mythe nous présente un Orphée *savant*[65] et un Actéon *voyeur*. «Savoir ou voir, c'est tout comme. Voyant ou voyeur, c'est pareil au même.»[66] Comme l'enfant du poème de Rimbaud, Orphée-Actéon a reconnu la déesse et *senti un peu son immense corps.*

Le drame de l'Artiste flaubertien se complique dans *la Tentation de saint Antoine.* Par réaction narcissique, l'Artiste a voulu créer à partir de lui-même. Mais les dédoublements et les métamorphoses ont leurs mythes tragiques. Narcisse n'est pas seulement la beauté au miroir, ou la fleur. Se documentant sur la mythologie, Flaubert note dans une sorte de mémento:

Mythe de Narcisse: l'âme absorbée dans l'apparence et s'y perdant.[67]

---

[65] Depuis toujours, mais particulièrement chez les romantiques, qui ont exalté un Orphée *initié*: Ballanche, Maurice de Guérin, Fabre d'Olivet... Voir: Léon Cellier, *L'Epopée humanitaire et les grands mythes romantiques*, p. 346-350.

[66] R. Georgin, ouvrage cité, p. 10.

[67] «Mémento mythologique» de Flaubert (folio 198), publié in: *O.C.*, Club de l'Honnête Homme, volume 4, p. 411.

Métamorphoses, absorption dans les formes de l'apparence, mort...
Voilà Narcisse identifié, lui aussi, à Orphée et Actéon. Comment ne pas
leur joindre Protée, le *savant* vieillard de la mer, le rival en savoir de
Tirésias[68], grâce à qui Flaubert, lecteur d'Homère, a dû se familiariser
avec le mythe de la métamorphose bien avant de connaître les mythes de
l'Inde? Les dieux de l'Inde (le dieu noir de *la Tentation*) et Protée (le
Protée du *Second Faust* de Goethe) apportent la même leçon. «Multiplier
les formes par elles-mêmes, ce n'est pas produire l'être» dit le dieu noir
(T. I, p. 456 A). On va voir que la leçon du Protée de Goethe est exactement la même. Faust et Méphistophélès, en créant Homunculus, ont-ils
produit l'être? Homunculus vient consulter Protée:

Thalès: Il demande conseil et serait bien aise d'exister.
    Comme il me l'a appris, il est
    Venu au monde très étrangement et seulement à moitié;
    Il n'est pas dépourvu de qualités intellectuelles,
    Mais il manque par trop de qualités saisissables.
    Jusqu'à présent le verre seul lui donne du poids,
    Mais il serait désireux de prendre corps au plus vite.
    (...)
(bas)   Son état me paraît également critique d'un autre côté;
    Il est, je crois, hermaphrodite.
Protée: Il n'en réussira que plus vite;
    En prenant corps, il aura un sexe.
    Mais il ne s'agit pas de délibérer;
    Il te faut PRENDRE ORIGINE dans la vaste MER.
    Là on commence d'abord par être petit,
    On est enchanté d'en avaler de plus petits;
    On croît peu à peu
    Et l'on se forme pour une fin plus haute. [69]

Et Protée-Dauphin emporte Homunculus sur son dos en lui disant: «Je
te marie à l'Océan»[70].

Non, Faust n'a pas produit l'être. Comme l'Artiste flaubertien, il n'a
fait que reproduire son image. Goethe a très bien saisi la faille de la création narcissique. Faust n'a pas reconnu la Loi, qui est rappelée par le sage

---

[68] *L'Odyssée,* chant IV (Protée), chants X et XI (Tirésias).
[69] Goethe, *le Second Faust*, in: *Théâtre*, Pléiade, p. 1200. Les capitales sont de moi.
[70] *Ibid.*, p. 1203.

Protée sous un de ses aspects fondamentaux: la différence sexuelle, *la coupure des sexes*. Seule la divinité peut être androgyne — ainsi en est-il d'Adonis, note Flaubert dans son mémento [71] — ou encore a pu l'être cet Adam originel, que la coupure a frappé depuis qu'il est déchu. Il y a une œuvre de Flaubert (demeurée à l'état de projet) qui aurait constitué la version flaubertienne du mythe de l'androgyne. C'est *Une Nuit de Don Juan*. Rencontre d'un vivant débauché et d'une religieuse morte, cette nouvelle et originale aventure de don Juan réunit les deux moitiés complémentaires d'un seul être. En effet, chez Anna Maria, la religieuse, des aspirations de chair complètent l'amour mystique, tandis que parallèlement don Juan a connu, après des aspirations dévergondées, des besoins mystiques. Et Flaubert souligne dans son plan:

L'objet principal (au moins de la seconde partie), c'est l'union, l'égalité, la dualité, dont chaque terme a été jusqu'ici incomplet, se fusionnant, et que chacun montant graduellement aille se compléter et s'unir au terme voisin. [72]

Les mythes platoniciens trouvent leur expression, tardive mais cohérente, dans la troisième version de *la Tentation:* dans le discours du dieu-poisson Oannès, «contemporain des origines», du temps des «bêtes hermaphrodites» (T. III, p. 553 B); et dans ces réflexions d'un Antoine soudain très «artiste» (réflexions qui introduisent, c'est à noter, à la séquence finale de T. III — «être la matière»):

Mais la substance étant unique, pourquoi les Formes sont-elles si variées?
Il doit y avoir, quelque part, des figures primordiales, dont les corps ne sont que les images. Si on pouvait les voir on connaîtrait le lien de la matière et de la pensée, en quoi l'Etre consiste!

(T. III, p. 568 A)

Gautier a écrit, avec *Mademoiselle de Maupin*, «le mythe de l'androgyne impossible» [73]. Ni pour Gautier ni pour Flaubert l'Artiste ne peut être cet androgyne divin qui, à l'instar du Phénix, serait capable, en se reproduisant, de produire de l'Etre. C'est toujours la vieille, l'irritante énigme du Sphinx, reformulée par Lévi-Strauss: l'homme naît-il «d'un seul, ou bien de deux?», «le même naît-il du même, ou de l'autre?» [74],

[71] «Mémento mythologique» (folio 175), éd. citée, p. 374.

[72] Flaubert, Plan publié in: *OEuvres de jeunesse*, Conard, III, p. 325. — Première mention du projet in: *Corresp.*, Pléiade, I, p. 708, à L. Bouilhet, 14 novembre 1850.

[73] Pierre Albouy, «Le mythe de l'androgyne dans *Mademoiselle de Maupin*», in: *Mythographies*, José Corti, p. 332. — *Mademoiselle de Maupin* (1835-1836).

[74] «La structure des mythes», in: *Anthropologie structurale*, Plon, p. 239.

autrement dit: comment naissent les enfants? Et de même que le mythe a pour raison d'être d'apporter simultanément deux réponses contradictoires, de même *la Tentation de saint Antoine* se soutient de cette double et contradictoire réponse apportée au drame de l'Artiste: il ira jusqu'au bout de la voie imaginaire ET il accédera au symbolique. Ce qui résout la contradiction, c'est que dans les deux cas il trouvera la mort. *Une Nuit de Don Juan* est l'apologue qui illustre cette logique du mythe. Qu'Anna Maria soit la moitié inversée de l'androgyne (lecture narcissique) ou qu'elle figure la Mère (lecture œdipienne), que la fusion se situe en dehors ou en dedans de la condition de l'être sexué, la mort est la sanction. Ce n'est pas pour rien que Flaubert imagine de faire dialoguer une morte et un héros que la tradition définit par son être-pour-mourir.

La séquence du «être la matière» — séquence centrale dans les deux premières versions, séquence conclusive dans la troisième *Tentation* — a le privilège d'être plus que les autres séquences ce lieu de contradiction et de mort. «Etre la matière»: formule énigmatique qui a fait rêver les critiques, surtout pour être devenue, dans le texte de 1874, pour ainsi dire le dernier mot de l'œuvre. Michel Foucault interprète cette fin comme le moment «où l'ermite vaincu s'est pris enfin à aimer la matière maternelle de la vie» [75]. C'est vrai, la matière (materia/mater) est la mère. Dans cette séquence apparaissent aussi les Bêtes de la mer, et la mer, c'est encore la mère, dans toutes les symboliques du monde. L'Artiste au miroir voit son image altérée par l'Autre féminin. Qu'est-ce que la femme (la mère, la mer, la matière) dans *la Tentation?* C'est le moment de compléter l'étude amorcée plus haut [76]. Prenons la mer, symbole particulièrement ambivalent chez Flaubert. Quand il était petit, il en avait fait le modèle de l'instance créatrice narcissique. Reprenant la théorie, familière aux enfants, de la naissance anale, Flaubert écrivit à neuf ans sa «belle explication de la fameuse constipation» dont j'extrais ceci: la constipation ressemble «à la mer qui ne produit plus d'écume et à la femme qui n'a pas d'enfant» [77]. Vénus née de la vague, ou l'art conçu comme autocréation: beau mensonge que le mythe lui-même se charge de démentir. Dans son mémento de mythologie, Flaubert apporte un correctif:

---

[75] Art. cité, p. 171.

[76] Le chapitre «L'éternel féminin dans *la Tentation de saint Antoine*».

[77] Texte cité par Jean Bruneau, *Les Débuts littéraires de G. Flaubert*, Armand Colin, p. 41.

Suivant Hésiode, née de l'écume de la mer fécondée par l'organe viril d'Uranus quand Chronos mutila son père et le détrôna. [78]

Pas de création sans passer par la castration symbolique! C'est la teneur des conseils de Protée à Homunculus: il faut «prendre origine dans la vaste mer» (entendez: cet enfant né de l'homme seul — avorton d'une création présomptueuse — a besoin de la femme, de la mère, de la naissance sexuée); et au sein de la mer, il faut se soumettre à la Loi: franchir successivement tous les degrés de l'échelle des êtres dans la Création. Protée ramène Homunculus au giron de Dieu.

Mais, malgré tous les démentis de l'expérience, l'Artiste flaubertien (en tout point semblable à l'enfant et à l'usager des mythes d'émergence) retourne toujours à ses conceptions narcissiques et rêve d'un monde qui, loin d'obéir à un ordre rigoureux, serait le monde de la mobilité des règnes et des espèces, le «monde de la décomposition créatrice» [79]. Cette dernière théorie vient à Flaubert, comme à Balzac dont il connaissait peut-être le conte des *Deux rêves* [80], du *Rêve de l'Alembert* de Diderot, et par-delà, de Lucrèce. Lucrèce, Diderot, Balzac, Flaubert retrouvent ainsi une théorie infantile de la naissance (la génération spontanée à partir des germes) plus régressive encore que celle de la naissance anale. Il faut revenir un moment à l'épisode de l'ascension dans les airs, l'épisode matriciel de tous les «mystères» de Flaubert. Dans *Smarh* déjà, l'ermite et le Diable évoquent «ces époques inconnues [...] où la création s'agitait dans ses germes» [81]. La théorie des germes fait l'objet de grands développements dans la séquence 7 de la première version de *la Tentation*. Dans les cadavres, dit le Diable, «des mondes s'organisent» (T. I, p. 444 A). «N'y a-t-il pas des existences inanimées, des choses inertes qui paraissent animales, des âmes végétales...?» (T. I, p. 445 A) C'est donc *de là* que procède (même si l'ordre syntagmatique est inverse) la séquence 5, avec le discours des Bêtes de la mer, avec le discours d'Oannès (dans T. III), avec la métamorphose généralisée enfin, à laquelle Antoine veut participer. «Moi aussi je suis animal», dit l'Artiste flaubertien. Mais aussitôt la métamorphose animale se spécifie comme décomposition de l'organisme

---

[78] «Mémento mythologique» (folio 199), éd. citée, p. 412.

[79] Pierre Brunel, *Le Mythe de la métamorphose*, p. 64.

[80] *Les Deux rêves* (1830). Voir Pierre-Georges Castex, *Nouvelles et contes de Balzac (Etudes philosophiques)*, CDU, p. 9 et 11.

[81] *O.C.*, I, l'Intégrale, p. 198 B.

en germes: «je voudrais [...] me diviser partout, être en tout, [...] circuler dans la matière, être matière moi-même pour savoir ce qu'elle pense» (T. I, p. 442 A).

Ceci pour la première version. La troisième version de *la Tentation* en conserve l'essentiel et apporte *en plus* l'élément qui vient mettre la contradiction à son comble. Avant de prononcer son discours final, l'Antoine de la troisième version se fait voyeur myope, ou savant au microscope:

> *Il se couche à plat ventre, s'appuie sur les deux coudes; et retenant son haleine, il REGARDE. (...)*
> *Enfin, il aperçoit des petites masses globuleuses, grosses comme des têtes d'épingles et garnies de cils tout autour.*
> *Une vibration les agite.*
> Antoine, *délirant.*
> O bonheur! bonheur! (etc.)[82]
>
> (T. III, p. 571 B)

Nous avions déjà deux théories (aberrantes) de la naissance. Voici — coexistant avec elles! — la théorie vraie, si l'on admet, comme le texte le permet, d'interpréter ces organismes comme des êtres unicellulaires, et pourquoi pas, comme des cellules de la reproduction. De Protée redevenu Actéon, l'Artiste a VU la Vérité (la coupure des sexes). Qu'est-ce que la femme dans *la Tentation*? Hélène ou la métamorphose, Diane ou la vérité du symbolique, un objet de vision en tout cas, la Mort toujours.

Tout se mêle dans la dernière page de *la Tentation* de 1874, mais ce qui est sûr, c'est que l'Artiste sera toujours un martyr de la vision. Il a vu, Actéon, Orphée, la vérité du symbolique, il en mourra déchiqueté en autant de particules qu'il y a de morceaux dans le miroir qui se brise. Il s'est regardé, Narcisse, au miroir, et s'y est vu en Protée polymorphe. Il en mourra anéanti, car le néant est au bout de la métamorphose — le dieu noir de la première version l'avait découvert avec angoisse, alors qu'il représentait le saint ascète brahmanique:

> Il médite si profondément que sa pensée le transporte où il veut, il voit à toute distance, il entend tous les sons, prend toutes les formes... Mais ... s'il n'en rendait aucune... s'il allait se dépouiller de toutes? ...Oui, à force d'austérités, s'il finissait... *(Avec la mine de quelqu'un d'effrayé.)* Oh!
>
> (T. I, p. 456 B)

La résolution des contraires peut se formuler ainsi: l'accès au symbolique sera puni d'une mort de héros narcissique. Voir Diane, *e poi*

---

[82] Les capitales sont de moi.

morire. Cette mort-là, l'Artiste en fera son œuvre d'art suprême: une orgie de métamorphoses et de démembrements. Ce désir morbide, il y a longtemps qu'il se préparait. «Depuis sa naissance l'être flaubertien n'a jamais cessé de mourir», dit très justement Jean-Pierre Richard[83]. On se souvient de *Novembre:*

> ...j'aimerais [...] être déposé sur un lit de feuilles sèches, au fond des bois, et que mon corps s'en allât petit à petit au bec des oiseaux et aux pluies d'orage.[84]

Refusant la Loi, l'Artiste flaubertien ne pourra jamais s'approprier le monde. Il lui reste à s'y anéantir volontairement. Par sa nouvelle conclusion, qui constitue une véritable mise en perspective, *la Tentation* de 1874 est une grande cérémonie en vue de l'auto-sacrifice de l'Artiste. Ce supplice ressemble beaucoup à une apothéose. *«Tout au milieu et dans le disque même du soleil rayonne la face de Jésus-Christ.»* (T. III, p. 571 B) Dans le ciel, le double apparaît, dieu solaire auréolé de gloire.

---

[83] *Littérature et sensation — Flaubert*, Points, p. 169.
[84] *Novembre, O.C.*, I, l'Intégrale, p. 255 B.

CHAPITRE VIII

LA TENTATION DE LA SCIENCE
ET LES VOIES DU SAVOIR

> Mon royaume est de la dimension
> de l'univers, et mon désir n'a pas de
> bornes. (...) On m'appelle la Science.
>
> Hilarion, *la Tentation* III, p. 563

Histoire d'un jeune homme au siècle de la science

Le romancier du XIXᵉ siècle est un savant. Comment s'en étonner puisqu'il s'agit du siècle qui vit le triomphe des sciences expérimentales et qui inventa la technologie moderne... Flaubert prend place dans cette lignée d'un Balzac «zoologue», d'un Zola «biologiste», d'un Jules Verne «ingénieur». Il est l'héritier de Cuvier, le contemporain de Darwin et de Claude Bernard. Mais ces concordances pourraient passer inaperçues, parce que Flaubert ne s'est jamais clairement réclamé de la science. Significativement, il est mort l'année même où Zola publiait *le Roman expérimental,* manifeste de l'école naturaliste auquel il n'aurait pas souscrit. Car les rapports du roman flaubertien avec la science ne sont pas simples.

La biographie peut en donner une première idée. Flaubert enfant a grandi dans un milieu scientifique. Fils et frère de médecins, il a baigné dans l'idéologie scientiste, il s'est imprégné de cet esprit analytique — l'esprit de Bichat — qui avait marqué la génération de son père [1] et que la critique a retrouvé dans ce qu'elle a appelé «le regard de chirurgien» de l'auteur de *Madame Bovary.* Reprenant la même référence et la même

---

[1] Voir le témoignage de Flaubert lui-même, à lire dans le portrait du docteur Larivière *(Madame Bovary),* et l'étude de Sartre sur le rationalisme analytique in: *l'Idiot de la famille,* I, Gallimard, p. 72-77.

métaphore dans sa préface à la deuxième édition de *Thérèse Raquin*, c'est à Flaubert que Zola rend implicitement hommage:

> J'ai simplement fait sur deux corps vivants le travail analytique que les chirurgiens font sur des cadavres. [2]

Cette appartenance à une famille de savants, loin de la rejeter Flaubert en fait, dans les moments difficiles, sa caution intellectuelle et morale:

> ... son père et, permettez-moi de le dire, son illustre père, a été pendant plus de trente années chirurgien en chef de l'Hôtel-Dieu de Rouen. Il a été le protecteur de Dupuytren; en donnant à la sicence de grands enseignements, il l'a dotée de grands noms...(etc.) [3]

L'un des tout premiers écrits conservés de Flaubert enfant, cette «Belle explication de la fameuse constipation», témoigne à sa manière du prestige qu'a exercé sur lui la profession du père, puisque à tout prendre ce texte n'est pas autre chose qu'une «dissertation médicale» en modèle réduit! De même encore, un des premiers écrits publiés de Flaubert, ce conte intitulé *Une Leçon d'histoire naturelle: genre commis* [4], range-t-il son jeune auteur dans le courant pseudo-scientifique des «physiologies littéraires» qui assimilaient les types humains à des animaux. La physiologie littéraire parcourt le siècle, puisqu'on peut y rattacher certaines théories ou images visionnaires de Balzac et de Hugo, la «bête humaine» du roman naturaliste, et, à l'autre bout de la carrière de Flaubert, *Bouvard et Pécuchet*, «Histoire de deux cloportes» [5].

Et pourtant, il est clair que dans son milieu familial Flaubert s'est déterminé *contre* la science. «Idiot de la famille» ou artiste, c'est tout un, cela se définit comme le contraire de savant (et comme le contraire de bourgeois). En haine du savant et du bourgeois conjointement, il écrit à quinze ans *Quidquid volueris*. Savant pervers, c'est sous les auspices de l'Académie des sciences que M. Paul a procédé à l'expérience qui devait résoudre «un problème: à savoir s'il pouvait y avoir un métis de singe et d'homme» [6]. Expérience cynique, condamnée par le narrateur. Viol

---

[2] Préface à l'édition de 1868.

[3] Me Sénard, avocat de Flaubert au procès de *Madame Bovary*, in: *Œuvres*, Pléiade, I, p. 634.

[4] Publié dans *le Colibri* (petit journal littéraire de Rouen) en mars 1837. Flaubert a quinze ans.

[5] Premiers scénarios de *Bouvard et Pécuchet*, in: Flaubert, *O.C.*, Club de l'Honnête Homme, tome 6, p. 595 et 598.

[6] *Quidquid volueris*, in: *O.C.*, l'Intégrale, I, p. 107 B-108 A.

organisé, bestialité, femme morte en couches, naissance d'un être malheureux et maudit — voilà les produits de l'activité scientifique. Pour que l'apologue soit complet, nous assistons à la transformation du savant en bourgeois (c'est M. Paul qui parle):

«... le poupon se portait à ravir, j'étais, ma foi, bien content, la question était résolue. J'ai envoyé de suite le procès-verbal à l'Institut et le ministre, à sa requête, m'envoya la croix d'honneur.» [7]

La croix d'honneur de M. Paul annonce celle de Homais... S'il est vrai — et cela me paraît indéniable — qu'à ce niveau de lecture biographique il faille voir en M. Paul un sinistre portrait imaginaire du docteur Flaubert, on commence à saisir l'ambiguïté de la position du jeune Flaubert vis-à-vis de la science. Les hasards de l'environnement et les contraintes du complexe d'Œdipe l'ont empêché d'adhérer sans réserve au mythe du savant romantique, ce Prométhée moderne, ce Satan philanthrope, comme l'appelle Léon Cellier [8]. On conçoit que Flaubert n'ait pas pu écrire le *Faust* français dont il a pourtant rêvé, et que dans *la Tentation* il n'ait pas cherché, à la manière de Goethe ou de Balzac, à réconcilier l'art et la science, mais qu'il ait privilégié l'art, lequel cependant ne peut s'expliciter que dans sa *relation problématique* avec la science.

Dès les œuvres de jeunesse de Flaubert, le savant docteur apparaît comme un héros malfaisant, essentiellement négatif: criminel comme M. Paul, destructeur comme le docteur Roderigo de *la Peste à Florence*. Le médecin enterré vif de *Rage et impuissance* fait piètre figure, le démoniaque docteur Mathurin est un grotesque moribond [9]. Quant aux deux textes cités plus haut comme exemples de démarche scientifique, il faut bien dire qu'ils sont à double tranchant. «LA BELLE explication de la FAMEUSE constipation» est un titre pour le moins ironique, et la suite de cette petite composition espiègle (Flaubert a neuf ans) n'est pas d'un genre précisément médical. Ce texte pulsionnel, qui parodie le discours de la science pour énoncer une vérité «poétique», qui donc oppose — dans son procès d'énonciation même — le savant au poète, on peut dire sans exagération qu'il constitue, au même titre que *Voyage en enfer*, une version archaïque de *la Tentation*. — Comment classer le «Commis,

---

[7] *Ibid.*, p. 108 A.
[8] Léon Cellier, *l'Epopée humanitaire et les grands mythes romantiques*, SEDES, p. 73.
[9] Le seul personnage quelque peu faustien serait le duc d'Almaroës, le héros de *Rêve d'enfer*.

l'animal le plus intéressant de notre époque... car on a hésité longtemps entre le bradype, le hurleur et le chacal.» [10] On voit que dans *Une Leçon d'histoire naturelle* le persiflage de la science est beaucoup plus manifeste, ce qui en fait un texte moins riche, mais plus lisible. Dès ce moment — vingt ans avant la parution de *Madame Bovary* — Flaubert a son idée faite sur la science, qui est pour lui un mélange de platitudes, d'incertitudes et d'erreurs. Mais dans *Une Leçon* on n'a affaire qu'à un procédé d'écriture unique et univoque, et qui n'est pas sans mauvaise foi. Car il ne suffit peut-être pas d'appliquer le discours de la science à un objet fictif et inadéquat pour démontrer l'insuffisance congénitale de ce discours!

> Sa casquette de loutre faisait opiner pour la vie aquatique [...] tandis que son gilet de laine, épais de quatre pouces, prouvait certainement que c'était un animal des pays septentrionaux [...]. Enfin l'Académie des sciences avait statué pour un digitigrade: malheureusement on reconnut bientôt qu'il avait une canne en bois de fer... [10]

Dans *Madame Bovary* s'instaurera un jeu beaucoup plus subtil, de sens indécidable, entre les discours respectifs de Charles, du docteur Canivet, du docteur Larivière et de Homais. *Bouvard et Pécuchet* tendra à laisser les discours de la science parler tout seuls.

Le jeune Flaubert a des comptes à régler avec la science en général et avec la profession médicale en particulier. On conçoit qu'il soit de son siècle et qu'en même temps il s'y sente mal à l'aise. La science pour lui a définitivement partie liée avec la mort. Cette jeune et jolie femme à la peau douce et satinée, «eh bien, un beau jour, un de vos amis, s'il est médecin, vous apprend que deux pouces plus bas que l'endroit où elle était décolletée, elle avait un cancer, et qu'elle est morte» [11]. Dans le cas de Flaubert, ceci n'est pas un cliché, mais ressemble bien à ces indélébiles impressions de l'enfance, dont on trouve du reste l'aveu ou les traces dans la *Correspondance:* « [...] car la plus belle femme n'est guère belle sur la table d'un amphithéâtre, avec les boyaux sur le nez, une jambe écorchée et une moitié de cigare éteint qui repose sur son pied» [12]. Il faut se souvenir que Flaubert enfant a logé et vécu dans un hôpital: il a connu de l'intérieur un des principaux lieux institutionnels où la science du XIXe siècle se

---

[10] *Une Leçon d'histoire naturelle: genre commis*, in: *O.C.*, l'Intégrale, I, p. 101 A.
[11] *Quidquid volueris*, p. 106 A.
[12] *Corresp.*, Pléiade, I, p. 24, à Ernest Chevalier, 24 juin 1837.

faisait et se disait. Retenons déjà qu'il avait assimilé le faire à l'œuvre de mort, et le dire à la bêtise.

La science dans *Madame Bovary*. *Science et Savoir*

Or, puisque c'était un équin, il fallait couper le tendon d'Achille, quitte à s'en prendre plus tard au muscle tibial antérieur pour se débarrasser du varus [...].

Ni Ambroise Paré, appliquant pour la première fois depuis Celse, après quinze siècles d'intervalle, la ligature immédiate d'une artère; ni Dupuytren [...], ni Gensoul [...] n'avaient certes le cœur si palpitant, la main si frémissante, l'intellect aussi tendu que M. Bovary quand il approcha d'Hippolyte...[13]

Ce n'est pas un hasard si, dans le premier roman qu'il publie, Flaubert réserve tant de place à la médecine, jusqu'à la rattacher secrètement à son histoire familiale (tendon d'ACHILLE, portrait du docteur Flaubert en docteur Larivière...). Puisqu'on n'a pas voulu qu'il fût poète avec *la Tentation*, il écrira ce roman prosaïque qu'on lui impose, mais au moins il y mettra toute sa haine de la science, cette haine qu'il exprimait déjà avec virulence dans ses lettres d'adolescent:

O que j'aime bien mieux la poésie pure [...] Il y a des jours où je donnerais toute LA SCIENCE DES BAVARDS passés, présents, futurs, toute la sotte érudition des éplucheurs, équarisseurs, philosophes, romanciers, chimistes, épiciers, académiciens, pour deux vers de Lamartine ou de Victor Hugo.[14]

Et comme la science médicale est celle dont il connaît le mieux le fonctionnement institutionnel et le discours, elle sera dans *Madame Bovary* le prototype de toute science. Les traités de médecine constituent le fonds de sa bibliothèque, si l'on peut dire. Flaubert n'a qu'à tendre la main pour prendre *le Dictionnaire des Sciences médicales*, son sottisier préféré, qui lui fournira encore des perles pour la «Copie» de *Bouvard et Pécuchet*, du genre de celle-ci: «Nous avons remarqué des sauterelles qui rongeaient entièrement la tête de leurs mâles sans que ceux-ci fussent détournés d'accomplir avec ces beautés par trop cruelles le vœu de la nature»[15].

Dans *Madame Bovary*, trois personnages de médecins se partagent avec un quatrième, le pharmacien, le statut d'homme de science et le droit

---

[13] *Madame Bovary*, p. 452.

[14] *Corresp.*, Pléiade, I, p. 24-25. Les capitales sont de moi.

[15] Article «Libertinage». P. 323 in: *O.C.*, Club de l'Honnête Homme, tome 5. On trouve l'essentiel des dossiers de la «Copie» aux tomes 5 et 6 de cette édition.

à la parole médicale — puisque «la parole médicale ne peut pas venir de n'importe qui; sa valeur, son efficacité, ses pouvoirs thérapeutiques eux-mêmes [...] ne sont pas dissociables du personnage statutairement défini qui a le droit de l'articuler...»[16] Ces trois médecins — Bovary, officier de santé; Canivet, docteur en médecine; Larivière, grand patron — occupent chacun une place précise dans l'échelle hiérarchique et constituent une de ces structures relationnelles dont le roman de Flaubert est familier: «le mépris de Canivet pour Charles se répète dans celui de Larivière pour Canivet», remarque très justement Claude Mouchard[17]. Charles est à Canivet ce que Canivet est à Larivière. Chacun conteste le statut de médecin à celui qui lui est immédiatement inférieur dans la hiérarchie. Il n'est pas sans intérêt de constater que les deux «héros» masculins du roman (si l'on retient comme critère que l'un a droit à l'incipit et l'autre à la clausule) sont situés au plus bas de l'échelle, l'officier de santé étant un médecin de second ordre et le pharmacien se tenant à la frange de la profession médicale, avec la tentation constante de franchir la limite et de commettre l'épouvantable délit d'exercice illégal de la médecine. En fin de compte, ce sont les deux personnages dont le droit à l'exercice de la médecine et à la parole médicale est le plus étroitement limité par l'institution qui sont les véritables supports de la science médicale dans le roman — les deux autres, Canivet et Larivière, qui apparaissent pour corriger les erreurs des deux premiers, représentant la différence de la «vraie» science, garantie par le titre de «docteur». Mais est-ce à dire que la faillite de la science soit rachetée par l'apparition des «docteurs»? C'est plus compliqué, puisque la science est toujours défaillante dans *Madame Bovary*.

Deux séquences du roman, on le sait, mettent la science à l'épreuve de manière spectaculaire, car dramatique: l'affaire du pied bot, l'empoisonnement d'Emma. Par une transposition dans l'espace textuel du principe hiérarchique défini ci-dessus, la deuxième séquence répète la première à l'échelon supérieur — la mort renchérit sur l'amputation, l'arrivée du docteur Larivière sur celle du docteur Canivet. Mais qu'est-ce qui est à l'origine de la démarche scientifique? Dans l'affaire du pied bot, c'est Charles qui a opéré, mais c'est Homais qui a été à l'origine: par sa mono-

---

[16] Michel Foucault, *l'Archéologie du savoir*, Gallimard, p. 69.
[17] Claude Mouchard, «Le problème de la science dans *Madame Bovary*», in *Journée de travail sur Madame Bovary* (rue d'Ulm, 3 février 1973), diffusé par la Société des Etudes Romantiques, p. 51.

polisation de la parole médicale («Il avait lu dernièrement...») et «par toute sorte de raisonnements» [18], il est venu à bout des réserves du médecin et du patient. Et si l'on remonte encore plus haut, l'origine du drame, c'est *le discours de la science*. C'est ce discours que Homais «avait lu». C'est d'après ce discours, actualisé dans le roman sous la forme d'un ouvrage médical précis [19], que Charles Bovary essaie de se guider, tâchant de retrouver *des choses* d'après *des mots*. Tâche impossible, on le verra, car on ne sortira jamais des mots.

Comme Flaubert a écrit toute sa séquence en référence à l'ouvrage de Duval, le texte se trouve être le lieu d'une rivalité inattendue. Il ne s'agit pas de la rivalité entre Homais et Bovary; au contraire leur entente, leur coopération est toujours soulignée. Il s'agit du narrateur, qui dispute aux personnages des «deux savants» [20] le droit au bon usage du discours de la science. On en voit la démonstration dans ce fragment où, selon un procédé transparent, la voix du narrateur retentit dans les parenthèses:

> Tandis qu'il [Bovary] étudiait les équins, les varus et les valgus, c'est-à-dire la stréphocatopodie, la stréphendopodie et la stréphexopodie (ou, POUR PARLER MIEUX, les différentes déviations du pied, soit en bas, en dedans ou en dehors), avec la stréphypopodie et la stréphanopodie (AUTREMENT DIT: torsion en dessous et redressement en haut)... [21]

Seul le narrateur, semble-t-il, a la clef d'un discours de la science présenté comme un cryptogramme. Aussi lui arrive-t-il de se faire, à son tour, voix du discours «duvalien», et sans aucune ironie cette fois. C'est ce qui se passe dans cet énoncé descriptif, qu'on ne peut attribuer qu'à l'esprit de sérieux du narrateur: «Une tuméfaction livide s'étendait sur la jambe, et avec des phlyctènes de place en place, par où suintait un liquide noir» [20]. Mais alors une question se pose: la technicité du discours de la science est-elle légitime et nécessaire, comme le suggère cet énoncé? ou barbare, ridicule et dangereuse, comme le suggère la charge contre les stréphopodies? La science peut-elle se passer d'un discours technique, et ce discours n'est-il qu'une mystification? Un autre fragment du texte,

---

[18] *Madame Bovary*, p. 450-451.
[19] Docteur Vincent Duval, *Traité pratique du pied-bot*. Voir *Madame Bovary* p. 451, et Claude Mouchard, art. cité, p. 55.
[20] *Madame Bovary*, p. 455.
[21] *Ibid.*, p. 451. Les capitales sont de moi.

mettant en scène Homais journaliste, semble à son tour incriminer les mots:

> «A opéré d'un pied bot...» Je n'ai pas mis de terme scientifique, parce que, vous savez, dans un journal..., tout le monde peut-être ne comprendrait pas; il faut que les masses... [22]

Ainsi la science sortirait-elle sauve de l'affaire. Tout le mal viendrait d'un langage «pathogène». Homais et Bovary seraient victimes des mots (dans le cas de Homais cela surprend, vu sa virtuosité verbale). «Mais c'était peut-être un valgus?» s'écrie Bovary à la fin de l'aventure [23]: il a pris un mot pour un autre. Si les mots leur ont joué ce tour, c'est parce que «les deux savants» ont empiété sur un domaine que l'institution leur interdisait d'une part par la loi:

> [les officiers de santé] ne pourront pratiquer les grandes opérations chirurgicales que sous la surveillance et l'inspection d'un docteur [24]

d'autre part grâce à la protection justement d'un langage chiffré. Mais dans cette hypothèse, on s'attendrait à ce que le docteur Canivet, messager de l'institution, vienne rétablir, dans l'intérêt de la science, l'adéquation des mots aux choses. Or il n'en est rien.

Loin de se montrer comme le véritable porte-parole du discours de la science, le docteur Canivet rejette violemment ce discours:

> «Ce sont là des inventions de Paris! Voilà les idées de ces messieurs de la Capitale! C'est comme le strabisme, le chloroforme et la lithotritie, un tas de monstruosités que le gouvernement devrait défendre!» [25]

Interdire le strabisme! Voilà bien un fragment de texte polysémique: car si l'un des sens connotés est que le docteur Canivet est idiot, il faut aussi comprendre qu'il en veut aux mots de la science. Le «tas de monstruosités», ce sont avant tout les trois signifiants que Flaubert a choisis pour leurs phonèmes. Mais (autre sens encore) c'est aussi aux choses de la science que le docteur Canivet en veut, comme le prouve l'affligeante suite de sa tirade: «Redresser des pieds bots! est-ce qu'on peut redresser les pieds bots?» [25] Et l'on s'aperçoit que, si le discours de la science mène à la catastrophe, sans discours de la science il n'y a plus de

---

[22] *Ibid.*, p. 453-454.

[23] *Ibid.*, p. 460.

[24] Dictionnaire Larousse du XIX e siècle.

[25] *Madame Bovary*, p. 457.

science du tout. Il était dans la logique de Flaubert de poser le problème de la science comme un problème de langage — on se souvient: la science est bavardage... [14] — et d'emblée, dans *Madame Bovary*, de n'offrir de choix qu'entre *le langage de la folie* et *le langage de la bêtise*. Le langage fou, c'est celui de la stréphocatopodie — stréphendopodie — stréphexopodie... Il fonctionne à vide, dans le délire de la dénomination — «*saccharum*, docteur» [26] — et des séries paradigmatiques. Il est disconnecté du réel, la gangrène et l'amputation en sont le symbole et la sanction. Le langage bête est différent. Il réduit la science à n'être qu'une «pratique»: «nous ne sommes pas des savants, [...] nous sommes des praticiens...» [25] Privée de la théorie, ou pensée neuve, la pratique se fige dans l'immobilisme pétrifié de la «pensée-matière» sartrienne [27]: «...et nous n'imaginerions pas d'opérer quelqu'un qui se porte à merveille!» [25] dit le docteur Canivet en parlant du pied bot. «La Bêtise est une opération passive par laquelle l'homme s'affecte d'inertie pour intérioriser l'impassibilité, la profondeur infinie, la permanence, la présence totale et instantanée de la matière.» [28]

Par rapport à la séquence du pied bot, qu'apporte de plus la séquence de l'empoisonnement d'Emma? La science s'y montre à nouveau sous ses deux aspects de folie et de bêtise, que prend sur lui le personnage de Homais: «Nous avons eu d'abord un sentiment de siccité au pharynx, puis des douleurs intolérables à l'épigastre, superpurgation, coma» [29]. Ses erreurs et celles du docteur Canivet se conjuguent avec l'impuissance du docteur Larivière, et l'échec est total. Les deux séquences se ressemblent au point de comporter des doublets narratifs: même arrivée spectaculaire du docteur, même portrait de «l'original» [30], même semonce adressée au médecin fautif. Comme Canivet, Larivière refuse le discours de la science. Mais là s'arrêtent les parallèles. Car plusieurs indices désignent Larivière comme un personnage hors comparaison, un personnage qui «n'appartient que de façon paradoxale, et presque énigmatique, à l'espace du roman» [31]. Là où Larivière ne ressemble plus du tout au Canivet de l'autre

---

[26] *Ibid.*, p. 586.

[27] *L'Idiot de la famille*, tome I, Gallimard, p. 623.

[28] *Ibid.*, p. 626.

[29] *Madame Bovary*, p. 585.

[30] Le portrait de l'«original» docteur Canivet (p. 458) est une préfiguration du portrait du docteur Larivière (p. 584).

[31] Claude Mouchard, art. cité, p. 53.

séquence, c'est quand il oppose au bavardage de la science un langage à la fois non scientifique, laconique et secrètement sarcastique. Comment le docteur Larivière se situe-t-il par rapport à la science? Je dirai (et c'est peut-être une réponse à l'énigme qu'il pose) que la fonction de ce personnage est d'introduire dans le roman *un changement de registre*. Il faut prendre au sérieux la fameuse phrase: «L'apparition d'un dieu n'eût pas causé plus d'émoi» [32]. C'est Dieu en personne qui, le temps de trois pages, visite le texte de *Madame Bovary:* par «Dieu» j'entends évidemment le registre du symbolique. Si le docteur Larivière est Dieu, on comprend qu'il prenne ses distances par rapport à la science, car elle ne le concerne pas, elle ne concerne que les hommes. Significativement, le discours de la science dans cette séquence est pris en charge par le seul HOMais, dont on sait que le nom est un jeu anagrammatique sur le mot «homme» [33]. La distance qui sépare Homais de Larivière, c'est précisément la distance que le texte établit entre *la Science* et *le Savoir*. La science est (dérisoirement) humaine, tandis que le savoir est d'essence divine.

Ici il faut ouvrir une parenthèse sur mon emploi des mots «savoir» et «discours de la science». Mes références éventuelles au livre de Michel Foucault, *l'Archéologie du savoir*, pourraient donner lieu à une confusion. Pour Foucault, le savoir précède et entoure la science, il est cet ensemble d'«éléments qui doivent avoir été formés par une pratique discursive pour qu'éventuellement un discours scientifique se constitue» [34].

Son ouvrage est une méthodologie pour d'immenses travaux touchant à l'histoire, à la sociologie, à l'idéologie, qui restent à faire. A ce titre, il peut apporter des éclairages. Mais pour ma part, il est évident que je ne m'intéresse pas à la science, seulement à la manière dont elle «passe» dans le roman de Flaubert. Aussi le caractère discursif de ce que Foucault appelle le «savoir» ne doit pas faire confondre ce «savoir» avec ce que j'appelle *le discours de la science*. Je dirai que celui-ci est, chez Flaubert, *le mode d'existence romanesque de la science*. Quant au «savoir» dans ma terminologie (laquelle n'a de valeur qu'à cerner le fonctionnement du texte flaubertien), il est *savoir du désir*. Son nom au XXe siècle est *l'inconscient*. S'agissant de Flaubert, le savoir a rapport à la science, parce qu'au XIXe siècle la science a pu apparaître comme l'instance du savoir absolu.

---

[32] *Madame Bovary*, p. 584. Dans cet autre registre, le docteur Larivière ne peut plus être taxé d'impuissance et d'échec. Il est une figure de la Mort, stigmate de la Loi.

[33] HOMais forme couple avec (F)EMMa. Voir Naomi Schor, «Pour une thématique restreinte», in: *Littérature* N° 22, p. 37.

[34] *L'Archéologie du savoir*, p. 237.

Chez lui, on l'a vu, détermination historique et familiale se sont conjuguées. Enfant il avait plus d'une raison de considérer son père comme le détenteur du «vrai» savoir. Une partie de *la Tentation* (la plus allégorique, qui fait de la Science l'alliée du Diable contre Dieu) est consacrée à la liquidation de cette vieille fixation. Mais l'accès au savoir se fait par d'autres voies, on le verra. Dans *Madame Bovary* (texte écrit, ne l'oublions pas, à la place de la première *Tentation* réduite au silence) il est intéressant de lire à nouveau — dans la problématique du langage et dans la fonction du personnage du docteur Larivière — la parenté archaïque de la science et du savoir. Mais par le brutal changement de registre qu'introduit ce personnage se manifeste l'irréductibilité du savoir.

Donc, face à Homais qui est la science, le docteur Larivière est l'instance du savoir. Si la science est bavardage, le savoir est silence... ou mot d'esprit. Silence, parce que procédant du divin il est par définition incommunicable. Peut-on imaginer le langage de Dieu? Porte-parole du registre du symbolique, il vaut mieux que Larivière parle le moins possible, il ne faut surtout pas qu'il parle le langage de Homais. — Et mot d'esprit, car quelle peut être la voie détournée par où se révèle le langage divin (l'inconscient), si ce n'est le calembour? On assiste à une de ces surprenantes rencontres de Flaubert avec Freud. Mais il faut d'abord rappeler le texte:

> Enfin M. Larivière allait partir quand madame Homais lui demanda une consultation pour son mari. Il s'épaississait le sang à s'endormir chaque soir après le dîner.
>
> «Oh! ce n'est pas le *sens* qui le gêne.»
>
> Et, souriant un peu de ce calembour inaperçu, le docteur ouvrit la porte. [26]

On sait que Freud a rattaché le mot d'esprit aux formations du rêve, et plus précisément à ce qu'il appelle la condensation (en linguistique, la métaphore; en stylistique, la concision). Cette concision même du mot d'esprit est le «signe de l'élaboration inconsciente» [35]. Ce n'est pas s'avancer beaucoup que de dire qu'il y a une analogie fondée entre la vérité de l'inconscient, la vérité du mot d'esprit et la vérité poétique. Le mot du docteur Larivière, résultat d'un jeu involontaire c'est-à-dire inconscient, sur le signifiant, nous apparaît porteur de vérité — d'une vérité plurielle, comme c'est toujours le cas. Dans la diégèse de *Madame Bovary*, c'est la folie/bêtise de Homais qui éclate, comme le veut le mot d'esprit classique qui, levant des inhibitions, consiste à dire ce qui parais-

---

[35] Freud, *Le Mot d'esprit et ses rapports avec l'inconscient*, Idées/Gallimard, p. 280.

sait impossible à dire. Mais le calembour du docteur Larivière n'est pas reçu au niveau de la diégèse; c'est un autre destinataire qu'il touche: le lecteur. C'est le lecteur, et non pas madame Homais, qui a le plaisir du mot. Cependant son plaisir ne vient pas tant du calembour lui-même (qui n'est pas extraordinaire!) que du *sens* que produit le calembour dans le fonctionnement textuel. En effet le calembour du docteur Larivière a pour fonction principale d'opposer ce personnage aux autres personnages dans une différence irréductible. Il n'est pas compris car il ne peut pas être compris, car l'inconscient est hors de la portée des autres personnages. Par un effet de surdétermination du signifiant qui, lui, est extraordinaire, le docteur Larivière est seul à posséder *le sens*. Semblables à madame Homais, les autres personnages de *Madame Bovary* passent toujours à côté du sens, ce roman est le roman des signes perdus [36]. Le docteur Larivière non seulement ne passe pas à côté du sens, mais il le produit, et — ce qui est une entorse aux conditions du mot d'esprit classique [37] — il en jouit tout seul. Dieu n'est pas soumis aux conditions humaines... Le signifiant est «dieu»... C'est d'apprendre ces vérités ultimes que jouit à son tour le lecteur. Aussi le calembour du docteur Larivière, au lieu de le faire rire (ce qui est difficile — tout calembour écrit est un pétard mouillé), le fait plutôt rêver.

Le docteur Larivière s'évanouit, Emma meurt, et il ne reste que Homais. «A la mort d'Emma s'oppose la réussite de Homais.» [38] En quels termes peut-on rendre compte de cette réussite? On peut le faire en termes de science. Homais est le seul savant qui reste, aux dernières pages du roman, et à la dernière page il finit même par usurper le statut tant désiré de médecin. «Depuis la mort de Bovary, trois médecins se sont succédé à Yonville sans pouvoir y réussir, tant M. Homais les a tout de suite battus en brèche.» [39] Cependant la faillite de la science n'est pas remise en question. La dernière preuve en est que Homais n'a pas été capable de guérir l'Aveugle. On peut y ajouter l'autopsie de Charles Bovary. Si l'on se souvient que le XIXe siècle a vu se développer l'anatomie pathologique,

---

[36] C'est la mère Lefrançois, l'aubergiste, qui est le personnage emblématique de cette surdité: «... qui ne l'écoutait pas» est le leit-motiv de *Madame Bovary*.

[37] Freud, ouvrage cité, p. 245: «l'impossibilité, pour l'auteur du mot d'esprit, d'en rire...»

[38] Claude Mouchard, art. cité, p. 53. — Cette structuration (Emma versus Homais) est relevée aussi par Françoise Gaillard, «Quelques notes pour une lecture idéologique de *Madame Bovary*» in: *Revue des sciences humaines*, juillet-sept. 1973, p. 464-465.

[39] *Madame Bovary*, p. 611.

dont la prétention était de trouver les secrets de la vie et des maladies dans le cadavre, on appréciera l'ironique constat d'échec: «sur la demande de l'apothicaire, M. Canivet accourut. Il l'ouvrit et ne trouva rien»[39]. Il vaut mieux mesurer la réussite de Homais en termes de langage. Loin d'être une victime des mots, c'est par les mots qu'il triomphe. On sait que c'est en menant une véritable campagne dans le journal qu'il a raison de l'Aveugle, qu'il finit par faire interner: pour participer au pouvoir institutionnel, il faut posséder l'usage du discours. A la fin du roman, la science est évacuée, il ne reste plus que le discours de la science. La plénitude de la réussite de Homais — «En face de [Bovary] s'étalait, florissante et hilare, la famille du pharmacien»[40] — se confond avec la profusion des discours de vulgarisation scientifique qu'il s'est appropriés, et qu'il reproduit et diffuse depuis qu'il est devenu polygraphe.

En se terminant sur le triomphe de Homais écrivain — «Cependant, il étouffait dans les limites étroites du journalisme, et bientôt il lui fallut le livre, l'ouvrage! Alors il composa...»[41] — *Madame Bovary* se désigne comme une tentative d'éliminer radicalement le symbolique de l'écriture, du moins au niveau de la diégèse du roman. C'est peut-être sous cet éclairage que *Madame Bovary* est le contraire de *la Tentation de saint Antoine*. On se souvient du «trop-de-noms» dans l'épisode des dieux, et de ce qui a été dit du surplus du signifiant et du manque qui constitue le sens (un sens toujours ailleurs, toujours en excès sur le signifié, toujours perdu)[42].

Homais (et le discours de la science avec lequel il s'identifie: celui-ci n'est-il pas proprement pour Flaubert le discours de l'Homme?) ignore le manque, ignore la «castration» du sens[43]. La seule chose qui lui manque — la croix d'honneur! — il en est comblé à la dernière ligne du roman, ce qui permet au texte de refermer l'histoire sur un plein désormais sans faille. A partir de son nom d'HOMME, Homais met en équation: l'homme de science, le (pseudo-)écrivain, le bourgeois, et «Dieu» (dont il a usurpé le Verbe). *La Tentation* de 1874 assurera l'apothéose de l'Artiste, comme «mot de la fin». *Madame Bovary*, opposant l'Artiste véritable qu'est Emma, à Homais, consacre l'apothéose de Homais, sous l'aspect — véritable oxymore — d'une sorte de DIEU BOURGEOIS.

[40] *Ibid.*, p. 608.

[41] *Ibid.*, p. 606.

[42] Voir supra, chap. 4 et 6.

[43] Shoshana Felman, «Thématique et rhétorique...», in: *La Production du sens chez Flaubert — colloque de Cerisy*, 10/18, p. 26.

Pour structurer les deux séquences majeures de la fin du roman (l'empoisonnement d'Emma et l'épilogue), il se forme deux couples de personnages: Homais — Larivière, c'est-à-dire le Dieu bourgeois face au vrai Dieu, et Homais — Emma, c'est-à-dire le pseudo-écrivain face à l'Artiste véritable. Le langage de Larivière a déjà été étudié, mais on peut à présent le mettre en rapport avec le langage de Homais, en comparant leur traitement du signifiant. Le langage de Homais, ou langage de l'Homme en ce XIXe siècle savant et bourgeois, est orienté vers le signifié. Aussi la fameuse série paradigmatique de la *stréphocatopodie — stréphendopodie — stréphexopodie — stréphypopodie — stréphanopodie*, qui frappe le lecteur du point de vue du signifiant, est-elle une perversion de la fonction poétique du langage. En effet, si le propre de la fonction poétique selon Jakobson[44] consiste à mettre des mots en équation et à les projeter sur l'axe du syntagme, c'est ce qui se passe en effet ici, mais le résultat n'est pas la connotation[45]. Le discours de la science vise la dénotation: un signifié par signifiant; et se construit par progression métalinguistique: «La stréphocatopodie est la déviation du pied en bas.» Donc la série paradigmatique en question, comme aussi plus généralement la prédilection de Homais pour le mot latin ou grec, accuse le discours de la science de fraude sur le langage. Quand Homais et ses semblables tombent dans le délire du signifiant, ils sont sanctionnés par l'échec pratique. Au contraire quand Homais privilégie le signifié, il est d'une sinistre efficacité. C'est ce que montre sa campagne de presse contre l'Aveugle[46]: trois entrefilets pour dire la même chose, trois signifiants pour un signifié! — Il est clair qu'avec le docteur Larivière nous avons affaire à la fonction poétique du langage. Mettre en équation *sang* et *sens*, c'est rétablir, serait-ce fugitivement, la souveraineté du signifiant dans la production du sens. «Ce n'est pas (le sang) (le sens) qui le gêne.» Le trop-plein (de sens), loin de «gêner» Homais, le constitue. En effet, si la première signification de «ce n'est pas le sens qui le gêne» est: il n'en a pas, il est bête, il faut aussi se souvenir qu'il s'épaissit *le sang:* Homais a trop de sang. Ce trop-plein (de sang/de sens) n'est pas éliminé par le mot d'esprit. Il travaille dans *la*

[44] Roman Jakobson, «Linguistique et poétique», in: *Essais de linguistique générale*, Ed. de Minuit, coll. Points, p. 220.

[45] La connotation (science = folie) se produit à un tout autre niveau, le même où Homais = homme.

[46] *Madame Bovary*, p. 605-606.

signifiance du texte[47]. Homais est bête, mais la bêtise, c'est le sens affecté du trop-plein.

Homais est l'anti-Artiste, celui pour qui la «castration du sens» est nulle et non avenue. C'est sous cet aspect qu'il fait couple avec Emma, en qui Naomi Schor voit pour plusieurs raisons une figure exemplaire de l'Artiste[48]. Non seulement Emma trouve dans la littérature (lecture de romans d'abord, écriture de lettres ensuite) une satisfaction sublimée, mais en tant que femme elle témoigne de la loi de la castration jusque dans son nom, auquel il faut restituer «son F tronqué» du début[33]. Emma s'oppose si bien à Homais, qu'après sa mort elle est «relayée par l'aveugle»[49], comme le prouve, en plus de la critique interne, un scénario de Flaubert[50]. Naomi Schor a raison de rappeler que l'aveuglement est l'équivalent de la castration. J'ajouterai que c'est donc au moment de sa mort qu'Emma approche le plus de l'accomplissement d'un destin d'Artiste, tel que Flaubert le conçoit. On se souvient que l'aveugle passe en chantant sa chanson tandis qu'elle agonise. «L'Aveugle!» s'écria-t-elle. — Et Emma se mit à rire...»[51] Dans la perspective de cette étude — qui est celle du rapport au langage — il apparaît que l'Aveugle (avec son A majuscule voulu par Flaubert) symbolise... l'irruption du symbolique au moment de la mort de l'héroïne. Emma entend les bribes si curieusement insignifiantes/signifiantes de la chanson, et ce qu'elle y saisit, c'est le sens de sa vie, mais en tant qu'il peut être saisi métaphoriquement, *au-delà* du dit. Voilà pourquoi cet épisode a suscité tant d'interprétations (la conscience d'Emma, son être-pour-mourir, les mensonges de l'amour, etc.), qui sont toutes vraies et dont aucune n'épuise le sens. Comme le veut le mythe, l'Aveugle apporte à Emma le Savoir. Et puisque le Savoir est un autre nom de la LOI, laquelle a pour autre nom encore la MORT, Emma meurt en définitive parce qu'elle sait. Elle meurt de la mort de tous les Artistes martyrs chers à Flaubert, d'une mort orphique:

Des moires frissonnaient sur la robe de satin, blanche comme un clair de lune. Emma disparaissait dessous; et il lui semblait [à Charles] que, s'épandant au

---

[47] Voir Roland Barthes, art. TEXTE (Théorie du) in: *Encyclopaedia Universalis*.

[48] Art. cité, voir note [33].

[49] *Ibid.*, p. 41.

[50] Selon le scénario LX, le mendiant, de conception tardive, fut conçu en fonction du pharmacien. Voir Max Aprile, «L'Aveugle dans *Madame Bovary*», in: *R.H.L.F.*, mai-juin 1976, p. 388.

[51] *Madame Bovary*, p. 589.

dehors d'elle-même, elle se perdait confusément dans l'entourage des choses, dans le silence, dans la nuit, dans le vent qui passait, dans les senteurs humides qui montaient.[52]

selon un scénario que le roman de jeunesse *Novembre* semble avoir à jamais fixé.

Le mythe du Savoir dans l'œuvre de Flaubert

> Astre à la lumière argentée, lune silencieuse, daigne pour la dernière fois jeter un regard sur ma peine!
> ...j'ai si souvent la nuit veillé près de ce pupitre! C'est alors que tu m'apparaissais sur un amas de livres et de papiers, mélancolique amie![53]

Une séquence importante de *la Tentation de saint Antoine*[54] nous a déjà révélé que le drame de l'Artiste avait chez Flaubert une résonance mythique. A plusieurs reprises, l'analyse des textes a fait surgir l'équation archaïque, si bien ancrée dans l'inconscient et dans les mythes, entre VOIR et SAVOIR. On se doute déjà que, s'il était placé dans l'alternative de choisir entre la science de son siècle et le «savoir divin», le «savoir absolu»[55] qu'est le mythe, Flaubert choisirait le mythe. Des «voyeurs» légendaires, Actéon, Orphée, l'aveugle Tirésias lui-même, investissent secrètement le texte flaubertien. Tout ceci — est-il besoin de le dire? — se passe dans une zone subliminale, puisqu'il faut admettre avec Jung que «les images mythiques appartiennent à la structure de l'inconscient et sont un bien impersonnel dont les hommes en majorité sont bien plus possédés qu'ils ne le possèdent»[56]. Ainsi convient-il de distinguer, au moins en théorie, le Flaubert mythologue et lecteur de la Bible (qui fait en toute connaissance de cause des fiches pour *la Tentation*, *Salammbô* ou *Hérodias*) du texte flaubertien lui-même, dont les fantasmes s'imposent au lecteur dans leur corrélation indiscutable avec les mythes. Pour donner un exemple: point n'est besoin d'une intention consciente chez Flaubert, pour que l'on retrouve Tirésias dans l'Aveugle de *Madame Bovary*. De même, point n'est besoin d'établir l'influence de traditions précises (comme les

---

[52] *Ibid.*, p. 596.

[53] Goethe, *Faust*, trad. par Nerval, Garnier/Flammarion, p. 47.

[54] La séquence 4 ter (T. I, T. II). Voir supra, le chapitre «La tentation de la métamorphose».

[55] André Jolles, *Formes simples*, Seuil, p. 86.

[56] «Contribution à l'aspect psychologique de la figure de Korè», in: C.G. Jung et Charles Kerényi, *Introduction à l'essence de la mythologie*, p. 221.

Métamorphoses d'Apulée) pour qu'on saisisse, dans *la Tentation* et dans d'autres œuvres de Flaubert, un mythe du Savoir formulé en termes de mythe lunaire.

Et pourtant Flaubert ne pouvait ignorer la légende de Tirésias, avait lu Apulée. Mais toute construction à partir de mythes connus lui est étrangère. La seule fois où il essaie de souligner la dimension mythique d'une histoire, c'est dans *Salammbô*, où le culte de Tanit est assimilé à la lune comme celui de Moloch au soleil, et où, comme de juste, le prêtre châtré de Tanit est préposé au Savoir. Alors que dans tous les autres textes flaubertiens le mythe se fragmente et se dérobe, on a ici une occasion unique d'observer Flaubert mettant à contribution ses connaissances de mythologue pour construire une histoire «sacrée», dont tous les éléments sont conçus comme des symboles.

Flaubert a *voulu* que l'héroïne apparaisse comme un double de Tanit, et que le héros soit maudit pour avoir violé le secret de la déesse lunaire. Le vol du voile est mis en parallèle avec l'étreinte sous la tente. C'est dans les ténèbres, par une nuit sans lune[57], que Mâtho et Spendius gagnent le temple. De même Salammbô arrive au camp pour s'offrir à Mâtho par une nuit noire. Mais «quand Mâtho arriva, la lune se levait derrière elle»[58]. Le mythe est exploité par Flaubert aussi complètement que possible. On sait que puisque la lune commande la croissance[59], elle est la maîtresse des plantes et des bêtes. «Le mythe astro-lunaire s'élargit en un mythe astro-biologique», écrit Pierre Brunel[60]. C'est pourquoi Salammbô est amie des poissons et du serpent sacrés, tandis que le temple de Tanit a les murs couverts de fresques représentant des métamorphoses animales[61]. La statue de Tanit elle-même, «l'Omniféconde», s'y dresse, avec des ornements qui montrent que Flaubert songeait évidemment à Isis: «Des écailles, des plumes, des fleurs et des oiseaux lui montaient jusqu'au ventre»[61].

Si néanmoins le mythe lunaire sonne juste, le mythe solaire, en vertu duquel Mâtho est identifié à Moloch[62], peut paraître au premier abord assez artificiel. On a l'impression que les deux mythes, dont la symétrie

---

[57] *Salammbô*, Pléiade, I, p. 771.

[58] *Ibid.*, p. 884.

[59] Voir Pierre Brunel, *le Mythe de la métamorphose*, p. 96.

[60] *Ibid.*, p. 102.

[61] *Salammbô*, p. 775.

[62] *Ibid.*, p. 890-891.

cosmique n'est pas à mettre en doute — «Le soleil commençait à descendre, et le croissant de la lune se levait déjà dans l'autre partie du ciel» [63] —, répondent à des préoccupations purement esthétiques. Ils doivent mettre en valeur, par un jeu d'oppositions tranchées, le couple d'amants de cette «histoire d'amour» que *Salammbô* prétend raconter. Or à bien des égards, c'est un roman «nocturne» qui se déroule. C'est même le paradoxe de Flaubert que d'avoir placé sur la terre d'Afrique éclatante de soleil une histoire aux tonalités d'ombre. Toutes proportions gardées, il avait déjà fait la même chose avec *la Tentation*, qui se déroule du crépuscule à l'aube. C'est qu'il savait bien que «jour et lumière sont synonymes de conscience; nuit et ténèbres synonymes d'inconscient», et que «la nuit, toute la mythologie [est] déchaînée» [64]. Héros orphique, Mâtho peut être tout au plus, comme Osiris, une sorte de soleil nocturne. Mais on touche ici le point dont le mythe solaire tire sa légitimité. Mâtho ne peut être solaire qu'en tant qu'il est orphique et apollinien. Si son cœur arraché est offert à Moloch (logique de la diégèse), le rayonnement qu'il tire du soleil — «Le soleil s'abaissait derrière les flots; ses rayons arrivaient comme de longues flèches sur le cœur tout rouge» [65] — apparente Mâtho non seulement au «Christ dans la banlieue» mais surtout au Christ auréolé de gloire de la fin de *la Tentation*, troisième version. On aura retrouvé la logique du mythe, et compris que Mâtho meurt de la mort de l'Artiste.

La démarche mythologique de Flaubert dans *Salammbô*, quoique concertée, reste curieusement inhibée sur certains points. Ainsi, malgré la référence implicite au culte d'Isis, et malgré l'orphisme qui caractérise secrètement la quête de Mâtho, jamais le texte ne prend en charge la tradition antique des mystères et des doctrines ésotériques. C'est donc tout un courant romantique qui passe à côté de Flaubert sans le toucher, semble-t-il. En fait ce n'est pas vrai, et l'on sait par la *Correspondance* qu'il a été très frappé par la lecture de *Louis Lambert* en 1852, et qu'il s'est découvert à cette occasion des affinités surprenantes avec Balzac. Il faut faire rentrer ces auto-commentaires de la *Correspondance* dans le texte flaubertien. Que l'homme Flaubert ait eu l'impression de retrouver son double dans le héros de Balzac, cela importe peu. Bien plus intéressante est la définition qui s'ébauche d'un Artiste «mystique» au sens ancien.

[63] *Ibid.*, p. 990.
[64] Jung, «Contribution à la psychologie de l'archétype de l'enfant», in: *Introduction à l'essence de la mythologie*, p. 126 et 130.
[65] *Salammbô*, p. 993.

L'art et l'expérience mystique sont mis sur le même plan: «Sans l'amour de la forme, j'eusse été peut-être un grand mystique»[66]. Etre Artiste signifie être passé (comme Louis Lambert) par une expérience spirituelle intense appelée «folie» ou «mort», et même (comme Flaubert au cours de sa maladie nerveuse) en être réchappé. La «renaissance» n'est pas toujours acquise. Mais en tout cas, tous les héros de Flaubert — Jules, saint Antoine, Emma, Mâtho, Frédéric, saint Julien, Félicité, saint Jean-Baptiste, Bouvard et Pécuchet (sans parler de ceux qui sont restés dans les cartons: Don Juan, la vierge flamande, le peintre de *la Spirale*) — sont des «mystes», et toutes les œuvres de Flaubert peuvent passer, d'une certaine manière, et avec des modalités diverses, pour être des œuvres initiatiques. Bien entendu on ne trouvera pas l'équivalent d'*Aurélia* chez Flaubert. Le caractère initiatique n'apparaît que de manière allusive, incomplète. Mais les textes morcelés sont les plus authentiques.

Il s'agit au moins autant de motifs que de structures narratives. Le retour cyclique d'épisodes analogues, par exemple, n'est pas particulier à *l'Education sentimentale* (dont la structure circulaire est célèbre). C'est une constante de l'œuvre, à commencer par *Smarh*, dont le héros, après une expérience faustienne, meurt et ressuscite, de sorte qu'après une rupture formelle (l'abandon du dialogue) le récit recommence à zéro, tout en intégrant, bien entendu, l'expérience antérieure[67]. Le récit-type flaubertien, tel que *Smarh* le définit avec une certaine naïveté, est donc un récit apparemment linéaire, qui bute soudain sur un point de rupture (mort, ou catastrophe assimilée à la mort), fait une boucle, et repart en suivant apparemment le même itinéraire dans la deuxième partie que dans la première. C'est dans cette relation que se trouvent l'une par rapport à l'autre la première et la deuxième partie de *Madame Bovary*. La quête d'Emma passe par Charles et bute sur la désillusion du mariage, concrétisée dans la première maladie; la rupture se fait par changement de lieu; et, le cycle Yonville reprenant le cycle Tostes, la quête d'Emma passe à présent par Rodolphe et bute sur la désillusion de l'adultère, plus brutale que la précédente (l'abandon) et concrétisée dans la deuxième maladie, plus grave elle aussi que la précédente. C'est une morte ressuscitée qui, à la fin de la deuxième partie, assiste à la soirée de l'Opéra de Rouen, mais ce n'est pas une «myste» parvenue au bout de sa quête. Aussi la troisième

[66] *Corresp.*, *O.C.*, Club de l'Honnête Homme, tome 13, p. 274, 27 décembre 1852, à Louise Colet.

[67] *Smarh*, in: *O.C.*, l'Intégrale, I, p. 214-215.

partie est-elle à la deuxième ce que la deuxième était à la première. De nouveau intervient le changement de lieu, avec l'introduction de Rouen dans l'espace romanesque, tandis que Léon prend la place de Rodolphe. C'est dans cette troisième partie (sa «grande initiation»?) qu'Emma connaît sa «traversée des enfers»... Mais peut-on dire, comme le fait Léon Cellier à propos d'*Aurélia*, que «l'espoir rentre dans l'âme du myste quand il atteint le dernier degré du désespoir» [68]? Chez Flaubert, la descente aux enfers n'est jamais suivie d'une remontée [69]. Du moins peut-on suggérer qu'Emma arrive au bout de sa quête, et que (comme aux mystères d'Eleusis sans doute) la vérité qu'elle apprend n'est pas autre chose que la Mort [70]. L'éclat lunaire dont se nimbe son cadavre est une des dernières traces dans le texte du fonctionnement du mythe.

La structure initiatique de *Madame Bovary* entre en concurrence avec la structure en pyramide que Flaubert lui-même décelait dans son roman. Régressive-progressive, pareille à la vague qui revient sur elle-même pour déferler plus loin, elle rend compte de l'étrange effet d'immobilité et de dynamisme à la fois que produit le chef-d'œuvre de Flaubert. — C'est dans un remarquable esprit d'analogie que Flaubert compose, semble-t-il, *l'Education sentimentale*, dont la fin de la première partie correspond point par point à la fin de la première partie de *Madame Bovary:* chez Frédéric comme chez Emma, la désillusion de l'amour se concrétise dans un événement catastrophique (ici: le désastre financier et la vie de province) assimilable à la mort; le déplacement du lieu romanesque de Paris à Nogent marque semblablement la rupture; et c'est sur une vie nouvelle, une véritable résurrection due à l'héritage, que s'ouvre la deuxième partie. Mais il ne faut pas pousser la comparaison plus loin. La classique histoire du jeune homme ne se structure pas automatiquement comme un roman d'initiation. Certes, Frédéric rencontre à Paris les auxiliaires attendus (Hussonnet, Arnoux, Dambreuse...) qui vont le guider dans le dédale de la grande ville. Sous un certain jour, Madame Arnoux est la femme mystique — plusieurs fois retrouvée et perdue — dont l'amour doit régénérer le héros. Et quand elle surgit, à l'avant-dernier chapitre, comme une morte qui revient du royaume des ombres, bien des

---

[68] Léon Cellier, dans la préface à: Nerval, *Promenades et souvenirs...*, Garnier/ Flammarion, p. 46.

[69] A l'exception de *la Légende de saint Julien l'Hospitalier*.

[70] Voir Charles Kerényi, «Au sujet du miracle d'Eleusis», in: *Introduction à l'essence de la mythologie*, p. 247.

choses sont dites qui semblaient indicibles. Mais il reste que *l'Education sentimentale* est une «structure close», pour reprendre le terme si adéquat de Léon Cellier[71], tandis que le roman d'initiation est une «structure ouverte». S'il est vrai que le héros accédera à une certaine vérité dans les dernières pages (comme on le verra plus loin), cette vérité n'ouvrira pas de brèche dans la circularité du texte.

On peut faire la même constatation à propos de *Bouvard et Pécuchet*, une œuvre qui, elle, semble être une caricature d'œuvre initiatique, dans la mesure où les deux héros, en quête d'un savoir qui se dérobe toujours, font boucle sur boucle sans jamais progresser. Mais il faut ajouter que nous lisons mal cette œuvre, dont on n'imprime habituellement que la première partie, et encore incomplète. Il est à présent établi que *Bouvard et Pécuchet* se composait dans l'esprit de Flaubert de deux grandes parties, la première partie (jusqu'au chapitre X inclus) étant les expériences ratées, et la deuxième partie (le chapitre XI) étant la «Copie»: cette activité de recopiage qui devait désormais occuper les deux anciens commis revenus à leur profession initiale. La deuxième partie n'aurait plus été exactement un roman mais un florilège de citations, entrecoupé parfois de brefs retours à la diégèse, c'est-à-dire à ce qui se passe à Chavignolles pendant que Bouvard et Péruchet copient. Quant aux citations, Flaubert les tenait prêtes, réunies et classées dans de volumineux dossiers qui ont été reconstitués[72]. Il est intéressant de retrouver, comme matière de la «Copie», à peu près toutes les expériences auxquelles les deux héros s'étaient livrés. Je cite les intitulés de quelques sections de la «Copie»: *Style médical, agricole, ecclésiastique... Morale, socialisme, politique... Religion, mysticisme... contradictions de la science... Littérature, critique, esthétique...*[72] En somme, au chapitre XI, Bouvard et Pécuchet auraient repris leurs expériences à zéro, mais des expériences devenues désormais écritures. Il faut encore ajouter que la première partie, telle que nous la lisons, est amputée de son dernier épisode: la conférence prononcée à l'auberge de Chavignolles par les deux héros, à la suite de laquelle les gendarmes viennent les arrêter, tandis que tout Chavignolles se ligue

---

[71] Léon Cellier, «De «Sylvie» à *Aurélia* — structure close et structure ouverte», *Archives des Lettres Modernes* N° 131, p. 35.

[72] Voir le plan de la «Copie» à la fin de la Notice d'introduction de l'éd. des *O.C.*, Club de l'Honnête Homme, tome 5, p. 295. Plus généralement, je reprends ici les solutions que l'auteur de cette Notice (p. 279-295) apporte aux problèmes de la structure d'ensemble de *Bouvard et Pécuchet*.

contre eux. Voilà le point de rupture autour duquel s'articule le passage de la première à la deuxième partie, comme le scénario l'indique clairement:

> Ainsi tout leur a craqué dans la main.
> Ils n'ont plus aucun intérêt dans la vie.
> Bonne idée nourrie en secret par chacun d'eux. (...)
> *Copier comme autrefois.*[73]

Sans préjuger du sens énigmatique de l'œuvre, on peut avancer que — à l'image de ce qui se passe dans *Madame Bovary* et dans les autres œuvres signalées — la deuxième partie de *Bouvard et Pécuchet*, si Flaubert l'avait mise au point, apparaîtrait comme une reprise de la première partie, comme un cycle «copie du savoir» reprenant le cycle antérieur de la quête du savoir.

Ces constatations de structure montrent bien que les doctrines de l'Initiation ont eu sur Flaubert une influence plus grande qu'il n'y paraît. Est-ce à dire qu'il partageait la croyance romantique que Léon Cellier résume si bien:

> Avant l'ère chrétienne, dans l'Inde, en Egypte, en Chine, la civilisation est parvenue à son apogée; des collèges d'initiés détenaient alors une science que les modernes n'ont pas atteinte. La Parole gardait encore sa force primitive, et la Science était une Ecriture sainte, condensant en hiéroglyphes et en allégories des secrets qui peut-être resteront toujours ensevelis.[74]

Imagine-t-on Flaubert se réclamant, comme Nerval, d'Apulée, de Dante et de Swedenborg? Evidemment non. Mais n'est-il pas curieux tout de même que l'on retrouve chez lui (dans un rapport problématique qui lui est propre) «la science» articulée à «l'écriture»? Et si une certitude se dégage jusqu'à présent de mon étude, c'est bien l'attention intense que Flaubert portait à une «Ecriture sainte» au moins: la Bible. Je crois avoir montré aussi que le SAVOIR dans l'œuvre de Flaubert a partie liée avec le LANGAGE et avec l'ART. Le secret que Flaubert cherche dans «l'écriture» de la Bible est le secret de la création que détient un Dieu assimilé par lui à l'Artiste. Aussi sa relation à cet «écrivain» ne peut-elle être que de rivalité. On aura l'occasion de l'étudier de près à propos de *la Tentation*. Donc il y a bien un antique mythe du Savoir qui parcourt le texte flaubertien, partiellement à cause des notions érudites que Flaubert

---

[73] *Bouvard et Pécuchet*, scénario de la fin de la première partie, Pléiade, II, p. 987.
[74] Léon Cellier, *l'Epopée humanitaire et les grands mythes romantiques*, p. 59-60.

partageait avec son époque, partiellement du fait qu'un mythe n'a pas besoin d'être connu du sujet pour prendre possession de son inconscient. Mais cet antique mythe, Flaubert le transpose dans sa problématique, laquelle est marquée du sceau indélébile de la tradition judéo-chrétienne, qui privilégie la relation tragique du Père avec le Fils. Cependant, c'est avec constance que le mythe originel se fait jour, et plus on s'en persuade, plus on en remarque les traces dans les textes. Aussi vais-je terminer par une lecture «mythique» de *la Légende de saint Julien l'Hospitalier* et d'*Hérodias*.

Pour *Saint Julien*, je dirai seulement que c'est une variation sur le thème de la chasse symbolique. (Que ce soit aussi une variation sur le mythe d'Œdipe est un effet de surdétermination. De toute façon, les deux déterminations se concilient, en tant que quêtes du Savoir.) Par le contexte référentiel nous sommes dans un Moyen Age chrétien, mais il est évident que cette vie de saint, comme aussi la légende rhénane du beau Pécopin qui a fasciné Hugo, dans la mesure où elles racontent une chasse prohibée, la prohibition enfreinte, et le châtiment, renvoient nécessairement au mythe d'Actéon et de Diane. Et si à l'occasion de *la Tentation* j'ai déjà pu interpréter ce dernier comme impliquant le tabou de la vision et le fantasme de la «scène primitive», *Saint Julien* corrobore cette interprétation. D'abord, malgré la couleur médiévale, nous nous retrouvons, par maint détail, dans le monde d'Artémis-Isis, dans le monde d'Orphée aussi. Les chiens, le cerf, les animaux, hantent le récit de Flaubert. Julien a une meute aussi belle qu'Actéon, une meute qui tire sa magie d'être un concentré scriptural de tous les manuels de vénerie [75]. Par ailleurs, Julien est un héros voué à la Lune: la deuxième chasse se passe étrangement la nuit — «au lever du soleil, je serai revenu» [76] — à la clarté de la lune [77]. Un cerf fantastique est tué par Julien (ce qui est un effet de déplacement, par rapport au mythe d'Actéon). Le thème de la métamorphose apparaît dès la première partie de l'œuvre: «...et il rentrait au milieu de la nuit, couvert de sang et de boue, avec des épines dans les cheveux et *sentant l'odeur des bêtes farouches. Il devint comme elles.*» [78] Le thème

---

[75] *La Légende de saint Julien l'Hospitalier*, Pléiade, II, p. 628.

[76] *Ibid.*, p. 637.

[77] *Ibid.*, p. 639.

[78] *Ibid.*, p. 629. C'est moi qui souligne. — Et il faut noter que Flaubert avait pensé à introduire une «chasse furieuse» dans *la Tentation*. Scénario de T. I (folio 155), in: *O.C.*, Club de l'Honnête Homme, tome 9, p. 479.

des animaux envoûtés/envoûtants constitue l'essentiel de la deuxième chasse (en tant qu'inversion du mythe d'Orphée):

> Par un effort suprême de sa volonté, il fit un pas; ceux qui perchaient sur les arbres ouvrirent leurs ailes, ceux qui foulaient le sol déplacèrent leurs membres; *et tous l'accompagnaient.*
> Les hyènes marchaient devant lui, le loup et le sanglier par derrière. Le taureau, à sa droite... (etc.)[79]

Enfin la vision de la «scène primitive» est étroitement liée à la chasse symbolique. C'est toujours au bout de la chasse que la vision se produit — la vision ou du moins le motif narratif qui en constitue l'équivalent. La première chasse de Julien se termine sur la vision d'un premier «couple parental» — «un cerf, une biche et son faon»[80] — et sur l'énonciation de la vérité sous forme de malédiction prophétique: «tu assassineras ton père et ta mère»[81]. La deuxième chasse, véritable doublet de la première, aboutit à la vision (on peut difficilement être plus explicite que ne l'est le conte de Flaubert) du couple parental dans le lit conjugal. Et de même qu'il est impossible à un analysant de dire ce qui se passe exactement sur le «scène» de son fantasme, de même le texte flaubertien se construit à partir d'une ambiguïté radicale. Qu'a-t-il vu dans l'alcôve, Julien? «Un homme couché avec sa femme»?[82] ou son père couché avec sa mère?[83] Ni l'un ni l'autre, puisque la première vision est fausse, et que la deuxième marque la fin du fantasme et le retour au réel. «Julien marcha vers les deux morts en se disant, en voulant croire que cela n'était pas possible...»[83] C'est donc bien à la VÉRITÉ de l'inconscient que mène la chasse symbolique.

La surdétermination caractérise aussi l'énigmatique *Hérodias*. La signification œdipienne de ce conte est indéniable. C'est une histoire d'inceste, à double titre même, puisque Hérode a épousé la femme de son frère (et c'est cette vérité, insupportable aux oreilles d'Hérodias, que sait et clame Jean-Baptiste) et qu'il se laisse séduire à présent par la fille de sa femme. Le texte se commente lui-même, avec des références croisées au Livre de Samuel et à la Genèse:

---

[79] *Ibid.*, p. 640. C'est moi qui souligne.
[80] *Ibid.*, p. 631.
[81] *Ibid.*, p. 632.
[82] *Ibid.*, p. 641.
[83] *Ibid.*, p. 642.

On est pour moi bien injuste! disait Antipas, car, enfin, Absalon a couché avec les femmes de son père, Juda avec sa bru, Ammon avec sa sœur, Loth avec ses filles. [84]

C'est le texte lui-même encore qui, fidèle à l'Evangile de Marc (6:20), suggère qu'Hérode-Antipas s'identifie à Jean-Baptiste:

[Phanuel] augurait la mort d'un homme considérable, cette nuit même, dans Machaerous.
Lequel? Vitellius était trop bien entouré. On n'exécuterait pas Iaokanann.
«C'est donc moi!» pensa le Tétrarque. [85]

On doit comprendre que c'est Jean-Baptiste qui paie de sa tête tranchée le crime œdipien.

Mais si l'on donne la première place (comme le titre y invite) au personnage d'Hérodias, on privilégie une autre structure inconsciente, que l'on pourrait appeler «le complexe de Judith». Sarah Kofman faisant — en référence au *Tabou de la virginité* de Freud — une lecture comparée du Livre de Judith et de la tragédie de Hebbel, voit dans l'acte de Judith une compensation à la «blessure narcissique» qu'est pour la femme la reconnaissance de sa «castration» [86]. Et en effet, en Hérodias Flaubert dépeint bien cette femme humiliée — «Et elle redit son humiliation...» [87] — dont le furieux prophète mâle désigne du doigt le secret aux yeux de tous:

Ote ta ceinture, détache ton soulier, trousse-toi, passe les fleuves! ta honte sera découverte, ton opprobre sera vu! [84]

Une tête coupée sur un plateau, une tête phallique, en échange de la scandaleuse révélation de la coupure des sexes et de la castration symbolique... L'énigme de la femme se concentre parfois, chez Flaubert, dans cet objet fantasmatique. Hérodias/Salomé, Judith, et leur sœur en vengeance Dalila [88] le hantent. On sait que dans sa vie, Flaubert a vécu un événement fabuleux entre tous: c'est, à Esnèh sur le Nil, la nuit passée avec la danseuse-prostituée Kutchiuk-Hanem. Veillant pendant qu'elle

[84] *Hérodias*, Pléiade, II, p. 666.

[85] *Ibid.*, p. 667.

[86] Sarah Kofman, «Judith ou la mise en scène du tabou de la virginité», in: *Littérature* N° 3, p. 100-116.

[87] *Hérodias*, p. 654.

[88] Cf. «elle a été la Dalilah infâme qui coupait les cheveux de Samson» (*La Tentation*, I, p. 395 B).

dormait, il a sondé les profondeurs de l'incommunicable. «J'ai pensé à Judith et à Holopherne couchés ensemble», a-t-il écrit dans ses notes[89]. Au cours de cette nuit, il s'est du reste autant identifié à Judith veillant (l'énigme féminine) qu'à Holopherne dormant (la peur masculine de la castration). Si l'on admet que cette expérience l'a inspiré pour ses personnages de Salammbô et de Salomé, un rapport commence à se dessiner. Les chapitres X et XI de *Salammbô* («Le Serpent» et «Sous la tente») sont une manière de récrire l'aventure d'Esnèh et le livre de Judith. L'espèce de danse lascive de la jeune fille avec le serpent est rythmée par une musique que jouent, dehors, un vieillard aveugle et un enfant. Salammbô est nue et elle a fait tendre des tapisseries tout autour de sa chambre car elle «ne voulait pas être vue, même par les murailles»[90]. A comparer avec:

> Quand Kuchuk s'est déshabillée pour danser, on leur a descendu [aux musiciens] sur les yeux un pli de leur turban afin qu'ils ne vissent rien. Cette pudeur nous a fait un effet effrayant.[91]

Et c'est comme une autre Judith que Salammbô se pare, pour se rendre au camp de Mâtho. «Tu ne seras pas plus belle le jour de tes noces!»[92] Pendant la nuit sous la tente, Mâtho dormira et Salammbô veillera. «Au chevet du lit, un poignard s'étalait sur une table de cyprès; la vue de cette lame luisante l'enflamma d'une vie sanguinaire.»[93] Danse, tabou de la vision, haine du mâle: on retrouve, sous une version atténuée (car Salammbô ne tue pas Mâtho), les éléments essentiels du mythe qui fonctionne dans *Hérodias*.

Il convient à présent de souligner que dans ce dernier texte apparaît une héroïne double: mère et fille, qui n'est pas sans rappeler le couple de Déméter et de Korè. La sombre, la sanglante Hérodias est la «mère chtonienne», et, lui correspondant comme figure opposée et complémentaire, Salomé est la jeune fille archétypale qui, selon Jung, apparaît souvent dans les formations psychiques inconscientes comme «la danseuse»[94]. Déméter et Korè sont une seule et même personne. «Comme

[89] *Voyage en Orient*, in: *O.C.*, Club de l'Honnête Homme, tome 10, p. 490.
[90] *Salammbô*, p. 877.
[91] Flaubert, *Corresp.*, Pléiade, I, p. 606, 13 mars 1850, à Louis Bouilhet.
[92] *Salammbô*, p. 879.
[93] *Ibid.*, p. 892.
[94] «Contribution à l'aspect psychologique de la figure de Korè», éd. citée, p. 217-218.

tout grain de blé, toute jeune fille renferme pour ainsi dire toute sa descendance: elle renferme en un une série infinie de mères et de filles.»[95] Nous voici donc projetés soudain au cœur des mystères d'Eleusis.

Pouvait-il en être autrement, après que tant d'éléments convergents ont été dégagés? Les documents antiques ne renseignent que sur les premières phases de l'initiation (je me réfère au récit de Charles Kerényi). C'est la nuit que les fidèles se mettaient en marche pour atteindre Eleusis. «La tête des néophytes était entourée d'obscurité, comme on enveloppait dans l'antiquité les mariées et ceux qui étaient voués aux puissances infernales.»[96] «Mais le *télos* n'était atteint que par l'*épopteia*, la vue et la compréhension la plus haute...»[97] On ne sait exactement ce qui était offert à la vue des époptes, mais un rôle important était joué par le prêtre qui montrait le mystère au son d'une cymbale. Si nous ne connaissons pas le contenu du mystère, les Anciens ont divulgué le mode de la révélation, et c'est la danse d'Eleusis[98]. Les mythologues enfin en sont venus à rattacher à Korè/Déméter les figures d'Hécate et d'Artémis: «On pourrait dire du monde d'Hécate qu'il figure l'aspect lunaire du monde de Déméter; mais il faudrait ajouter qu'il forme en même temps un aspect grimaçant du monde d'Artémis, la grande chasseresse et danseuse»[99].

Mythe d'Œdipe, complexe de Judith, mythe initiatique... Comme toujours, la surdétermination a sa logique. On voit que la troisième détermination est générée à partir des deux autres, dans la mesure où les deux héros mythiques, Œdipe et Judith, ont chacun à sa manière affaire au Savoir. Bien entendu le héros véritable d'*Hérodias*, Jean-Baptiste, est le martyr du Savoir par excellence, le poète[100]. On sait qu'on ne le voit guère dans le conte — enfermé qu'il est déjà dans les profondeurs chtoniennes de la citadelle — mais qu'on l'entend. Le prophète est Parole de Vérité. Flaubert a intuitivement saisi la condensation qu'opère l'Evangile entre la vérité profonde qui vaut sa mort à Jean-Baptiste (il connaît le mystère du Christ) et la vérité apparemment inessentielle, contingente, dont se nourrit

---

[95] Charles Kerényi, «La jeune fille divine», éd. citée, p. 211.

[96] *Ibid.*, p. 193-194.

[97] *Ibid.*, p. 195.

[98] *Ibid.*, p. 196.

[99] *Ibid.*, p. 181-182.

[100] Exactement comme dans *le Cantique de Saint-Jean* de Mallarmé. Voir Edna Selan Epstein, «Hérodiade: la dialectique de l'identité humaine et de la création poétique», in: *R.S.H.* N° 140.

l'anecdote: une femme outragée et une jeune fille qui danse. Il y aurait lieu de comparer la version flaubertienne du mythe avec celles de Gustave Moreau et des artistes symbolistes et décadents, qui se sont tous intéressés à la tête coupée [101]. Quoi qu'il en soit, *Hérodias* est une œuvre mythique, à structure constitutivement circulaire [102]. Le conte de Flaubert livre la vérité du mythe non seulement dans sa fin mais dans son incipit: «La citadelle de Machaerous se dressait à l'orient de la mer Morte...», mots «lourdement connotés» où Raymonde Debray-Genette lit avec raison «la naissance face à la mort» [103]. Pour ma part, et en référence à Eleusis, j'y verrais inextricablement mêlés, le sexe, la mort et la résurrection. Comme à Eleusis, le *télos* est au bout d'une danse. Fort peut-être d'avoir déjà écrit *Salammbô*, Flaubert a su intégrer au mythe lunaire l'énigmatique parole que l'Evangile attribue à Jean-Baptiste: «Il faut que celui-là croisse, et que moi, je diminue.» (Jean 3:30) A la fin du conte, Jean-Baptiste meurt «lune», mais c'est pour renaître aussitôt «soleil», comme le montrent, mieux que le texte définitif qui ne fait que mentionner discrètement le lever du soleil [104], deux scénarios de la fin:

I. Soleil levant. MYTHE. La tête se confond avec le soleil dont elle masque le disque et des rayons en partent.
II. Tous trois emportent la tête, et s'en vont. Le soleil se lève. Elle masque son disque. Les rayons ont l'air d'en sortir. Jean n'est pas mort. Il est parti aux Enfers annoncer la venue de l'Autre. Silence. Et Phanuel dit: «je comprends ce qu'il voulait dire: pour qu'il croisse, il faut que je diminue.» [105]

Dans ces ébauches fortement visualisées, on retrouve la mort de Mâtho, on redécouvre la fin de *la Tentation* de 1874. Car en retour celle-ci prend une signification initiatique certaine. De même que les deux astres se partagent l'alternance cosmique des nuits et des jours, et de même que Jean-Baptiste «n'est pas mort» mais renaît Christ (Marc 6:14; Mat 14:1-2), de même l'Artiste, «initié» par son martyre, meurt pour renaître. Si la castration est la condition du savoir et de l'Art, *Hérodias* est une œuvre

---

[101] Voir Jean de Palacio, «Motif privilégié au Jardin des Supplices: le mythe de la décollation et le Décadentisme», in: *R.S.H.* N° 153.

[102] Raymonde Debray-Genette, «Re-présentation d'*Hérodias*», in: *La Production du sens chez Flaubert*, éd. citée.

[103] *Ibid.*, p. 335.

[104] *Hérodias*, p. 678.

[105] Scénarios publiés in: *O.C.*, Club de l'Honnête Homme, tome 4. I = folio 713 verso, p. 596. II = folio 748, p. 601. Les capitales sont de moi.

qui l'admet. Elle fait plus que l'admettre. Elle offre au fantasme de la castration une mise en scène somptueuse. Quant au mythe antique de la résurrection, il trouve dans l'Evangile relu par Flaubert une nouvelle Déméter qui renferme en elle sa Korè: la cruauté d'Hécate avec la grâce de Diane. «Sur le haut de l'estrade, elle retira son voile. C'était Hérodias, comme autrefois dans sa jeunesse. Puis, elle se mit à danser.» [106]

Le diabolique docteur de la Tentation

Le diabolique docteur, c'est le Diable. Contrairement à l'usage qui se répand de plus en plus, il n'a pas revêtu les habits de son siècle. Le Méphistophélès de Goethe est en ce sens plus moderne:

La civilisation, qui polit le monde entier, s'est étendue jusqu'au diable; on ne voit plus maintenant de fantômes du nord, plus de cornes, de queue et de griffes! Et pour ce qui concerne le pied, dont je ne puis me défaire, il me nuirait dans le monde; aussi, comme beaucoup de jeunes gens, j'ai depuis longtemps adopté la mode des faux mollets. [107]

Flaubert aime son diable *«tel que le moyen âge l'a rêvé»* (T. I, p. 411 B) et déployant *«ses grandes ailes livides, qui s'étendent en rond comme deux éventails verts»* (T. I, p. 415 B). Le Diable de *la Tentation* n'a donc ni la plume de coq de l'aristocratique Méphisto ni le chapeau haut de forme du bourgeois romantique. Il n'a pas l'apparence du conseiller Lindorf, ni du professeur Coppelius ni du docteur Miracle! [108] Et pourtant, malgré son masque et ses accessoires fantastiques, il est — lui et ses créatures, qui sont ses substituts — tout ce qu'il y a de bourgeois. Qui est-ce qui dit: «Mais (...) puisque Dieu connaît tous nos besoins, à quoi peut servir la prière?» — Homais! [109] Et: «Pourquoi prier? Si ce que tu implores est une chose juste, Dieu te la doit; si elle est injuste, tu l'outrages en la demandant»? — la Logique (T. I, p. 426 A). Qui est-ce qui aligne ces arguments rationalistes:

Pourquoi n'a-t-il pas voulu guérir la fille de la Cananéenne? pourquoi n'alla-t-il pas chez Lazare quand il se mourait? pourquoi recommandait-il aux siens de ne pas parler de ses miracles? [...] S'il savait Judas cupide, pourquoi le tentait-il en lui confiant la bourse?

(T. I, p. 425 A-B)

[106] *Hérodias*, p. 675.
[107] *Faust* (1808), éd. citée, p. 104.
[108] Personnages des *Contes d'Hoffmann*, opéra d'Offenbach (1881).
[109] *Madame Bovary*, p. 592.

C'est la Logique — et on croit entendre une discussion à table chez des bourgeois éclairés de 1830 (ou de 1760, ou de 1880...). Et qui est-ce qui attaque Dieu dans sa Loi ou dans sa Création, en s'appuyanta une fois de plus sur le principe du tiers exclu:

> Si elle était bonne, pourquoi la renverser? si elle était mauvaise, pourquoi l'avoir donnée?
> (T. I, p. 388 B)

> S'il a créé l'Univers, sa providence est superflue. Si la Providence existe, la création est défectueuse.
> (T. III, p. 565 B)

C'est la Logique encore, ou le Diable, ce qui est la même chose. «De deux choses l'une...» dit le bourgeois. «Lisez Voltaire! (...) lisez d'Holbach, lisez l'Encyclopédie!» s'écrie Homais [110].

Bourgeois encore, l'idéal familial du Diable! Ne forme-t-il pas, avec les Péchés, ses «filles» (T. I, p. 414 B), —

> *A mesure qu'il parle, les Péchés se groupent autour de lui, chacun dans l'attitude ordonnée.*
> Allons, Paresse, que je me pose sur toi, tu es le coussin du Diable; Luxure, sur mes genoux; Envie, couche-toi là... [...] Orgueil, debout, derrière moi... (etc.)
> (T. I, p. 415 B)

— un charmant tableau de famille comme les photographes savaient en composer au siècle dernier? N'est-il pas, à sa manière, une sorte de patriarche? «Allez! convoquez les démons vos fils et vos petits-fils, appelez le rêve, le cauchemar, le désir, les fièvres de l'âme, les fantaisies délirantes, et les vastes amertumes!» (T. I, p. 415 A) Et que penser de cet enfant (la Science) appelant l'Orgueil sa mère (T. I, p. 420 B) — «fils au nom féminin [d'une] mère masculine», comme dit drôlement Sartre [111] — prétexte à un autre touchant tableau:

> L'Orgueil, *à la Science, lui essuyant les yeux avec le bas de sa robe:*
> Allons! ne pleure plus... [...] Tu es venu au monde respirant à peine, mais moi, avec une joie suprême, de suite je t'ai porté à ma mamelle; c'est mon lait qui t'a nourri. Va, tu es bien mon fils, mon enfant; mes entrailles remuent quand tu parles, j'aime à te voir...
> (T. I, p. 422 B)

C'est ce même idéal, bien entendu, que le Diable ne manque pas de proposer à Antoine. Une femme: «Une matrone soigneuse, qui ména-

---

[110] *Ibid.*, p. 593.
[111] *L'Idiot de la famille*, I, p. 551.

gerait ton bien, qui rendrait propre ta maison; l'argenterie serait claire, les buffets luisants.» (L'Avarice, T. I, p. 382 A) — Un héritier: «Il ouvre les yeux, l'enfant qui dormait; la mère s'approche, il rit, elle sourit, elle le porte à son sein, qu'il presse de ses deux mains dont les marques restent blanches; le père est là qui regarde.» (L'Envie, T. I, p. 381 B) — Un patrimoine: «Il eût été plus sensé de garder tes arpents de terre, de les cultiver de ton mieux; bien organisée, la ferme t'eût rapporté beaucoup, elle se serait agrandie, tu aurais acheté d'autres champs, tu aurais labouré, semé, récolté, entassé. — Tu aurais des celliers pleins. — De beaux herbages où rumineraient les bœufs...» (L'Avarice et la Gourmandise, T. I, p. 383 B) On sait ce que la propriété de fermes et la rente foncière représentaient dans la famille des Flaubert. Il y a quelque chose de plus normand qu'égyptien dans le fragment cité ci-dessus. Bref, sans entrer encore une fois dans les détails de la référence autobiographique, il est évident que le Diable de *la Tentation* est un docteur Flaubert à peine camouflé, avec ce que cela comporte d'admiration enfantine et de refus violent.

Il fut un temps où aux yeux de l'enfant le père détenait le savoir absolu: une œuvre de jeunesse en témoigne, *Le Moine des chartreux, ou l'anneau du prieur*, conte écrit par Flaubert à l'âge de treize — quatorze ans[112]. L'histoire de ce jeune moine profanateur de sépulture, qui tente de voler l'anneau qui est au doigt du vieux prieur qu'on vient d'enterrer, n'est pas sans rappeler le mythe de Gygès. Dans la logique du mythe et de l'inconscient, être invisible est l'équivalent de voir (et de savoir). De même l'anneau du prieur est doté d'un pouvoir magique qui, pour être imprécis (car les capacités narratives du jeune conteur sont limitées), n'en est pas moins intense. Avant de commettre son crime, le moine est obsédé par l'idée de l'anneau «qui brillait, comme si Satan le lui eût présenté sans cesse»[113]. Aussi Sartre a-t-il raison de penser que «l'éclat fascinant représente le savoir». L'enfant «réclame de posséder l'expérience intégrale de son père, cette omniscience qui ne peut se totaliser qu'au terme d'une longue vie». Sartre voit «dans le mythe de l'anneau une première et vaine tentative d'identification» au père[114]. Je conclus donc

---

[112] *O.C.*, l'Intégrale, I, p. 46 B. — Sartre rejette à juste titre l'argument de Jean Bruneau (*Les Débuts littéraires de G. Flaubert*, Armand Colin, p. 59), selon qui il faudrait s'interdire d'interpréter ce conte, parce que Flaubert n'en a pas inventé le sujet. Voir *l'Idiot de la famille*, I, p. 485.

[113] *Le Moine des chartreux*, p. 47 A.

[114] Sartre, ouvrage cité, p. 486.

qu'à ce moment, dans ce conte où s'ébauche déjà ce que j'ai appelé[115] le «système» de Flaubert (ce conte peut s'enraciner d'ailleurs dans une phase archaïque du développement de l'enfant), le savoir est visé par la médiation du père. On peut ajouter que dans la mesure où celui-ci est un scientifique, le savoir se confond alors avec la science. Deux ans plus tard, dans *Quidquid volueris*, la coupure s'opère entre la science et le savoir, entre M. Paul et Djalioh, entre le savant-bourgeois et le poète. On reconnaît le bourgeois: «il aura de l'amour, du dévouement, du bonheur domestique, de la tranquillité, des enfants... bah! bien mieux que tranquillité, bonheur, amour, cinquante mille livres de rente en bonnes fermes, en jolis billets de banque qu'il placera sur les fonds d'Espagne»[116]. Au contraire Djalioh a su s'assimiler cette expérience intégrale de la vie et de la mort que symbolisait l'anneau du prieur. Le narrateur vient de nous dire que Djalioh a «dix-sept ans — ou plutôt soixante, cent, et des siècles entiers...» et il ajoute: «Il avait vécu longtemps, bien longtemps [...] mais il avait vécu et grandi de l'âme... [...]... *la poésie* avait remplacé *la logique*, et *les passions* avaient pris la place de *la science*»[117].

L'œuvre de Flaubert n'existerait pas sans cette coupure, cet irrémédiable hiatus qui dissocie l'art de la science tout en rappelant avec nostalgie leur unité perdue. La fameuse haine de Flaubert pour le *Homo sapiens* bourgeois — «Où le Bourgeois a-t-il été plus gigantesque que maintenant?»[118] — est une des formulations du drame de l'Artiste flaubertien. La science fut divine un jour, mais, comme ces dieux déchus des anciennes religions qui deviennent des démons, elle s'est révélée dérisoirement humaine: voilà pourquoi elle est du ressort du Diable et des bourgeois. Le XIXe siècle est le siècle de l'argent et de la science. Donc être bourgeois et savant, c'est, en ce siècle-là, monopoliser l'humain, le droit à l'humanité. C'est comme si 1789 avait apporté un droit, non inscrit dans la déclaration, mais véhiculé par l'idéologie nouvelle: Attendu que le bourgeois est l'homme par excellence, tout homme aspire à «l'être-bourgeois» et doit pouvoir y accéder. Commentant dans une lettre à sa mère le mariage de son ami Ernest Chevalier, Flaubert recommence en 1850 le portrait de l'éternel «M. Paul» auquel il avait réglé son sort dès 1837: «...et passant ainsi sa vie entre sa femelle, ses enfants et les

---

[115] Voir supra, le chapitre «L'Artiste face à Dieu».

[116] *Quidquid volueris*, in: *O.C.*, l'Intégrale, I, p. 105 B.

[117] *Ibid.*, p. 105 A. C'est moi qui souligne.

[118] *Corresp.*, Pléiade, I, p. 680, à Louis Bouilhet, 4 septembre 1850.

turpitudes de son métier, voilà un gaillard qui aura accompli en lui toutes les conditions de l'HUMANITÉ.» [119] Aussi bien il opposait — dès *Quidquid volueris* — M. Paul à un Djalioh défini par le *non-humain*, avec son «air de sauvagerie et de bestialité étrange et bizarre» [117]. On s'aperçoit que ce texte, décidément très riche, n'est pas seulement une variation sur le thème du Golem et de Frankenstein, mais traite encore un autre thème qui a fasciné le romantisme: l'enfant de l'Aveyron et Gaspard Hauser. «L'enfant sauvage», être des limites, ni tout à fait «naturel» ni tout à fait civilisé, surgissant dans le monde de l'humanisme bourgeois, interpelle le bourgeois et l'oblige à reconnaître, dans le malaise, qu'il n'a peut-être pas le monopole de l'humanité. Il faut voir Kafka cultiver ce malaise dans son *Rapport pour une académie...* Mais la suffisance du bourgeois fait qu'il surmonte généralement le malaise. C'est le destin de Gaspard Hauser et de Djalioh qui est tragique. Le bourgeois, lui, est coriace. «Et M. Paul? Tiens, je l'oubliais! il s'est remarié; tantôt je l'ai vu au Bois de Boulogne, et ce soir vous le rencontrerez aux Italiens.» [120] Ce sont les derniers mots de *Quidquid volueris*. Aussi trouvons-nous là, pour la première fois peut-être figuré de manière aussi exemplaire, le combat flaubertien du Monstre (homme-singe, ou artiste, ou saint, ou femme...) contre l'Homme. Au contraire de l'Homme (Homais), que caractérise le plein des discours de la Science-Bêtise, le Monstre, en tant qu'être-de-manque, se définit par sa capacité d'accès au symbolique. Cependant, si Flaubert souligne tant cette opposition, n'est-ce pas parce qu'il a cru à l'unité? L'unité originelle de l'art et de la science, elle se lit dans le désir de Homais comme dans ceux de Bouvard et de Pécuchet: le savant, chez Flaubert, rêve d'écrire, et l'homme de plume se rêve homme de science.

Ecrire, ce sera donc toujours se mesurer à la science: à la science de ce père que l'enfant avait pris pour Dieu, avant de le destituer pour avoir reconnu en lui le Diable. Un fil va de *Smarh* à *la Tentation*, puis à *Madame Bovary*, conduisant jusqu'à *Bouvard et Pécuchet*; ces œuvres ne mettent pas seulement en scène la rivalité entre l'Artiste et Dieu, elles impliquent encore le rapport à la science. Le texte s'écrit *à partir de/contre/avec* la science, dans la mesure où il entrelace le discours de la science au discours romanesque, et où il fait une place de choix au personnage de l'homme de science/de plume. L'Artiste flaubertien se demande toujours si la Science n'est pas la voie d'accès au Savoir, ou si

---

[119] *Ibid.*, p. 721, 15 décembre 1850. Les capitales sont de moi.
[120] *Quidquid volueris*, p. 113 B.

elle ne peut pas se substituer au Savoir. Constamment sollicité par la première comme par le second, il est Antoine, pris en étau entre le Diable bavard et Dieu qui se tait. Ainsi replacée dans le «système» de Flaubert, l'allégorie diabolique de *la Tentation* prend une autre dimension. On cernera mieux ce «système» en le comparant avec celui de Goethe. «Philosophie, hélas! jurisprudence, médecine, et toi aussi, triste théologie!...»[121] La différence, c'est que Faust a épuisé — dès avant que l'action de la pièce commence — toutes les misérables ressources de la science:

> amas de livres poudreux et vermoulus, et de papiers entassés jusqu'à la voûte [...]... verres, boîtes, instruments, meubles pourris... [...] fumée et moisissure, dépouilles d'animaux et ossements de morts![122]

Aussi, le savoir de Dieu, ce n'est pas à la science qu'il le demandera, mais à la magie. Le Diable est pour Faust un substitut de Dieu, et il faut se rappeler que le pacte du héros avec Méphistophélès est précédé d'un pacte de Méphistophélès avec Dieu («Prologue dans le ciel»). Dieu ne dit-il pas: «Je n'ai jamais haï tes pareils. Entre les esprits qui nient, l'esprit de ruse et de malice me déplaît le moins de tous.»?[123] Dans *Faust*, Dieu et le Diable parlent sur le même registre. Ce n'est pas tout à fait le cas de *la Tentation de saint Antoine*. Quant à la quête scientifique, elle ne saurait animer le héros goethéen, lequel refuse tout but qui serait une butée du désir. On se souvient du pacte: «Si je dis à l'instant: Reste donc! tu me plais tant! — alors tu peux m'entourer de liens!»[124] Pour Faust qui veut être «dieu», le divin se définit significativement par le manque. Au contraire, le héros flaubertien, véritable «enfant du siècle», ne peut se dépêtrer de la science, cette malédiction divine dont il ne sait trop si elle l'enchaîne à l'humain ou si elle lui ouvre les cieux.

Dans les airs. Satan et Smarh planent dans l'infini.	*Dans les espaces.*
SMARH	ANTOINE, *porté sur les cornes du Diable.*
Depuis longtemps nous montons, ma tête tourne, il me semble que je vais tomber.	Où vais-je?
	LE DIABLE
	Plus haut.

---

[121] *Faust*, éd. citée, p. 47.
[122] *Ibid.*, p. 48.
[123] *Ibid.*, p. 45.
[124] *Ibid.*, p. 77.

SATAN

Tu as donc peur?

SMARH

Aucun homme n'arrivera jamais si haut; mon corps n'en peut plus, le vertige me prend, soutiens-moi [125].

ANTOINE, *criant.*

Assez!

LE DIABLE

Plus haut! plus haut!

ANTOINE

La tête me tourne, j'ai peur, je vais tomber.

LE DIABLE

Retiens-toi par les mains à mes cornes et regarde en l'air.

(T. I, p. 442 A-B)

L'ascension dans les airs est la séquence que je désigne dans mon découpage [126] comme la séquence 7. On se souvient qu'elle est — toutes versions confondues — un des pivots de la structure narrative de *la Tentation*, en même temps qu'une des plus anciennes strates du texte-palimpseste. En effet, elle remonte à *Smarh* (1839), et même, dans un sens, au *Voyage en enfer* (1835), et, hors texte, à Byron, à Goethe, à la Bible. Le Tentateur est toujours en haut d'une montagne (ou dans l'espace) et propose la Création au désir du héros. Le désir de Smarh se présente bien, tout d'abord, comme un désir faustien:

Je n'ai que faire de ce que tous les hommes savent, je méprise leurs livres, témoignage de leurs erreurs. C'est une science divine qu'il me faut, quelque chose qui m'élève au-dessus des hommes et me rapproche de Dieu. [127]

Force de la fixation primitive, et de l'équivalence entre science et savoir: la science est «divine». «Dieu, c'est cet infini, c'est cette science» (Satan, dans *Smarh*) [125]. Cependant les discours de la science sont bien trop «humains», en dépit du style poétique dont ils s'ornent. C'est dans un cosmos régi (sans qu'ils soient nommés) par les lois de Copernic, Galilée, Képler et Newton, que le diabolique docteur entraîne son élève: «la liberté n'est [pas] pour ces astres qui roulent dans le sentier tracé dans l'espace et qu'ils gravissent chaque jour...» «...les comètes passent en lançant leur chevelure de feux, et dans des siècles elles reviendront en courant toujours

---

[125] *Smarh*, in: *O.C.*, l'Intégrale, I, p. 191 B.

[126] Voir supra, le chapitre «Repères textuels».

[127] *Smarh*, p. 190 B.

comme des cavales dans le champ de l'espace.»[128] A partir de là, et pendant quarante ans, le même voyage interstellaire recommencera, de texte en texte flaubertien, et le même discours sera répété. — 1849: «... elles gravitent [...], dans leurs zones assignées, avec quelque chose qui les pousse à en sortir, quelque chose qui les en empêche, et cela fait qu'elles dessinent sans dévier leur parabole éternelle...» (T. I, p. 443 B) — 1874: «Elles s'attirent en même temps qu'elles se repoussent. L'action de chacune résulte des autres et y contribue...» (T. III, p. 564 A) La référence scientifique précise se trouve dans la troisième version, sous la forme d'une anticipation narrative qui est un aveu. Antoine aperçoit

les six soleils dans la constellation d'Orion, Jupiter avec ses quatre satellites,
et le triple anneau du monstrueux Saturne! toutes les planètes, tous les astres
QUE LES HOMMES PLUS TARD DÉCOUVRIRONT![129]

(T. III, p. 564 B)

Foucault a raison: le Diable de *la Tentation* est le «choryphée [du] savoir occidental»; avec lui «c'est toute la culture de l'Europe qui se déploie»[130]. Mais, anachronisme à part, c'est dire qu'Antoine n'apprend du Diable que ce qu'il sait déjà, bien que Flaubert le compare dans les scénarios à une jeune fille qu'on déniaise. Quand Flaubert écrit, la gravitation, le déterminisme, le relativisme sont passés depuis longtemps dans le domaine public. Des idées qui furent neuves en leur temps, jusqu'à mettre ceux qui les professaient en danger de mort, ressortent tout étriquées du terrible laminoir du texte flaubertien. Et pas plus que la science, la philosophie de Spinoza n'est épargnée. Certes, on comprend que Flaubert, pris qu'il était au piège de ses difficiles rapports avec la science et avec Dieu, ait cherché appui sur une doctrine de la connaissance, la plus rationnelle et la moins mystique qu'il connût. Devant un disciple médusé, le maître de logique démonte les rouages parfaitement agencés du système:

Concevoir quelque chose au-delà, c'est concevoir Dieu au-delà de Dieu, l'être par-dessus l'être. Il est donc le seul Etre, la seule Substance.

Si la Substance pouvait se diviser, elle perdrait sa nature, elle ne serait pas elle, Dieu n'existerait plus. Il est donc indivisible comme infini; — et s'il avait un corps, il serait composé de parties, il ne serait plus un, il ne serait plus infini. Ce n'est donc pas une personne!   (T. III, p. 565 A)

---

[128] *Ibid.*, p. 193 B et 192 A.
[129] Les capitales sont de moi.
[130] «La Bibliothèque fantastique», in: *Flaubert, Miroir de la critique*, Didier, p. 184.

Mais n'y a-t-il pas quelque chose de grotesque dans cette chute: «ce n'est donc pas une personne»? Ne dirait-on pas deux cosmonautes qui seraient montés «là-haut» pour voir et qui nous annonceraient, tel Gagarine, qu'ils n'y ont pas rencontré Dieu! Aussi voit-on Antoine se lamenter: «Comment? mes oraisons, mes sanglots... [...], tout cela se serait en allé vers un mensonge... dans l'espace... inutilement...» *(ibid.)* Cette dégradation de la pensée spinoziste est le résultat du procédé réducteur: toute une doctrine en quelques mots! Pour Spinoza, le fini est la modalité sous laquelle l'homme saisit l'infini — fini et infini étant deux aspects du réel. Au contraire, le Diable de Flaubert, tout en donnant l'impression de valoriser l'infini, recentre l'argumentation sur le fini et sa prétendue insuffisance. Plus qu'une dégradation, c'est un véritable détournement. On retombe dans des questions rebattues, et — on le verra un peu plus loin — dans des contradictions que la philosophie de Spinoza avait justement résolues en posant la correspondance entre l'ordre du monde et l'ordre de la raison. Pas plus que la science, la philosophie ne gagne à être débitée en menue monnaie par le discours vulgarisateur. C'est pourquoi la séquence 7 de *la Tentation* suscite chez le lecteur, comme *Bouvard et Pécuchet* plus tard, cette sorte d'accablement, ce vague sentiment de déjà lu, de déjà entendu, de déjà su. Nulle part le Diable ne ressemble plus à un M. PrudHOMME doublé d'un M. HOMais. On se souvient: «Alors il composa une *Statistique générale du canton d'Yonville, suivie d'observations climatologiques*, et la statistique le poussa vers la philosophie.» [131] Et les scénarios accentuent encore l'effet de radotage. «Infini dans le petit, infini dans le grand.» «Faiblesse de l'homme quand il veut aller trop loin.» [132]

Donc, peut-on penser que l'ascension dans les airs ait permis de franchir l'hiatus entre science et savoir? Flaubert trouvait une solution chez Spinoza justement, le seul philosophe rationaliste à imaginer que la raison puisse embrasser l'infini — le seul aussi qui aurait pu trouver grâce aux yeux de Flaubert, pour avoir défini l'homme comme être-de-désir. Incontestablement, Spinoza a marqué le texte des trois *Tentations*, comme en témoigne, jusque dans la troisième version, le «confiteor» d'Hilarion:

Mon royaume est de la dimension de l'univers, et mon désir n'a pas de bornes.

---

[131] *Madame Bovary*, p. 606.
[132] Scénario de T. I, folio 100 recto, publié in: *O.C.*, Club de l'Honnête Homme, tome 9, p. 499. — C'est du Pascal, bien sûr.

Je vais toujours, affranchissant l'esprit et pesant les mondes, sans haine, sans peur, sans pitié, sans amour, et sans Dieu. On m'appelle la Science.

(T. III, p. 563 B)

Mais ce coup de chapeau mis à part, le discours spinoziste, loin d'être un modèle de synthèse, se transforme, on vient de le voir, en foyer de contradictions. Flaubert se plaît à dissocier ce que Spinoza associe: à opposer à l'infini de Dieu le fini de l'homme. Après que le Diable s'est montré parfaitement capable de définir Dieu (p. 565 A), il enchaîne:

> Jamais tu ne connaîtras l'Univers dans sa pleine étendue; par conséquent tu ne peux te faire une idée de sa cause, avoir une notion juste de Dieu, ni même dire que l'Univers est infini, — car il faudrait d'abord connaître l'Infini!

(T. III, p. 565 B)

En fait, c'est dès *Smarh* que le Diable jouait consciencieusement son rôle goethéen d'esprit qui toujours nie. On voyait Satan dire à Smarh, à quelques pages d'intervalle: «Dieu, c'est cet infini, c'est cette science» [125], et: «la science, c'est le doute, c'est le néant, c'est le mensonge, c'est la vanité... [...] car *la science n'est pas*» [133]. Dans les deux premières versions de *la Tentation*, le Diable se contredit avec plus de raffinement: il se dédouble, comme on sait, de façon que ce sont deux personnages qui se partagent la tâche. A la Logique de poser le principe intangible de non-contradiction, au Diable de le violer. Dans la troisième version, Hilarion assume les deux rôles, celui de la Logique dans la séquence 3 (p. 534-535), celui du Diable dans la séquence 7 (p. 564-565). On le voit alors s'écrier d'un même souffle: «Le néant n'est pas! le vide n'est pas!», et: «Peut-être qu'il n'y a rien!» (T. III, p. 565 A-B) Le vertige intellectuel de ce va-et-vient (que Sartre appelle le tourniquet) a fasciné Flaubert, qui y trouvait une alternative à la synthèse à laquelle il se refusait.

La Tentation de saint Antoine est une illustration exemplaire du tourniquet flaubertien. Au plan du syntagme déjà, toute tentation est suivie d'un retour à Dieu, qui est suivi d'une autre tentation. Mais, faute de synthèse, l'alternance caractérise aussi le plan du contenu conceptuel. Face à Dieu, l'homme a le choix entre l'ignorer et le défier. Opte-t-il pour la science et ses limites lucidement assumées (fondement du choix humaniste)? ou aspire-t-il au savoir infini? Homme de science, ou poète? La science est orgueilleusement revendiquée: son allégorie, «la Science», n'est-elle pas l'enfant de «l'Orgueil» (de l'orgueil Flaubert, ajouterait Sartre)? Mais Flaubert ne cesse d'outrager cet «enfant en cheveux blancs,

---

[133] *Smarh*, p. 195 B. C'est moi qui souligne.

à la tête démesurée et aux pieds grêles» (T. I, p. 420 B), «petit comme un nain [...], contourné, d'aspect misérable» avec «sa tête prodigieusement grosse» (T. III, p. 533 A), qui porte son insuffisance inscrite dans son corps fantasmatique. Quant à Dieu, il reste l'objet d'une aspiration exaltée, sans cesser d'être traîné dans la boue, comme c'était déjà le cas dans *Smarh:*

Satan: Non, il n'est pas maître, car je le maudis tout à mon aise; non, il n'est pas
   maître, car il ne pourrait se détruire. [128]

   Les trois *Tentations* y font écho. Mais, après avoir lu ceci:

Le Diable: Peut-être qu'il n'y a rien! (...) Adore-moi donc! et maudis le fantôme
   que tu nommes Dieu!   (T. III, p. 565 B)

on observera à quel point la contradiction est envahissante, puisqu'elle affecte autant la forme du contenu (valoriser ou dévaloriser Dieu?) que la forme de l'expression (les arguments *contre* Dieu se contredisent: il ne pourrait se détruire/il n'existe pas).

   Mais peut-être la solution réside-t-elle dans le choix du *principe de contradiction* — si je puis me permettre ce mot hétérodoxe. Je m'explique. L'Orgueil, la Science, la Logique, le Diable ne nous intéressent en vérité ni par ce qu'ils disent, ni même pour ce qu'ils se contredisent. D'où la déception de la lecture au premier degré. Que leurs discours se neutralisent réciproquement est exact, mais qu'ils aboutissent à une signification zéro est inexact. On sent bien que dans *la Tentation* les discours contradictoires juxtaposés produisent du sens. Pour déceler cette production de sens, il faut une lecture poétique, c'est-à-dire une lecture du fonctionnement textuel (et non conceptuel) de la contradiction. Au préalable, il importe d'ôter son privilège au principe de non-contradiction, qui est trop bien ancré. «Au contact de l'hémorroïdesse, Jésus se retourna en disant: «Qui m'a touché?» Il ne savait donc pas qui le touchait? Cela contredit l'omniscience de Jésus.» (Hilarion, T. III, sq. 3, p. 535 A) Car la question se pose: la Logique (humaine) peut-elle opposer à l'Ecriture (divine) le principe de non-contradiction, quand Dieu est précisément et par définition l'instance qui résout toutes les contradictions dans l'un? Quand le diabolique docteur se fait inattaquable logicien, il ne parle pas sur le même registre que Dieu — on s'en doutait. Au contraire, c'est à Dieu que le Diable rend involontairement hommage à chaque fois que, défaisant le patient travail de la Logique, il se fait locuteur de l'irrationnel. Par exemple, à chaque fois qu'il se contredit. Il n'y a pas de meilleur commentaire du principe de contradiction et de sa fonction poétique, que ce fragment d'un scénario de *la Tentation*, première version (c'est au retour d'Antoine, après son ascension dans les airs):

> Logique. Il repousse la Logique: «Si je veux déraisonner, moi! Si je suis las de toi! Qu'est-ce que ça me fait?» [134]

Texte-limite dans l'œuvre de Flaubert, *la Tentation* mesure son ouverture au symbolique à l'intensité des scandales logiques dont elle est le support. Aussi est-ce par sa «grammaire» que *la Tentation* est proche du rêve, au moins autant que par les êtres fantastiques, ou fantasmatiques, qui la peuplent. J'y reviendrai plus en détail, mais il est bon de se souvenir déjà de quelques-unes des catégories de cette grammaire-là, que Freud a commencé d'explorer à partir de sa *Traumdeutung:*

> Le rêve ne peut, en aucune façon, exprimer *l'alternative* «ou bien, ou bien»; il en réunit les membres dans une suite, comme équivalents. [135]

Et il en est ainsi même si les différentes possibilités semblent s'exclure. C'est pourquoi il faut «mettre sur le même plan les deux membres de l'apparente alternative et les unir par la conjonction *et*» [135]. La contradiction est une catégorie voisine de l'alternative:

> La manière dont le rêve exprime les catégories de *l'opposition* et de *la contradiction* est particulièrement frappante: il ne les exprime pas, il paraît ignorer le «non». Il excelle à réunir les contraires et à les représenter en un seul objet. [136]

Réunir les contraires, concilier les inconciliables, maintenir dans le tourniquet la science et le savoir, telle serait la tentation suprême. *La Tentation de saint Antoine* est cette tentation-là, et Flaubert l'a su au moment même où il a conçu l'œuvre, en face du tableau de Breughel. Il a eu dans un éclair la perception globale des implications du thème. La SCIENCE, c'est-à-dire la BIBLIOTHÈQUE («mais cela demanderait un autre gaillard que moi») [137] lui est apparue comme la voie du SAVOIR, qui est désir du savoir *(libido sciendi)* et savoir sur le DÉSIR, parce que lire est un mode du voir, et que voir, c'est désirer. La vision du tableau (qui

---

[134] Folio 100 recto, in: *O.C.*, Club de l'Honnête Homme, tome 9, p. 497. — Il faut noter que Flaubert a effacé ce fragment dans le manuscrit.

[135] *Die Traumdeutung* (1900), trad. franç.: *l'Interprétation des rêves* (1973), PUF, p. 273.

[136] *Ibid.*, p. 274.

[137] Voir supra, le début du chapitre «La tentation de la métamorphose».

était aussi la vision des visions d'Antoine) s'est traduite en soif de lectures. La lecture DES textes se confondrait avec l'écriture DU TEXTE. Les textes s'incorporeraient à *la Tentation*, ou plutôt seraient son CORPS même. Un certain jour de mai 1845, à Gênes, le jeune Flaubert a compris que sa bibliomanie pourrait faire un texte qui soit une machine-à-voir [138], ce qui a donné un tournant radical à son rapport à la science. Il venait de concevoir «la scientificité de l'écriture» [139]. Cela signifiait le rattachement de l'élaboration de l'œuvre à l'œuvre elle-même (l'interférence de l'énonciation avec l'énoncé). Une œuvre de Flaubert, c'est aussi une montagne de livres et un temps qui se mesure en années. Mais jusque-là rien ne distinguerait l'écrivain d'un savant très minutieux. L'essentiel donc, c'est le détournement du document scientifique vers un «emploi scriptural» [139]. Comme l'écrit très justement Raymonde Debray-Genette:

> Le plus souvent, le document sera consommé pour sa textualité, ou plus précisément, ses qualités virtuelles de «transfert» textuel. [139]

> Dès la lecture-écriture des documents, Flaubert choisit *le figural* plus que le référentiel. [140]

Il est donc clair que la discussion entre Flaubert et l'érudit Froehner sur la rigueur «scientifique» de *Salammbô* était absurde, quand il ne pouvait s'agir que de la rigueur du fonctionnement symbolique d'un texte. Semblables en cela à Dieu et au diabolique docteur Logique, Flaubert et Froehner ne parlaient pas sur le même registre. Jusqu'à présent, sur cette question de l'élaboration de l'œuvre et de la mutation de la science en texte, la critique — Jean Seznec excepté — n'a étudié que *Salammbô*, et plus récemment *Hérodias*. Il faut donc rétablir les priorités. C'est *la Tentation* de 1849 qui, bien avant les deux autres œuvres d'inspiration orientale, a inauguré «l'expérimentation difficile d'un rapport nouveau — et maniaque — au savoir» [141]. Tout le monde sait que dans la querelle de *Salammbô* Flaubert n'hésitait pas à se garantir de la Bible, ou de tel poète ancien, pour justifier les moindres détails. Il avait des textes! «C'est du

---

[138] Supériorité de l'écrit sur le fantasme *représenté* (peinture, théâtre, cinéma): le texte, par son «travail», appelle le désir, qui se perd dans la lecture (ou décryptage du travail); tandis que le fantasme représenté risque d'arrêter le désir.

[139] Raymonde Debray-Genette, «Flaubert: science et écriture», in: *Littérature* N° 15, p. 44.

[140] *Ibid.*, p. 51. C'est moi qui souligne.

[141] Jacques Neefs, «*Salammbô*, textes critiques», in: *Littérature* N° 15, p. 53.

Théophraste»![142] Il lui fallait du document écrit pour écrire. Mais dans *la Tentation* déjà, il n'avait pas fait autre chose, comme l'a montré Seznec:

> Or Flaubert a besoin de tout appuyer sur des documents, y compris le fantastique. Voilà pourquoi — *et dès la première version* — il avait cherché — et trouvé — dans «les auteurs» de quoi autoriser ses cauchemars...[143]

> Ainsi Flaubert [...] peut produire des «auteurs» (...) pour appuyer ses «inventions» les plus extravagantes. [...]...loin de le bâillonner, l'érudition lui fournit des mythes et des symboles pour s'exprimer.[144]

Il faut donc appliquer à *la Tentation*, d'abord et avant toute autre œuvre, le jugement plus général qu'émet Raymonde Debray-Genette: chez Flaubert, «la documentation ne précède pas l'imagination, *elle en fait partie*, elle la conforte et la vérifie a posteriori»[145]. C'est le désir qui authentifie la science.

La Tentation de saint Antoine est unique. Si elle n'a pas provoqué en 1874 la même querelle que jadis *Salammbô*, c'est en partie, bien sûr, parce que la discussion avait été épuisée depuis 1862, peut-être aussi parce que l'œuvre, en dépit de sa publication tardive, venait finalement à son heure. Le terrain avait été préparé, et la sensibilité symboliste reconnaissait *la Tentation* pour ce qu'elle était en effet: un poème[146]. En s'affichant poème, *la Tentation* désarmait toute critique scientiste. Et pourtant, le texte qui remontait au jour, après avoir été tenu près de trente ans au secret, était la clef de tout ce que Flaubert allait écrire par la suite — quelque chose comme le pacte qu'il avait signé avec la littérature, si je peux me permettre de filer la métaphore satanique. C'était le premier texte flaubertien qui transformât de la science en écriture, apportant une réponse neuve au problème, si aigu dans les œuvres de jeunesse, de l'Artiste face à Dieu. La fusion entre science et poésie trouve dans *la Tentation*, et là seulement, son personnage emblématique. «La Science» en 1849, Hilarion en 1874, c'est cet être inouï dans le siècle bourgeois: le savant-poète. Car «la Science» n'est pas seulement l'enfant malingre et

---

[142] Lettre à Sainte-Beuve, décembre 1862, in: *Œuvres*, Pléiade, I, p. 1000.

[143] Jean Seznec, *Saint-Antoine et les monstres, essai sur les sources et la signification du fantastique de Flaubert* (1943), M.L.A., p. 200. — C'est moi qui souligne.

[144] Id., «Flaubert, historien des hérésies dans *la Tentation*», in: *the Romanic Review*, oct.-déc. 1945, p. 319.

[145] R. Debray-Genette, «Re-présentation d'*Hérodias*», éd. citée, p. 330. C'est moi qui souligne.

[146] Ce terme ne prétend pas résoudre la question du genre.

geignard que l'on a déjà vu. Entrant par le biais de rapprochements intra-
ou intertextuels dans la circularité symbolique du texte, c'est un enfant
magique. (C'est Apollonius qui parle):

> Un jour, un enfant noir, portant sur le front une lune brillante et tenant à la
> main un caducée d'or, accourut vers nous et nous conduisit au collège des sages.
>
> (T. I, p. 405 B)

Quant à Antoine, n'énumère-t-il pas à son tour parmi ses tentations
«cet enfant noir apparu au milieu des sables, qui était très beau, et qui m'a
dit s'appeler l'esprit de fornication»? (T. III, p. 525 B) Enfant magique, la
Science parle en poète parfois, et je ne pense pas seulement à son style —
«par quel travail, dans les valves nacrées et dans les chauds utérus, se
forment en silence les perles et les hommes?» (T. I, p. 421 A-B) — mais à
ce qu'elle dit. Il est important qu'elle se définisse par le manque (on
comparera avec Homais, qui, lui, ne doute de rien). «Tu m'as promis», dit-
elle à l'Orgueil sa mère, «que je serais heureux, que je trouverais quelque
chose, mais je n'ai rien trouvé, je cherche toujours, J'ENTASSE, JE
LIS.» (T. I, p. 421 A) [147] Comme le poète, la Science va droit aux livres.
Dans ce fragment du texte, la Science, c'est Flaubert lui-même (le portrait
du peintre dans un coin du tableau). Et voilà que soudain le discours de la
Science apparaît comme un doublet du «être la matière» d'Antoine.

Qu'on en juge:

LA SCIENCE	ANTOINE
J'ai des envies... [...]. Si je pouvais pénétrer la matière, embrasser l'idée, suivre la vie dans ses métamorphoses, comprendre l'être dans tous ses modes... (T. I, sq. 4 bis, p. 421 A)	... je voudrais...[...] être en tout, [...] me modeler sous toutes formes, entrer dans chaque atome, circuler dans la matière, être matière moi-même pour savoir ce qu'elle pense. (T. I, sq. 5, p. 442 A)

On aura reconnu chez «la Science» les préoccupations de l'Artiste. Et
c'est d'autant plus curieux qu'aussitôt après elle évoque son «scalpel»,

---

[147] Les capitales sont de moi.

instrument d'une démarche analytique qui lui est certes plus familière que les élans mystiques:

> ... comprendre l'être dans tous ces modes, et de l'un à l'autre remontant ainsi les causes, comme les marches d'un escalier, réunir à moi ces phénomènes épars et les remettre en mouvement dans la synthèse d'où les a détachés mon scalpel... peut-être alors que je ferais des mondes...   (T. I, sq. 4 bis, p. 421 A)

On retrouve, imbriquée dans le discours de la Science, la formulation du drame de l'Artiste flaubertien: faire des mondes (comme Dieu), connaître le secret de la synthèse (quand l'homme n'est capable que de l'analyse, œuvre de mort), *remonter les causes commes les marches d'un escalier...* L'hiatus ontologique qui sépare la science de l'art, l'homme avec ses limites de Dieu et de son savoir infini, ne serait-il pas *mythiquement* comblé chez Flaubert, dans *la Tentation*, par la séquence de l'ascension dans les airs? Un double schème se dessine ici: *une régression* conçue comme un retour aux origines («remonter les causes»), de façon, comme l'écrit un mythologue, à «transcender la condition humaine et récupérer l'état non conditionné qui a précédé la chute dans le Temps» [148]; et *une ascension* conçue comme une montée vers Dieu avec accession au principe divin. Le vol magique et l'ascension sont des éléments mythiques universels [149]. Cependant, pour Flaubert lecteur de la Bible, ce qui a dû compter, c'est avant tout la version évangélique du mythe (l'ascension du Christ) et, dans l'Ancien Testament, l'énigmatique histoire de l'échelle de Jacob. *La Tentation* ne nous livrerait-elle pas la version flaubertienne de l'échelle de Jacob? Je rappelle ce mythe:

> Jacob quitta Bersabée et s'en alla vers Harân. Il atteignit un certain lieu et s'y arrêta *pour la nuit, car le soleil était couché.* [...] *Il eut un songe:* voilà qu'une échelle était dressée à terre et son sommet *touchait le ciel,* et voilà que des anges de Dieu y *montaient et descendaient.* Et voilà que Yahvé se tenait debout près de lui... [..]
> Jacob se réveilla de son sommeil, et il dit: «En vérité, Yahvé est en ce lieu, et moi, je ne le savais pas!» Il eut peur et dit: «Que ce lieu est terrible! Ce n'est rien moins qu'une maison de Dieu, et c'est la porte du ciel.» [150]
>   (Gen. 28:10-17)

L'interprétation s'impose avec l'évidence propre aux mythes. Il est seulement troublant que la séquence de l'ascension dans les airs ait existé

---

[148] Mircea Eliade, *Aspects du mythe*, Gallimard/Idées, p. 109.

[149] *Ibid.*, p. 122.

[150] C'est moi qui souligne, pour l'analogie narrative avec *la Tentation*.

bien avant *la Tentation*. Mais cela prouve bien l'impression précoce de la Bible sur Flaubert enfant. Le mythe, devenu texte (possible narratif) dès le *Voyage en enfer*, a longtemps attendu l'œuvre où il pourrait fonctionner pleinement.

Les références, implicites ou explicites, à l'échelle de Jacob ne manquent pas. Dans un scénario de la fin de *la Tentation* de 1874 (donc un scénario de T. III, sq. 10, correspondant au texte ci-dessus cité de T. I, sq. 5) «l'échelle» est nommée:

Les Bêtes fantastiques.
(V. Quinet, *la Création*, t. 1er, 38-39)
Après le sphinx et la chimère, les animaux antédiluviens, informes. Peu à peu arriver, par une série de monstruosités (symboliques), à la cellule vivante, à l'Etre, à la Matière. Ainsi saint Antoine a remonté l'échelle. Il atteint à ce qui *est* primitivement, éternellement. [151]

On découvre ainsi, avec une certaine surprise, l'unité (sinon même l'équivalence) thématique des séquences suivantes:

— T. I, séquence 4 bis (les aspirations de la Science)

— T. I, séquence 5/T. III, séquence 10 («être la matière»)

— T. I/T. III, séquence 7 (l'ascension dans les airs), l'échelle (de Jacob), *tertium comparationis*, apparaissant dans chacune de ces séquences, soit sous forme de métaphore (l'escalier de la Science, l'échelle d'Antoine, associés à chaque fois au verbe *remonter*), soit comme le schéma narratif qui sous-tend la scène *(l'ascension)*, avec la référence explicite au texte de la Genèse:

Le Diable: Ah! ah! tu t'étonnes de [ne pas] trouver l'échelle de Jacob avec un ange à chaque degré?
(T. I, sq. 7, p. 445 B)

ou avec une référence purement allusive (il s'agit des cornes du Diable):

Antoine [...] se met à descendre de marche en marche sur les andouillers de ses cornes.
(T. I, sq. 7, p. 446 B)

Il est assez fascinant de repérer le fonctionnement du mythe biblique non seulement dans différents lieux du texte (différentes séquences), mais encore à différents niveaux (la «maison de Dieu», c'est le symbolique) — sans compter qu'on touche peut-être au mythe personnel de Flaubert. (En effet, il se peut [152] que Gustave, cadet d'Achille, se soit secrètement identifié à Jacob.)

---

[151] Ms folio 78 verso, cité in: *O.C.*, Club de l'Honnête Homme, tome 4, p. 362.

[152] Voir la psychologie du cadet, in: Alfred Adler, *Le Sens de la vie*, Payot, p. 170.

Ainsi est-ce d'un même mouvement que *la Tentation* pose et comble l'hiatus. Il y a du désespoir dans les dernières paroles du Diable[153]: «Jamais tu ne connaîtras l'Univers...» (etc.) (T. III, p. 565 B) Pourtant, s'il faut en croire le mythe biblique, la séquence de l'ascension a mené Antoine (et la circulation symbolique du texte a mené le lecteur) à la «porte du ciel». Quant à «la Science», elle lit. Elle est donc tout près d'écrire. Significativement, elle définit l'activité scientifique comme une lecture. Elle «entasse» les livres, comme autant de gradins pour remonter les causes, c'est-à-dire monter à Dieu. Auto-référence, approfondissement vertigineux de la structure en abîme: *la Tentation*, ce sont ces livres empilés! Significativement encore, «la Science» confond la métamorphose avec faire des mondes, soit: s'auto-créer avec créer. On note l'obsession persistante, chez Flaubert, de la Création divine, que trahit encore, dans le scénario cité plus haut[151] la référence à l'ouvrage de Quinet. Mais peut-on encore parler de science? et la Science ne devrait-elle pas à certains endroits privilégiés de *la Tentation* (occurrence unique dans l'œuvre de Flaubert) s'appeler plutôt l'Art?

La Tentation, œuvre d'un Dieu en délire

«Le monde est l'œuvre d'un Dieu en délire.» (T. III, sq. 4, p. 536 B) Cette affirmation doctrinale, prononcée dans la troisième version de *la Tentation*, au seuil de la séquence des hérétiques, par Valentin, «le docteur et le chef d'école le plus considérable du gnosticisme»[154], donne assez bien la mesure, non de ce que signifie la Gnose pour elle-même, mais de la fonction de la Gnose dans le texte flaubertien. Comme l'Artiste se définit face à Dieu, de même la Gnose (dont l'origine, il faut le spécifier, est grecque et orientale, et se perd dans la nuit des temps) se définit face à la religion chrétienne. C'est celle-ci qui lui attribua le nom péjoratif d'«hérésie». «[Les] sectes gnostiques [...] pullulèrent comme des herbes folles autour du christianisme»[155]. Leisegang cite une liste, d'ailleurs incomplète, de soixante sectes! Et il conclut: «vous comprendrez sans peine que les Pères aient vécu dans la conviction que Satan avait lâché sur le monde tous les esprits mauvais pour anéantir dans l'œuf le christia-

---

[153] A la fin de la séquence 7, T. III. Après 1874, le Diable ne réapparaîtra plus jamais, du moins en tant que tel, dans l'œuvre de Flaubert.

[154] H. Leisegang, *la Gnose*, Payot, p. 199.

[155] *Ibid.*, p. 45.

nisme naissant.» [156] C'est ainsi que la Gnose, qui est pourtant l'une des sources du christianisme —

Les Evangiles chrétiens, qui parurent en grec dans le monde hellénistique, étaient tous plus ou moins farcis ou émaillés de motifs gnostiques. [157]

— se pose essentiellement, par suite du combat mené contre elle par les Pères de l'Eglise, en ennemie et en concurrente du christianisme. Dans le «système» de Flaubert, que j'ai figuré par un champ où s'affrontent des instances (l'Artiste et Dieu) autour d'un enjeu (le monde/l'œuvre d'art), les gnostiques sont évidemment les alliés de l'Artiste. On sait que se mesurant au monde, œuvre de Dieu, l'Artiste a plusieurs choix. Il peut *attaquer* l'œuvre de Dieu à partir du Mal, et alors il convient de distinguer l'œuvre au sens de «monde» (l'Artiste, amer tel Vigny, se plaindra que le Mal règne sur le monde, ou bien, logique tel Sade, en tirera la conclusion qui est de prendre le parti du Mal), et l'œuvre au sens de «livre», puisque c'est Dieu, le véritable «auteur» du Livre par excellence qui est la Bible (l'Artiste montrera que la Bible est l'apologie du Mal, ou bien brandira devant elle, en guise de miroir déformant, une Contre-Bible). Mais l'Artiste peut aussi chercher à *égaler* l'œuvre de Dieu: être Dieu par la science (mais on a vu que c'était là une illusion que l'Artiste flaubertien a toujours rejetée: la science ne maîtrise le monde que par l'analyse; elle le détruit mais ne saurait — incapable de synthèse — le reconstruire) ou être Dieu par l'écriture. Il reste quelque chose de la tentation de la science dans le choix flaubertien de l'érudition. Mais c'est seulement dans la mesure où l'érudition fournit à l'Artiste (différent en cela du savant) non de l'information mais du «figural» et du «scriptural» qu'elle devient la voie du savoir, donc de la poésie, faisant mentir les préventions que le jeune Flaubert exprimait à son égard [158]. Parmi ces choix, il n'en est pas un où la Gnose n'ait son rôle à jouer. C'est une alliée aux multiples ressources, comme on va le voir, en privilégiant, dans la formule gnostique citée plus haut, d'abord LE MONDE, ensuite L'ŒUVRE, et enfin LE DÉLIRE.

«...Il a créé, et sa création est le malheur.» [159] Ce cri romantique traverse, on s'en souvient, toutes les œuvres de jeunesse de Flaubert et retentit encore à l'autre bout, en 1874: «Sans doute le mal est indifférent à

[156] *Ibid.*, p. 46.
[157] *Ibid.*, p. 8.
[158] Voir l'extrait d'une lettre à Ernest Chevalier déjà citée, note [14].
[159] *Smarh, O.C.*, l'Intégrale, I, p. 193 A.

Dieu, puisque la terre en est couverte!» (T. III, sq. 7, p. 565 B) Dans *la Tentation* de 1849, la Logique s'en mêle:

> Si le Diable fut créé par lui et que la création entière soit sortie de sa parole, avant que cette parole ne fût dite, la parole était en lui, et avant que le Diable ne naquît, il y était donc aussi, le Diable, et avec tout son enfer! (T. I, sq. 3, p. 389 A)

On enregistre aussi la réponse sadienne à la question du Mal, qui se cristallise dans *la Tentation* sous la forme du célèbre festin de Nabuchodonosor:

> *... le Roi boit, il est rouge, il est ivre, il essuie, avec sa manche, les parfums gras qui coulent sur son visage; il mange dans les vases sacrés, il commande, il crie, il roule des yeux; on est pâle autour de lui.*   (T. I, sq. 4 ter, p. 432 A)

> *Tout à l'heure, par caprice, il brûlera son palais avec ses convives. Il compte REBÂTIR LA TOUR DE BABEL et DÉTRÔNER DIEU.*[160]
>   (T. III, sq. 2, p. 530 B)

Ce dernier fragment est instructif à plusieurs titres. On y voit la destruction nettement conçue comme un défi à Dieu. Mais un autre type, inversé, de défi est possible, qui consiste à reconstruire l'œuvre maudite des hommes, que Dieu avait détruite. Enfin, comme le connote «Babel», on voit que le défi à Dieu tend inéluctablement à s'exprimer en termes de langage. — *La Tentation* a sa part des thèmes frénétiques qui proliféraient dans les œuvres de jeunesse. La Colère et le Cochon en sont les porte-parole dans les deux premières versions, tandis que dans la troisième version c'est Antoine lui-même, ou encore la voix du narrateur, qui formulent des fantasmes sadiques plus élaborés, comme le supplice d'Ammonaria (T. III, p. 524), ou le massacre des Ariens par les moines de la Thébaïde (T. III, p. 528 B-529 A), ou encore la «scène» d'auto-flagellation:

> Je voudrais que les gouttes de mon sang jaillissent jusqu'aux étoiles, fissent craquer mes os, découvrir mes nerfs! Des tenailles, des chevalets, du plomb fondu! Les martyrs en ont subi bien d'autres! n'est-ce pas, Ammonaria?
> *L'ombre des cornes du Diable reparaît.*
> J'aurais pu être attaché à la colonne près de la tienne, face à face, sous tes yeux, répondant à tes cris par mes soupirs...   (T. III, p. 530 B)

Or il est certain que s'il y a un langage de la frénésie qui dépasse tous les autres, c'est bien celui que Flaubert pouvait trouver dans les textes des gnostiques. C'est pourquoi la séquence 4 (la séquence des hérétiques)

---

[160] Les capitales sont de moi.

fournit à *la Tentation* de la violence à haute dose, tant du point de vue du contenu que de l'expression. A un contenu paroxystique correspondent des paroxysmes de rhétorique. La cruauté (l'écriture de la cruauté), coupée de tout contexte, apparaît le fait du pur caprice: du caprice même d'un Dieu sadien. (On se souvient de ce qu'écrivait dans *Agonies*[161] le jeune Flaubert de seize ans: «je voudrais [...] être Dieu pour faire des farces».) Voici quelques exemples de l'écriture de la cruauté. On notera qu'ils sont tirés de la première version de *la Tentation*, car, peut-être parce qu'il y a eu *Salammbô* entre-temps, les hérétiques sont beaucoup moins violents dans la troisième.

> Gloire à Caïn! gloire à Sodome! (...) gloire à Judas! gloire à Judas! oui, Antoine, gloire à Judas!
>
> (les Caïnites, T. I, p. 396 B)

> ... appelez-moi pour vous coucher sur les chevalets, montrez-moi les ampoules roses faites par les orties dont vous fouettez vos corps, et quand le sang coulera, j'arriverai pour le sucer avec ma bouche.
>
> (Montanus, T. I, p. 400 A)

> Apportez le bassin, amenez l'enfant, affilez les poinçons...
>
> (les Montanistes, T. I, p. 400 B)

> Tuons l'homme qui perpétue la malédiction, égorgeons la femme qui la reproduit, broyons l'enfant qui tette à la mamelle.
>
> (les Donatistes Circoncellions, T. I, p. 401 A)

> Nous nous enlevons la peau des pieds et nous courons sur les galets...
>
> (les mêmes, p. 401 B)

> Etouffe-la donc, coupe-la donc, hache-la donc!
>
> (Les Valériens, T. I, p. 401 A)

> On a arraché les yeux, les dents et les ongles à Alexandre de Phrygie, on lui a frotté la peau avec du miel, on a versé dessus une ruche de guêpes, et on l'a lié par une corde à la queue d'un taureau qui marchait dans une prairie fauchée.
>
> (les Montanistes, T. I, p. 400 B)

C'est bien là le Monde (ou le Contre-Monde) d'un Dieu conçu comme «essence du mal»[162] et dont le caprice est défini dans *la Tentation* par les Donatistes Circoncellions:

> Dites aux nations que le temps va venir où Dieu écrasera du pied leur fourmilière...
>
> (T. I, p. 401 A)

---

[161] *O.C.*, l'Intégrale, I, p. 158 A.
[162] *Smarh*, p. 193 B.

D'ailleurs, ce Contre-Monde, cette image renversée de la Création telle qu'elle devrait être (*Dieu vit tout ce qu'il avait fait, et voici que cela était très bon.* — Gen. 1:31), c'est Dieu lui-même qui en est encore l'auteur. N'a-t-il pas créé l'Enfer, ainsi dépeint par Apollonius:

> J'en arrive, j'en suis sorti pour t'y conduire; on t'y attend, les cuves de nitre bouillonnent sur les charbons, les dents d'acier claquent de faim...
>
> (T. I, p. 409 B-410 A)

A moins, bien sûr, qu'on n'entre dans le système gnostique des renversements de renversements, et qu'on ne dise: «C'est le Diable qui a fait le monde!» (les Priscillianiens, T. III, p. 536 B).

Mais le monde, on le sait bien, n'est pas l'enjeu véritable de l'affrontement entre l'Artiste et Dieu. Le seul monde que prétende «créer» l'Artiste est un monde imaginaire, un monde de mots. A Dieu, Balzac jette en défi *la Comédie humaine.* Cependant, par un effet de structure en abîme, l'œuvre littéraire raconte souvent l'histoire d'une Contre-Création, suivant en cela d'antiques mythes comme celui de Prométhée. A défaut de pouvoir créer un monde, comme Faust dans sa vieillesse [163], l'homme rêve d'en découvrir un; ou alors il se rabat sur la création d'un être à son image. Est-ce malédiction inhérente à toute création, création divine comprise? ou destin fatal de la création humaine seule, narcissique par principe? ou châtiment de Dieu pour concurrence déloyale? Le fait est que les créations tournent toujours mal. Les Amériques des Aguirre (aujourd'hui les galaxies) se vengent, les automates se révoltent. Si Flaubert n'a jamais été tenté par le mythe de la conquête, du moins son *Quidquid volueris* tient-il honorablement sa place dans la lignée qui va de Pandore jusqu'à l'ordinateur de Kubrick, en passant par les robots de *R.U.R.* [164]. M. Paul (encore lui!) s'est clairement posé en rival de Dieu quand il a «créé» son homme-singe: «...j'ai fait un enfant par des moyens inusités» [165]. Aussi ne sortons-nous pas de la logique du mythe quand nous voyons ce bébé-éprouvette, devenu grand, se transformer en une sorte de King-Kong.

Donc, quand l'œuvre d'art s'absorbe dans la représentation d'une Contre-Création, c'est généralement d'une création maligne, catastrophique, qu'il s'agit: façon de dire encore que la Création divine est maligne dans son essence, puisqu'elle frappe de malignité toute contre-façon qu'on

---

[163] *Second Faust,* acte V.

[164] Karel Čapek, *R.U.R. (Rossum's Universal Robots),* Prague, 1921.

[165] *Quidquid volueris,* éd. citée, p. 108 A.

tenterait de lui substituer. Mais il est beaucoup plus efficace, pour l'écrivain, d'attaquer en Dieu un collègue, et de montrer que c'est le livre du collègue qui est un concentré du Mal, l'origine peut-être et le moteur de la Création maligne elle-même. Flaubert suit ici tout un ensemble de traditions. La primauté du *logos* sur le monde, posée par la Genèse, se retrouve dans les religions babylonienne et égyptienne, chez Démocrite, chez Héraclite, dans l'orphisme et dans la tradition gnostique *(Pistis Sophia)...* [166] Le monde est sorti d'un mot créateur, le Mal est sorti d'un livre. Nombreux ont été, dans la chrétienté même, les artistes qui ont fait de la Bible une relecture maligne — je pense à ce tableau, *les Filles de Loth* de Lucas Van den Leyden, dans lequel Artaud aperçoit une correspondance entre la perversion sexuelle des personnages du premier plan, et l'espèce de catastrophe métaphysique qui affecte le paysage (tant les éléments cosmiques que des événements divers, dont un naufrage) [167]. On sait Flaubert secrètement fasciné par certains mythes bibliques ou évangéliques (l'histoire de Tamar et de Juda par exemple, la décapitation de Jean-Baptiste, Carthage-Babylone, la ville maudite de l'Apocalypse) dont il amplifie la violence en leur donnant parfois une dimension cosmique (la tête de Jean dans le soleil sanglant). Quant à se scandaliser du texte même des Livres Saints, Flaubert avait pour modèles les «philosophes» du XVIIIe siècle bien sûr, mais il pouvait remonter jusqu'aux rationalistes anciens, à Xénophane par exemple qui écrivait au Ve siècle avant J.-C.: «Au dire d'Homère et d'Hésiode, les dieux font toutes sortes de choses que les hommes considéreraient honteuses: adultère, vol, tromperie mutuelle» [168]. La Logique de *la Tentation* est de cette lignée:

Antoine: Le mal? c'est ce qui est défendu par Dieu.

La Logique: A coup sûr! tel que l'homicide, l'adultère, l'idolâtrie, le vol, la trahison et la rébellion contre la loi: c'est pour cela qu'il a ordonné à Abraham de sacrifier Isaac qui était son fils, à Judith d'égorger Holopherne qui était son amant, (...) et qu'il a fait forniquer Abraham avec Agar, Osée avec la courtisane, le serpent avec Eve, et le Saint-Esprit avec Marie... *(Antoine pousse un cri.)* et que Jacob volait Laban... (etc.)

(T. I, p. 388 B)

---

[166] Voir H. Leisegang, ouvrage cité, p. 207.

[167] Antonin Artaud, «La mise en scène et la métaphysique», in: *Le Théâtre et son double*, Gallimard/Idées, p. 47-52.

[168] Rapporté par Mircea Eliade, *Aspects du mythe*, p. 187.

Les gnostiques jouent leur rôle d'ennemis de la religion chrétienne en reprenant à leur compte ce Mal, partie constituante de la Bible, dont ils font leur Bien renversé:

> Gloire à Caïn! Gloire à Sodome! [...]
> C'est par la volonté de Dieu que Caïn versa le sang, que Sodome violait les anges, [...] que Judas vendit le Seigneur; Dieu le savait d'avance et les laissa faire, il le voulait donc.
>
> (les Caïnites, T. I, p. 396 B)

C'est la Gnose tout entière qui est cette Bible du Mal, opposée à l'autre — la Gnose, ensemble aux contours indéfinis de tous les textes gnostiques, que symbolise cependant le Livre-Révélation agité çà et là devant les yeux de saint Antoine:

> Les Gnostiques, *chœur énorme* [...]. *Un d'eux tient un livre.*
> ...voici le livre de Noria, femme de Noé. Elle l'écrivit dans l'arche [...].
> C'est lui, celui-là! prends-le! tiens donc!... tiens! nous l'ouvrons pour toi.
>
> (T. I, p. 393 B)

Et quand Antoine se met à lire une de ces délirantes généalogies gnostiques qui aboutit aux trente Eons et au Plérôme, les hérésiarques s'écrient: «Il lit, il lit, il est à nous... il est à nous!» *(ibid.)* Comment le saint ne lirait-il pas, puisqu'il est habitué à tout rapporter à un Saint Livre en effet, dont le contenu n'est finalement pas si différent. En effet, tout Livre-Révélation se doit de débuter par des généalogies: donc, aux généalogies des Ophites, ou encore de Valentin (T. III, p. 536 B-537 A), correspondent les généalogies analogues qui parsèment l'Ancien Testament, et celles qui figurent au début des Evangiles de Matthieu et de Luc [169].

> *Alors tous brandissent dans l'air des rouleaux de papyrus, des tablettes de bois, des morceaux de cuir, des bandes d'étoffe; — et se poussant les uns les autres:*

Les Cérinthiens:	Voilà l'Evangile des Hébreux!
Les Marcionites:	L'Evangile du Seigneur!
Les Marcosiens:	L'Evangile d'Eve!
Les Encratites:	L'Evangile de Thomas!
Les Caïnites:	L'Evangile de Judas!
Basilide:	Le traité de l'âme advenue!
Manès:	La prophétie de Barcouf!

> (T. III, p. 540 A-B)

[169] Leisegang, ouvrage cité, p. 206-207, et pour l'ophitisme p. 121-128.

On comprend qu'Antoine soit presque séduit, quand on lui présente LE LIVRE multiplié en autant de reflets (et la structure en abîme impose naturellement que *la Tentation* elle-même, dans sa séquence 4 du moins, soit un de ces séduisants livres gnostiques), et qu'il se sente perdu entre mensonge et vérité: «C'est vers Dieu qu'ils prétendent se diriger par toutes ces voies! De quel droit les maudire, moi qui trébuche dans la mienne? Quand ils ont disparu, j'allais peut-être en apprendre davantage.» (T. III, p. 544 B) Antoine ne sait plus, et le lecteur de *la Tentation* avec lui, si la Gnose est le reflet renversé de la Bible, ou si la Bible est un livre gnostique parmi d'autres. Que dire par exemple du serpent, qui n'est pas seulement l'animal-totem des Ophites — «le serpent qui se mord la queue symbolise le cycle de tout devenir avec son double rythme: le développement de l'Un dans le Tout et le retour du Tout à l'Un»[170] — mais un important symbole de la Bible, comme le relève Leisegang:

> Léviathan, il est dans l'Ancien Testament l'Esprit mauvais du monde. Un serpent séduit Eve dans le paradis. Le bâton de Moïse se transforme en serpent. Moïse dresse dans le désert un serpent d'airain, à propos duquel l'Evangile de Jean proposera un rapprochement étrange: «Et de même que Moïse éleva le serpent dans le désert, de même il faut que le Fils de l'homme soit élevé, afin que quiconque croit en lui ait la vie éternelle» (Jean 3:14-15). On voit dès lors que toutes les conditions étaient réunies en abondance qui permettraient de montrer, dans le serpent, tantôt le Logos et Sauveur, tantôt le démon; de voir en lui le Dieu qui circonscrit le monde ou l'Esprit-Saint qui pénètre dans l'homme pour en faire un pneumatique [un être spirituel].[171]

Aussi, quand Antoine voit apparaître les Ophites portant un énorme python (T. I, p. 391 B; T. III, p. 541 B), quand il les voit procéder au rite gnostique de l'eucharistie, dans lequel le serpent touche des pains que les fidèles se partagent ensuite, quand il les entend l'appeler, ce serpent, «le Verbe» et «le Christ» (T. III, p. 542 A), s'il *«s'évanouit d'horreur»*, c'est peut-être bien parce qu'il a reconnu dans la Gnose une des voies qui mènent à Dieu.

Mais s'il est vrai que la Bible se relativise au contact de la Gnose, il n'en reste pas moins que LE LIVRE reste pour Flaubert celui de l'Occident chrétien, et pas un autre. Remarquablement fidèle en cela aux Pères de l'Eglise, il rapporte soigneusement tous les textes gnostiques à ce qui est pour lui le texte primordial, le texte de la LOI. «Le Saint-Esprit, qui est

---

[170] *Ibid.*, p. 81.
[171] *Ibid.*, p. 81-82.

moi...» dit l'hérésiarque Montanus (T. I, p. 400 A). «Honni soit le baptême! honnie l'eucharistie! honni le mariage! honni le viatique!» s'écrient les Donatistes Circoncellions (T. I, p. 401 A). «Veux-tu que je te fasse apparaître Jésus?» demande Apollonius à Antoine. «Tu verras les trous de ses mains et au flanc gauche le sang figé sur la blessure; il brisera sa croix, il jettera sa couronne, il maudira son Père, il m'adorera le dos courbé.» (T. I, p. 409 B) On voit l'alternative: partir de la Gnose, ou partir de la Bible. Partir de la Gnose, c'est par exemple approfondir la polysémie du symbole du serpent, principe cosmique et spirituel chez les Ophites, être-devenir du mythe phrygien, être primordial et androgyne des textes orphiques, sauveur dans l'Evangile de Jean, savant dans la Genèse... [172] Partir de la Gnose, c'est choisir le surplus de sens. — Partir de la Bible, c'est se placer sous l'autorité du Verbe divin (ce qui peut paraître comme une marque de déférence envers le symbolique), mais dans ce sens restrictif qui caractérise le texte flaubertien. En effet, le Verbe divin se confond pour Flaubert avec «un déjà-là du discours, une répétition toujours antérieure qui se donne pour la loi». En conséquence, le langage se définit comme «une répétition de répétition» [173], à structure narcissique quant à son fonctionnement. Le Jésus évoqué par Apollonius est le double diabolique du Jésus des Evangiles, son *mauvais même*. Le Livre-Révélation (quel qu'il soit, y compris *la Tentation*) est le mauvais même de la Bible. Tout énoncé de la Bible est par principe doublé d'un énoncé malin, que *la Tentation* se donne pour tâche d'actualiser.

Prenons comme exemple l'institution de l'Eucharistie: «Et, ayant pris une coupe et rendu grâce, il la leur donna, en disant: Buvez-en tous, car ceci est mon sang, celui de l'Alliance, qui est répandu pour beaucoup en rémission des péchés. Je vous le dis: je ne boirai plus désormais de ce produit de la vigne, jusqu'à ce Jour où je le boirai avec vous, nouveau, dans le Royaume de mon Père» (Mat. 26:27-29). C'est son reflet inversé que nous trouvons dans les exclamations des Ascites ivrognes: «Vive le vin! c'est lui qui est christ! il délie les cœurs. [...] Quand son flanc fut percé, c'est du vin qui coula...» (etc.) (T. I, p. 392 A), ainsi que dans ces autres énoncés aberrants, dont l'un figure dans l'épisode des dieux: «Des troncs sans têtes, le sang coulait comme coule le vin des cruches inclinées» (T. I, p. 457 A) et l'autre dans *Salammbô:* «...le sang coulait et

---

[172] Voir *la Gnose*, chapitre «Les Ophites», p. 81-129.

[173] Voir le chapitre «Entre l'autre et le même», note [1], pour l'article de Françoise Gaillard, «L'en-signement du réel».

ils [les bourreaux] se réjouissaient comme font les vendangeurs autour des cuves fumantes»[174].

Pour Flaubert, la Bible (avec Homère, peut-être) est le seul texte qui n'en répète pas d'autre. Il n'y a pas d'avant-Bible, a-t-il l'air de dire, au mépris de toutes les données historiques bien entendu[175]. Ainsi, la recherche des origines du langage vient buter sur la Bible. Mais le langage divin, l'Artiste ne peut en intérioriser la Loi, il préfère le fétichiser. C'est pourquoi c'est la Bible qui inaugure le régime de la répétition dans le texte flaubertien.

Si l'écriture du Mal consiste à *répéter en pire*, l'origine biblique (et homérique) d'un certain type de comparaison flaubertienne se confirme. Dans ces livres primordiaux et chez Flaubert, la fonction en est la même: lier indissolublement le *logos* et le monde. «...les hautes maisons [de Carthage] inclinées sur les pentes du terrain se haussaient, se tassaient telles qu'un troupeau de chèvres noires qui descend des montagnes»[176]. Si le monde a éclos à partir du *logos* divin, monde et *logos* ne peuvent que se correspondre terme à terme. Le *mot créateur* fait le monde, le monde retourne au langage sous la forme de la *figure*. C'est un processus fermé. Que le *logos* soit bon, et le monde correspondant le sera aussi. Ce sera le monde des métaphores du Cantique des Cantiques, le jardin oriental (qui a pour autre nom: le paradis). Que le *logos* soit mauvais, et le jardin oriental se changera en un jardin des supplices:

Comme un émondeur qui coupe des branches de saule, et qui tâche d'en abattre le plus possible afin de gagner plus d'argent, il marchait en fauchant autour de lui les Carthaginois.[177]

ou en un jardin des horreurs (c'est le cas dans *Bouvard et Pécuchet*)[178]. Avec *la Tentation* et à partir d'elle, Flaubert a réalisé le programme poétique que son maître Quinet avait mis au compte de son personnage Mob, tant il est vrai qu'un poète, même bien-pensant, ne peut s'empêcher de révéler l'essence diabolique de l'art:

Bravo! c'est l'art que j'aurais voulu cultiver, si on m'eût laissée libre. Darder, en plein soleil, des paroles huppées; habiller de phrases une ombre, un squelette,

---

[174] *Salammbô*, Pléiade, I, p. 903.

[175] L'Eucharistie de l'Evangile, par exemple, n'est pas sans rapport avec les rites orphiques et dionysiaques.

[176] *Salammbô*, p. 723.

[177] *Ibid.*, p. 933-934.

[178] Bouvard et Pécuchet jardinent dans un étroit rapport aux livres: voir C. Mouchard, «Terre, technologie, roman», in: *Littérature* N° 15.

moins que cela, un rien; le coiffer de rimes, le chausser d'adverbes, le panacher d'adjectifs, le farder de virgules; quelle faculté dans l'homme, monsieur! et songer que tout lui obéit, premièrement, ce qui n'est pas![179]

Mais on aura reconnu le thème du double dans le fantasme linguistique de Quinet. C'est une sinistre poupée qu'«habille» le poète narcissique. Autant dire qu'en écrivant il se voit lui-même, mort et aboli, dans le miroir de son langage. Contre-Bible, le texte de *la Tentation* (c'est en cela que c'est un texte *baroque*) ne peut sortir du jeu mortel des reflets où il se prend, et le fantasme répété du corps morcelé en tire une étrange authenticité: «affilez les poinçons»... «Tuons l'homme... égorgeons la femme... broyons l'enfant» ... «Etouffe-la donc, coupe-la donc, hache-la donc!»... «On a arraché les yeux...» (textes cités supra). «Ceci est pour couper l'organe du sexe...» (les Valériens, T. I, p. 400 B). «Nous nous couchons sous la roue des grands chars...» (les Donatistes Circoncellions, T. I, p. 401 B). C'est pourtant ce texte narcissique qui est le texte de Flaubert le plus ouvert au symbolique. J'avais dit[180], commentant la séquence conclusive de la troisième version de *la Tentation*, que l'Artiste flaubertien, en refusant la Loi, se privait de pouvoir jamais s'approprier le monde, et qu'il ne lui restait qu'à s'y anéantir volontairement. Il faut à présent compléter l'analyse. La séquence des hérétiques nous montre l'Artiste se soumettant à la Loi[181] avec une sorte de docilité perverse: la Loi est écrite, je recopierai la Loi comme elle est écrite, avec cette seule différence que mon écriture sera le négatif de l'Ecriture. Non seulement l'Artiste ne s'approprie pas le monde, mais on assiste à une expropriation volontaire du langage. Le langage, l'Artiste n'en a rien à faire. Lui, il se contente de répéter. C'est en ce sens en effet qu'il s'anéantit. Le panthéisme flaubertien ou anéantissement dans le cosmos (célèbre thème itératif de l'œuvre de Flaubert) se double d'un anéantissement dans l'écriture. Cet anéantissement, on peut le traduire en termes de mythe: mort de Narcisse, ou mort d'Orphée? c'est selon la lecture (narcissique ou symbolique) que l'on privilégie. Narcisse, corps brisé dans les facettes du texte-miroir; Orphée, corps perdu dans le jeu infini du signifiant, qui est «l'autre» du texte. Quand *la Tentation* n'est plus la Contre-Bible mais

---

[179] *Ahasvérus*, in: Quinet, *O.C.*, Pagnerre, tome XI, p. 223.

[180] Voir supra, la fin du chapitre «La tentation de la métamorphose».

[181] Cette séquence ne *représente* pas d'artiste, c'est au plan de l'écriture que le drame de l'Artiste traverse un nouvel épisode.

qu'elle s'identifie à la Gnose [182], elle est au contraire un texte de délire, un texte-dieu, qui donne à lire les processus primaires de l'inconscient dans leurs aspects «les plus violents, les moins discursifs, les plus sauvages» [183]: un texte d'aujourd'hui.

La Tentation de saint Antoine est un texte apparenté au rêve, tout le monde s'accorde là-dessus. Encore faut-il dépasser la simple intuition et analyser le travail, analogue au travail du rêve, qui est à l'œuvre dans le texte. Il est vrai qu'en bien des occasions déjà, à propos des mythes et des fantasmes surtout, on a pu, au cours de cette étude, observer les structures inconscientes de *la Tentation*. J'ai aussi donné d'avance, en m'inspirant de la *Traumdeutung*, les premiers éléments d'une grammaire. Ce mot de «grammaire» ne convient pas très bien d'ailleurs, et Freud y a renoncé par la suite. En effet, dit-il, dans les processus inconscients,

tous les modes de langage propres à traduire les formes les plus subtiles de la pensée: conjonctions, prépositions, changements de conjugaison et de déclinaison, tout cela est abandonné, faute de moyens d'expression, seuls les matériaux bruts de la pensée peuvent encore s'exprimer comme dans une langue primitive, sans grammaire. [184]

Les processus inconscients font violence au langage articulé. Le rêve (le texte apparenté au rêve) est un espace où opère

une énergie libre (non liée) tendant vers la décharge, utilisant les compromis de la condensation et du déplacement, faisant coexister les contraires et indifférente à la temporalisation... [185]

tandis que le langage articulé implique une «énergie liée dont la décharge est différée, contenue et limitée, obéissant aux lois de la logique et de la succession temporelle» [185]. La condensation transgresse le découpage lexical, l'ignorance de la temporalité bouleverse l'ordre du syntagme, et le «déplacement des intensités psychiques» de tel élément à tel autre [186] affecte l'espace de l'inconscient d'une mobilité qui produit «des courts-

---

[182] Songeons que les gnostiques, fidèles à la pure tradition ésotérique, se reconnaissent comme «d'ailleurs», comme «autres», expressions qui signifient: d'essence divine. Voir Mircea Eliade, *Aspects du mythe*, p. 163.

[183] André Green, «La déliaison», in: *Littérature* N° 3, p. 46.

[184] Freud, *Nouvelles conférences* (1932), cité in: Jean-François Lyotard, *Discours, figure*, Klincksieck, p. 274.

[185] A. Green, art. cité, p. 38.

[186] Freud, *die Traumdeutung*, trad. franç. citée, p. 266.

circuits de sens» [187]. On va donc pouvoir vérifier si *la Tentation*, texte de désir, est un «texte bouleversé» [188], et on va le faire en abordant successivement la «grammaire» de ce texte, puis le problème des discours (textes «autres» dans le texte), et enfin les condensations et les déplacements, mouvements de l'énergie non liée.

Le rêve, dit Freud, «présente les *relations logiques* comme *simultanées;* exactement comme le peintre qui réunit en une Ecole d'Athènes ou en un Parnasse tous les philosophes ou tous les poètes, alors qu'ils ne se sont jamais trouvés ensemble» [189]. D'emblée nous touchons à un point essentiel, je veux dire au principe de composition qui régit chacune des séquences de *la Tentation*, et l'œuvre dans son ensemble. Il y a du Puvis de Chavannes chez Flaubert! c'est-à-dire que l'art symboliste fait sienne une logique onirique. C'est particulièrement net dans la séquence des dieux, qui est un panthéon (et le moment d'attention que l'on consacre successivement à chacun des dieux correspond assez bien à la lente «lecture», de gauche à droite, qu'exigent les fresques du peintre), et dans la séquence des hérétiques, où Flaubert fait dialoguer les représentants de sectes que séparent parfois plusieurs siècles. Aux Ascites (secte du IVe siècle) qui honorent le vin en prétendant que c'est le sang du Christ, les Sévériens (secte du VIe siècle) répondent, «*s'avançant du fond avec un visage sombre:* Non, jamais! le vin a germé par la vertu de Satan...» (T. I, p. 392 A) [190] Aux Circoncellions (secte du IVe siècle) qui incitent Antoine au suicide («Tiens! voilà nos massues») répondent les Elxaïtes (secte du Ier siècle): «Non, non, vis, la vie est bonne encore, Dieu maudit celui qui attente à lui-même.» (T. I, p. 410 A) Nous retrouvons, d'autre part, dans ces échanges de répliques, la *coexistence des contraires*, si caractéristique du rêve, lequel ignore la contradiction et le «non». Dans le rêve (et dans la Gnose, semble-t-il) la conjonction «ou» est remplacée par la conjonction «et» (voilà résolu le problème du greffier du *Mariage de Figaro!*). C'est pourquoi il ne faut pas s'ébahir, avec Antoine, des contradictions entre les gnostiques. Par elles, le texte dit la vérité de l'inconscient, comme du reste Antoine le reconnaît à sa manière, dans la

---

[187] Lyotard, ouvrage cité, p. 275.

[188] *Ibid.*, p. 245.

[189] *Die Traumdeutung*, trad. franç., p. 271.

[190] Les Sévériens sont un cas d'anachronisme, puisque Antoine ne pouvait pas les connaître. Il faut y ajouter le cas des Patricianistes (secte du XIe siècle!, T. I, p. 390 A-B), que Flaubert a supprimés dans T. III.

troisième version: «A présent, c'est comme s'il y avait dans mon intelligence plus d'espace et plus de lumière.» (T. III, sq. 4, p. 545 A) Le principe de simultanéité temporelle et les anachronismes relevés plus haut témoignent de ce que *la Tentation* transgresse systématiquement la temporalité. On a déjà eu l'occasion de l'observer à propos de la séquence 4 ter (première et deuxième version) où se heurtent le temps du fantasme, le temps du mythe et différents temps, hétérogènes, de l'Histoire [191]. Un personnage comme Ennoïa [192], personnage transhistorique et transmythologique, peut concentrer en lui de fantastiques décalages temporels. Mais c'est l'œuvre dans son ensemble qui se situe dans le temps du rêve, puisque

> dans l'espace de cette nuit d'Egypte que hante le passé de l'Orient, c'est toute la culture de l'Europe qui se déploie: le Moyen Age avec sa théologie, la Renaissance avec son érudition, l'âge moderne avec sa science du monde et du vivant. [193]

Dans cette «autre» grammaire, les *relations causales* n'ont pour s'exprimer que la *succession:*

> Quand les pensées du rêve s'expriment ainsi: telle chose étant ainsi, telle autre devait arriver, la proposition subordonnée apparaît comme rêve-prologue et la proposition principale s'y ajoute ensuite comme rêve principal. [189]

> Le rêve dispose d'un autre procédé (...) pour indiquer la relation causale: c'est la transformation d'une image du rêve en une autre, qu'il s'agisse d'une personne ou d'une chose. La relation ne peut être affirmée que quand nous assistons à cette transformation. [194]

C'est ce qui se passe, n'en doutons pas, dans *la Tentation*, comme en témoigne par exemple cette double métamorphose:

> ... *les objets se transforment. Au bord de la falaise, le vieux palmier, avec sa touffe de feuilles jaunes, devient le torse d'une femme penchée sur l'abîme, et dont les grands cheveux se balancent. Antoine se tourne vers sa cabane; et l'escabeau soutenant le gros livre, avec ses pages chargées de lettres noires, lui semble un arbuste tout couvert d'hirondelles.*
> (T. III, p. 526 B)

---

[191] Voir supra, la section «Fragments de mythes» de mon chapitre «La tentation de la métamorphose».

[192] Voir supra, dans le chapitre «L'éternel féminin», le discours de Simon le Magicien.

[193] Michel Foucault, art. cité, p. 184.

[194] *Die Traumdeutung*, trad. franç., p. 272.

C'est *parce que* l'arbre est associé à Eve et au péché originel (lequel concernait le savoir) qu'il se transforme en image érotique. Et, en retour, c'est *parce que* le livre est associé au savoir, et le savoir au paradis perdu, que l'escabeau qui porte le livre se transforme en arbre. On admirera cet entrelacement causal, qui a été sans doute médité par Flaubert. Mais ce que Flaubert n'a pas médité, ce qui lui échappe et qui est donc plus vrai, c'est la relation causale que trahit, dans la séquence 4 ter de la première version, la succession des trois «images» suivantes: la Femme et le Pasteur, Diane chasseresse, le festin de Nabuchodonosor [191]. Traduisons *la pensée du rêve:* si Antoine a vu la «scène primitive» (la vérité de l'inconscient, dont Diane est l'emblème), alors il doit (comme Nabuchodonosor, qui est là à la place d'Actéon) se transformer en animal. — Enfin, je ne fais que mentionner la seule relation logique privilégiée par le rêve:

> C'est la *ressemblance*, et l'*accord*, le *contact*, le «de même que»; le rêve dispose, pour les représenter, de moyens innombrables. Ces «de même que» [...] sont les premières fondations de toute construction de rêve... [195]

car la conjonction «de même que», ou son équivalent la figure de l'analogie (concision, métaphore, condensation), est, à tous les niveaux du texte, le fondement de *la Tentation de saint Antoine*.

Freud, on l'aura bien compris, ne parle de grammaire que métaphoriquement. Le délire de *la Tentation*, si délire il y a, affecte les structures inconscientes du texte, non les microstructures narratives, ou phrases. Les discours que prononcent les personnages, comme aussi le récit par lequel le narrateur relie ces discours, obéissent à une grammaire irréprochable. Il y a même un décalage frappant entre les déflagrations de fantasmes dont ces discours sont parsemés — «J'ai pétri pour les femmes de Syracuse les phallus de miel rose qu'elles portent, en hurlant sur les montagnes» (Apollonius, T.I, p. 408 A) — et leur rhétorique, que l'on aurait tendance à qualifier d'académique, tant elle est équilibrée, jusque dans ses paroxysmes:

> ...tu verras, dormant sur les primevères, le lézard géant qui se réveille tous les siècles, quand tombe à sa maturité le rubis qu'il porte sur sa tête.
>
> (le même, *ibid.*)

Antoine a beau se dire gagné par la folie (T.I, p. 393 A; T.III, p. 544 B), les hérétiques ne sont pas fous, puisqu'ils ne sortent pas de la

---

[195] *Ibid.*, p. 275.

logique du langage articulé. Donc le délire est ailleurs, il est dans le principe même des discours rapportés, et dans leur utilisation. Dans les rêves aussi, les personnages prononcent des paroles, dont la caractéristique est d'être à la fois anodines et étranges. Il est connu que ces paroles proviennent généralement de la vie éveillée du dormeur. Ces discours «autres» sont intercalés dans le rêve, comme des pièces rapportées d'ailleurs.

Car le travail du rêve ne saurait non plus *créer* des discours. [...] Non seulement il les a arrachés de leur contexte et morcelés, a pris un fragment, rejeté un autre, mais encore il a fait des synthèses nouvelles, de sorte que les discours du rêve, qui paraissent d'abord cohérents, se divisent, à l'analyse, en trois ou quatre morceaux. Dans ce nouvel emploi, le sens que les mots avaient dans la pensée du rêve est souvent abandonné: le mot reçoit un sens entièrement nouveau.[196]

Les recherches érudites de Jean Seznec l'ont amené à des analyses de *la Tentation* qui ressemblent, à s'y tromper, aux analyses freudiennes du rêve:

[Flaubert] excelle aussi à grouper les textes, ou à les combiner avec la patiente adresse d'un mosaïste. La question d'Antoine: «Qu'est-ce donc que le Verbe? Qu'était Jésus?»[197] provoque des exclamations discordantes, — mais dont chacune est une citation habilement placée. Les Séthianiens s'écrient: «C'était Sem, fils de Noé!» (Cf. Saint Augustin, *De Haeresibus*, 19: *Quidam eos dicunt Sem filium Noe Christum putare*); «Ce n'était rien qu'un homme!» disent les Mérinthiens (cf. *ibid.*, 8: *Merinthiani Jesum hominem tantummodo fuisse...*). «Il ressuscitera», assure Cérinthe (cf. *ibid.*, 8: *... nec resurrexisse sed resurrecturum asseverantes*). «Il fut d'abord dans Adam, puis dans l'homme», réplique Méthodius (cf. Beausobre, I, 118: *Méthodius dit en propres termes que le Verbe s'unit au commencement à la personne d'Adam, ou plutôt qu'il s'incarna dans Adam... mais qu'Adam, ayant bientôt perdu la présence par le péché, le Verbe s'est uni de nouveau à l'Homme*).[198]

De subtils décalages apparaissent, du type de ceux que signale la *Traumdeutung*. Il n'y a pas de commune mesure entre le sens qu'avaient ces discours chacun dans son *contexte* (dans tel système gnostique, qui avait sa logique propre) et le sens que leur attribue *la pensée du rêve* (ou contenu latent du rêve), qui dit, elle, que l'hérésie est l'accomplissement du désir d'Antoine. Mais plus frappant encore est le décalage avec *le travail*

---

[196] *Ibid.*, p. 357.

[197] Voir T. III, p. 540 A.

[198] «Flaubert, historien des hérésies dans *la Tentation*», éd. citée, voir note [144], p. 212.

du rêve («travail» que Freud prend soin de distinguer de la «pensée»).
VIOLENCE exercée sur des textes «autres», dont il fait LE TEXTE (le
texte-mosaïque), le travail du rêve est responsable de ce «sens entièrement
nouveau» qui, dans *la Tentation de saint Antoine*, tourne autour de
«l'origine» (origine de l'homme/origine du monde/origine du langage). Ce
n'est pas mon propos que de cerner ici ce sens[199]. La question se pose
même de savoir s'il y a un sens. Peut-être qu'il n'y a que du «travail».
Freud met le travail du rêve au compte de la censure, Jean-François
Lyotard au compte du désir:

> le désir est d'emblée texte bouleversé, le travestissement n'est pas le fait d'une
> intention de tromper qui serait celle du désir, mais le travail même *est* travestisse-
> ment parce qu'il est violence sur l'espace linguistique. Pas besoin d'imaginer que
> le Ça a quelque chose derrière la tête. «Le travail du rêve ne pense pas.»[188]

«Le désir est d'emblée texte bouleversé.» Il y a, dans l'œuvre de
Flaubert, un fameux «texte bouleversé» où le désir se lit à la fois comme
thème et comme violence exercée sur des discours: c'est les Comices dans
Madame Bovary.

La «mobilité incessante»[187] propre au rêve caractérise bien le texte de
la Tentation, texte dynamique malgré ses tensions. Car les tensions ont
deux issues: l'une est la paralysie d'Antoine (par laquelle *la Tentation*
ressortit à la névrose obsessionnelle); mais l'autre issue, simultanée, est le
déplacement constant du désir d'épisode à épisode, de personnage à
personnage, et même de fragment textuel à fragment textuel. Chaque
personnage, chaque fragment en «vaut» un autre, comme le texte le
souligne parfois: «Celui-là [Apollonius] vaut tout l'enfer! Nabuchodonosor ne m'avait pas tant ébloui. La Reine de Saba ne m'a pas si profondément charmé.» (T. III, p. 551 A) C'est bien là un de ces *déplacements
d'intensité psychique* dont parle Freud. Je ne reprendrai pas tous les cas de
déplacements et de condensations que j'ai relevés au cours d'analyses
antérieures[191]. Ce qui est certain, c'est qu'ils produisent de ces fluctua-
tions de sens et de ces courts-circuits qui donnent au langage du rêve son
caractère transgressif. Certes, on trouvera difficilement chez Flaubert une
image aussi fantastique que cette image d'un rêve de malade rapportée
par Ferenczi: «une image composite faite d'un *médecin* et d'un *cheval*, le

---

[199] J'en ai approché à plusieurs reprises au cours de cette étude. Mais on se souvient:
le fantasme originaire lui-même n'est pas l'origine, il n'est que l'ombre portée d'un réel à
jamais disparu.

tout portant une *chemise de nuit*» [200]! à moins qu'elle ne soit égalée par celle du Diable flaubertien, avec ses ailes de chauve-souris et son museau de porc et de tigre. Il est vrai que Flaubert ne peut surprendre le lecteur par son invention (il n'invente jamais), mais seulement par son érudition. Il faut qu'il y ait des textes qui aient rêvé pour lui... Le Sadhuzag, il l'a trouvé dans Bochart *(Hierozoïcon, sive de animalibus Sanctae Scripturae)*, les Cynocéphales dans Elien *(De Natura Animalium)* et ainsi de suite. Il n'est jamais aussi content que lorsqu'un article de la *Revue Britannique* lui démontre que les «animaux apocryphes» ont existé, que le dragon, c'est le ptérodactyle etc. [201] N'empêche que c'est du dragon qu'il voulait parler, et non du ptérodactyle. — Donc c'est *le désir du texte* qui suscite ces autres monstres, à peine moins fantastiques, que sont «la Science» de la première version (un savant-poète) et Nabuchodonosor (tyran-animal-Actéon-Antoine). C'est le désir encore qui rend compte de la surdétermination délirante de la séquence du «être la matière» dans la troisième version, que l'on peut lire comme: l'échelle des êtres de la Création, l'échelle de Jacob, un fragment du mythe de Protée, un fragment du mythe de Narcisse, un fragment du mythe d'Actéon, un fragment du mythe d'Orphée, la mort et l'ascension du poète-Christ, deux versions différentes de la naissance de Vénus, trois versions différentes de l'origine de la vie, et un résumé de la Gnose, dont on sait qu'elle est «un grandiose mystère de la sexualité» [202] ... Mais le désir, en voit-on jamais *le fond?* Le désir «porte déjà en lui-même son refoulement originaire». «Le désir est interdit bien «avant» que ne joue la censure du rêve, il est interdit en son fond.» [203] Il n'y a pas de savoir communicable en langage articulé sur le désir, parce qu'il n'a jamais parlé dans un langage articulé qui aurait été travesti ensuite. Du désir, on ne connaîtra jamais le fond, seulement le texte qu'il travaille. La vérité de *la Tentation de saint Antoine* est de cet ordre-là: un texte que le désir travaille.

Bouvard, Pécuchet, et les livres

Puisqu'il avait abordé le problème de l'écrivain dans chacune de ses œuvres et depuis toujours, soit de biais, soit de face, mais alors le plus

---

[200] Cité in: *die Traumdeutung,* trad. franç., p. 280.

[201] Tous ces renseignements se trouvent dans: Seznec, *Saint-Antoine et les monstres,* éd. citée, voir note [143], p. 202-215.

[202] Leisegang, ouvrage cité, p. 27.

[203] Lyotard, ouvrage cité, p. 246.

souvent fragmentairement ou symboliquement, il fallait bien que Flaubert écrivît un jour l'histoire de ce héros (dédoublé) qui a pour protagonistes exclusivement des livres. Je parle de *Bouvard et Pécuchet*, qui n'est plus qu'un pseudo-roman, où des pseudo-événements (sortis d'autres livres, les livres de Flaubert lui-même) viennent habiller un programme de lectures. Il fallait peut-être aussi qu'arrivé à cette œuvre capitale, l'auteur mourût à la tâche... Capitale, cette œuvre l'est en ce sens qu'elle vient compléter, couronner un cycle de l'Artiste qui s'étale, dans le cas de Flaubert, sur cinquante ans de production. Retenant les œuvres majeures, je les répartirais dans trois rubriques, selon que je verrais privilégié le mythe, ou le roman de formation, ou l'apologue. Dans la première rubrique entreraient tous les «mystères», dans la deuxième toutes les «éducations sentimentales». La troisième rubrique n'existe que par cette œuvre étrange, *Bouvard et Pécuchet*, qui ne raconte pas seulement comment on devient (ou ne devient pas) écrivain, mais qui donne le dernier mot de Flaubert sur l'écriture.

le mythe de l'Artiste	le roman de l'Artiste	l'apologue de l'écriture
Smarh		
	Mémoires d'un fou	
Novembre		
	La 1re Education sentimentale	
La Tentation de saint Antoine		
	Madame Bovary	
Salammbô		
	L'Education sentimentale	
		Bouvard et Pécuchet

Des nuances s'imposent évidemment, chaque œuvre communiquant avec les autres. *La première Education* se transforme en apologue de l'écriture dans ses dernières pages, la seconde *Education* dans ses dernières lignes — «C'est là ce que nous avons eu de meilleur» (j'y reviendrai) —; dans *la Tentation*, est apologue de l'écriture tout ce qui est référence ouverte à la Bible. Aux textes matriciels déjà signalés *(Voyage en enfer, Une leçon d'histoire naturelle, Quidquid volueris)*, il faut en ajouter un autre: *Bibliomanie*[204] dont le héros est déjà un collectionneur hanté par les livres (comme le seront Bouvard et Pécuchet), un moine que fascine la Bible (comme elle fascinera Antoine), un martyr qui paie de sa vie son rapport aux livres (comme tous les Artistes martyrs chez Flaubert). On voit encore un roman réaliste, comme *la première Education*, prendre une dimension mythique, par suite de l'expression panthéiste du credo esthétique final. Inversement, *Bouvard et Pécuchet* renoue avec l'éducation sentimentale/artistique des deux héros de *la première Education*, car l'apologue persiste à prendre la forme d'un roman.

J'ai déjà eu l'occasion de mentionner diverses figures de l'Artiste dans l'œuvre de Flaubert. Si le monde du cirque a inspiré les premières figures, si le monde de la science nous a valu le «M. Paul» de *Quidquid volueris*, il faut aussi rappeler le «M. Binet» de *Madame Bovary*, avec son tour, qui oppose sa création absurde à l'absurde Création de Dieu. Dans *L'Education sentimentale* de 1869, c'est par la prolifération des multiples (principe de «l'art industriel») qu'Arnoux, devenu faïencier, compte rivaliser avec Dieu. L'activité créatrice peut être simple intention de créer, simple nostalgie de se fondre dans la Création, moins même: simple sentiment d'étrangeté. Le poète est un être venu d'ailleurs et qui se souvient des cieux. Cette définition (qui met entre parenthèses toute problématique de l'écriture) suffit parfois au jeune Flaubert. Toute son ironie ne l'a pas empêché de reprendre un cliché romantique, issu de la pure tradition ésotérique. D'où une galerie de «poètes», où nous trouvons Djalioh bien sûr, mais aussi le narrateur des *Mémoires d'un fou* et de *Novembre*, et puis toutes ces femmes (êtres inaboutis, êtres de l'absolu désir) dont les noms se prêtent au regroupement paradigmatique:

MArguerite	*(Un Parfum à sentir)*
MAzza	*(Passion et vertu)*
MArie	*(Novembre)*
EmMA,	

paradigme dans lequel on peut inclure le nom de MÂtho, l'Artiste-martyr.

---

[204] Conte écrit à quatorze ans, publié in: *O.C.*, l'Intégrale, I, p. 78 B.

Mais avec Emma et Mâtho, nous touchons au mythe. C'est *la Tentation de saint Antoine* qui va le plus loin dans le sens du mythe, puisque l'Artiste n'y est plus figuré en tant que tel, ou presque plus. Antoine lecteur de la Bible en est une figuration fugitive, sur le mode réaliste. On peut y ajouter Antoine logicien, Antoine gnostique. Mais Antoine cosmonaute, Antoine biologiste, Antoine tenté par la métamorphose animale nécessitent la médiation du mythe pour être interprétés comme des figures de l'Artiste. Il faut reconstituer cette figure en réunissant des éléments disjoints par le travail du texte.

La deuxième *Education sentimentale* entretient aussi des rapports avec *la Tentation*. Ce roman des «illusions perdues» est celui des artistes ratés. Trois destins permettent de mesurer cet échec-là: le destin de Frédéric d'abord, lequel tombe de ses ambitions initiales — «un grand peintre ou un grand poète»[205] — à l'état de petit-bourgeois; celui d'Arnoux, lequel de mécène est devenu fabricant, puis marchand d'objets saint-sulpiciens, ce qui, pour l'Artiste rival de Dieu, est certainement la pire des déchéances! Mais c'est le personnage de Pellerin qui est la figure de l'Artiste la plus significative du roman. Son nom déjà — *peregrinus* — a des connotations romantiques, nervaliennes. A la première visite qu'il lui fait, Frédéric voit dans son atelier deux toiles blanches couvertes de quelques taches et d'un incompréhensible réseau de lignes à la craie (variation flaubertienne sur *le Chef-d'œuvre inconnu* de Balzac), que Pellerin lui désigne comme représentant, l'une *la Démence de Nabuchodonosor,* l'autre *l'Incendie de Rome par Néron*[206]: et nous reconnaissons un motif littéraire cher à l'imagination sadienne de Flaubert lui-même. — «Pellerin lisait tous les ouvrages d'esthétique pour découvrir la véritable théorie du Beau, convaincu, quand il l'aurait trouvée, de faire des chefs-d'œuvre.»[207] Il peint en référence à Callot, Rembrandt, Goya[206], Titien[208], au Corrège, à Velasquez, Raphaël, aux peintres anglais[209]... autrement dit, en référence à cette «grande surface quadrillée de la peinture» dont parle Michel Foucault dans son article sur *la Tentation*, et qui est au peintre ce que la bibliothèque est à l'écrivain.

---

[205] *L'Education sentimentale, Œuvres*, Pléiade, II, p. 82.

[206] *Ibid.*, p. 69.

[207] *Ibid.*, p. 68.

[208] *Ibid.*, p. 246.

[209] *Ibid.*, p. 432.

Mais son érudition le perd. «Alors avait commencé l'ère des doutes...»[208] L'échec de Pellerin — matérialisé dans l'«abominable» portrait de Rosanette[210], objet monstrueux que le roman traîne avec lui jusqu'aux dernières pages — il faut le lire aussi comme un apologue. Le vrai sens n'est pas: comment égaler les maîtres? mais: comment peindre (écrire) encore, quand le déjà-peint (le déjà-écrit) écrase l'Artiste? L'Artiste fasciné par l'Autre du langage (pictural/scriptural) a deux solutions, représentées dans le roman par deux autres peintres, qui sont des doubles dégradés de Pellerin. C'est ou bien renoncer à être soi-même et se faire autre, totalement: «Sa première intention avait été de faire un Titien.»[208] Ainsi travaille le père Isaac, exploité par Arnoux, qui copie les maîtres et les signe. On notera que cette aliénation ressortit paradoxalement à la structure narcissique: les faux sont des duplicata. Ou bien, ne pas peindre, comme Frédéric, qui achète tout le matériel, et ne peint pas (tous les livres, et n'écrit pas). Plutôt la page blanche que la reconnaissance de la Loi — et l'on aurait ici l'aboutissement symboliste, mallarméen, du drame de l'Artiste. Après un curieux épisode de réalisme socialiste[211], c'est vers une troisième solution, synthèse des deux précédentes, que se tournera Pellerin en se faisant photographe sous le Second Empire. Car devenu Nadar, Pellerin ne peint plus... Il travaille dans la duplication (principe technique de la photographie). C'est donc un Artiste narcissique, qui tire des copies du réel, mais aussi un Artiste aliéné au réel. Dans *l'Education sentimentale*, Flaubert confond à dessein le réel avec Dieu: un réel qu'il ne définit plus, comme dans ses œuvres de jeunesse, en l'assimilant au Mal, mais à l'Industrie, principe structurant du monde moderne. Ce n'est pas un hasard, décidément, si «l'art» est qualifié, dès les premières pages du roman, d'«industriel». Ainsi, c'est bien *en haine du réel* que Flaubert a écrit ce roman, et composé le personnage de Pellerin, qui n'est pas son autoportrait, mais dont les hantises sont les siennes. Pellerin éclaire la complexité des données du drame de l'Artiste, que chaque œuvre de Flaubert doit poser et résoudre.

Ce drame, *l'Education sentimentale* ne le résout pas au plan de l'histoire, dont l'amer bilan est dressé au dernier chapitre, ni au plan du

---

[210] *Ibid.*, p. 297.

[211] En 1848, Pellerin peint «la République, ou le Progrès, ou la Civilisation, sous la figure de Jésus-Christ conduisant une locomotive, laquelle traversait une forêt vierge». *Ibid.*, p. 330.

récit: car si le récit [212] est bien, chez Flaubert, le plan de la production du sens, on sait que ce sens est, depuis *Madame Bovary*, soumis à l'aliénation de la société bourgeoise, et que *l'Education sentimentale* ouvre une circulation du sens dont l'origine est inassignable, comme est indéterminable l'origine (quelque chose comme un Dieu perdu, ou le réel qui se dérobe) de la circulation des signes monétaires dans le Capital. — Donc, c'est au plan de l'écriture seulement que *l'Education* résout le drame, grâce au fonctionnement textuel du célèbre épisode de la Turque, géniale structure en abîme. En tant qu'expérience originelle de deux adolescents, l'épisode de la Turque génère l'histoire. En tant qu'énigme posée au chapitre 2 de la 1re partie, il est le moteur de la démarche herméneutique, et en tant qu'il se scinde en un certain nombre d'éléments disjoints [213], il fonde la circularité du récit. A ceci s'ajoute qu'au plan de l'écriture l'épisode de la Turque permet au roman de *s'écrire*. Au risque d'ajouter un commentaire à un texte trop commenté déjà, je dirai que dans cet événement fondateur qu'a été la visite au bordel esquivée, le désir a reconnu son objet: un objet perdu, un objet creux. Mon analyse du désir destinée à *la Tentation* [214] se révèle applicable à *l'Education sentimentale:* «... et jusqu'au plaisir de voir, d'un seul coup d'œil, tant de femmes à sa disposition...» [215] est une phrase qui rendrait compte de «l'expérience» d'Antoine aussi bien que de celle de Frédéric. «La pulsion saisissant son objet apprend en quelque sorte que ce n'est justement pas par là qu'elle est satisfaite.» [216] La différence, c'est que dans *la Tentation* l'objet est d'emblée un objet hallucinatoire. Conséquemment, le désir se fait immédiatement texte (texte de désir). Dans *l'Education sentimentale*, le désir bute sur l'objet plein et met un temps infini (le temps du roman) à le reconnaître pour un objet creux. D'où un texte sur le désir englué dans les objets pleins, un texte non de la vérité du désir, mais de la méconnaissance.

---

[212] J'emploie le terme de *récit,* par opposition à l'*histoire* ou *diégèse*, en suivant Gérard Genette, *Figures III*, Seuil, p. 72. J'aurais préféré à *récit* le terme de *discours*, mais ce dernier terme a déjà servi dans cette étude à désigner les paroles «autres» introduites dans le texte flaubertien.

[213] Entre les deux mentions de l'épisode (I, 2 et III, 7), le roman est jalonné d'éléments de la série Prostitution. Voir par exemple l'affaire Cisy (p. 109), qui est un corrélat de l'épisode de la Turque selon les oppositions: *esquivé* vs *consommé* et *prolixité* vs *réticence*.

[214] Voir supra, la section «Le besoin et le désir» dans le chapitre «L'éternel féminin».

[215] *L'Education sentimentale*, p. 456.

[216] Jacques Lacan, *les Quatre concepts fondamentaux de la psychanalyse*, p. 153 (déjà cité).

Cependant, sur le mode réaliste, *l'Education sentimentale* fonctionne bien comme un roman de formation. L'éducation de Frédéric et de Deslauriers est «sentimentale» au sens d'«artistique», et elle se parachève à la dernière page du roman. «C'est là ce que nous avons eu de meilleur.» Cela veut dire que la «ligne droite»[217] de l'ART était indiquée par l'expérience de chez la Turque: il aurait suffi de lire le signe. Mais à la fin, quand le signe est enfin reconnu, il est trop tard, semble-t-il, pour les deux héros. Sur le plan de la diégèse donc, *l'Education sentimentale* ne finit pas à la manière du roman de Proust. L'épisode de la Turque n'est qu'un apologue à usage extratextuel, qui dit comment l'écriture naît du désir. «On les vit sortir. Cela fit une histoire qui n'était pas oubliée trois ans après. Ils se la contèrent prolixement...»[218] Il faut que quelque chose soit esquivé, se dérobe, pour qu'il y ait lieu de RACONTER PROLIXEMENT, d'écrire. Complétons, avec ce que *la Tentation de saint Antoine* nous a appris: ce qui s'est dérobé, c'est la femme, c'est-à-dire l'énigme de la femme, la coupure des sexes; ce qui s'est révélé, c'est la castration en tant que condition d'accès au symbolique. C'est toujours au seuil du symbolique que s'arrête l'Artiste flaubertien. La première version de l'épisode de la Turque, on la trouve dans *Quidquid volueris* (il s'agit de Djalioh, et c'est déjà l'Artiste pris entre Œdipe et Narcisse):

— Aime-t-il le sexe?
— Un jour, je l'ai mené chez les filles, et il s'est enfui emportant une rose et un miroir.[219]

Dernier des romans de formation de Flaubert, *Bouvard et Pécuchet* a bien des traits communs avec les deux *Educations*. Adolescents attardés, éternels adolescents, Bouvard et Pécuchet ont, de la jeunesse, le goût d'apprendre et la disponibilité. Comme Jules et Henry, comme Frédéric et Deslauriers (et comme Lucien de Rubempré et David Séchard, leurs modèles balzaciens), ils forment ce couple d'amis, l'un féminin, l'autre masculin[220], qui est l'une des figurations possibles de l'androgyne dont le mythe hanta les imaginations romantiques. La structure narcissique de ce

---

[217] *L'Education sentimentale*, p. 455.
[218] *Ibid.*, p. 457.
[219] *Quidquid volueris*, *O.C.*, l'Intégrale, I, p. 108 A.
[220] Leur caractérisation est connue, et ils sont même suffisamment complémentaires pour vouloir jouer aux «parents». Mais il s'y ajoute une subtile répartition symbolique: p. ex., au jardinage de Pécuchet (femme) répond le travail aux champs de Bouvard (homme). Voir l'article de Claude Mouchard, note [178].

pseudo-roman qu'est *Bouvard et Pécuchet* est évidente. Il suffit de rappeler qu'il ouvre sur une rencontre du double digne de Hoffmann — «et le petit homme aperçut, écrit dans le chapeau de son voisin: Bouvard; pendant que celui-ci distinguait aisément dans la casquette du particulier en redingote le mot: Pécuchet», autrement dit les deux bonshommes ont le même nom![221] — et qu'il s'achève sur le double pupitre. Racontés sur un ton goguenard, le ton du Garçon, les échecs de Bouvard et de Pécuchet avec les femmes et leurs déboires avec les enfants (donc: pas de sexe et pas de famille) les apparentent à l'Artiste idéal selon Flaubert; ils signifient l'incompatibilité de l'art avec le niveau pulsionnel de l'Œdipe, et l'absolue nécessité du choix narcissique. L'Autre pourtant (Dieu, ou le Livre) fascine Bouvard et Pécuchet comme il avait fasciné Pellerin, et avec lui tous les autres héros flaubertiens. Les deux héros du dernier roman refont, au cours de leur initiation, toutes les expériences qu'avaient faites avant eux les ermites, les docteurs, et les poètes...

A *la Tentation de saint Antoine* plus particulièrement, *Bouvard et Pécuchet* emprunte la structure métonymique de la démarche désirante. Comme Antoine faisait le tour des croyances, c'est *de proche en proche* que Bouvard et Pécuchet font le tour des connaissances. Un scénario (un exemple parmi beaucoup d'autres) témoigne de ce perpétuel déplacement du désir:

> Un soir d'été qu'ils sont sur le vigneau à prendre le frais, les étoiles brillent. Rêverie infinie sur le monde et la création. L'étude de la médecine [objet antérieur de leur désir] leur paraît bien petite — *astronomie*, elle ne va pas loin, faute de mathématiques — et ils s'éprennent des *Epoques de la nature* de Buffon puis des *Révolutions du globe* de Cuvier. Alors *géologie*.[222]

C'est aussi de *la Tentation* que *Bouvard et Pécuchet* tient sa fascination pour la Bible, dont recommence l'éternel procès:

> — Convenez, dit Bouvard, que Moïse exagère diablement. Le curé avait lu Bonald, et répliqua... (etc.)[223]

---

[221] *Bouvard et Pécuchet*, Pléiade, II, p. 713. Bouvard renoue avec la série «bovine» de *Madame Bovary*, tandis que Pécuchet rejoint le paradigme par l'étymologie (*pecus* en latin).

[222] Ms gg 10, folio 34, publié in: *O.C.*, Club de l'Honnête Homme, tome 6, p. 625. — Il faut se souvenir que Flaubert a envisagé, à un moment, de publier *Bouvard et Pécuchet* «en même temps» que *la Tentation de saint Antoine*, en diptyque. Voir *Corresp.*, Club de l'Honnête Homme, tome 15, p. 149, 19 août 1872, à M me Roger des Genettes.

[223] *Bouvard et Pécuchet*, p. 792.

et pour Spinoza, que Bouvard, semblable au Diable de *la Tentation*, brandit en même temps que la référence à la science, devant le curé scandalisé [224]. Bien entendu, les discussions entre Bouvard et l'abbé Jeufroy sont également un souvenir des discussions entre Homais et Bournisien. On mesure alors le progrès accompli: l'ignorant Bournisien de *Madame Bovary* a fait place à un curé qui est un véritable puits de science, à faire pâlir d'envie le Diable de *la Tentation!* «M. Jeufroy consultait secrètement son ami Pruneau, qui lui cherchait des preuves *dans les auteurs.* Une lutte d'érudition s'engagea; et, fouetté par l'amour-propre, Pécuchet devint transcendant, mythologue. Il comparait la Vierge à Isis...» [225] D'où l'on peut conclure d'abord que la Bible, dans *Bouvard et Pécuchet*, est menacée dans sa fonction de LIVRE de référence par LES livres, et que si Antoine avait encore les yeux fixés sur la Bible, Bouvard et Pécuchet n'ont d'yeux que pour la bibliothèque. «A la grande biblio-thèque, ils auraient voulu connaître le nombre exact des volumes.» [226] Et ensuite, que c'est *la Tentation* elle-même, livre de «mythologue» où la Vierge EST comparée à Isis, qui vient, EN TANT QUE LIVRE, s'offrir à la consommation de livres qui se fait dans *Bouvard et Pécuchet*.

En effet, si les héros, Bouvard et Pécuchet, consomment les livres (et tous les livres, la science aussi bien que la littérature), il faut dire qu'*au plan de l'écriture*, le livre *(Bouvard et Pécuchet)* consomme toutes les œuvres antérieures de Flaubert. Plus conséquent encore que *Don Quichotte*, le dernier livre de Flaubert pousse le principe de la parodie jusqu'à l'auto-parodie. C'est à chaque page que l'on tombe sur des souvenirs, parfois sur des auto-citations! Certaines expériences (l'exercice illégal de la médecine, qui rattache Bouvard et Pécuchet à Homais; la lecture des romans ou la péripétie mystique, qui les rattachent à Emma) viennent tout droit de *Madame Bovary*. D'autres (comme la lecture d'ouvrages d'esthétique) rattachent Bouvard et Pécuchet au Pellerin de *l'Education sentimentale*. Il y a des phrases, telles que:

Les jours tristes commencèrent.
Ils n'étudiaient plus, dans la peur des déceptions [...] et leur solitude était profonde, leur désœuvrement complet. [227]

---

[224] *Ibid.*, p. 936.
[225] *Ibid.*, p. 937-938. C'est moi qui souligne.
[226] *Ibid.*, p. 720.
[227] *Ibid.*, p. 870 (début du chapitre VII).

qui par leur musique même sont comme l'écho d'autres phrases sur les tristes jours de Tostes ou d'Yonville, à moins qu'il s'agisse de cette phrase venue de *l'Education sentimentale:*

Des années passèrent; et il supportait le désœuvrement de son intelligence et l'inertie de son cœur. [228]

La reprise de schémas narratifs éprouvés est constante. Ainsi le sort des deux bonshommes, au premier chapitre, est-il scellé d'un «Mon oncle est mort! J'hérite!» [229] qui fait de cette page un souvenir de celle qui clôt la première partie de *l'Education*. Certains souvenirs remontent aux œuvres de jeunesse. «N'importe, je voudrais bien savoir comment l'univers s'est fait» [230] est à mettre au compte de tous les héros de «mystères»... Quand Bouvard et Pécuchet décident de «tenter des alliances anormales» (c'est-à-dire d'accoupler des animaux d'espèces différentes) «avec l'espoir qu'il en sortirait des monstres» [231], ils renouent avec M. Paul... Quand ils se mettent, à l'aide d'un microscope, à étudier «le développement des germes» [231], c'est Antoine que l'on retrouve.

— Quel est le but de tout cela?
— Peut-être qu'il n'y a pas de but. [232]

Ce fragment de *Bouvard et Pécuchet* est une citation textuelle de *la Tentation:*

Antoine: Quel est le but de tout cela?
Le Diable: Il n'y a pas de but!

(T. III, p. 564 B)

Et cette citation *n'est pas une variante* mais participe au fonctionnement *auto-parodique* du dernier livre de Flaubert, d'un livre où ses livres antérieurs se répètent, reflets dégradés, selon le principe fameux énoncé par Marx [233]: «la première fois comme tragédie, la seconde fois comme farce.» En effet, dans *la Tentation*, la réplique du Diable s'amplifie dans le sens de son habituelle virtuosité verbale: «Il n'y a pas de but!

---

[228] *L'Education sentimentale*, p. 449 (avant-dernier chapitre).

[229] *Bouvard et Pécuchet*, p. 722.

[230] *Ibid.*, p. 780.

[231] *Ibid.*, p. 781.

[232] *Ibid.*, p. 779.

[233] *Le 18 Brumaire de Louis Bonaparte*, Ed. Sociales, p. 15.

Comment Dieu aurait-il un but? Quelle expérience a pu l'instruire, quelle réflexion le déterminer? Avant le commencement il n'aurait pas agi, et maintenant il serait inutile...», et ce lyrisme du Diable témoigne d'une certaine foi dans le langage.

Je ne veux pas dire que Bouvard et Pécuchet ont perdu la foi, puisqu'ils lisent pour apprendre. Mais ils ne lisent pas comme il faut. Ayant troqué la Bible pour la bibliothèque, c'est-à-dire le Livre, symbole du savoir divin (ou POÉTIQUE), pour les livres (ou SCIENCE), ils cherchent la vérité dans des voies qui ne peuvent pas les y mener. Un bon exemple de leur incapacité à faire une lecture «poétique», c'est leur manière de résumer *Phèdre* pour Madame Bordin! «C'est une reine, dont le mari a, d'une autre femme, un fils. Elle est devenue folle du jeune homme. » «Puis Thésée arrive, et elle s'empoisonne.» [234] Aussi le langage est-il leur MANQUE à eux:

— Peut-être qu'il n'y a pas de but.
— Cependant...
Et Pécuchet répéta deux ou trois fois «cependant», sans trouver rien de plus à dire. [232]

Proches d'Antoine — dont ils revêtent parfois (en manière de farce encore?) la robe de moine [235] — Bouvard et Pécuchet ont besoin d'une longue éducation pour devenir de vrais Artistes. «Le sous-titre serait *Du défaut de méthode dans les sciences*», a écrit énigmatiquement Flaubert [236]. Mais y a-t-il jamais eu, pour Flaubert, de bonne méthode dans les sciences? Le défaut de méthode de Bouvard et de Pécuchet, n'est-ce pas plutôt qu'ils se soient crus savants, apprentis-savants, avant de se reconnaître poètes? La voie du savoir ne passe pas par la science. Tant qu'ils liront les livres pour leur contenu manifeste (pourrait-on dire en souvenir de l'analogie avec le rêve), ils ne trouveront pas ce qu'ils cherchent. C'est pourquoi il leur faut lire, lire, avec l'idée névrotique de n'avoir jamais assez lu (Flaubert a lu quinze cents livres), dans une quête qui ne peut jamais atteindre son objet parce qu'il y a malentendu sur le langage. Il n'y a de science que du signifié. C'est ce qui fait de *Bouvard et Pécuchet* une interminable paraphrase. «Et parlant au profil de Pécuchet, il [Bouvard] admirait son port, son visage, «cette tête charmante», se

[234] *Bouvard et Pécuchet*, p. 832.
[235] *Ibid.*, p. 804-805 et 917.
[236] *Corresp.*, Conard, VIII, p. 336, à Mrs Tennant, 16 décembre 1879.

désolait de ne pas l'avoir rencontré sur la flotte des Grecs, aurait voulu se perdre avec lui dans le labyrinthe.»[234] C'est le jour où les livres ne les intéressent plus pour ce qu'ils *disent*, mais en tant que ce sont *des écrits*, des morceaux dispersés d'une gigantesque *Ecriture*, que Bouvard et Pécuchet ont la Révélation. Leur Révélation s'appelle la «Copie».

«Ce [que Flaubert] regarde comme l'essentiel dans son livre, ce n'est pas l'histoire que nous lisons, aujourd'hui, mais la partie du livre qu'il n'a pas rédigée: la «copie» dans laquelle les personnages résument sarcastiquement les connaissances de leur temps.»[237] Cette copie est un vieux rêve de Flaubert. Il y pensait dès le voyage en Orient et la comptait déjà alors parmi ses grands projets littéraires[238]. Pendant trente ans, il amassa patiemment des trésors pour elle, il en demandait même autour de lui à ses amis. Depuis longtemps aussi, depuis toujours peut-être, la Bêtise se confondait pour Flaubert avec l'Ecriture. Les paroles de la Bêtise ne sont rien, en somme, tant qu'elles ne sont pas *inscrites*. Mais si la bêtise a toujours fait «rêver» Flaubert[239], n'est-ce pas parce qu'elle est une des faces de la poésie, dont la folie serait l'autre? En lisant certaines rubriques de la «Copie» (les lettres apocryphes, par exemple), on ne peut s'empêcher de penser aux recherches à peu près contemporaines de Rimbaud: «J'aimais les peintures idiotes, [...] la littérature démodée, latin d'église, livres érotiques sans orthographe, romans de nos aïeules, contes de fées, petits livres de l'enfance, opéras vieux, refrains niais, rythmes naïfs.»[240] Monument de bêtise, *Bouvard et Pécuchet*, ou plutôt la «Copie» (son chapitre XI), ferait en effet «la contre-partie de *saint Antoine*»[241], monument de folie. Finalement les deux mots, *bêtise* et *folie*, s'équivalent, seul le traitement diffère (sérieux ou comique), ainsi que le contexte historique (antique ou moderne). Dans les deux cas il s'agit d'une lecture «poétique» de textes venus d'ailleurs, d'une lecture qui les arrache à leur contexte et qui en agit avec eux comme le travail du rêve. Seulement dans *Bouvard et Pécuchet*, LES textes ne font plus UN texte. L'ouvrage étant

---

[237] Notice au tome 5 des *O.C.*, Club de l'Honnête Homme, p. 18.

[238] Il y a une mention du *Dictionnaire des idées reçues* dans une lettre à Louis Bouilhet, du 4 septembre 1850. *Corresp.*, Pléiade, I, p. 678.

[239] Voir en particulier sa lettre à Alfred Le Poittevin, 16 septembre 1845, *Corresp.*, Pléiade, I, p. 252.

[240] Rimbaud, *Une Saison en enfer*, «Délires II».

[241] *Corresp.*, Club de l'Honnête Homme, tome 15, p. 140, à George Sand, 1er juillet 1872.

inachevé, on ne peut pas savoir avec certitude ce qu'aurait été ce chapitre XI. Mais Flaubert ne semblait pas disposé à le rédiger: «...j'irai à Paris pour le second volume qui ne demandera pas plus de six mois. Il est fait aux trois quarts et ne sera presque composé que de citations» [242]. C'est un dossier, non un texte. La «Copie» de *Bouvard et Pécuchet* n'est pas cet «espace sensible» dont parle Lyotard [243], où l'œil trouve à VOIR derrière le LIRE, et donc à DÉSIRER.

Que s'est-il passé, pour que la deuxième partie du diptyque déçoive, comparée à la première, qui est *la Tentation?* Je dirai que dans *Bouvard et Pécuchet* l'écriture a fini par dévorer l'Artiste. On se souvient de la plus constante tentation flaubertienne: de cet anéantissement dans le cosmos, qui, dans la séquence des hérétiques de *la Tentation* déjà, prenait figure d'anéantissement dans l'écriture. Orphique, l'Artiste se perd dans le texte (dans les processus primaires), comme le sujet se perd dans le signifiant. Narcissique (et tel est bien le cas du héros bicéphale Bouvard-Pécuchet), l'Artiste ne passe pas le seuil du symbolique, et il en est châtié de manière exemplaire: il ne peut plus écrire de texte, il ne peut que copier des textes-reflets. Venus des bibliothèques, les textes dispersés de la «Copie» ne feront jamais une Bible. Rien ne *s'écrira* plus, parce que l'Artiste flaubertien, tout en ayant finalement reconnu le langage pour divin, refuse d'y participer. Bouvard-Pécuchet copie, parce que précisément il ne veut plus rien avoir à faire avec le langage. Tout texte est un déjà-écrit, soit. L'Artiste se fera idiot pour copier ce langage opaque, comme la Félicité d'*Un cœur simple* s'est faite sourde pour adorer le perroquet, langage fétichisé. L'ascèse est radicale.

Cependant, la fin de ce pseudo-roman qui n'en finit pas est ambivalente encore. Car il y a une fin, un chapitre XII, qui aurait succédé à la «Copie».

XII. Un jour, ils trouvent par hasard le brouillon d'*une lettre écrite par le médecin*. Le préfet lui avait demandé si Bouvard et Pécuchet n'étaient pas des fous dangereux. *La lettre* est une espèce de rapport confidentiel expliquant que leur manie est douce et que ce sont deux imbéciles inoffensifs. Elle résume et juge *Bouvard et Pécuchet* et doit rappeler aux lecteurs tout le livre.
«Qu'allons-nous en faire?
— Il faut la copier, parbleu! — Oui! copions.»
Et ils copient.
Finir par la vue des deux bonshommes penchés sur leur pupitre et copiant. [244]

---

[242] *Corresp.* Conard, VIII, p. 356, à M me Roger des Genettes, 25 janvier 1880.
[243] *Discours, figure*, éd. citée, p. 268.
[244] Ms gg 10, folio 32, publié in: *O.C.*, Club de l'Honnête Homme, tome 6, p. 752.

Bouvard et Pécuchet se termine sur une apothéose qui n'est pas sans rappeler en fin de compte celle de *la Tentation* de 1874. La lettre du médecin est une structure en abîme similaire, c'est évident, à l'épisode de la Turque dans *l'Education sentimentale:* la lettre, ici, résume explicitement le livre! Mais surtout, le fonctionnement en est cette fois intratextuel. La lettre est à son tour incorporée au livre, à la fois (comme l'épisode de la Turque) en tant qu'événement diégétique, et en tant que citation à ajouter aux citations dont se compose désormais le livre. Les niveaux narratifs (histoire, récit, narration) se télescopent, et l'écriture fonctionne en circuit fermé: il y a un événement (la lettre) qui est un écrit sur un écrit *(Bouvard et Pécuchet)*, intégré dans l'histoire qui s'écrit et recopié dans la «Copie» qui se recopie. *Bouvard et Pécuchet* nous apprend qu'il n'y a d'événement qu'écrit, ce qui justifie, soit dit en passant, le parti pris parodique et auto-parodique de l'œuvre. Il n'y a d'événement que si l'on en a déjà écrit. Sous nos yeux, pour nous le prouver, les deux héros se transforment en écriture (en lettre). Mais cette lettre, qui est du langage autre (le regard de l'Autre jeté sur eux), ils se hâtent surtout d'en prendre possession à leur manière. Ils se font écriture d'écriture, et recopiant eux-mêmes leur être-écrit, ils ramènent l'autre au même. C'est une image idéale de l'Artiste (d'un artiste fou, bien sûr, mais «leur manie est douce») que nous renvoie la fin de *Bouvard et Pécuchet* — et cet Artiste, c'est un Narcisse comblé. Le héros bicéphale ne meurt pas, il faut le noter. Il devient plume! — voilà un lapsus qui arrive sous ma plume pour me rappeler Henri Michaux, dont le fameux héros partage avec Bouvard et Pécuchet la même précaire et têtue consistance existentielle/scripturale.

CHAPITRE IX

L'AUTRE SCÈNE
(texte et théâtre)

> Il vaut mieux être œil...
>
> Flaubert, lettre d'Egypte

Voir et voyager

«Depuis que nous sommes sur le Nil...» écrit Flaubert. Et cela pourrait être une rêverie d'Antoine. Mais non, c'est une impression de voyage[1]. Dans la pure tradition romantique, Flaubert a donné la priorité au voyage imaginaire. Une fois celui-ci accompli — du 24 mai 1848 au 12 septembre 1849 — et sitôt la plume posée, c'est au tour du voyage réel de commencer: du 4 novembre 1849 jusqu'à juin 1851. Voyager, c'est regarder. Ecrire aussi, c'est regarder. «Ecrire, c'est voyager.»[2] Le regard de Flaubert avait vu d'avance les paysages d'Egypte. Il dit qu'il y avait si bien rêvé, que «ç'a été pour la nature une retrouvaille»[3]! Ecrire pour «voyager» *(la Tentation)*, écrire en voyageant (les lettres, les notes de voyage), voyager au lieu d'écrire. L'œil de l'écrivain n'est pas le même que l'œil du voyageur, mais ces deux types d'œil ont un rapport de continuité, de complémentarité, de compensation. «Depuis que nous sommes sur le Nil...»

Les premiers jours je m'étais mis à écrire un peu, mais j'en ai, Dieu merci, bien vite reconnu l'ineptie. Il vaut mieux être œil, tout bonnement. Nous vivons, comme tu le vois, dans une paresse crasse, passant toutes nos journées couchés sur nos divans à regarder ce qui se passe, depuis les chameaux et les troupeaux de bœufs du Sennaâr jusqu'aux barques qui descendent vers Le Caire chargées de négresses et de dents d'éléphants.[1]

---

[1] *Corresp.*, Pléiade, I, p. 602, à L. Bouilhet, 13 mars 1850, «à bord de notre cange».

[2] Michel Butor, «Ecriture et voyage», in *Romantisme* N° 4, p. 4.

[3] *Corresp.*, même éd., p. 538, au même, 1er décembre 1849.

Quand un visuel, comme Flaubert, voyage vraiment, il ne peut plus écrire, il ne peut que se laisser imprégner passivement par le spectacle —

> ...les montagnes étaient lie de vin, le Nil bleu, le ciel outremer et les verdures d'un vert livide; tout était immobile; ça avait l'air d'un paysage peint, d'un immense décor de théâtre fait exprès pour nous.[4]

— un spectacle dont la caractéristique principale est peut-être qu'il n'est pas scriptible, comme en témoigne cette observation sur la couleur de la mer Rouge:

> ...toutes les teintes possibles y passaient, y chatoyaient, se dégradaient de l'une sur l'autre, s'y fondaient ensemble depuis le chocolat jusqu'à l'améthyste, depuis le rose jusqu'au lapis-lazuli et au vert le plus pâle. C'était inouï, et si j'avais été peintre, j'aurais été rudement embêté en songeant combien la reproduction de cette vérité (en admettant que ce fût possible) paraîtrait fausse.[5]

Ce recul de Flaubert devant la reproduction du réel témoigne du drame de l'écriture réaliste. Le réel paraîtra toujours «faux», car il se dérobe au langage. Pour Françoise Gaillard, qui reprend en les approfondissant les thèses de Barthes *(Le Degré zéro de l'écriture)* et de Sartre *(l'Idiot de la famille)*, ce drame du langage est historique, on peut le dater de 1850. Le mot est désormais «condamné à rester sans recouvrement référentiel en l'absence d'une pensée de la transcendance qui ancre sa représentation dans le champ des idéalités dont Dieu est le garant»[6]. Aussi à partir de *Madame Bovary* l'écriture flaubertienne sera-t-elle déréalisante, visant «l'instance toujours perdue du réel»[7].

Mais *la Tentation* ne fonctionne pas comme *Madame Bovary*. Seul texte rescapé de la jeunesse d'un Flaubert romantique et poète, c'est un texte qui, loin d'enregistrer la défaillance de Dieu, place Dieu au centre de la problématique de l'écriture. Dans *la Tentation de saint Antoine*, texte archaïque (au sens de: proche des origines), l'Artiste est un voleur de feu! On a vu que Flaubert retrouvait d'instinct l'antique tradition de l'adéquation du *logos* au monde et de la primauté du *logos* sur le monde. S'installant à l'intérieur du langage-dieu, il n'éprouvait pas le besoin de référer le langage au réel, comme cela allait être bientôt la hantise

---

[4] Même lettre qu'en note [1], p. 608.

[5] Même éd., p. 637, au même, 2 juin 1850.

[6] F. Gaillard, «L'en-signement du réel», in: *La Production du sens chez Flaubert — colloque de Cerisy*, 10/18, p. 202.

[7] *Ibid.*, p. 215.

névrotique de l'écriture réaliste. Il se préoccupait seulement de produire, à l'intérieur du langage, un espace qui se suffit à lui-même. C'est en ce sens que les paysages d'Egypte ont été pour lui «une retrouvaille». Ils étaient déjà *dans le langage* de *la Tentation!*

> Le ciel est rouge, le gypaète tournoie, les palmiers frissonnent...
>
> (T. I, p. 376 A)

— paysage de mots, paysage produit par le signifiant (le ciel est rouGE, le GY-PAète tournoie, les PALmiers...), paysage dessiné par le rythme de la prose poétique.

> J'ai souvenir d'un Pays Lointain, d'un Pays ouBLié; la queue du Paon, immense et déPLoyée, en ferme l'horizon, et, Par L'intervalle des PLumes, on voit un ciel vert comme du saphir.
>
> (T. I, p. 394 B)

Paradoxe: le voyageur ne réfère pas ce qu'il a écrit à ce qu'il voit, mais c'est au contraire ce qu'il a écrit qui authentifie ce qu'il voit! Flaubert note, dans une lettre d'Egypte:

> [La seconde Pyramide] a son sommet tout blanchi par les fientes d'aigles et de vautours qui planent sans cesse autour du sommet de ces monuments, ce qui m'a rappelé ceci de *Saint Antoine:* «Les dieux à tête d'ibis ont les épaules blanchies par la fiente des oiseaux...» Maxime répétait toujours: «Du côté de la Libye j'ai vu le Sphinx qui fuyait. Il galopait comme un chacal.» [8]

Il n'y a là aucune référence au réalisme, et dans un sens ce n'était pas la peine de voyager. Voyager permet seulement de vérifier que dans *la Tentation de saint Antoine* les mots étaient encore magiques. C'étaient autant des signes que des symboles, ils ouvraient sur l'ordre symbolique du monde. Dans une autre lettre écrite sur le Nil, Flaubert revient sur l'image qui le fascine:

> Les inscriptions et les merdes d'oiseaux, voilà les deux seules choses sur les ruines d'Egypte qui indiquent la vie. [...] Souvent on voit un grand obélisque tout droit avec une longue tache blanche qui descend comme une draperie dans toute la longueur, plus large à partir du sommet et se rétrécissant vers le bas. Ce sont les vautours qui viennent chier là depuis des siècles. C'est d'un très bel effet, *et d'un curieux symbolisme.* [9]

---

[8] *Corresp.*, Pléiade, I, p. 569, à L. Bouilhet, 15 janvier 1850. — Flaubert se cite de mémoire. Il avait écrit en réalité dans *la Tentation* «les dieux à tête d'épervier», et il s'agit de deux fragments du discours d'Apis (T. I, p. 458 B).

[9] Même lettre qu'en note [5], p. 633. — C'est Flaubert qui souligne.

L'image est très flaubertienne, puisque c'est une métaphore de la destruction, de la mort et du néant. C'est aussi un symbole phallique. C'est encore une réflexion sur le statut dérisoirement narcissique de l'écriture («les inscriptions»), assimilée à la fiente des oiseaux. Comme aux yeux des bergers d'Arcadie de Poussin peut-être, pour Flaubert l'écriture se creuse d'un manque. Ce manque est le réel perdu, mais au sens où, dans la théorie lacanienne, le réel est inconnaissable. Nous ne pouvons que le symboliser, et alors il est un équivalent du symbole lui-même, «l'objet dont chacun se trouve irrémédiablement mutilé» [10].

Que le *lisible* soit un *visible* dans *la Tentation*, c'est ce que les premiers lecteurs ont aussitôt reconnu, même si l'œuvre les a déconcertés. Ils ont été unanimes, à la parution de la troisième version. Coppée compare Flaubert à Rembrandt et à Dürer, Banville à Rubens et à Véronèse, et même un critique par ailleurs malveillant reconnaît que des «scènes fantastiques, magiques, éblouissantes, ont passé tour à tour dans la lanterne du montreur d'images» [11]. Il est rapporté que Freud aurait été sensible aussi à l'aspect visuel de l'œuvre, puisqu'il l'aurait comparée à une nuit de Walpurgis [12], rattachant ainsi Flaubert à Goethe et soulignant la théâtralité de *la Tentation*. Mais on voit qu'aucun de ces premiers lecteurs ne dit: c'est une pièce de théâtre. Leurs comparaisons sont picturales ou scripturales, puisque aussi bien la théâtralité de *Faust*, du *Second Faust* surtout, reste problématique. Quant à la comparaison avec la *lanterne magique*, elle justifie tout ce que je pourrai dire sur la vision cinématographique de Flaubert. L'important, c'est donc que *tous les arts visuels* ont été mis à contribution, sans qu'on puisse en privilégier aucun, car — Flaubert a prévenu ses lecteurs — «l'explication d'une forme artistique par une autre forme d'une autre espèce est une monstruosité» [13]. Ce qui ne l'a pas empêché lui-même de traduire constamment ses préoccupations esthétiques dans le registre pictural: «Si j'avais été

---

[10] Robert Georgin, *Le Temps freudien du verbe*, L'Age d'Homme, p. 116.

[11] Coppée, lettre à Flaubert, printemps 1874. Banville, *Le National*, 4 mai 1874. Taillandier, *Revue des Deux Mondes*, XLIV, 1874. Cités par Theodore Reff, «Images of Flaubert's Queen of Sheba in later nineteenth-century art», p. 127 in: *The Artist and the Writer in France — essays in honour of Jean Seznec*, Oxford Clarendon press (1974).

[12] Cité par André Dubuc, «Un centenaire oublié: *la Tentation de saint Antoine*», p. 16 in: *Les Amis de Flaubert*, décembre 1974.

[13] *Corresp.*, juillet 1868 (?). Cité par Raymonde Debray-Genette, «Re-présentation d'*Hérodias*», in: *La Production du sens chez Flaubert*, éd. citée, p. 330.

peintre...» (cité supra)[14], et de donner au texte de *la Tentation*, par une disposition typographique et des références explicites ou implicites, l'apparence d'une pièce de théâtre. La référence explicite, c'est l'épigraphe placée en tête de la première version:

> Messieurs les démons,
> Laissez-moi donc!
> Messieurs les démons,
> Laissez-moi donc!

souvenir d'un mystère de Saint-Antoine que Flaubert avait vu enfant à Rouen, au théâtre de marionnettes de la foire Saint-Romain. La référence implicite est dans le texte, elle redouble l'autre:

> Si tu travailles comme il faut, tu auras un beau plumet de plumes de paon, avec une trompette de fer-blanc, et je te mènerai aux marionnettes, à la meilleure place, entends-tu? sur la première banquette, petit, à côté des lampions, de manière à bien voir tous les bonshommes et les doigts du machiniste à travers la toile.
>
> (le Diable, à la Science, T. I, p. 422 A)

et elle fonctionne à la manière d'une mise en abîme. De tout cela, une légende est née, dont témoigne l'anecdote (apocryphe?) que rapporte un flaubertien: un jour que Flaubert, toujours fidèle à la foire, s'y était rendu avec des amis, le propriétaire du théâtre de marionnettes aurait annoncé: «Mesdames, Messieurs, l'auteur est dans la salle et nous fait l'honneur d'assister à la représentation de son œuvre!»[15]

Texte et contre-texte

Qu'est-ce que *la Tentation*? une suite de fresques? une projection sur un écran? un texte écrit pour être joué? Rien de tout cela sans doute. Mais c'est d'abord un TEXTE, et donc avant de répondre il convient peut-être de revenir à une description du texte. Flaubert ne nous invite-t-il pas à voir «les doigts du machiniste à travers la toile», autrement dit à analyser sa technique narrative?

La Tentation de saint Antoine, ce sont d'abord DEUX textes alternés qui se disputent la page. L'un est le texte du dialogue. Il est imprimé dans l'édition Charpentier de 1874 en caractère romain assez grand. Le nom de

---

[14] Voir aussi, dans l'article ci-dessus, p. 330-331, l'emploi par Flaubert des termes de «plastique» et de «couleur».

[15] André Dubuc, art. cité, p. 10.

chacune des VOIX qui prennent en charge les répliques ou les tirades est imprimé au milieu de la page, en capitales. L'autre texte est le texte que l'on appelle par commodité, mais improprement, les indications de mise en scène. Il est imprimé en caractère romain nettement plus petit (dans les éditions actuelles, en italique). Par le choix du caractère d'imprimerie, le second texte semble donc *subordonné* au premier, mais c'est par lui que, dans l'ordre de la lecture, l'œuvre commence et se termine, et cela dans les trois versions. Donc en tant que récit au premier degré, ce texte *englobe* le dialogue, dans un rapport hiérarchique cette fois inversé. Bref, on aurait tort de considérer ce second texte comme secondaire. Ce n'est pas un simple texte de liaison, un tissu conjonctif intercalé entre les discours des personnages, et qui n'aurait de fonction qu'informative: guider une éventuelle mise en scène. Ce texte fait lui aussi entendre une VOIX. Maurice Béjart et Jean-Louis Barrault l'avaient si bien compris qu'ils n'hésitaient pas à la faire entendre au théâtre, cette voix, *off* et amplifiée par haut-parleur: elle faisait partie du spectacle (si l'on peut dire) et pourtant elle n'était pas sur le même plan que les personnages. Sans être sur le même plan, les deux textes sont inséparables et concurrents. C'est pourquoi j'appelle celui-ci le contre-texte, et la voix qui s'y fait entendre, la voix du narrateur.

Cette voix n'est pas univoque, elle assure un ensemble complexe de fonctions. Et d'abord il faut se souvenir que Flaubert a pratiqué l'intrusion du narrateur dans toutes ses œuvres de jeunesse, jusqu'à *la Tentation* inclusivement. En voici quelques exemples: dans *la Peste à Florence*, conte écrit à quatorze ans, le héros, Garcia, «rêva toute la nuit à la prédiction de Beatricia». Sur quoi le narrateur enchaîne: «Je ne sais si, comme moi, vous êtes superstitieux, mais il faut avouer qu'il y avait dans cette vieille femme...» (etc.)[16] *Novembre* met en scène un spectaculaire changement de narrateur. Subitement le *je* qui jusque-là cumulait les fonctions de héros et de narrateur se tait, et *un autre je* se met à parler du premier sur le mode du *il:* «Le manuscrit s'arrête ici, mais j'en ai connu l'auteur...» (etc.)[17]. Dans *la première Education sentimentale*, nous voyons le jeune Henry, arrivé récemment à Paris, en train de réfléchir «sur ses illusions propres et ses misères personnelles», ce qui entraîne ce commentaire du narrateur: «On verra dans la suite comment les

[16] *La Peste à Florence, O.C.*, I, l'Intégrale, p. 74 B.
[17] *Novembre*, éd. citée, p. 272 B.

premières changèrent de nature et pourquoi les secondes ne diminuèrent pas»[18].

Tous ces énoncés sont autant de *signes du narrateur*. Le premier cas relève de la «fonction idéologique» du narrateur[19], le second signifie essentiellement qu'il n'y a pas de récit sans narrateur; quant au dernier, il relève de ce que Gérard Genette appelle, après Georges Blin, la «fonction de régie», ou fonction «métanarrative»[20]: c'est le «on verra dans la suite» du jeune Flaubert, ou le «procédons par ordre» de Dostoïevski, c'est-à-dire le commentaire du texte sur sa propre organisation. A cela s'ajoute que tout narrateur se présente comme un témoin, et les deux derniers exemples cités de Flaubert illustrent aussi cette «fonction testimoniale»[20].

Depuis que Diderot, le premier, a fait fonctionner — avec tout le sérieux du jeu — les rouages du récit dans *Jacques le fataliste*, le récit ne cesse de poser des questions. Le pouvoir souverain du narrateur, en particulier, ne cesse de fasciner tous ceux qui se mêlent de raconter. Dans les œuvres de jeunesse de Flaubert, le recours constant à l'intrusion du narrateur suggère que l'interrogation porte sur la PLACE du narrateur dans le texte: sur le lieu d'où part cette VOIX, voix que le lecteur «n'entend» que par métaphore, mais que Flaubert réussit justement à faire «entendre» dans *la Tentation de saint Antoine* de manière autre que métaphorique.

Témoin de l'histoire et régisseur du récit: c'est exactement ainsi que se manifeste l'instance responsable du contre-texte de *la Tentation*. Elle est à la fois centrale et marginale. Centrale, parce que sans elle rien ne serait vu, les personnages ne seraient pas désignés, le dialogue ne pourrait pas démarrer. Marginale, parce qu'un témoin ne participe pas à l'histoire (le contre-texte n'est pas sur le même plan que les personnages), et parce que le récitant s'efface devant les personnages qui vont parler pour eux-mêmes. Le *telling* se fait entendre, mais pour s'effacer, sous une pression régulière et violente, devant le *showing*, et cette violence qu'exerce la scène sur le récit s'explique par son caractère fantasmatique. Certains critiques[21] pensent que le texte réaliste tend, dans la deuxième moitié du

---

[18] *La première Education sentimentale*, Seuil, coll. Tel Quel, p. 23.

[19] Gérard Genette, *Figures III*, Seuil, p. 263.

[20] *Ibid.*, p. 262 et 261.

[21] Voir Françoise Gaillard, «La représentation comme mise en scène du voyeurisme», in: *R.S.H.* N° 154, p. 269-271 et 275; et Jacques Neefs, «La figuration réaliste», in: *Poétique* N° 16, p. 474-475.

XIXe siècle, à détourner la représentation en figuration. On pourra en conclure que *la Tentation* est le texte, non réaliste mais exemplaire, qui prend pour unique espace l'espace figural qui hante le texte réaliste. Mais je ne retiens pour l'instant que la solution que l'œuvre apporte quant à la place à assigner aux diverses instances qui se partagent le récit. Ces instances, elle les projette *sur* une «scène», ou *face* à la «scène», ou *en retrait*. C'est une analogie de plus avec le langage du rêve, qui pratique également la mise en images et la dramatisation d'une pensée à laquelle l'analyse restitue une forme conceptuelle. Bien entendu, avec *la Tentation* nous restons dans l'écrit, et cette place en retrait que reçoit le narrateur est seulement *assimilable* à la place du metteur en scène. Dans le texte — conçu comme un objet typographique — cette place, ce sont très exactement les petits caractères. Cependant, il n'y a pas de raison pour qu'un texte de simili-théâtre ne fasse pas (au prix de certaines transpositions) un texte de théâtre. Alors le narrateur devient vraiment metteur en scène, mais il n'organise plus un récit, il organise un spectacle. Une partie du contre-texte est utilisable à cet effet. Une autre partie devient *la voix*, pour rappeler que le spectacle avait été à l'origine *un écrit*, et le procédé est classique au cinéma dans les adaptations de romans. Mais, par un effet en retour du spectacle sur le texte, ce procédé fait *parler* les petits caractères du contre-texte. Enfin, en tant qu'elle est *off*, cette voix restitue au narrateur, dans un espace concret, la place qui est la sienne dans l'espace figural du texte.

La «fonction testimoniale» ne va pas sans problèmes dans *la Tentation*. Cette fonction «rend compte de la part que le narrateur, en tant que tel, prend à l'histoire qu'il raconte, du rapport qu'il entretient avec elle»[20]. Le récit postule que le narrateur est avant tout celui qui voit, par procuration, pour le lecteur, et qui lui donne à voir. «Vous allez voir!» pourrait être sa devise[22]. Celui qui parle dans le contre-texte de *la Tentation* est bien ce témoin oculaire, cet œil. Mais la dimension théâtrale de l'œuvre — c'est-à-dire la possibilité qu'il faut réserver d'assimiler ce texte au théâtre — pousse le narrateur à être moins qu'un témoin: rien qu'un regard neutre, privé de l'expression de sa propre subjectivité comme de l'accès à la subjectivité des personnages. Or c'est un parti pris que *la Tentation* ne peut pas tenir. Loin d'avoir l'objectivité lisse des indications scéniques, le contre-texte est le lieu d'un trouble. Le rapport du narrateur à l'histoire se mesure d'abord à ses réticences et à ses hypothèses, c'est-à-

[22] F. Gaillard, art. cité, p. 275.

dire aux manques et aux surplus de son récit. Exemple de réticence: la rencontre de la Femme et du Pasteur (T. I, p. 430 B - 431 A), personnages bibliques bien précis que *le texte* nomme (Antoine lisant la Bible, T. II, p. 497 A) mais que *le contre-texte* semble ne pas pouvoir nommer. Cet épisode et l'épisode de Diane ont un effet particulier sur le narrateur de la première version, dont la voix se fait étrangement subjective:

> *Une femme vient s'asseoir au bord* [du sentier]; *POUR MIEUX VOIR elle met sa main ouverte devant ses yeux, et elle regarde en silence, COMME SI elle attendait quelqu'un...* [23]

(la Femme et le Pasteur, T. I, p. 430 B)

> *...de temps à autre clapotent des voix claires, TEL PARMI LES FLOTS UN FLOT QUI SAUTE; cela s'accroît, se dissémine, se répète. C'EST SANS DOUTE, AU LOIN, une chasse sur la bruyère, APRÈS LE CERF haletant perdu dans le brouillard, et qui s'arrête immobile...* (etc.) [23]

(Diane, T. I, p. 431 A)

Tout jugement, toute figure signalent la participation du narrateur. De tels énoncés se multiplient dans la troisième version:

> *Et Antoine râle d'angoisse; C'EST COMME le sentiment d'une monstruosité flottant autour de lui, l'effroi d'un crime près de s'accomplir.* [23]

(Antoine et les Ophites, T. III, p. 541 B)

> *...il arrive devant une porte. — Alors, celui qui le mène (EST-CE HILARION? IL N'EN SAIT RIEN) dit à l'oreille d'un autre...* [23]

(*ibid.*, p. 541 A)

Ce narrateur contrevient à la focalisation externe qui est de règle au théâtre. On verra plus loin qu'on peut interpréter ces énoncés comme du discours indirect libre, donc comme une manière de s'insinuer dans la psychologie du personnage: la fiction du théâtre ne se soutient plus. Que penser de l'analepse qui rend compte de la présence, parmi les martyrs chrétiens, du vieillard qui *«n'a pas voulu payer, à l'angle d'un carrefour, devant une statue de Minerve»* (T. III, p. 542 B)? C'est un nouveau cas de focalisation interne. Mais alors, comment expliquer le procédé pour le moins curieux par lequel sont rapportées les *pensées* du personnage —

> *...et il considère ses compagnons AVEC UN REGARD QUI SIGNIFIE:*
> Vous auriez dû me secourir... [...]
> *PUIS, EN LUI-MÊME:*
> Ah! cela est bien dur à mon âge... [etc.] [23]

(*ibid.*)

---

[23] Les capitales sont de moi.

— sinon comme l'effet contraignant de la fiction théâtrale, comme un rappel à l'ordre?

On voit, à ces dérapages, que les problèmes du récit n'ont pas de solution simple. Tout le charme du récit tient peut-être au fait que raconter est une activité problématique... En 1849, Flaubert met au point un récit qui masque sa nature de récit sous les apparences d'une pièce de théâtre, au demeurant injouable telle quelle. Ce parti pris de complication répond paradoxalement à une intention de clarification. Seule la fiction théâtrale permet de séparer les différentes instances à l'œuvre dans le récit, en assignant à chacune sa place. Même le lecteur-voyeur reçoit sa place: celle du spectateur au théâtre, et il arrive que le narrateur se fasse pressant, dans son appel au voyeurisme du lecteur: *«L'écho VOUS apporte des bruits vagues...»* (T. I, p. 431 A) *«...à la foule succèdent des foules; il en survient sans cesse (...), à la manière d'une marée montante qui viendrait VERS VOUS»* (T. I, p. 465 A) [23]. Dans cette première version — véritable clôture des œuvres de jeunesse — le rapport de l'Artiste au langage n'est pas encore un rapport de méfiance systématique. Deux fonctions essentielles du langage y sont à l'œuvre: la *fonction conative* et la *fonction poétique*. Bien sûr, le dialogue entre personnages est un dialogue de sourds. Mais c'est là où le CONTRE-texte vient corriger le texte, car le narrateur, lui, parle pour quelqu'un qui l'écoute avidement. Le narrateur donne à voir au lecteur, et le lecteur voit. Et loin de manier un langage purement technique, le narrateur a ses moments de lyrisme: la Femme et le Pasteur, la chasse de Diane et le bain des nymphes, le festin de Nabuchodonosor, le cortège de la Reine de Saba, les bêtes monstrueuses et leurs métamorphoses, les dieux du Gange... C'est par suite de cette orientation fondamentale du contre-texte que les dialogues se font également communication poétique, mais «par-dessus l'épaule d'Antoine» [24], à l'adresse du lecteur-voyeur. Du reste les dialogues ont cet avantage sur le contre-texte de se définir d'emblée, par leur statut même dans l'histoire de la tentation d'Antoine, comme un langage de la séduction.

Dans la version de 1874, Flaubert n'a pas cherché à modifier l'organisation textuelle qu'il avait inventée en 1849, il a voulu respecter ce rapport au langage pourtant bien révolu. Car entre-temps, dans *Madame Bovary* et dans *l'Education sentimentale*, il avait mis au point une technique narrative nouvelle qui, loin de séparer les instances, opère leur brouillage par des procédés tels que l'italique et le discours indirect libre. On sait que depuis 1851 la question que le texte flaubertien pose à l'analyse narrative, c'est: «qui parle?» Voilà pourquoi la fiction du théâtre, où chacun parle à sa place, a paru difficile à maintenir à Flaubert, qui a fait parfois basculer le contre-texte du côté du roman, ou presque. Les passages les plus romanesques sont: Antoine à Byzance chez l'empereur Constantin (T. III, p. 529-530), Antoine chez les Ophites (T. III, p. 541), Antoine chez les chrétiens (T. III, p. 542). Dans l'épisode de Byzance, la narration passe insensiblement du *hic et nunc* des indications scéniques à cette catégorie du récit que Gérard Genette appelle le «sommaire»[25]:

> *L'Empereur roule des yeux. Antoine s'avance; et tout de suite, sans préambule, ils se racontent des événements. [...] ...Antoine lui reproche sa tolérance envers les Novatiens. Mais l'Empereur s'emporte; Novatiens, Ariens, Méléciens, tous l'ennuient. Cependant il admire l'épiscopat...* (etc.)
>
> (T. III, p. 529 B)

Il est clair qu'ici il n'y a pas égalité entre temps du récit et temps de l'histoire. D'autre part, le narrateur fait «parler» l'Empereur dans un discours indirect libre caractérisé, qu'introduit le verbe à valeur déclarative «s'emporte» et que confirme en fin de paragraphe l'énoncé au discours direct *«Allons les voir!»* Mais la réponse à la question «qui parle?» n'est pas toujours aussi nette. S'il arrive parfois que le narrateur qui s'est insinué dans la subjectivité du personnage s'efface devant l'objectivation du dialogue (ce qui ne manque pas d'incongruïté: faire penser le vieillard *comme s'il* parlait — fragment cité plus haut), d'autres fois l'énoncé du narrateur *semble être* du discours indirect libre, sans qu'il soit possible de se prononcer avec certitude. C'est le cas de cette phrase, qui suit la description de l'arène: *«Ainsi, les gens qui l'entourent* [Antoine] *sont des chrétiens condamnés aux bêtes.»* (T. III, p. 542 A) On ne sait si le narrateur explique, ou si Antoine vient de comprendre. Dans l'épisode du festin de Nabuchodonosor, c'est le cas de cette prolepse temporelle: *«Tout à l'heure, par caprice, il brûlera son palais avec ses convives.»* (T. III, p. 530 B) «Par caprice» va dans le sens de l'attribution de l'énoncé au narrateur, maître du déroulement de l'histoire et émetteur de jugements, mais la phrase qui précède *(«il* [Nabuchodonosor] *énumère intérieurement ses flottes...»)* va dans le sens du discours indirect libre.

Mais il n'y a pas de coupure entre la première et la troisième version. La version de 1874, prise dans son ensemble, perpétue la dimension théâtrale qui constitue l'originalité de l'œuvre. Inversement, la dimension

---

[25] *Figures III*, p. 129.

romanesque devait nécessairement être une des virtualités de la version de 1849, comme on le voit par ce fragment de l'épisode des dieux, où «Antoine» pourrait être remplacé par «Frédéric»: *«Haletant, pâle, éperdu, immobile, Antoine regarde.»* (T. I, p. 465 A) Ni roman, donc, ni théâtre, ni poème, mais projection dans un espace *assimilable* au théâtre de toutes les instances du récit, *la Tentation* échappe aux genres. Ce n'est pas cela qui en fait une œuvre problématique. Tout récit est problématique, puisque tout récit s'interroge sur lui-même, et qu'en cette deuxième moitié du XXe siècle cette interrogation-là est en train de prendre complètement le pas sur l'histoire à raconter. Il faut donc renverser les termes: *la Tentation* est un texte qui fait de la problématique du récit la condition même de son existence en tant que texte de *tensions*. Les tensions entre les instances du récit sont, au niveau du fonctionnement textuel et même graphique, l'équivalent des tensions entre les instances psychiques au niveau pulsionnel. C'est par là aussi que *la Tentation* est un texte dramatique, et c'est pour cela que la fiction théâtrale va dans le sens de la vérité du texte.

On sait que d'une version à l'autre, les énoncés passent facilement d'une instance à l'autre, et que par exemple dans l'épisode des dieux telle divinité peut être évoquée par le seul narrateur, ou au contraire dans le dialogue, mais sur le mode du *il*, ou encore parler pour elle-même sur le mode du *je*. Cybèle, dans la première version, ne relève que du narrateur. C'est, dans une boîte, *«une petite image»* (T. I, p. 464 A). Dans la troisième version, *«du milieu des prêtres sort une Femme, — exactement pareille à l'image enfermée dans la petite boîte»*, et elle devient un personnage, CYBÈLE (T. III, p. 556 A). Dans l'épisode des monstres, c'est l'inverse qui se produit d'une version à l'autre. Des fragments de ce qui faisait le texte d'Antoine dans la première version sont reversés dans le contre-texte de la troisième version:

T. I	T. III
Antoine: Je vois des gros YEUX qui TOURNENT... ...des membres qui SE TORDENT... ...des SEINS qui BONDISSENT comme des vagues...	*Des oursins TOURNENT comme des roues...* *Et toutes sortes de plantes [...] SE TORDENT en vrilles...* *Des courges ont l'air de SEINS...* *Il va pour MARCHER sur un galet; une sauterelle grise BONDIT...*

... je n'ose MARCHER, car (...) en tombant j'écraserais avec mes mains ces choses molles qui PALPITENT... (T. I, p. 437 B)[26]	*Des diamants brillent comme des YEUX, des minéraux PALPITENT.* ⸗ (T. III, p. 571 A-B)[26]

Dans ce dernier cas, on conçoit encore la substitution d'une instance à l'autre, car il s'agit d'un de ces moments — qui reviennent dans toute l'œuvre de Flaubert — «où le spectacle devient plus important que le regard qui le découvre»[27]. Qu'Antoine soit ce regard et le dise, ou qu'il s'efface devant le droit au regard du narrateur, ne change pas grand-chose à la réception du spectacle par le lecteur. Le cas de Cybèle est différent: là, c'est un personnage virtuel qui se dégage de la gangue du contre-texte pour accéder au texte, et à l'inverse: du Diable de la première et de la deuxième version, il ne reste dans la troisième qu'une *«ombre»* qui a réintégré les limbes du contre-texte (T. III, p. 525 B, 527 A, 530 B...), du moins jusqu'à ce que cette ombre redevienne, aux séquences 6 et 7 (T. III, p. 563 B), un personnage à part entière. Il est donc certain que texte et contre-texte se disputent la page, cherchent à accaparer le scriptible. Et si la comparaison entre versions donne à lire cette concurrence sous forme de glissements d'une instance énonciatrice à l'autre, il faut bien se dire que le processus est intratextuel. La tension est dans *la Tentation* d'abord, et ensuite entre les différentes *Tentations.* Car si la réécriture permet des effets aussi dramatiques — à preuve le montage radiophonique du festin de Nabuchodonosor[28] — n'est-ce pas parce que toutes les tensions étaient déjà dans l'écriture de la première version? A l'intérieur d'une même version, on trouve des doublets: ainsi, dans la troisième version, quand Damis décrit avec émerveillement Babylone — «Et puis, ce sont des temples, des places, des bains, des aqueducs!» (etc.) (T. III, sq. 4, p. 547 B) — il ne fait que recommencer, en plus réduit, la longue description architecturale que le narrateur a consacrée à Alexandrie, à Byzance et à la salle du festin de Nabuchodonosor (T. III, sq. 2, p. 528-530). Mais il se

---

[26] Les capitales sont de moi.

[27] Michel Raimond, «Le réalisme subjectif dans *l'Education sentimentale*», in: *C.A.I.E.F.* N° 23, p. 305.

[28] Voir le chapitre «Repères textuels», note [3].

passe dans le texte des choses plus compliquées. On peut reprendre le fragment de la première version cité ci-dessus:

Antoine: Je vois des gros yeux qui tournent... [etc.] et des hommes légers
plus transparents que des bulles d'air.
*EN EFFET, des formes de toutes sortes paraissent, semblant se
dédoubler...* [26]   (T. I, p. 437 B)

Avec cet «en effet», c'est la voix du narrateur qui répond à la voix d'Antoine, qui lui coupe la parole en quelque sorte. On trouve plusieurs fois ce «duo» de voix alternées — texte et contre-texte —, l'énoncé de l'une engendrant l'énoncé de l'autre, par où le *spectacle* (principalement le spectacle des métamorphoses) trahit son origine, qui n'est autre que le *langage*.

J'avais déjà signalé l'exemple des métamorphoses de la coupe [29], où l'on voit chaque énoncé entraîner un changement de l'apparence qui est en même temps un nouvel énoncé (T. I, p. 427 A-B). Les métamorphoses du dieu bleu résultent du même processus linguistique:

... où suis-je? que suis-je? faut-il prendre une tête de serpent?
Il lui pousse une tête de serpent.
Ah! plutôt la queue de poisson qui battait les flots!
Il lui pousse une queue de poisson.
Si j'avais la figure du solitaire?
Il se change en un solitaire.
Eh non! c'est la crinière du cheval qu'il me faut?
Il lui pousse une crinière ET DES PIEDS de cheval.
Hennissons! levons LE PIED! Oh! le lion!
Il devient lion.
Oh! mes défenses!
Il lui sort des défenses de la bouche. [26]   (T. I, p. 456 A)

Le contre-texte paraîtrait une redondance par rapport au texte, s'il n'y avait pas ce couple d'énoncés concernant LES PIEDS de cheval, où la subordination s'inverse. Donc les deux textes sont à égalité. Chacun d'eux peut décrire une métamorphose sans avoir recours à l'autre, et l'on trouve dans *la Tentation* tous les possibles narratifs. La description est au compte du texte seul (c'est encore le dieu bleu qui parle):

De mes défenses de sanglier, j'ai éventré le géant, je suis devenu lion pour
boire le sang d'un second, je suis devenu nain pour détrôner un troisième... (etc.)
                                                        (T. I, p. 455 B)

---

[29] Voir supra, la section «Le langage et la métamorphose» dans le chapitre «La tentation de la métamorphose».

(ou bien, dans la troisième version, c'est Hilarion qui parle):

> ... et leurs aspects sont multiples, leurs transformations rapides. En voilà un qui de poisson devient tortue; il prend la hure d'un sanglier, la taille d'un nain.
>
> (T. III, p. 552 A)

mais elle peut aussi être mise au compte du contre-texte seul:

> *Et ces dieux, ces déesses se décuplent, se multiplient. Sur leurs épaules poussent des bras... [...] Des fontaines jaillissent de leurs têtes, des herbes descendent de leurs narines.*
>
> *(ibid.)*

Certes, dans tous ces possibles narratifs une métamorphose est signifiée. Mais est-elle toujours bien VUE? C'est pourquoi le plus intéressant est quand même le «duo», moment d'intense conflit textuel, de dramatisation de l'écriture. Fiction théâtrale oblige: cet échange de VOIX à cadence accélérée est assimilable à la stichomythie au théâtre! Le résultat pour le lecteur, c'est de ne pas dissocier le lisible du visible. Et ce qu'il voit d'abord, c'est la transformation — typographique — de grands caractères en petits, et de petits en grands. Ces moirures sont peut-être une métamorphose aussi considérable que celle du lion en sanglier.

Texte et contre-texte rivalisent encore pour le droit au RÉCIT. Autant le narrateur tend à devenir un personnage de l'histoire qui se déroule sur la «scène», autant les personnages, eux, tendent à devenir des narrateurs. Beaucoup de tirades ont pour modèle le récit homérique, reconnaissable à la majesté des incipit, souvent ternaires chez Flaubert:

> J'ai souvenir d'un pays lointain, d'un pays oublié...
>
> (Hélène, T. I, p. 394 B)
>
> La première fois que je l'ai vu, j'étais seule, il faisait lourd...
>
> (Priscilla, T. I, p. 399 A)
>
> C'était à la fin de l'été, nous revenions de Tarse par les montagnes...
>
> (Maximilla, T. I, p. 399 B)
>
> La première fois que nous couchâmes dans le pays de Cissie...
>
> (Apollonius, T. I, p. 404 A)

Tous brûlent de raconter leur histoire, même Antoine:

> Tous me blâmaient lorsque j'ai quitté la maison...
>
> (T. III, p. 523 B)

et sinon lui, la voix de sa conscience:

> Une nuit, c'était à Héliopolis, sur le Nil; tu veillais comme maintenant...
>
> (T. I, p. 379 A)

Et à l'intérieur de ces dialogues devenus récits, des répliques dialoguées sont de nouveau introduites:

Damis: A la fin le Maître lui dit: « O beau jeune homme, favori des belles dames; tu caresses un serpent, un serpent te caresse, à quand les noces?»
Nous allâmes tous à la noce.   (T. I, p. 406 B)

Ainsi le *showing* tend-il à redevenir *telling*. Mais cette tension-là semble bien contrôlée. En effet, le récit du narrateur englobe les récits de type homérique qui sont donc des récits au second degré, et il semble qu'il ne puisse y avoir d'interférences entre les deux instances principales. Du reste, les temps semblent bien répartis, la fiction des indications scéniques contraint le narrateur à ne s'occuper que de l'*ici et maintenant*, à n'avoir qu'un unique intérêt: en cette nuit-ci, qu'arrive-t-il à Antoine? tandis que les récits des personnages se chargent de nous renvoyer à un passé multiforme, historique ou fabuleux. Cependant, on a vu le narrateur s'évader de cet *ici et maintenant* trop étroit, par des anachronies ou des visions fantasmatiques, et par tout un emploi de la figure, du «comme», du «comme si», du «comme pour». Il lui arrive aussi d'intégrer si bien le *showing* au *telling* qu'il en vient à faire l'économie d'une scène. C'est le cas, dans la troisième version, du massacre des Ariens par les moines et de la rencontre d'Antoine avec l'empereur Constantin, mais déjà dans la première version on trouve des économies du même ordre:

> *(Les faire rire, Antoine pris d'envie de rire, gaillardise, verdeur, vive la joie!)*
> (Antoine et les nymphes, T. I, p. 431 B)
> *... le Roi boit... [...] il mange dans les vases sacrés, il commande, il crie, il roule des yeux; on est pâle autour de lui.*
> (le festin de Nabuchodonosor, T. I, p. 432 A)

Ce choix du récit pur pour le festin de Nabuchodonosor est fait dès la première version, et ensuite maintenu avec constance. Inversement, les dialogues se mêlent parfois de raconter ce qui se passe *ici et maintenant*, on l'a vu sur les exemples de métamorphoses. Dans la troisième version, Hilarion est souvent en concurrence avec le narrateur:

> — Ce sont des chrétiennes qui ont converti leurs maris.   (T. III, p. 535 B)
> — Celui qui gratte son abdomen avec sa trompe d'éléphant, c'est le dieu solaire, l'inspirateur de la sagesse.   (T. III, p. 552 A)
> — Ce sont les vierges de Babylone qui se prostituent à la déesse.
> (T. III, p. 554 B)

La seule différence, c'est que Hilarion a un double destinataire, Antoine et le lecteur (-spectateur), tandis que le narrateur ne s'adresse qu'au lecteur. — Enfin narrateur et personnages sont deux instances concourant à ouvrir le lisible sur un visible. Le narrateur n'est pas seul à donner à voir. Non seulement il est relayé, là encore, dans cette fonction par d'autres: dans l'épisode des dieux par exemple, par le Diable et la Mort (T.I - T.II) ou par Hilarion (T.III) — mais en vérité il n'y a pas de personnage qui ne tienne un discours de visionnaire. Tous ont la manie du «Vous allez voir!», Apollonius étant peut-être le montreur le plus prestigieux, puisque Antoine reconnaît: «Je n'ai jamais vu de choses pareilles, moi» (T.I, p.404 B). Mais ceci demande une autre étude du texte, centrée sur la vision.

Expériences sur la vision

S'il est vrai que depuis 1851 la question que pose le texte flaubertien, c'est: «qui parle?», *la Tentation* en pose une autre. Car on sait qui parle, chaque voix étant identifiée. La question qui ne trouve pas de réponse, ce serait plutôt: «qui regarde?» Il y a un schéma simple que l'on aurait tendance à adopter à cause de la dimension théâtrale de *la Tentation:*

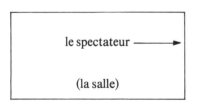

Antoine et les personnages se regardent dans l'espace de la scène. Le spectateur regarde la scène de la salle. — Mais on sait bien que ce n'est pas cela du tout, que c'est beaucoup plus compliqué. Michel Foucault a essayé de rendre compte de cette complexité [30], mais je ne peux différencier les cinq niveaux qu'il distingue: «livre, théâtre, texte sacré [Bible], visions et visions de visions». A mon avis, tout est livre et tout est vision. Pour le théâtre, je ne lui réserverais pas un des cinq niveaux du VOIR. C'est tout le texte qui est *assimilable* à une pièce de théâtre: donc la référence généralisée au théâtre rappelle constamment que l'on doit voir

---

[30] «La Bibliothèque fantastique», éd. citée, p. 179 et suiv. M. Foucault analyse la troisième version, mais ce qu'il dit vaut pour toutes les versions.

ce qu'on lit. La Bible est beaucoup plus que ce relais de la vision, intervenant à un moment donné: elle est le Livre constamment présent à l'arrière-plan du texte, elle est l'Autre et le Même de *la Tentation*, Contre-Bible.

Peu sensible donc aux relations en feston que Foucault noue entre ses niveaux, je retiens plutôt de son analyse cette idée qu'à l'intérieur d'un espace de vision peut s'en creuser un autre, et ainsi de suite. Autrement dit, mon schéma sera un schéma d'emboîtements. Le seul qui soit appelé à «voir», c'est le lecteur. Il le fait par identification à une série de «regards», à commencer par le «regard» du narrateur. Au lecteur, le narrateur montre un premier spectacle: Antoine devant sa cabane. Puis, devant les yeux d'Antoine (devant les «yeux» du lecteur qui s'identifie à Antoine), le narrateur (ou ses concurrents dans le texte: le Diable, la Mort, Hilarion, ou encore la Voix montrant l'image de la Vierge, Damis montrant Apollonius etc.) fait défiler un deuxième spectacle: les visions avec leurs personnages. Quant à ceux-ci, c'est «par la force de leurs mots» [30] qu'ils «montrent» un troisième spectacle. Ce spectacle, tout entier sorti de leurs discours, est purement mental — mais les deux autres le sont-ils moins? Et il faut noter que dans ces récits au deuxième degré, d'autres personnages parlent encore, d'où un quatrième spectacle... Ainsi Damis évoque pour Antoine l'espace N° 3 de mon schéma (Appollonius à Ephèse):

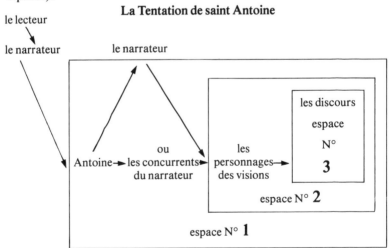

La Tentation de saint Antoine

l'emboîtement des visions

C'est pourtant vrai, oui, au théâtre, en plein jour, le quatorzième des calendes d'octobre, tout à coup, il s'écria: —

espace qui se creuse alors d'un espace N° 4 (Domitien à Rome):

«On égorge César!» et il ajoutait à des reprises inégales: «Il roule par terre... il demande son poignard... un petit esclave le cherche... [etc.]»

(T. I, p. 407 B)

Ce regard prophétique d'Apollonius est une des figurations possibles du regard dans *la Tentation:* un regard qui voit toujours au-delà. Mais on peut dire aussi que c'est le regard d'un monde (d'un Dieu) omnivoyant. Qui regarde? Dans ce texte de toute-voyance, tout le monde regarde, tout est regard, comme dans les tableaux de Bosch et de Breughel. *«Les yeux de la queue de Simorg-anka se mettent à tourner tous à la fois.»* (T. I, p. 435 B) «Personne n'a jamais vu mes yeux, ou ceux qui les ont vus sont morts.» (le Catoblepas, T. I, p. 440 B) Non seulement tout le monde regarde, mais tout le monde est regardé. «Je ne vois que d'un point, mais dans mon existence je suis regardé de partout», écrit Lacan[31]. Il faut distinguer ici la fonction de l'œil de celle du regard. L'œil-organe ne se confond pas avec le regard, que Lacan définit comme une tache fuyante qui circule et se perd dans un monde de taches, un monde de regards. Si la queue du paon ou d'autres éléments *ocellés* du monde nous impressionnent, ce n'est peut-être pas parce que les ocelles ressemblent à des yeux, mais c'est parce que «les yeux ne sont fascinants que de leur relation avec la forme des ocelles»[32]. En disant «œil», c'est donc «regard» qu'il faut entendre, et c'est bien comme cela que l'entend le texte de *la Tentation.* Pour Lacan, le regard est l'objet perdu par excellence: «de tous les objets dans lesquels le sujet peut reconnaître la dépendance où il est dans le registre du désir, le regard se spécifie comme insaisissable»[33]. Il est le plus angoissant des symboles de la castration, et donc le plus susceptible d'être escamoté à chaque fois que prévaut la structure narcissique et que s'organise la conscience à l'état de veille.

Mais c'est aussi pourquoi la vérité du désir peut se lire dans le rêve et les autres formations inconscientes, où «non seulement ça regarde, mais *ça montre»*[34]. Lacan remarque que ce n'est pas moi qui vois, au contraire, à

---

[31] Jacques Lacan, *Les Quatre concepts fondamentaux de la psychanalyse*, p. 69.
[32] *Ibid.,* p. 70.
[33] *Ibid.,* p. 79.
[34] *Ibid.,* p. 72.

la limite, dans le rêve je suis «celui qui ne voit pas»[34]. C'est tout le rêve qui se donne à voir, y compris moi devenu les figures, les dessins et les couleurs de mon rêve. Le sujet à l'état de veille, le sujet cartésien, déploie l'espace autour de lui selon les lois de la perspective géométrique[35]. Le sujet du désir, lui, s'extrait du chatoiement du monde.

> Des rets, ou rais si vous voulez, d'un chatoiement dont je suis d'abord une part, je surgis comme œil, prenant, en quelque sorte, émergence de ce que je pourrais appeler la fonction de la *voyure*.
> Une odeur sauvage en émane, laissant entrevoir à l'horizon la chasse d'Artémis...[36]

Quiconque fait sienne la vérité de l'inconscient s'expose aux angoisses d'Actéon. C'est ce qui arrive au texte[37] de *la Tentation*, dans la fatale séquence des quatre épisodes: la Femme et le Pasteur, Diane et sa meute, le bain des nymphes, le festin de Nabuchodonosor. Si l'aboutissement de cette séquence est bien l'apothéose orphique que l'on lit à la fin de *la Tentation* de 1874, on peut ajouter un nouveau sens au «être la matière» que prononce Antoine: «être œil». Par une ascèse analogue à celle du Bouddha —

> J'ai donné mes mains aux manchots, mes jambes aux boiteux, mes PRUNELLES aux aveugles; j'ai coupé ma tête pour les décapités.[38]
>
> (T. III, p. 553 A-B)

— Antoine-Orphée se dispersera en particules cosmiques qui seront autant d'yeux dans le chatoiement du monde:

> *Et il n'a plus peur!*
> *Il se couche à plat ventre* [...] *et* [...] *il regarde.* (...)
> *Enfin, il aperçoit des PETITES MASSES GLOBULEUSES, grosses comme des têtes d'épingles et garnies de CILS tout autour.*
> *Une VIBRATION les agite.*[38]
>
> (T. III, p. 571 B)

Voir, c'est être l'Autre (le monde-œil) jusqu'au bout, c'est redevenir ocelle dans un monde ocellé.

---

[35] *Ibid.*, p. 81.

[36] *Ibid.*, p. 77.

[37] De qui d'autre parler ici, que du texte? Ailleurs, j'ai désigné l'Artiste et son drame, mais *l'Artiste* était-il autre chose qu'une entité approximative, et *le drame*, la traduction dans le registre esthétique de la tension entre l'imaginaire et le symbolique?

[38] Les capitales sont de moi.

Mais, texte fantasmatique, *la Tentation* ne peut être que «retournement constant entre le symbolique et l'imaginaire»[39]. Le fantasme n'escamote pas le regard. Il suffit de se reporter au récit du fameux rêve des loups, prototype de toute «scène» fantasmatique:

> «La seule action ayant eu lieu dans le rêve était l'ouverture de la fenêtre, car les loups étaient assis tout à fait tranquilles et sans faire aucun mouvement sur les branches de l'arbre, à droite et à gauche du tronc, et me regardaient.»[40]

Mais le fantasme ne reconnaît pas que le sujet soit *dans* la «scène». «Dans le fantasme, le sujet est fréquemment inaperçu, mais il y est toujours [...]. [Il] est quelque part, schizé, divisé, habituellement double...»[41] Aussi faut-il que Freud montre par son analyse que son patient est *dans* le fantasme, en mettant en évidence une série de renversements à faire. La fenêtre qui s'ouvre signifie: mes yeux s'ouvrent tout à coup; les loups qui regardent signifient: je regarde; ils ne sont pas immobiles, c'est moi qui regarde une scène violente[42]. C'est en montrant les processus primaires à l'œuvre dans le fantasme que Freud remet le SUJET À SA PLACE, qui est de n'en point avoir, puisque cette place est proprement INDÉTERMINÉE: «Plus d'un élément de rêve, presque tous, peuvent être le point où nous le situerons diversement dans l'interprétation.»[43] *La Tentation* est le texte du sujet (du sujet du désir) — maints fragments en témoignent, comme ce début du discours d'Hélène, déjà cité, qui restitue au monde son essence primitive de regard:

> J'ai souvenir d'un pays lointain, d'un pays oublié; la queue du paon, immense et deployée, en ferme l'horizon, et, par l'intervalle des plumes, on voit un ciel vert comme du saphir.
>
> (T. I, p. 394 B)

Mais, dans un retournement constant entre vérité et méconnaissance, *la Tentation* voit son espace onirique menacé par la perspective géométrique, laquelle n'a rien à voir avec la vision, puisque «cette optique-là est à la portée des aveugles»[44]. Commençons donc par les perspectives.

---

[39] R. Georgin, *le Temps freudien du verbe*, p. 118.

[40] Freud, «Extrait de l'histoire d'une névrose infantile (l'Homme aux loups)» in: *Cinq psychanalyses*, PUF, p. 342.

[41] Lacan, ouvrage cité, p. 168.

[42] Freud, *Cinq psychanalyses*, p. 347-348.

[43] Lacan, ouvrage cité, p. 189.

[44] *Ibid.*, p. 86. — Il faut se reporter à la démonstration de Lacan (p. 80-82): pour lui, la perspective géométrique est une question de fils tendus, reliant chaque point du monde à un point de la surface du tableau.

> *Alors se découvre sous un ciel noir une salle immense, éclairée par des candélabres d'or.*
> *Des piédestaux de porphyre, supportant des colonnes à demi perdues dans l'ombre tant elles sont hautes, vont s'alignant à la file, en dehors des tables qui se prolongent jusqu'à l'horizon, où apparaissent, dans un lointain lumineux, des architectures énormes, pyramides, coupoles, escaliers, perrons, des arcades avec des colonnades et des obélisques sur des dômes.*
>
> (Le festin de Nabuchodonosor, T. I, p. 431 B)

Cette description fameuse, et reprise avec de légères variantes de version en version, est complétée dans la troisième version par plusieurs doublets: Antoine devant le panorama d'Alexandrie, puis traversant à Byzance le palais impérial, Antoine à l'hippodrome, enfin Antoine au cirque avec les chrétiens. Ces décors rattachent l'espace de *la Tentation* à l'espace de *Salammbô*, dont Jean Rousset a souligné que l'organisation spatiale obéissait aux lois de la perspective[45], mais ce sont aussi des rappels de la dimension théâtrale du texte. Hippodrome et cirque sont des lieux de spectacle. Aussi les gradins en sont-ils emplis de spectateurs qu'Antoine aperçoit, soit selon une vue plongeante (hippodrome, T. III, p. 529 B), soit en contre-plongée (cirque, T. III, p. 542 A). La *«salle immense»* du festin de Nabuchodonosor n'est pas sans rappeler — autre référence théâtrale — ce fragment de la fin de *la première Education sentimentale:*

> Quand il [Jules] veut voir jouer ses drames, il pose la main sur ses yeux et il se figure UNE SALLE IMMENSE, large et haute, remplie jusqu'au faîte; il entoure son action de toutes les splendeurs de la mise en scène, de toutes les merveilles des décors, avec de la musique pour chanter les chœurs et des danses exquises qui se cadencent au son de ses phrases.[46]

Mais ce double rapprochement — avec l'espace narcissique-obsessionnel de *Salammbô* et avec l'espace imaginaire où Jules se joue son théâtre — nous permet de ranger les décors-en-perspective de *la Tentation* du côté du MOI mégalomane. Rien à voir avec le JE[47]. Il est symptomatique que Flaubert ait choisi cet espace-là pour y loger un rêve de puissance nettement conçu à l'origine comme narcissique. Le festin de

[45] «Positions, perspectives, distances dans *Salammbô*», in: *Poétique* N° 6.

[46] *La première Education sentimentale*, Seuil, coll. Tel Quel, p. 281. Les capitales sont de moi.

[47] Voir Serge Leclaire: «je» n'est pas un moi, (...) l'avènement du sujet n'est pas le dévoilement d'une statue, ni l'intronisation d'un nouveau prince.» P. 79 in: *On tue un enfant*, Seuil.

Nabuchodonosor, c'est un spectacle que le Moi s'offre à lui-même; la comparaison avec *la première Education* le confirme, car on retrouve dans *la Tentation* tous les éléments du spectacle esquissé, amplifiés seulement: chœurs de musiciens, chanteurs, danseuses, et acrobates (T. I, p. 431 B-432 A). «Le roi. Sa statue d'or derrière» dit un scénario [48] que le texte développe avec magnificence:

> *Au fond, plus haut, seul, coiffé de la mitre et vêtu d'écarlate, mange et boit le roi Nabuchodonosor. [...] Il y a, derrière lui, sa statue étouffant des peuples dans ses bras...*
>
> (T. I, p. 431 B)

Ce n'est que dans la troisième version, donc tardivement, que la référence à l'Autre (à Dieu) — *«Il compte rebâtir la tour de Babel et détrôner Dieu»* (T. III, p. 530 B) — vient enlever au texte son caractère exclusivement narcissique, autrement dit encore sadique-anal. Mais, en compensation peut-être, tous les doublets reprennent alors le thème sadique: Alexandrie est le décor du massacre des Ariens, l'hippodrome celui de l'humiliation infligée aux Pères du Concile de Nicée (T. III, p. 528-530), dans le cirque les chrétiens sont livrés aux bêtes (T. III, p. 542-543).

Cependant, les perspectives sont déformées dans *la Tentation*. C'est par là que le JE rentre dans l'espace du MOI, et de cet *espace* fait une *vision*. Encore faut-il voir de quelle déformation il s'agit. Les lois de la perspective elles-mêmes sont paradoxalement fondées sur un certain degré de déformation, comme le constatait déjà Descartes: on représente «mieux des cercles par des ovales que par d'autres cercles; et des carrés par des losanges que par d'autres carrés» [49]. Dans un scénario pour l'ascension dans les airs, Flaubert note: «Différents degrés d'optique. Tout semble plus petit en bas.» [50], et cette optique-là est celle du sujet cartésien. La contre-plongée n'est que l'inversion de la vue plongeante: *«Hilarion [...] tellement grand, que pour le voir Antoine se renverse la tête»* (T. III, p. 563 B). L'anamorphose elle-même n'est que le résultat d'une utilisation perverse de l'appareil que mit au point Dürer pour établir la perspective [51]. C'est peut-être une anamorphose que Flaubert voulait suggérer dans ce fragment de l'épisode des trois Femmes (l'Adultère, la Fornication et l'Immondicité, T. I, sq. 4 ter, p. 428 B): *«La troisième,*

---

[48] Folio 210 verso, in: *O.C.*, Club de l'Honnête Homme, tome 9, p. 485.

[49] Descartes, *Dioptrique*, cité in: Lyotard, *Discours, figure*, p. 188.

[50] Folio 103 recto, in *O.C.*, Club de l'Honnête Homme, tome 9, p. 499.

[51] Lacan, ouvrage cité, p. 81-82.

énorme (vue en raccourci), marche sur le derrière en s'appuyant de la paume des mains, les cuisses écartées, ricanant.» En effet, on se la représente comme un personnage sphérique, de même d'ailleurs que le dieu Crépitus de la première version, qui arrive en *«se roulant dans l'air, comme une bulle de savon»* (T. I, p. 468 B). Mais si l'anamorphose nous captive parce qu'elle prête «à toutes les ambiguïtés paranoïaques» du Moi [52], on passe à un tout autre ordre de vision quand le JE, sujet du désir, désorganise le champ de perception [53].

C'est ainsi que les perspectives évoquées plus haut comportent parfois une étrange accumulation d'architectures variées qu'il est impossible de coordonner dans un espace cohérent:

> ...*pyramides, coupoles, escaliers, perrons, [...] et DES OBÉLISQUES SUR DES DÔMES.*
> (Le festin de Nabuchodonosor, T. I, p. 431 B) [54]

> *Des monuments d'architecture différente SE TASSENT les uns près des autres. Des pylônes égyptiens dominent des temples grecs. Des obélisques apparaissent comme des lances entre les créneaux de briques rouges.* [54]
> (Alexandrie, T. III, p. 528 A-B)

Flaubert dit: «se tassent les uns près des autres», mais il n'est pas loin de suggérer qu'ils sont les uns DANS les autres. Dans le cas d'Alexandrie, cette compression des volumes résulte clairement du désir de faire coexister dans le même espace tous les temps d'une ville. Freud a imaginé semblablement une Rome où «rien de ce qui est advenu une fois n'a disparu»: «à la place du palais Cafarelli, sans qu'on ait besoin de démolir ce bâtiment, se tiendrait derechef le temple de Jupiter Capitolin», etc. Architecture fantasmatique, puisque dans l'expérience «le même espace ne supporte pas d'être occupé simultanément de deux manières» [55]. Freud se sert de cet exemple pour faire comprendre la spécificité de L'ESPACE INCONSCIENT. Faire coexister les incompossibles dans les corps, c'est ce qu'ont tenté, longtemps avant le cubisme, un Bosch ou un Breughel. Mais les recherches picturales sur une architecture délirante sont plus rares. Les tours de Babel de Breughel sont timides, elles ne valent que par les espaces intérieurs que révèlent leurs pans de mur écroulés. Celui qui a exploré le plus loin une géométrie «autre», c'est au XXᵉ siècle le graveur

---

[52] *Ibid.*, p. 82.

[53] *Ibid.*, p. 83.

[54] Les capitales sont de moi.

[55] Freud, *Malaise dans la civilisation* (*Das Unbehagen in der Kultur*, 1930), cité in: Lyotard, ouvrage cité, p. 184.

Escher. Donc, de l'espace inconscient, Flaubert ne nous offre qu'un aperçu fugitif, tandis que les métamorphoses l'accaparent. Les deux relèvent pourtant du même principe. Nos rêves sont peuplés de formes instables et d'espaces incompatibles.

On conçoit que la scène du théâtre soit bien étroite pour cette «autre scène» sur laquelle ouvre sans cesse le texte de *la Tentation*. Aussi les prétendues indications scéniques excèdent-elles souvent les possibilités d'une représentation théâtrale. C'est, dans la première version, une porte qui «s'entr'ouvre» pour que le voyeur puisse «entrevoir» l'autre scène (la scène de la Courtisane et de Lampito, T. I, p. 429 A), à l'imitation des anciens peintres italiens qui ménageaient dans leurs tableaux l'ailleurs d'une *veduta*[56]. C'est, dans la troisième version, ce mouvement qu'on ne peut qualifier que de cinématographique (ou d'onirique):

> [Antoine] *monte un escalier complètement obscur; — et après bien des marches, il arrive devant une porte. Alors, celui qui le mène (est-ce Hilarion? il n'en sait rien) dit à l'oreille d'un autre: «Le Seigneur va venir», — et ils sont introduits dans une chambre, basse de plafond, sans meubles.*
> *Ce qui le frappe d'abord, c'est en face de lui...* [etc.]
>
> (T. III, p. 541 A)

L'intuition que Flaubert a eue du cinéma a quelque chose de troublant. Bien entendu, la photographie et la lanterne magique existaient déjà, mais l'image ne bougeait pas encore. Il faut aussi se rappeler la pesanteur technologique: une fois mise au point, la caméra est restée longtemps statique, et toutes les initiatives qui l'ont progressivement libérée ont été des révolutions. En tout cas il est certain que la vision cinématographique était dans l'air du temps, bien avant que l'outil fût inventé, et que Flaubert en a fait, dans son écriture de la représentation comme dans son exploration de l'espace figural, un usage particulier et tout à fait en avance sur son époque. On ne peut l'expliquer que par sa capacité de vision onirique. Et ici il faut souligner la supériorité de *la Tentation* de 1874 sur celle de 1849, ce qui montre bien qu'entre-temps Flaubert a travaillé sur la vision.

Dans la première version (je me réfère essentiellement au spectacle tel qu'il ressort du contre-texte), il y a encore assez peu d'audaces. Antoine est statique, il reste immobile à regarder des personnages qui s'arrêtent devant lui, des processions qui défilent. L'ascension dans les airs elle-même, si elle entraîne le lecteur dans un autre espace inconnu, le fait de manière assez conventionnelle («Je vois s'élargir des cercles, j'entends le

---

[56] Lyotard, ouvrage cité, p. 202-203.

ronflement des sphères», T. I, p. 443 B) et surtout de manière abstraite, puisque les rares notations concrètes (*«Passe un aérolithe. Antoine, effrayé, pousse un cri» ibid.)* sont bientôt noyées sous le discours philosophique. Seuls quelques fragments du contre-texte sont déjà porteurs de la vision cinématographique-onirique. C'est le cas de ces FONDUS-ENCHAÎNÉS:

> *Il apparaît des arbres, les collines s'écartent, le fond de la vallée se hausse, et de grands feuillages entourent une eau tranquille...*
>
> (Pour passer de la chasse de Diane au bain des nymphes, T. I, p. 431 B)

> *Le soleil paraît tout à coup et l'on revoit la demeure d'Antoine telle qu'elle est; seulement la plate-forme est agrandie, il y a plus d'espace, l'horizon est plus reculé.*
>
> (Pour passer des Poètes et Baladins à la Reine de Saba, T. I, p. 433 A)

qui suggèrent un espace instable, déformable. La vision qui, des monstres et des Bêtes de la mer, fait passer le lecteur aux MÉTAMORPHOSES, c'est dans la version de 1849 qu'il faut la lire de préférence, car dans la version de 1874 l'écriture du contre-texte, devenue plus intellectuelle, aura perdu en partie sa qualité vibratoire. Un mouvement textuel dont seul le cinéma pourrait prendre en charge la représentation emporte dans un tourbillon vingt-deux *«anatomies merveilleuses»* (T. I, p. 441 B). Les sens se confondent, *«les chairs clapotent»* (T. I, p. 442 A).

> *Et ceux qui ont passé reviennent, ceux qui ne sont pas venus arrivent... [...].*
> *Tassés, pressés, étouffant par leur nombre, se multipliant à leur contact, ils grimpent les uns sur les autres. Et cela monte en PYRAMIDES comme une MONTAGNE, un grand tas remuant de corps divers, dont chaque partie s'agite de son mouvement propre, et dont l'ensemble complexe oscille d'accord...*[57]
>
> (T. I, p. 441 B-442 A)

Cette matière en voie de métamorphose est aussi un espace: un volume pyramidal qui croule et se reforme toujours, et dans lequel se tassent tous les règnes, toutes les données des sens, tous les phénomènes biologiques. Mais dans cet *espace subverti*[58], il y en a un autre qui s'ouvre[59] et qu'on pourrait appeler *l'espace du dedans:*

> *...des corps de femmes ayant à la place du visage une fleur de lotus épanouie...*
> *...la grande belette Pastinaca, qui tue les arbres par son odeur...*
> *...des chats rouges mâchant des mains humaines...*
>
> (T. I, p. 441 B)

---

[57] Les capitales sont de moi.

[58] Dans mon schéma, c'est l'espace N° 2.

[59] Dans mon schéma, c'est l'espace N° 3.

Tout le texte de *la Tentation* semble être construit pour permettre ce que Jacques Neefs appelle «les fuites du langage» [60]. Et il apparaît clairement que le VOIR procède du LIRE. Pour voir «l'autre scène», il suffit d'un énoncé figural, dans un texte gagné de proche en proche tout entier par le figural. Aussi toutes les références aux arts visuels sont-elles, à la limite, inutiles. La référence au théâtre est insuffisante. Mais même la référence à la *veduta* des peintres, ou à la capacité de vision onirique du cinéma, ce n'est en effet que «l'explication d'une forme artistique par une autre forme d'une autre espèce» [61]. Contrairement aux arts visuels, un texte ne «montre» rien, à proprement parler: «si le lecteur est un voyeur, ce qu'il voit dans un livre ce sont des signes qui ne représentent directement aucun objet» [62]. Et pourtant le lecteur «voit». Ce qu'il voit, comment il le voit, est difficile à cerner. Dans le processus de déchiffrement qu'est la lecture, c'est «le texte qui regarde le lecteur [...], puisque ce qu'il voit de cette *seconde vue* c'est en lui qu'il le voit, non dans le texte» [62]. Le texte me regarde, ou: je suis le texte.

Ceci étant entendu, il n'en reste pas moins que *la Tentation* de 1874 est une œuvre littéraire au caractère pré-cinématographique marqué, et qu'il serait injuste de ne pas souligner cette modernité. Les espaces autour d'Antoine se diversifient, et surtout Antoine se déplace. On ne peut parler que métaphoriquement des déplacements de la caméra, et pourtant les termes techniques sont les seuls appropriés [63].

Antoine à Alexandrie:

PANORAMIQUE   *Il embrasse, d'un seul coup d'œil, les deux ports [...]. De petits ports intérieurs découpent les ports principaux. Le môle, à chaque bout, est terminé par un pont [...]. Des voiles passent dessous; et de lourdes gabares débordantes de marchandises, des*
ZOOM   *barques thalamèges à incrustations d'ivoire...* (etc.)
                                              (T. III, p. 528 B)

---

[60] Article cité, voir plus haut la note [21], p. 475.

[61] Voir plus haut la note [13].

[62] André Green, «La déliaison», in: *Littérature* N° 3, p. 42.

[63] Un critique est allé dans le même sens à propos de *Madame Bovary* et des autres romans, sans étudier toutefois *la Tentation*. Voir Pierre Danger, «Flaubert et le langage cinématographique — 2. Les plans et les séquences», in: *Sensations et objets dans le roman de Flaubert*, A. Colin, p. 213 et suiv.

Antoine à Byzance:

TRAVELING *Il traverse un forum, entre dans une cour, se baisse sous une porte... [...]*
Puis il est comme perdu dans une succession d'appartements.
On voit, le long des murs en mosaïque...[etc.]
(T. III, p. 529 A)

Flaubert a donc eu l'intuition de la caméra mobile, dont on trouve l'application systématique dans *l'Education sentimentale* de 1869. Mais il a eu aussi, très tôt, l'intuition de la variation de la distance focale. Il ne faut pas oublier que le cinéma réalise nos rêves de voyeur ou de voyant: le rêve de voler, le rêve du passe-muraille, le rêve d'ubiquité, le rêve de voir de près ce qui est loin, de distinguer ce qui est infiniment petit, de s'enfoncer dans des abîmes en spirale, de voir «naître la vie» (T. III, p. 571 B). Dans *l'Education sentimentale* de 1845 déjà, j'avais remarqué une «vision» [64] qui ne serait autre qu'un ZOOM au cinéma: Jules voit au loin un point noir sur la route...

Et puis tous les objets grandirent et je les vis nettement. Bernardi donnait le bras à Lucinde, il s'approcha d'elle et l'embrassa... [65]

Et cette «vision», je l'avais interprétée comme la SCÈNE PRIMITIVE. C'est que, quand on parle du cinéma et de ses techniques, aussitôt on touche au fantasmatique.

S'arrêter sur le plan final d'une séquence et en faire le plan initial de la séquence suivante, c'est un ENCHAÎNEMENT narratif propre au cinéma. Que ce plan-pivot soit en plus l'objet d'un FONDU-ENCHAÎNÉ, et c'est la métamorphose qui envahit, non seulement le figural, mais l'organisation même du récit. Dans la troisième version de *la Tentation*, il y a d'étonnantes trouvailles de cet ordre [66]: les *«cuisses levées»* des Sciapodes ressemblent aux arbres d'une forêt dans laquelle vont surgir les Cynocéphales (T. III, p. 569 B); la Chimère en partant laisse derrière elle le brouillard de son haleine, et *«dans cette brume, Antoine aperçoit»* de nouveaux monstres (T. III, p. 569 A). Mais le

---

[64] Voir supra le chapitre «Flaubert et Œdipe».

[65] *La première Education sentimentale*, p. 117.

[66] Dans le même temps à peu près, Lewis Carroll suivait une démarche parallèle. Par exemple, Alice pleure, puis diminue de taille et manque se noyer dans ses propres larmes (*Alice's Adventures in Wonderland*).

caractère proprement optique du procédé se révèle dans ce fragment où sur l'image (capturée dans un miroir!) du port d'Alexandrie se SURIMPRIME l'image du port de Byzance:

> *Un grand miroir de cuivre, tourné vers la haute mer, reflète les navires qui sont au large.*
> *Antoine s'amuse à les regarder; et à mesure qu'il les regarde, leur nombre augmente.*
> *Ils sont tassés dans un golfe ayant la forme d'un croissant.*
> *Par-derrière, sur un promontoire, s'étale une ville neuve...*
>
> (T. III, p. 529 A)

L'espace cinématographique-onirique relève-t-il de l'imaginaire ou du symbolique? Le miroir, dans le fragment qui précède, nous désigne l'imaginaire. La métamorphose, on s'en souvient, relève du MÊME plus que de l'AUTRE. *La Tentation* est dans la lignée de l'art fantastique médiéval, que la Renaissance n'a pas refoulé et que les romantiques ont réactualisé. Œuvre-charnière, *la Tentation* annonce le surréalisme, qui, soit dit en passant, reconnaîtra dans le cinématographe son art privilégié. Or, surréalisme et fantastique sont les courants esthétiques qui sont allés le plus loin dans la découverte de l'inconscient, mais cette vérité, ils n'ont fait que la frôler. Au contraire, ils ont exploré à fond les structures de l'imaginaire. Avoir l'œil-caméra ne signifie rien en soi, tout est dans l'usage. Entre le regard désirant qui bouleverse l'espace — par exemple, la pyramide croulante, qui revient dans *la Tentation* de 1874 sous la forme de la pyramide des nourritures (T. III, p. 527 B) — et le regard d'un Moi paranoïaque qui reconstruit l'espace selon une optique totalitaire (les navires dans le miroir), le choix du texte est incertain. Du moins peut-on ranger les SYNESTHÉSIES, qui régissent toute la perception dans la troisième version, du côté du symbolique: par elles, le monde envahit le texte à la manière d'un Autre toujours fuyant. Et quand il est dit que *«la vallée devient une mer de lait»* (T. III, p. 551 B), s'agit-il encore d'une métamorphose, ou déjà d'une ouverture du texte sur *l'espace du dedans?* A l'œil-caméra, on préférera le symbole:

> *...les fleurs rouges des nymphoeas, plus grandes qu'un homme, se penchent sur lui.*
>
> (T. III, p. 527 A)

> *Des insectes, pareils à des pétales de roses, garnissent un arbuste...*
>
> (T. III, p. 571 A)

Dans *la Tentation*, le langage a donc le dernier mot. Et c'est grâce au pouvoir du langage, d'un langage toujours visionnaire, que les personnages comptent rivaliser avec le narrateur (toutes versions confondues). Eux aussi ont des choses à «montrer»:

> Là-bas est une prairie, les barques s'y arrêtent, la litière est sur le bord, dans les sables elle avance...
>
> (la Voix, T. I, p. 380 A)

> Nous allons au Nord, du côté des cygnes et des neiges. Sur le désert blanc, galope le chevreuil cornu dont les yeux pleurent de froid; des soleils violets tournent dans les cieux et rougissent la glace...
>
> (Apollonius, T. I, p. 408 A)

Eux aussi connaissent «l'autre scène» qui apparaît dans l'encadrement de la *veduta:* «... et je me haussai avec les poignets jusqu'à la hauteur de la fenêtre. — Sur le péristyle du temple, il y avait un homme...» (Priscilla, T. I, p. 399 A) Mais ce qu'ils préfèrent montrer, c'est un livre: «... tiens! nous l'ouvrons pour toi. Quoique les mots en soient d'une langue perdue [...], tu le liras tout courant comme les lettres de ton nom.» (T. I, p. 393 B) C'est à ce langage PERDU que nous devons les plus belles phrases de la Reine de Saba, ou encore, parmi tant de fleurs du texte aux «pétales éblouissants» (ainsi Priscilla qualifie-t-elle le langage de Montanus — T. I, p. 399 A), ces autres phrases dont la beauté tient toute dans la surréalité:

> ... dans les joncs, se traînait le crocodile pensif, qui allait pondre ses œufs sur la grève inhabitée...
>
> (la Voix, T. I, p. 379 B)

> Moi aussi, j'ai fait des choses étonnantes — ne mangeant par jour qu'un seul grain de riz, et les grains de riz dans ce temps-là n'étaient pas plus gros qu'à présent.
>
> (le Bouddha, T. III, p. 553 A)

La dimension théâtrale de *la Tentation*

La Tentation n'est pas une pièce. Non seulement ce texte est injouable à plus d'un titre, mais il constitue même un défi aux possibilités d'une représentation théâtrale. Or, il a été joué par la Compagnie Renaud-Barrault et dans une mise en scène de Maurice Béjart, comme je l'ai indiqué dans mon premier chapitre. Cette adaptation au théâtre ne signifierait rien si elle avait trahi le texte. Si j'en parle donc, c'est que je suis témoin de ce qu'elle n'a pas trahi le texte. Au contraire elle a révélé, de façon inattendue, la dimension théâtrale de *la Tentation de saint*

Antoine[67]. D'un texte que Flaubert avait voulu faire seulement *lire COMME SI on le voyait* sur une estrade, l'adaptation de Barrault et de Béjart a fait une vraie pièce, je veux dire une pièce qui non seulement soutenait mais fascinait l'attention, une pièce qui relevait de ce «théâtre alchimique» dont Artaud avait essayé de trouver la formule. C'est en repensant à ce spectacle que l'on peut donner un sens à la réflexion si difficile et si fuyante d'Artaud théoricien. Pour lui, il y aurait un théâtre «primitif» qui ne serait autre chose que «l'extériorisation d'une sorte de drame essentiel»[68]. A propos de ce drame, Artaud divague[69]. Mais l'important, c'est que cette matière cosmique chaotique soit l'objet d'une transmutation spirituelle et que ce soit le théâtre qui, analogue à l'alchimie, soit chargé de «faire de l'or»[70], par des procédés dont Artaud suggère qu'ils remontent aux Mystères d'Eleusis[71]. Le théâtre agira «poétiquement et en arrachant ce qu'ils peuvent avoir de communicatif et de magnétique aux principes de tous les arts», il renouera avec le chaos *«par formes, par sons, musiques et volumes»*[72].

Barrault et Béjart — faut-il le préciser? — se réclamaient d'Artaud. Un article publié à l'époque dans les *Cahiers de la Compagnie Renaud-Barrault*[73] se réfère explicitement au «théâtre de la cruauté», rapproche des *Tentations* de Callot et de Breughel celle de Bosch — qu'Artaud lui-même proposait en modèle à la nouvelle mise en scène qu'il prophétisait[74] —, croit déceler enfin chez Flaubert une recherche de théâtre total:

Les indications scéniques, véritables guides du metteur en scène, que sont les descriptions, suggèrent aussi l'emploi de musique, de danse, de pantomime, de mimique, comme le demande Artaud.[75]

[67] Barrault et Béjart devaient choisir une version, et ils ont opté pour la troisième. Mais fidèle à ma position, je pense qu'on peut tirer de leur travail des enseignements valables pour les trois versions.

[68] Antonin Artaud, «Le théâtre alchimique», in: *Le Théâtre et son double*, Gallimard/ Idées, p. 74.

[69] C'est-à-dire qu'au lieu de préserver l'indétermination du mythe originel, il se met à récrire la Genèse, en distinguant deux temps de la Création etc. *Ibid.*, p. 75-76.

[70] *Ibid.*, p. 76.

[71] *Ibid.*, p. 77.

[72] *Ibid.*, p. 75. C'est moi qui souligne.

[73] Maurice Lecuyer, «Triple perspective sur une œuvre», in: *Cahiers de la Compagnie Renaud-Barrault*, mars 1967.

[74] *Ibid.*, p. 60-65. — Il s'agit d'une des «Lettres sur le langage», in: *Le Théâtre et son double*, éd. citée, p. 183.

[75] Maurice Lecuyer, art. cité, p. 61.

C'est ce point qui demande à être revu et précisé. Je ne mets pas en doute la dimension théâtrale de *la Tentation*, mais je ne la déduis pas des prétendues indications scéniques. Béjart enfant a pu rêver sur telle ou telle phrase de Flaubert: *«Un éléphant blanc, caparaçonné d'un filet d'or, accourt... [...] La foule se prosterne, l'éléphant plie les genoux, et la Reine de Saba, se laissant glisser le long de son épaule, descend sur les tapis et s'avance vers saint Antoine.»* (T. III, p. 531 A) Il n'empêche qu'au moment de la mise en scène, il a rangé cette indication dans le lot du non-performable. Aussi Béjart, en homme de théâtre — ce que Flaubert N'ÉTAIT PAS — a-t-il cherché, et trouvé, les équivalents, EN LANGAGE THÉÂTRAL, du texte multi-visionnaire de Flaubert. En l'occurrence, la Reine de Saba n'avait pas de robe à queue, mais sur un corps serpentin un collant aux moirures argentées, et elle était portée par quatre athlètes sur une sorte de pavois.

Tout est à nuancer. Il est donc certain que le contre-texte joue, mais en partie seulement, son rôle d'indication de mise en scène. D'abord, il est écrit au présent, temps rituel du *hic et nunc* du théâtre. Mais ce présent déjà a deux sens au moins, l'autre étant d'être un présent itératif, lourd de toute une charge existentielle, et que Beckett a su réutiliser depuis dans *En attendant Godot* ou dans *Fin de partie*. Le narrateur de *la Tentation* fait semblant de raconter une fois ce qui se passe chaque nuit, et au présent ce qui appartient au passé. Débarrassée de ces leurres narratifs, *la Tentation* pourrait se résumer à peu près ainsi:

Le soir, Antoine interrompait son travail. A l'horizon, le soleil se couchait, l'ombre de la croix s'allongeait devant la cabane. Alors les visions grimaçantes se mettaient à défiler une à une. Antoine regardait, béant. Elles lui disaient ses désirs les plus secrets, ce qu'il avait toujours voulu savoir, ce qu'il s'était toujours refusé à connaître, et la nuit se passait dans une hallucination permanente. Enfin, les ayant chassées jusqu'à la dernière, il apercevait le soleil se lever. Antoine se remettait en prière.

On excusera le pastiche, qui est la tentation du critique !

Ce qui est certain, c'est que, beaucoup mieux que l'imparfait itératif, le présent itératif fait d'Antoine notre contemporain, et permet de dire de lui ce qu'Alain Robbe-Grillet dit des deux héros beckettiens qui attendent Godot:

Ils sont là... [...] Ils seront encore là le lendemain, le lendemain du lendemain, et ainsi de suite [...] seuls en scène, debout, inutiles, sans avenir ni passé, irrémédiablement présents. [76]

L'analogie est plus profonde qu'il n'y paraît. Comme eux, Antoine attend Dieu. «Y a-t-il sur la terre un homme plus lamentable que moi?» s'écrie-t-il (T.I, p. 385 B) Et Hamm: «Peut-il y a — *(bâillements)* — y avoir misère plus... plus haute que la mienne?» [77]

Demain le soleil reviendra, puis il se couchera, et toujours ainsi! toujours!
Moi, je me réveillerai, je prierai, j'achèverai ces corbeilles que je donne à des pasteurs chaque mois pour qu'ils m'apportent du pain; ce pain, je le mangerai; l'eau qui est dans cette cruche, je la boirai; ensuite je prierai, je jeûnerai, je recommencerai mes prières, et toujours ainsi! toujours! (T.I, p. 376 A)

Clov ajouterait seulement: Il n'y a plus de pasteurs. Mais *la Tentation* est déjà cette «fin de partie» qui n'en finit pas.

Soit dit en passant, ce rapprochement éclaire peut-être la prédilection de la littérature de l'absurde pour le théâtre, qui fige le personnage dans un éternel présent. Mais je reviens à la fonction technique du contre-texte de *la Tentation.* Celui-ci devrait guider le metteur en scène en ce qui concerne: le décor, les costumes, les accessoires, le mouvement des acteurs, leurs intonations, les lumières, les bruits, la musique. Et il est vrai qu'il remplit, ou semble remplir cette fonction. Le décor est posé dès les premières lignes, et de nouveaux décors sont ensuite décrits. Le costume d'Antoine lui-même est précisé dans la troisième version: il a *«une longue barbe, de longs cheveux et une tunique de peau de chèvre»* (T.III, p. 523 A), tandis que dans les deux premières versions il a une robe. Beaucoup de personnages sont décrits des pieds à la tête, ainsi Hélène-Ennoïa: *«une tunique de pourpre en lambeaux découvre son bras amaigri, où résonne un bracelet de corail; elle a sous les yeux des bourrelets rouges, sur la joue des marques de morsure, aux bras des traces de coups»* (T.I, p. 394 B). Beaucoup d'objets sont mentionnés, dont certains, très spectaculaires, vont jusqu'à commander la disposition et les mouvements des acteurs:

[les] *Ophites, portant un immense serpent-python à couleur dorée, avec des taches de saphir et des taches noires. Pour le maintenir horizontalement, les enfants le lèvent au bout de leurs bras, les femmes le retiennent sur leur poitrine, les hommes l'appuient contre leur ventre.* (T.I, p. 391 B)

---

[76] A. Robbe-Grillet, «Samuel Beckett ou la Présence sur la scène», in: *Pour un nouveau roman*, cité par Pierre Danger, ouvrage cité, p. 258.

[77] *Fin de partie.*

Des jeux de scène sont indiqués, des intonations, des intensités sonores et des rythmes: par exemple dans la cérémonie des Ophites de la troisième version, le chœur chante «Kyrie eleïson», d'abord *«d'un ton plaintif»*, puis *«avec force»*, ensuite *«très bas»*, jusqu'à ce que l'Inspiré *«frappant du talon, claquant des doigts, hochant la tête, psalmodie sur un rythme furieux au son des cymbales et d'une flûte aiguë...»* (T. III, p. 541 A-B).

Ces quelques exemples donnent une faible idée de la richesse des «indications scéniques». Mais justement, c'est cette richesse même qui m'empêche de croire à l'efficacité technique du contre-texte de *la Tentation*. Le théâtre est un langage qui fonctionne de manière très économique. Tout élément de la scénographie est un signe [78]. Surtout, tout élément est susceptible d'être utilisé plusieurs fois à des fins différentes, d'être plusieurs signes. L'objet importe peu, il peut être en carton, à la limite il peut n'être fait que d'air comme dans le mime, puisque seule compte sa valeur de signe. Polysémie de l'objet au théâtre: un mouchoir pourra tour à tour signifier l'élégance, essuyer des larmes, cacher un message, prouver une infidélité. Cette économie est à l'opposé de la somptuosité flaubertienne. Car justement, Flaubert pense beaucoup moins aux implications *scéniques* de sa description qu'au fonctionnement *textuel* de ce qu'il écrit. Et la profusion participe au fonctionnement textuel. Aussi peut-il se permettre d'être prodigue d'objets. Ces objets ne servent qu'une fois, et la plupart du temps font redondance. Hélène-Ennoïa accumule les signes du personnage soumis à des sévices. Que la Logique apparaisse debout sur une boule qu'elle fait rouler sous ses pieds (T. I, p. 389 A), cela témoigne de ses dons d'équilibriste intellectuel. Mais cet objet n'accède pas vraiment au statut d'accessoire, parce qu'il n'est jamais plus mentionné ni utilisé dans un jeu quelconque. Il entre donc plutôt dans un système de caractérisation allégorique (à rapprocher de la Luxure qui est aveugle ou de l'Avarice qui a dix doigts à sa main droite — T. I, p. 389 B) où le théâtre n'a aucune part. Un autre cas douteux et instructif se présente dans l'épisode de la Femme et du Pasteur. Ce dernier donne à la Femme sa bague d'argent, son cercle d'airain et son bâton recourbé (T. I, p. 430 B-431 A). Ou bien le lecteur (-spectateur) ne connaît pas la Bible (Gen. 38:18), et il est complètement fourvoyé, car il peut s'imaginer qu'il s'agit là de profonds et énigmatiques symboles. Ou bien il

---

[78] Je m'appuie sur un article de Bogatyrev, «Les signes de théâtre», in: *Poétique* N° 8. Ce texte date de 1938 et a paru alors à Prague. Bogatyrev était un ethnographe russe, passé, avec les linguistes Jakobson et Troubetzkoy, du Cercle de Moscou au Cercle de Prague. Voir *Change* N° 3, p. 65.

connaît l'histoire de Tamar et de Juda et il sait que ces objets ont une fonction précise: ce sont des gages qui serviront à Tamar à faire reconnaître sa paternité à Juda. Mais cette fonction-là, le texte de Flaubert la néglige, puisque cette scène reste sans suite. Que signifient alors ces objets? D'abord il s'agit toujours de la caractérisation de type allégorique: leur mention doit rappeler au lecteur un souvenir de l'Histoire Sainte enfoui dans sa mémoire. Mais surtout, ils entretiennent un rapport étroit avec tout le NON-DIT qui troue cette scène fantasmatique, et à ce titre ce sont en effet de profonds symboles. Seulement ce sens symbolique, le lecteur n'y accède, comme on le voit, que par une lecture au deuxième ou au troisième degré, qui n'a rien à voir avec les conditions de la production du sens au théâtre. Donc il y a une polysémie de l'objet dans *la Tentation*, mais elle relève du fonctionnement textuel seul. Les objets les plus chargés de sens ne peuplent pas la «scène», mais le texte des dialogues. Quand la Courtisane qui fait ses malles dit à la servante: «As-tu mis l'onguent de Délos dans les boîtes de plomb? et mes sandales de Patara dans le sachet pour la poudre d'iris?», et que la servante lui répond: «Oui, maîtresse. Voici encore la lysimachia pour les cheveux, les œufs de fourmis pour les sourcils, et les racines d'acanthe pour le visage» (T. I, p. 429 B), Flaubert ne pense ni à évoquer une scène de genre (car ce dialogue est artificiel au possible), ni à suggérer la coquetterie ou la sensualité féminines, ni à ressusciter la civilisation antique. Ou plutôt, il fait tout cela de surcroît, mais cela ne l'intéresse pas. Ce qui l'intéresse, c'est de s'enivrer de beaux signifiants et d'objets accessoires (c'est-à-dire inessentiels): d'ouvrir le langage sur une VISION, qui est la vision même du surplus de sens qui se dérobe. Il ne faut pas confondre un tel objet scriptural-figural avec ce qu'au théâtre on appelle un accessoire.

Flaubert n'a aucune idée non plus des contraintes de l'espace et du temps scéniques. Il peut penser au rythme particulier d'un fragment, mais il n'a pas la perception globale de sa «pièce», il ne pense pas aux variations de rythme qui seraient nécessaires pour qu'elle «passe la rampe». On peut dire la même chose des lumières et de la musique, ou encore des voix: on trouve telle notation fragmentaire, mais l'idée qu'il y a une plastique de l'espace scénique et que c'est la lumière qui le sculpte d'un bout à l'autre de la représentation, c'est une idée qu'on ne trouvera pas dans le contre-texte. En somme, Flaubert est beaucoup plus un spectateur virtuel (et émerveillé) de sa propre fantasmagorie que le metteur en scène d'une pièce. Son poème en prose est un spectacle en chambre, qu'il ne prétend nullement porter au théâtre.

Mais alors, comment *la Tentation* a-t-elle pu être mise en scène, et avec le succès que j'ai rapporté? Cela tient d'abord aux dons des hommes de théâtre qui ont fait le travail. Après avoir délimité leur texte en procédant aux inévitables coupures, Barrault et Béjart ont repensé toute *la Tentation* en «langage théâtral» précisément, c'est-à-dire selon une cohérence qui était la leur avant tout, et avec le souci primordial de l'espace et du temps scéniques. C'est dire que bien des détails furent changés. Jean-Louis Barrault, en Antoine, n'avait ni longue barbe, ni longs cheveux, ni tunique de peau de chèvre — car l'essentiel n'était pas là. Hélène-Ennoïa ne s'appuyait pas sur l'épaule de Simon le Magicien, comme le veut Flaubert. Elle arrivait tenue en laisse par un Simon marchand d'esclaves, ce qui dramatisait son entrée et signifiait son énigmatique condition. Le décor était inexistant, son évocation était laissée à la voix *(off)* du narrateur. Il y avait seulement, en avant de la scène proprement dite, une petite arène de sable réservée à Antoine, et sur la scène une construction tubulaire qui permettait au groupe des jeunes acteurs-danseurs, chargés de figurer tour à tour tous les chœurs (gnostiques, ou fidèles des religions païennes), de varier leur expression corporelle. Les personnages principaux — Hilarion, les hérésiarques, les dieux — avaient des costumes magnifiques. Enfin une attention particulière avait été accordée à la sonorisation du spectacle: aux bruits et aux musiques, mais surtout à *la voix*, qui avait été travaillée selon les traditions de l'Extrême-Orient. Commençant avec le cri, qui en est le degré zéro, la voix des acteurs se pliait selon les circonstances à tous les modes possibles d'émission du langage articulé. Non plus des monologues et des dialogues, mais une symphonie concertante avec solo, ou encore une fugue... Des intonations accordées à toutes les nuances de l'affect... Des débits accélérés, ou au contraire de lentes psalmodies chantantes... Un découpage du texte selon des unités métriques contrariant le découpage syntaxique... Dans *la Tentation* de Barrault et de Béjart, *la voix* était devenue une composante particulière du spectacle: un nouvel OBJET, avec sa plastique, un objet qui non seulement balisait le temps mais l'espace de la scène. Ainsi était réalisé le vœu d'Artaud de produire une «déformation seconde de la parole»[79] et de «donner aux mots à peu près l'importance qu'ils ont dans les rêves»[80].

Rien ne résumerait mieux cette mise en scène de 1967 que les mots qu'Artaud écrivait en 1932:

[79] «Le théâtre de la cruauté», in: *Le Théâtre et son double*, éd. citée, p. 143.
[80] *Ibid.*, p. 142.

...beauté magique des costumes pris à certains modèles rituels, resplendissement de la lumière, beauté incantatoire des voix, [...] rythme physique des mouvements dont le crescendo et de decrescendo épousera la pulsation de mouvements familiers à tous, apparitions concrètes d'objets neufs et surprenants, masques, mannequins... [80]

On se demande peut-être comment cette mise en scène, qui était une recréation du texte de Flaubert, pouvait cependant le servir avec une fidélité indiscutable? Les spectateurs ne voyaient pas ce que Flaubert avait «vu». Mais Barrault et Béjart avaient traduit dans leur langage (le langage théâtral) ce que nous avons reconnu pour être l'essence de la Tentation, texte-corps-morcelé qui donne à lire les PROCESSUS PRIMAIRES de l'inconscient dans leurs aspects «les plus violents, les moins discursifs, les plus sauvages» [81]. Donc, il y a une dimension théâtrale de la Tentation, mais elle ne découle pas, ou pas seulement, de cette forme dialoguée et de ces prétendues indications scéniques qui retiennent d'abord l'attention. Cependant, si Flaubert a choisi cette forme, c'est entre autres raisons parce qu'il a sans doute eu l'intuition de ce que pourrait être un «théâtre de la cruauté».

Ce sont ses tensions qui font de la Tentation une œuvre traduisible en «langage théâtral»: des tensions à tous les niveaux, entre lesquelles se joue ce drame primordial qu'Artaud compare à un chaos en fusion. L'une de ces tensions est celle du VOIR qui hante le LIRE et qui cherche à s'extérioriser sur une «scène». En 1967, quelque chose de «l'autre scène» s'était produit sur la scène de l'Odéon. On sait que le théâtre est généralement le lieu d'une grande entreprise de mystification de la part du MOI. C'est «toute notre réserve de rôles imaginaires» que nous allons regarder au théâtre [82]. Les rôles imaginaires étaient certes au rendez-vous, fabuleux mannequins de tous nos dédoublements. Mais L'AUTRE aussi était là. Où? Dans les voix, peut-être.

Dans la religion juive, le shofar, corne de bélier, sonne le jour des cérémonies d'expiation; les femmes, les enfants ne doivent pas l'entendre; c'est la voix même de Dieu, reconnaissable à des sons «crus, terrifiants, gémissants, sonnant profond et étirés», décrits par le psychanalyste Théodore Reik. Si on accepte l'hypothèse psychanalytique [...], toute voix chantée, toute voix hors de son usage quotidien aurait rapport à la voix de Dieu... [83]

[81] André Green, déjà cité. Voir supra, dans le chapitre «La tentation de la science et les voies du savoir», la note [183].

[82] Oscar Mannoni, «Le théâtre du point de vue de l'imaginaire», in: La Psychanalyse, vol. 5, p. 214.

[83] Catherine Clément, «L'opéra ou le réalisme excessif», in: Miroirs du sujet, 10/18, p. 308.

Entre le Moi et le Je

Chaque nuit, Ivan Karamazov (guetté par la folie) s'entretient avec le Diable. «Mais ce n'est pas de moi, ça», dit-il soudain, frappé par une pensée du Diable. «Bien que je ne sois que ton hallucination», lui répond sentencieusement celui-ci, «je dis des choses originales, exactement comme cela se passe dans les cauchemars, des choses qui ne te sont jamais encore venues à l'esprit. Je ne répète donc pas tes pensées, et cependant je ne suis que ton cauchemar, et rien d'autre.» [84] Comme Ivan, Antoine passe son temps à nier, à dire «mais ce n'est pas de moi, ça», tout en sachant fort bien que les personnages qui l'assaillent, c'est lui qui les produit. Le subtil mécanisme de la DÉNÉGATION est à l'œuvre. Le refoulé inconscient, Freud l'a régulièrement observé sur ses patients, peut remonter à la conscience *à la condition d'être nié:* «la reconnaissance de l'inconscient de la part du Moi s'exprime en une formule négative» [85]. C'est la preuve même, la pierre de touche.

«Vous vous demandez qui peut bien être cette personne dans mon rêve. Ce n'est *pas* ma mère.» Nous corrigeons: c'est donc sa mère. [86]

JE est un AUTRE, et c'est cette vérité, assez effrayante, que le MOI connaît, tout en n'en voulant rien savoir. Qui aura le dessus? Ici se joue le drame de *la Tentation de saint Antoine.* Loin de moi l'idée de reprocher au texte de Flaubert de mettre en marche le mécanisme de la dénégation et de la méconnaissance. Au contraire, il faut lui savoir gré d'en montrer les rouages, comme Dostoïevski le faisait au même moment. Tous deux ont choisi le Diable comme protagoniste du héros, parce qu'ils savaient, d'un savoir intime et informulé, sa double appartenance au registre de l'imaginaire (il est le MAUVAIS MÊME) et au registre du symbolique (il est la VOIX DU DÉSIR). Mais je ne prendrai le Diable que pour ce qu'il est au fond: la figuration allégorique d'un principe. C'est tout le texte de *la Tentation* qui est «diabolique»! Partout, à tous les niveaux, s'exerce le despotisme du Moi. C'est lui qui pose, avec une fausse innocence, la question du «qui parle?», pour y répondre en distribuant des rôles, en mettant chacun À SA PLACE. Mais dans le même temps, le Je déconstruit le texte, montre que les rôles sont interchangeables, remplace

---

[84] Dostoïevski, *Les Frères Karamazov* (1880), trad. franç. Garnier, p. 896-897.

[85] Freud, *La dénégation* (*Die Verneinung*, 1925), trad. franç. in: Lyotard, ouvrage cité, p. 134.

[86] *Ibid.*, p. 131.

le «qui parle?» par le «qui regarde?», et troue le langage de visions qui
sont autant de «non-dits» à le désigner, lui, DÉPLACÉ, décentré,
lacunaire, et toujours là où il n'est pas. «Le *sujet* est le nom de la fonction
qui assure le maintien de la contradiction et, fascinant de par sa division,
focalise tous les effets d'unité.» [87]

Ainsi fonctionne le texte flaubertien le plus ouvert sur l'inconscient,
tour à tour piégé dans les mensonges du Moi et libéré de ces mensonges
par le surgissement du *sujet*. S'il est vrai que le texte *s'écrit* [88], *la Tentation*
de Flaubert est bien un de ces textes-laboratoires où se lit le travail du
désir. Jamais Flaubert n'est allé plus loin dans ce sens qu'en cette année
révolutionnaire de 1848-1849 où il a laissé la première version s'écrire.
Jamais il n'est allé plus loin, sauf à laisser se récrire encore deux fois *la
Tentation*, avec l'espoir, mélangé, de faire parler l'Autre *quand même*,
tout en s'efforçant d'enchaîner la violence libératrice de sa parole. On
apprécie mieux l'exception que constitue sa *Tentation* par rapport au reste
de son œuvre, quand on sait quel rêve d'enfermement obsède Flaubert. Je
rappellerai ce projet de roman qui dormait dans ses cartons et que la
critique nomme *la Spirale* [89]. Le héros en aurait été un peintre qui, revenu
d'un voyage en Orient «la tête pleine d'images vues ou conçues» [90], aurait
renoncé à la peinture. Il aurait alors mené deux vies parallèles, régies par
un curieux principe de compensation: plus cela irait mal dans la vie réelle,
plus la vie fantasmatique (Flaubert l'appelle: fantastique) serait réussie.
La vie réelle se rétrécit progressivement jusqu'à ce que le peintre soit
enfermé dans une maison de fous — c'est alors que la vie fantasmatique
peut s'épanouir! «La conclusion est que: le bonheur consiste à être Fou
(ou ce qu'on appelle ainsi) c'est-à-dire à voir le Vrai, l'ensemble du temps,
l'absolu —» [91]. On reconnaît dans *la Spirale* un doublet de *la Tentation*,
mais d'une *Tentation* qui aurait basculé tout entière dans l'imaginaire.
Bien sûr, le désir d'accéder au savoir divin, au «Vrai», à «l'absolu»,
demeure, formulé en des termes qui rappellent des souvenirs: «— vie
paisible avec un brahmane — pythagoricienne — il entend le langage des

---

[87] Serge Leclaire, *On tue un enfant*, éd. citée, p. 83.

[88] Non pas seulement au sens (surréaliste) de l'écriture automatique. Le texte le plus
dirigé, celui qui a traversé tous les contrôles de la création qui se veut consciente, porte en
lui les lacunes et les effets de signifiant par où se désigne le sujet de l'inconscient.

[89] Ce texte (un brouillon) a été publié par les soins de E.-W. Fischer in: *La Table Ronde*,
avril 1958, p. 96-98. Ce critique pense pouvoir le dater de 1852-1853 (voir *ibid.*, p. 100).

[90] *Ibid.*, p. 96.

[91] *Ibid.*, p. 98.

animaux, les apaise tous, voit pousser les plantes...»[92] Mais ce désir, c'est du point de vue de l'imaginaire, de l'imaginaire seul, qu'il faut le concevoir dans *la Spirale*. On ne peut pas dire du héros de *la Spirale:* il rêve parce qu'il désire. Il faudrait dire: il rêve *qu'il* désire. Donc son désir n'est pas le moteur du rêve, c'est plutôt un désir qui apparaît dans le rêve en tant que simulacre de désir. A la fin de *la Spirale*, il ne resterait plus que des simulacres. Le peintre rencontre un fou qui se prend pour un musicien: «le musicien est tout aussi musicien qu'un musicien»[91]. La musique n'est que simulacre de musique, et tout est à l'avenant.

La Spirale réalise parfaitement le rêve enfantin de la toute-puissance de la pensée. Ce serait l'entreprise littéraire la plus mégalomane qui soit, si Flaubert avait écrit le roman. Mais pour cela il aurait fallu sans doute qu'il trouvât le langage de la folie... Antoine et le peintre fou sont des rois de l'hallucination, des champions du spectacle solitaire! Cependant, Antoine n'est ni fou ni heureux. Lui *sait* qu'il ne tirera pas la vérité de lui-MÊME, mais de L'AUTRE qui l'habite. En cette nuit d'Egypte, éternelle nuit de sa tentation, est-ce à un autre lui-même, ou est-ce à Dieu qu'Antoine se mesure? Recommence-t-il le combat de Jacob avec l'ange (Gen. 32:23-33)? *La Tentation de saint Antoine* est aussi obscure, et donc aussi suggestive, que le mythe biblique, dont je laisse l'interprétation au psychanalyste Guy Rosolato:

> Toute une nuit Jacob combattit un homme. La tradition fait de son protagoniste un ange, peut-être le sien, ou celui de son frère *jumeau*... [...]. Et comme souvent dans la Bible, pour commémorer l'événement il y a nomination: le lieu sera dit *Peniël* (avec l'ironie du signifiant qui traverse les traductions et se fait entendre à nous tous), et Jacob sera Israël. Mais cette lutte avec son image idéalisée, homme, ange ou frère, s'accomplit, à suivre le texte, avec Dieu lui-même: Peniël signifie la *face de Dieu*, affrontée, et Israël, lutteur d'El, celui qui est avec et *contre* Dieu. Cette quête, voulue, suscitée *(quaero vultum tuum)*, fait s'épanouir les images, transporte Jacob dans le symbolique e le met dans un *autre* rapport avec Dieu, l'idéal dont il se sépare au matin.[93]

---

[92] *Ibid.*, p. 97-98.
[93] Guy Rosolato, «Le narcissisme», in: *Nouvelle Revue de Psychanalyse*, «Narcisses» (N° 13), p. 35-36. — C'est G. Rosolato qui souligne.

CONCLUSION

> J'ai vu avant-hier le nom de Byron
> écrit sur un des piliers du caveau...
> [...]. Tout le temps j'ai songé à
> l'homme pâle qui un jour est venu là,
> s'y est promené de long en large, a
> écrit son nom sur la pierre et est
> reparti.
>
> Flaubert à Alfred Le Poittevin,
> 26 mai 1845

C'est par son écriture que Flaubert, cent ans après sa mort, continue de nous fasciner. Dans un essai aujourd'hui classique, Roland Barthes l'a désigné comme l'initiateur de ce malaise dans la littérature qui aurait commencé au milieu du XIXe siècle (avant de s'étendre, au XXe, à l'art dans son ensemble). Qu'est-ce que l'écriture? C'est ce qui solidifie l'oeuvre de langage en objet, par un processus de «concrétion»[1]. Il y a, incontestablement, une «écriture» de *Madame Bovary*. Je ne choquerai pas si je dis qu'il n'y a pas, au sens barthien, d'«écriture» de *la Tentation de saint Antoine*. *La Tentation* serait-elle alors l'envers des autres oeuvres de Flaubert (de celles qu'on *lit*)? Serait-elle, comme le suggère Foucault[2], «le négatif de leur écriture», l'oeuvre qui permettrait à ces oeuvres d'exister dans leur modernité? Un certain *non-lisible* ou démodé de Flaubert, que l'on pourrait appeler, pour simplifier, son romantisme, se trouverait ainsi refoulé dans *la Tentation*, dont la fonction essentielle serait d'être la marge du texte. Présenté ainsi, ce raisonnement est spécieux: j'ai pu montrer, peut-être, que *la Tentation* n'était pas une oeuvre tout juste

---

[1] *Le Degré zéro de l'écriture* (1953), éd. Gonthier, coll. «Médiations», p. 11.

[2] Dans un passage de son article «La Bibliothèque fantastique», cité *supra*: voir la note [15] du chapitre «Le livre du voyant».

bonne à mettre au musée. C'est une œuvre moderne, elle aussi, par d'autres voies seulement que *Madame Bovary*. Au terme de cette étude, on peut avancer que, ni négatif, ni marge (à moins de comprendre «marge» dans un sens particulier que j'expliciterai), *la Tentation* est un texte à part entière, dont la mise à l'écart est la conséquence de circonstances historiques. Intéressant donc par et pour lui-même — et à plusieurs titres — ce texte a aussi quelque chose à nous apprendre sur la GENÈSE de la fameuse écriture flaubertienne.

J'ai le sentiment que mon travail tient un peu de l'archéologie, si le mot n'est pas trop pompeux: j'aurais été amenée à ébaucher l'archéologie de cette écriture à laquelle le nom de Flaubert reste attaché. Pour sérier les questions (mais tout se tient), on peut distinguer certains acquis. Tous ne sont pas neufs, il y a parfois des confirmations. Ainsi, Thibaudet déjà refusait, avec raison, de dissocier le Flaubert «réaliste» du Flaubert «romantique». Premier acquis donc: par *la Tentation* (et par les œuvres de jeunesse), Flaubert s'enracine dans une histoire littéraire qui est celle du romantisme de la première moitié du XIXe siècle. Il en découle directement un autre acquis: *la Tentation* est une œuvre écrite en relation étroite avec les MYTHES anciens, ceux de l'Orient, qui nous ont été transmis essentiellement par les Grecs et par la Bible. Mais (troisième acquis) la Bible est autre chose qu'un simple trésor de mythes: pour Flaubert, la Bible est un écrit, L'ÉCRIT sur lequel il fixe, avant 1850, sa problématique du langage. Enfin, il y a un mythe que nous pouvons privilégier dans sa version biblique: c'est celui de l'arbre, c'est-à-dire de l'interdit sur le savoir divin, et de la transgression de cet interdit. S'agissant de *la Tentation*, il faut distinguer ici deux niveaux. Au niveau de l'élaboration de l'œuvre, la *libido sciendi* a pour nom l'érudition. Au niveau du fonctionnement textuel, le désir de savoir se révèle être un savoir sur le désir, et *la Tentation* relève bien (pour reprendre le mot de Foucault) non de la pure érudition, mais de l'«onirisme érudit». Onirique, cette œuvre ne l'est pas seulement parce qu'elle ouvre le lisible sur le visible des fantasmes (trahissant par là tout le fantasmatique qui hante l'écriture réaliste). *La Tentation* a la dimension du rêve en ce qu'elle est, dans ses structures, texte bouleversé.

L'archéologie fait remonter à la surface le passé enfoui. La passion du XIXe siècle pour les fouilles s'intégrait à ce processus de retour aux ORIGINES, dans lequel Mircea Eliade reconnaît une caractéristique des temps modernes. Exhumer une statue de Vénus, élucider la pierre de Rosette, éduquer l'enfant de l'Aveyron (ou explorer Mars) témoigne de la même quête. Donc, quand Flaubert travaillait à *la Tentation* (comme plus tard à *Salammbô* ou à *Hérodias*), il était le savant romantique participant à l'entreprise collective d'une archéologie de la civilisation occidentale. Ce qu'on pourrait appeler le contenu «manifeste» de *la Tentation* garde la trace de ces tonnes de terre (de livres) remuée en vue de quelque précieuse trouvaille. Mais bien plus intéressant est le contenu «latent», qui transparaît dans les symboles et dans l'inscription fragmentaire des mythes et des fantasmes. En effet, tous les symboles se rapportent au déchirement de la naissance, tous les mythes à la création de l'homme et à la coupure des sexes, tous les fantasmes à la «scène primitive». Il s'agit toujours de transgresser l'interdit sur le savoir, de «jeter un regard profane sur les mystères de l'au-delà»[3]. Le retour aux origines aboutit nécessairement, s'il est mené jusqu'au bout, à un retour du REFOULÉ, au sens psychanalytique que Freud donne à ce mot, par exemple dans son étude sur la *Gradiva*. Et il est à noter que le roman de Jensen n'avait pas manqué de métaphoriser le retour du refoulé chez le héros par un voyage dans un lieu éminemment archéologique: Pompéi.

C'est ici que prend sens l'analogie que j'ai relevée entre l'Histoire et le travail de Flaubert (la première version de *la Tentation* ayant été composée parallèlement à Février et Juin 1848, et la troisième en rapport avec le 4 septembre 1870 et avec la Commune). C'est qu'en effet les moments d'Histoire «chaude» voient remonter à la surface un refoulé collectif[4]. Les péripéties de la (non-)publication de *la Tentation* illustrent à leur tour son caractère de texte refoulé. Voilà un texte écrit en 1848-1849, avec une rapidité que Flaubert n'atteindra plus jamais, et qui paraît en librairie en 1874 seulement! On peut rêver, assez vainement, sur ce qu'aurait été la production flaubertienne, si Flaubert s'était trouvé être, vers 1850, «l'auteur de *la Tentation de saint Antoine*»... En tout cas, la détermination de son être-écrivain en aurait été changée. Telle quelle, *la Tentation* a joué le rôle d'un texte réservé, porteur d'une vérité secrète et dangereuse. Cette vérité s'est du reste infiltrée non seulement (ce qui est l'évidence) dans *Salammbô*, mais même dans *Madame Bovary* où l'on a vu se poursuivre le débat flaubertien entre science et poésie. Curieusement, la publication elle-même n'a pas tiré l'œuvre de son «enfer». Car la

---

[3] Brian Juden, *Traditions orphiques et tendances mystiques...* Klincksieck, p. 17-18. L'auteur parle d'un bas-relief inspiré par les mystères d'Eleusis et montrant Hermès, Eurydice et Orphée.

[4] A l'opposé, *Salammbô* serait une œuvre en rapport avec la violence «froide» (institutionnalisée) de l'Etat moderne.

critique — qu'elle ait interprété *la Tentation* comme une œuvre post-romantique ou pré-décadente, comme une résurgence de l'Antiquité ou du Moyen Age, comme une dissertation philosophique, une pièce de théâtre fantastique, ou un roman pornographique — la critique l'a surtout, pendant longtemps et d'un commun accord, déclarée illisible. Quoi d'étonnant donc si *la Tentation*, durant les vingt-cinq ans où, encore en chantier, elle menait son existence souterraine, a pu alimenter l'«orphisme» de Flaubert...

Car il y a un mythe du Savoir qui parcourt l'œuvre entier de Flaubert. On s'en doutait, mais seul l'éclairage que *la Tentation* projette sur le reste de l'œuvre permet de le déceler. *La Tentation* entretient avec les mythes une relation complexe. Le «drame de l'Artiste», dont les protagonistes peuplaient déjà les œuvres de jeunesse, s'y déroule sous une lumière particulièrement vive. Or ce drame prend nécessairement une dimension mythique, d'abord parce qu'il est prométhéen (babélien aussi), comme toutes les légendes de démiurges et de voleurs de feu (de langage), ensuite parce que le romantisme européen accentue encore sur le jeune Flaubert la pression des mythes, en complétant les anciens par des mythes modernes (Faust, Byron). Il n'est pas jusqu'à l'érudition la plus sérieuse qui, à l'époque romantique, ne propage à son tour les mythes. Tel a été pour Flaubert le rôle de *la Symbolique* de Creuzer. Dans *la Tentation*, on peut observer Flaubert emboîtant le pas à Creuzer, ni plus ni moins. C'est à lui qu'il doit de nous présenter en contiguïté [5] Cybèle (la Bonne Déesse) et la Grande Diane d'Ephèse (la nourrice universelle), deux déesses dont Creuzer lui apprenait qu'elles n'en faisaient qu'une et qu'elles se rattachaient aux dogmes des Orphiques et des Pythagoriciens [6]. Toujours fidèle à sa source érudite, Flaubert les dote systématiquement de leur symbole propre, la lune [7] —

... et c'est le lait de sa poitrine qui a blanchi la lune.

(Cybèle, T. I, p. 464 A)

On l'aperçoit à la blanche lueur que fait un disque d'argent, rond comme la pleine lune, posé derrière sa tête.

(La Grande Diane d'Ephèse, T. III, p. 555 A)

---

[5] Dans T. I, l'ordre est: Cybèle — Diane d'Ephèse (p. 464-465), dans T. III c'est l'inverse (p. 555).

[6] Creuzer, *Les Religions de l'Antiquité considérées dans leurs formes symboliques et mythologiques*, tome II, cité in: Brian Juden, ouvrage cité, p. 224.

[7] «La croyance vulgaire la confondait avec la lune», Creuzer, cité *ibid.*

— amorçant ainsi, dès *la Tentation*, un paradigme lunaire formé de la Diane chasseresse, d'Isis, d'Hélène-Ennoïa («J'étais le clair de lune...» — T. I, p. 394 B), de la Diane d'Ephèse et de Cybèle, paradigme que rejoindront, dans les œuvres ultérieures, Tanit *(Salammbô)* et Salomé-Korè *(Hérodias)*. C'est dans Creuzer encore que Flaubert pouvait lire que Diane était une fileuse comme Perséphone-Korè, et que l'arc et les flèches de la déesse chasseresse — similaires aux armes de son frère Apollon — s'apparentent symboliquement à la lyre à trois cordes [8]. Ainsi se précise l'itinéraire intellectuel qui — tout autant que les processus inconscients — introduit entre les lignes de *la Tentation* l'ombre d'Actéon, le chasseur trop curieux. — Antérieurement à *la Tentation*, Flaubert parlait de son «panthéisme», mot vague qui recouvrait un sentiment de l'existence et un projet poétique dont certaine page de *Novembre* [9] fournit la meilleure expression littéraire. Après *la Tentation*, la critique peut assurément parler de l'«orphisme» de Flaubert.

Mais il serait excessif de chercher dans les œuvres de Flaubert une démarche initiatique concertée et cohérente. Il y a un Flaubert mythologue, aussi savant que Nerval, mais qui prétend toujours tenir les mythes à distance. Il croit y réussir par l'ironie — et le défilé crépusculaire des dieux, dans *la Tentation*, célèbre ironiquement une mythologie morte: «je tâche», dit Apollon, «de joindre Delphes avant que sa valeur inspiratrice ne soit complètement perdue. Les mulets broutent son laurier. La Pythie égarée ne se retrouve pas», cependant que les cordes de sa cithare lui éclatent au visage! (T. III, p. 561 A) Mais c'est l'occasion ou jamais de répéter avec Jung que les mythes nous possèdent, plus que nous ne les possédons [10]. Car dans ce fragment, Flaubert croit dire une chose, et en dit une autre: la PERTE. Les mythes ne sont pas morts, les mythes sont perdus. D'une part tout mythe parle de la perte originelle, d'autre part (mais l'un découle de l'autre) il est texte morcelé. A-t-il jamais été texte complet? La nostalgie de cette plénitude, de cette intégralité inaccessible, c'est encore le mythe.

Par rapport au *mythos*, la civilisation est vécue comme le temps de la chute dans le *logos*. La civilisation occidentale, écrit Mircea Eliade, consacre

---

[8] B. Juden, ouvrage cité, p. 225.

[9] *O.C.*, l'Intégrale, I, p. 255 B (passage cité).

[10] Voir l'*Introduction à l'essence de la mythologie*, Payot, p. 221. Cité supra, dans mon chapitre «La tentation de la science et les voies du savoir».

un triomphe du *logos* contre le *mythos* [...] ... la victoire du *livre* sur la *tradition orale*, du document — surtout du document écrit — sur une expérience vécue qui ne disposait que des moyens de l'expression pré-littéraire.[11]

Le drame de la modernité, c'est aussi de ne connaître les mythes que sous leur forme dégradée, qui est l'écrit. C'est là que l'on peut dire que Flaubert est autre chose qu'un mythologue: il a l'intuition de la vérité du mythe. Sa *Tentation* est moderne pour hésiter entre *mythos* et *logos* (entre inconscient et langage articulé). C'est en cela que, comme tout grand texte, elle ouvre le procès de la littérature: la littérature est-elle une entreprise mystique, ou une impasse suicidaire et ridicule? Avant les œuvres dites existentielles du XXe siècle, *la Tentation* de Flaubert pose déjà le dilemme. Structurée comme un mythe, à tel point que j'ai pu la décrire dans sa pluralité de versions en me référant à Lévi-Strauss, *la Tentation* est aussi un écrit: pas encore une «écriture», mais déjà un objet, le LIVRE.

On a pu constater, au cours de cette étude, tout ce que *la Tentation* devait à la BIBLE. Source, modèle, miroir, objet fascinant — la Bible est tout cela pour le jeune Flaubert. J'ai avancé l'idée que la Bible était le livre «écrit» par Dieu. En me référant à la distinction entre *mythos* et *logos*, qui est commune à Eliade et à Jolles, je peux préciser maintenant que la Bible communique à l'homme le *mythos* — ou savoir divin et absolu [12] — mais qu'elle le fait nécessairement en termes de *logos* (sous forme de livre!), car l'homme est incapable de le percevoir autrement. La voie barrée de l'homme au mythe se concrétise précisément dans cet objet qu'est le Livre Saint, expression inévitablement dégradée du mythe. Aussi, à l'égard du mythe, voit-on Flaubert (dont les affinités avec Kafka éclatent) partagé entre le désespoir romantique et la dérision. Mais à l'égard du Livre Saint, ou du livre tout court, son attitude ambivalente est encore plus marquée. Je rappelle seulement pour mémoire tout ce que j'ai pu dire sur la Gnose, qui est le livre malin, et je m'arrête plutôt à la fascination de Flaubert pour l'INSCRIPTION.

Processus surdéterminé, l'inscription a un rapport avec l'image, et donc avec la vision que le désir ouvre dans l'écrit [13]. C'est aussi l'inscription qui *grave la lettre* dans la chair ou dans la pierre, rappel obsédant de la Loi de Dieu. «J'avais gravé ma loi sur des tables de

---

[11] *Aspects du mythe*, Gallimard/Idées, p. 192. C'est Mircea Eliade qui souligne.

[12] André Jolles, *Formes simples*, Seuil, p. 85-86, (passage cité).

[13] Voir la citation de Lyotard, dans le chapitre «Le livre du voyant», note [11].

pierre...» (Jéhovah, T. I, p. 469 B) Que l'inscription vienne du dieu Byron, par exemple, elle suscitera l'épouvante sacrée; mais qu'elle vienne de l'énorme bourgeois Thompson[14], et elle inspirera l'ironie vengeresse. C'est dans cette optique que l'on peut mieux comprendre l'ambivalence respective de la *bêtise* et de la *folie*, deux pathologies du langage qui sont chez Flaubert objet de mépris et d'envie à la fois. Bêtise et folie forment couple. Si la folie est sublime, la bêtise est profonde (elle débouche sur le «être la matière» d'Antoine). On pourrait dire que la bêtise, c'est cet «abêtissement» (pris dans un sens non péjoratif) qui a frappé Dieu lui-même quand il a condescendu à *inscrire* pour l'homme son langage; tandis que la folie, c'est l'espoir de l'homme (du poète fou) — un espoir absurde évidemment, et condamné — de retrouver dans le langage le sens réservé à Dieu seul. Mais la folie, c'est aussi, chez le peintre de *la Spirale* et chez Bouvard et Pécuchet, la réaction que l'Artiste oppose, dans un dernier sursaut, à la Loi. Alors commence la Copie: recopier l'inscription, sans s'occuper du sens.

Enfin (pourquoi se refuser cette clef?) il faut ajouter que tout remonte à l'enfance de Flaubert et à cette véritable «blessure narcissique» qu'a représenté pour l'enfant la scission de l'image idéale qu'était son père. Celui qu'il prenait pour un Dieu omniscient s'est révélé n'être qu'un scientifique, c'est-à-dire un bourgeois dérisoirement humain, Larivière devenu Homais. Comment ne pas reconnaître dans la boulimie d'érudition de l'écrivain (qu'il finira par reporter sur Bouvard et Pécuchet parce qu'il en «crève») une quête névrotique visant à effacer cette très ancienne blessure? Mais par contre, c'est dans *la Tentation* que Flaubert a trouvé un court répit à sa quête. En transformant la science en poésie (l'érudition en pure FIGURE), il a renoué avec le mode archaïque de la lecture des écrits. Du même coup il a comblé son désir d'enfant et recollé les deux moitiés antagonistes de l'image idéale.

Voilà bien pourquoi *la Tentation de saint Antoine* est une œuvre sans «écriture» au sens de Barthes. C'est au contraire (provisoirement et partiellement bien sûr) une œuvre réconciliée avec Dieu. Au Livre, Flaubert a le sentiment d'opposer son livre à lui, dans un geste naïvement ostentatoire: «CY FINIT LA TENTATION DE SAINT ANTOINE» (T. I, p. 473 B). Surtout, comme j'ai essayé de le montrer en en découvrant le fonctionnement symbolique, *la Tentation* est un texte-dieu. Est-ce

---

[14] Un certain Thompson dont Flaubert, au cours de son voyage en Egypte, a vu le nom inscrit «en lettres de six pieds de haut» sur la colonne de Pompée. *Corresp.*, Pléiade, I, p. 689.

encore une œuvre? Bien que Flaubert ait rédigé une version dite définitive, et qu'il n'ait pas livré au public les deux autres [15], il reste qu'objectivement *la Tentation* se présente aujourd'hui comme un «jeu» de trois versions. On peut dire, en tenant compte des préfigurations [16] ainsi que des scénarios: comme un jeu de n versions! Une telle œuvre, que j'ai désignée d'emblée par ses limites indécidables, n'est plus une œuvre à proprement parler. Œuvre «ouverte», œuvre du SUJET, il vaut mieux l'appeler tout simplement TEXTE. On sait [17] que le fonctionnement intertextuel est, «en épaisseur», analogue au fonctionnement intratextuel, ou vertical: les *lacunes* de version à version sont en correspondance avec le *non-dit* qui troue le texte, toutes versions confondues. L'ŒUVRE au sens propre, l'œuvre achevée qui masque le travail qui l'a produite en retranchant les possibles au profit de l'énoncé unique et définitif et en colmatant toutes les brèches, ce sera *Madame Bovary*. A partir de là, la castration, condition de qui veut écrire, aura pour écran «l'écriture» elle-même, qui fera de l'œuvre l'objet fascinant. Le *Je* laissera la place à un *Moi*. Seul le critique, cet assoiffé d'inconscient, pourra encore se pencher sur les brouillons, l'avant-texte comme on dit, et retrouver la marge:

> L'au-delà de la marge est habité d'un peuple d'ombres, de morceaux de corps sans nom, qui ne cessent, en des luttes aveugles, de peiner et de s'apaiser; chaos de douleurs et de sourires auquel rien, jamais, ne pourra mettre *bon* ordre. [18]

Le jeune Flaubert des années 1840 ne s'était pas résigné encore à renoncer à la marge. Il a livré le texte et la marge. Il a laissé un texte morcelé, qui est aussi — «intrication du corps et des mots» [18] — un corps morcelé. Ce n'est pas pour son «écriture» que nous lisons *la Tentation de saint Antoine*, c'est pour sa vérité.

---

[15] Mais son intention de les publier est certaine, et la deuxième version, il ne faut pas l'oublier, a été publiée en partie.

[16] Voir le chapitre «Le livre du voyant».

[17] Voir la fin du chapitre «Repères textuels».

[18] Serge Leclaire, *On tue un enfant*, p. 86.

BIBLIOGRAPHIE

FLAUBERT Gustave

OEuvres complètes (2 vol.), tome I, Seuil, coll. «l'Intégrale», Paris, 1964, 797 p.

    (C'est l'édition de *la Tentation de saint Antoine* à laquelle je me réfère, sauf indication contraire. Code de la première version: T. I; de la deuxième version: T. II; de la troisième version: T. III. — C'est également mon édition pour les œuvres de jeunesse.)

OEuvres (2 vol.), Gallimard, Bibliothèque de la Pléiade, Paris, 1951-1952; tome I: XXXIV-1038 p.; tome II: 1054 p.

    (Mon édition de référence pour les grands romans.)

OEuvres complètes (16 vol.), Club de l'Honnête Homme, éd. établie par la Société des Etudes littéraires françaises, Paris. Tome 4: 1972, 631 p.

    (On y trouve le texte de la troisième version de *la Tentation* et les scénarios de cette version.)

Tome 9: 1973, 543 p.

    (Texte des première et deuxième versions et de leurs scénarios.)

Fragments de *la Tentation de saint Antoine* (deuxième version) in: *l'Artiste*, 2e livraison, 21 décembre 1856; 3e livraison, 28 décembre 1856; 5e livraison, 11 janvier 1857; 8e livraison, 1er février 1857, Paris.

    (C'est une pré-originale de *la Tentation*.)

OEuvres de jeunesse (3 vol.), tome III, Conard, Paris, 1910, 367 p.

    (Référence pour *Une Nuit de Don Juan*.)

La première Education sentimentale, Seuil, coll. «Tel Quel», Paris, 1963, 286 p.

Correspondance (éd. en cours), tome I, Gallimard, Bibliothèque de la Pléiade, Paris, 1973, XXXI-1177 p.

Correspondance (tomes 12-16) in: *OEuvres complètes* (16 vol.), Club de l'Honnête Homme, éd. citée supra, 1974-1975. Tome 12, 679 p.; tome 13, 676 p.; tome 14, 651 p.; tome 15, 615 p.; tome 16, 588 p.

Correspondance (9 vol.), Conard, Paris, 1926-1933.

ADLER Alfred

Der Sinn des Lebens (1933), éd. franç.: *Le Sens de la vie*, trad. Dr Herbert Schaffer (1950), Payot, coll. «Petite bibliothèque Payot», Paris, 1975, 217 p.

ALBOUY Pierre

«Le mythe de l'androgyne dans *Mademoiselle de Maupin*» in: *Mythographies* (recueil d'articles), José Corti, Paris, 1976, 380 p.

ALLENSPACH Max

Gustave Flaubert: «la Tentation de saint Antoine», eine literaraesthetische Untersuchung [une recherche esthético-littéraire], thèse, Université de Zurich, Braunfels Verlag, 1923, 111 p.

APRILE Max

«L'Aveugle dans *Madame Bovary*» in: *Revue d'Histoire Littéraire de la France*, mai-juin 1976, Armand Colin.

ARTAUD Antonin

«La mise en scène et la métaphysique» (1931), «Le théâtre alchimique» (1932), «Le théâtre de la cruauté» (1932), quatrième des «Lettres sur le langage» (1933) in: *Le Théâtre et son double* (recueil d'articles) (1964), Gallimard, coll. de poche «Idées/Gallimard», Paris, 1966, 246 p.

BARTHES Roland

Le Degré zéro de l'écriture (1953), Gonthier, coll. «Médiations», Paris, 1969, 181 p.
«Introduction à l'analyse structurale des récits» in: *Communications* N° 8, 1966, Seuil.
TEXTE (Théorie du), *Encyclopaedia Universalis*.

BECKETT Samuel

Fin de partie, suivi de *Actes sans paroles* (1957), Editions de Minuit, Paris, 1967, 124 p.

BERGOUNIOUX Pierre

«Flaubert et l'autre» in: *Communications* N° 19, 1972.

BERTRAND Marc

«Parole et silence dans les *Trois Contes* de Flaubert» in: *Stanford French Review* I, 2, automne 1977.

La Bible Osty, trad. et notes par Emile Osty et Joseph Trinquet, Seuil, Paris, 1973, 2620 p.
(Toutes mes citations de la Bible se réfèrent à cette édition.)
La Sainte Bible en latin et françois, Guillaume Desprez éd., Paris, 1715.
(Consultée pour le texte latin.)

BOGATYREV Petr
    «Les signes de théâtre» (1938) in: *Poétique* N° 8, 1971, Seuil.

BOUYER Louis
    La Vie de saint Antoine, Ed. de Fontenelle, Paris, 1950, XIII-237 p.

BROMBERT Victor
    The Novels of Flaubert, Princeton University Press, 1966, 301 p.
    «La première Education sentimentale, roman de l'artiste» in: *Europe* (colloque Flaubert de Rouen), septembre-novembre 1969, Paris.
    Flaubert par lui-même, Seuil, Paris, 1971, 189 p.

BRUNEAU Jean
    Les Débuts littéraires de Gustave Flaubert (1831-1845), Armand Colin, Paris, 1962, 640 p.

BRUNEL Pierre
    Le Mythe de la métamorphose, Armand Colin, coll. «U prisme», Paris, 1974, 304 p.

BUTOR Michel
    «Ecriture et voyage» in: *Romantisme* N° 4, 1972, Flammarion.
    «La Spirale des sept Péchés» in: *Répertoire IV* (recueil d'articles), Editions de Minuit, Paris, 1974, 451 p.

BYRON George, Lord
    Manfred, a Dramatic Poem, 1re éd. J. Murray ed., Londres, 1817, 80 p. — Ed. française *Manfred, poème dramatique*, trad. F. Ponsard, Gosselin, Paris, 1837, 169 p.
    Caïn, a Mystery (1821), Galignani, Paris, 1822, 137 p.

ČAPEK Karel
    R.U.R. (Rossum's Universal Robots), Prague, 1921. Ed. anglaise, trad. Paul Selver, Oxford University Press, 1923.

CARROLL Lewis
    Alice's Adventures in Wonderland (1865), Macmillan, Londres, 1959, 174 p.
    Through the Looking-Glass (1871), Macmillan, Londres, 1955, 208 p.
    Ed. française *Alice au pays des merveilles — De l'autre côté du miroir*, trad. André Bay, Club des libraires de France, 1955, 415 p. + postface.

CASTEX Pierre-Georges
    Nouvelles et contes de Balzac (Etudes philosophiques), Centre de Documentation Universitaire «Les cours de Sorbonne», Paris, 1961, 96 p.

CELLIER Léon

«De «Sylvie» à *Aurélia* — structure close et structure ouverte», *Archives des Lettres Modernes* N° 131, décembre 1971, Editions Lettres Modernes, 48 p.

L'Epopée humanitaire et les grands mythes romantiques, SEDES, Paris, 1971, 370 p.

Préface à: NERVAL, *Promenades et souvenirs, Lettres à Jenny, Pandora, Aurélia*, Garnier-Flammarion, Paris, 1972, 191 p.

CLÉMENT (ou BACKÈS-CLÉMENT) Catherine

«La stratégie du langage» in: *Littérature* N° 3, octobre 1971, Univ. de Paris VIII-Vincennes / Larousse.

«Miroirs du sujet», «Mythe et sexualité», «L'opéra ou le réalisme excessif» in: *Miroirs du sujet* (recueil d'articles), Union Générale d'Editions coll. 10/18, Paris, 1975, 316 p.

CREUZER Frédéric

Les Religions de l'Antiquité considérées dans leurs formes symboliques et mythologiques, ouvrage trad. de l'allemand, 4 tomes de 10 volumes, Treuttel et Würtz (Kossbühl et Didot frères), Paris, 1825-1851.

DANGER Pierre

Sensations et objets dans le roman de Flaubert, Armand Colin, Paris, 1973, 358 p.

DEBRAY-GENETTE Raymonde

«Flaubert: science et écriture» in: *Littérature* N° 15, octobre 1974.

«Re-présentation d'*Hérodias*» in: *La Production du sens chez Flaubert — colloque Flaubert de Cerisy*, Union Générale d'Editions coll. 10/18, Paris, 1975, 439 p.

DOSTOÏEVSKI Fiodor

Les Frères Karamazov (1879-1880), trad. franç. Kyra Sanine, Garnier, Paris, 1969, LIII-1107 p.

DUBUC André

«Un centenaire oublié: *La Tentation de saint Antoine*» in: *Les Amis de Flaubert* N° 45, décembre 1974, Rouen.

DU CAMP Maxime

Souvenirs littéraires, extraits publiés in: FLAUBERT, *OEuvres complètes*, tome I, Seuil, coll. «l'Intégrale», Paris, 1964, 797 p.

DUCHET Claude

«Signifiance et in-signifiance: le discours italique dans *Madame Bovary*» in: *La Production du sens chez Flaubert*, éd. citée supra.

DUMESNIL R. et DEMOREST D.L.
Bibliographie de Gustave Flaubert, Giraud-Badin, Paris, 1937, 360 p.

DURRY Marie-Jeanne
Flaubert et ses projets inédits, Nizet, Paris, 1950, 416 p.

ELIADE Mircea
Aspects du mythe, Gallimard, coll. de poche «Idées/Gallimard», Paris, 1963, 247 p.

ELUARD Paul
La Vie immédiate (1932), Gallimard, coll. «Poésie/Gallimard», Paris, 1971, 253 p.

EPSTEIN Edna Selan
«Hérodiade: la dialectique de l'identité humaine et de la création poétique» in: *Revue des Sciences Humaines* N° 140, octobre-décembre 1970, Univ. de Lille / José Corti.

FAIRLIE Alison
«Flaubert and some painters of his time» in: *The Artist and the Writer in France — Essays in honour of Jean Seznec* (mélanges), Clarendon Press, Oxford, 1974, XII-184 p.

FAYE Jean-Pierre
«Entretien avec Jan Mukařovský» in: *Change* N° 3, 1969, Seuil.

FELMAN Shoshana
«Thématique et rhétorique, ou la folie du texte» in: *La Production du sens chez Flaubert*, éd. citée supra.

FERMIGIER André
«Le manteau de Tanit» in: *Le Monde*, 27 mai 1976, Paris.

FISCHER E.-W.
«*La Spirale*, plan de roman de Flaubert» in: *La Table Ronde*, avril 1958, Paris.

FONTANIER Pierre
Les Figures du discours, éd. Gérard Genette, Flammarion, Paris, 1968, 503 p.

FOUCAULT Michel
«La Bibliothèque fantastique», 1re publication in: *Cahiers de la Compagnie Renaud-Barrault*, mars 1967, Gallimard; article remanié repris in: Raymonde DEBRAY-GENETTE, *Flaubert, Miroir de la critique*, Didier, Paris, 1970, 192 p.

(Je me réfère à cette deuxième version de l'article.)
L'Archéologie du savoir, Gallimard, coll. «Bibliothèque des Sciences Humaines», Paris, 1969, 275 p.

FRAZER James George
Adonis, Attis, Osiris — Studies in the History of Oriental Religion, Macmillan, Londres, 1906, XVI-339 p.

FREUD Sigmund
Gesammelte Werke (18 vol.), Imago publishing, Londres (vol. 1-17), Francfort (vol. 18), 1952-1968.
(Edition consultée pour les dates de première publication.)
Die Traumdeutung (1900), éd. franç. *l'Interprétation des rêves*, trad. Meyerson révisée Denise Berger (1967), P.U.F., Paris, 1973, 574 p.
Der Witz und seine Beziehung zum Unbewussten (1905), éd. franç. *Le Mot d'esprit et ses rapports avec l'inconscient*, trad. Marie Bonaparte et Dr M. Nathan (1930), Gallimard, coll. de poche «Idées/Gallimard», Paris, 1974, 408 p.
Der Wahn und die Träume in W. Jensens «Gradiva» (1907), éd. franç. *Délire et rêves dans la «Gradiva» de Jensen*, trad. Marie Bonaparte, Gallimard, coll. «Les Essais», Paris, 1949, 215 p.
«Bemerkungen über einen Fall von Zwangsneurose» (1909), en français «Remarques sur un cas de névrose obsessionnelle (L'homme aux rats)», trad. Marie Bonaparte et R. Loewenstein (1932), in: *Cinq psychanalyses*, P.U.F., Paris, 1954, 422 p.
«Analyse der Phobie eines fünfjährigen Knaben» (1909), en français «Analyse d'une phobie chez un petit garçon de 5 ans (Le petit Hans)», trad. Marie Bonaparte (1928) in: *Cinq psychanalyses*, éd. citée supra.
«Über den Gegensinn der Urworte» (1910), en français «Des sens opposés dans les mots primitifs» in: *Essais de psychanalyse appliquée*, trad. Marie Bonaparte et E. Marty (1933), Gallimard, coll. de poche «Idées/Gallimard», Paris, 1973, 251 p.
Totem und Tabu (1913), éd. franç. *Totem et tabou*, trad. Dr S. Jankélévitch, Payot, coll. «Petite bibliothèque Payot», Paris, 1975, 185 p.
«Aus der Geschichte einer infantilen Neurose» (1918), en français «Extrait de l'histoire d'une névrose infantile (L'homme aux loups)», trad. Marie Bonaparte, R. Loewenstein, Anne Berman, in: *Cinq psychanalyses*, éd. citée supra.
«Das Unheimliche» (1919), en français «L'inquiétante étrangeté» in: *Essais de psychanalyse appliquée*, éd. citée supra.
«Eine Teufelsneurose im siebzehnten Jahrhundert» (1923), en français «Une névrose démoniaque au XVIIe siècle» in: *Essais de psychanalyse appliquée*, éd. citée supra.
«Das Ich und das Es» (1923), en français «Le Moi et le Ça», trad. Dr S. Jankélévitch révisée Dr A. Hesnard, in: *Essais de psychanalyse*, Payot, coll. «Petite bibliothèque Payot», Paris, 1975, 280 p.

Der Mann Moses und die monotheistische Religion (1939), éd. française *Moïse et le monothéisme*, trad. Anne Berman (1948), Gallimard, coll. de poche «Idées/Gallimard», Paris, 1972, 183 p.

GAILLARD Françoise

«Quelques notes pour une lecture idéologique de *Madame Bovary*» in: *Revue des Sciences Humaines* N° 151, juillet-septembre 1973.
«La représentation comme mise en scène du voyeurisme» in: *Revue des Sciences Humaines* N° 154, avril-juin 1974.
«L'en-signement du réel (ou la nécessaire écriture de la répétition)» in: *La Production du sens chez Flaubert*, éd. citée supra.

GENETTE Gérard

«Le travail de Flaubert» in: *Tel Quel* N° 14, été 1963, Seuil.
«La rhétorique restreinte» in: *Communications* N° 16, 1970.
Figures III, Seuil, Paris, 1972, 282 p.

GEORGIN Robert

Le Temps freudien du verbe, l'Age d'Homme, coll. «Sphinx», Lausanne, 1973, 164 p.
La Structure et le style, l'Age d'Homme, coll. «Sphinx», Lausanne, 1975, 128 p.

GOETHE Johann Wolfgang

Faust, trad. Gérard de Nerval, Garnier-Flammarion, Paris, 1964, 178 p.
Le second Faust, trad. Suzanne Paquelin, in: *Théâtre*, Gallimard, Bibliothèque de la Pléiade, Paris, 1942, XXIV-1342 p.

GREEN André

«La déliaison» in: *Littérature* N° 3, octobre 1971.

GREIMAS Algirdas Julien

«Eléments pour une théorie de l'interprétation du récit mythique» in: *Communications* N° 8, 1966.
Sémantique structurale, Larousse, Paris, 1966, 262 p.

JAKOBSON Roman

«Notes marginales sur la prose du poète Pasternak» (1935) in: *Questions de poétique* (recueil d'articles), Seuil, Paris, 1973, 508 p.
«Linguistique et poétique» (1960) in: *Essais de linguistique générale* (recueil d'articles), Editions de Minuit, coll. «Points», Paris, 1963, 255 p.

JOLLES André

Einfache Formen, 1re éd. Niemeyer Verlag, 1930; éd. franç. *Formes simples*, trad. A.M. Buguet, Seuil, Paris, 1972, 221 p.

JUDEN Brian

Traditions orphiques et tendances mystiques dans le Romantisme français (1800-1855), Klincksieck, Paris, 1971, 805 p.

JUNG Carl-Gustav et KERÉNYI Charles

Einführung in das Wesen der Mythologie, 1re éd. Rhein Verlag, Zurich, 1941; éd. franç. *Introduction à l'essence de la mythologie*, trad. H.E. Del Medico, Payot, coll. «Petite bibliothèque Payot», Paris, 1974, 252 p.

KAFKA Franz

«In der Strafkolonie» (1919) [La Colonie pénitentiaire] in: *Das Urteil* (recueil de nouvelles), Fischer Taschenbuch Verlag, Francfort, 1973, 137 p.

KOFMAN Sarah

«Judith ou la mise en scène du tabou de la virginité» in: *Littérature* N° 3, octobre 1971.

KRISTEVA Julia

«Sémanalyse et production de sens» in: *Essais de sémiotique poétique* (ouvrage collectif), Larousse, coll. «L», Paris, 1972, 238 p.

LACAN Jacques

Les quatre concepts fondamentaux de la psychanalyse (*Le séminaire* livre XI, 1964), Seuil, coll. «Le champ freudien», Paris, 1973, 253 p.
Ecrits, Seuil, coll. «Le champ freudien», Paris, 1966, 924 p.

LAPLANCHE Jean et PONTALIS J.-B.

«Fantasme originaire, fantasme des origines, origines du fantasme» in: *Les Temps Modernes* N° 215, avril 1964, Paris.

LAROUSSE Pierre

Grand dictionnaire universel du XIXe siècle (15 vol.), Paris, tome XI: 1874.

LECLAIRE Serge

«A propos de l'épisode psychotique que présenta l'Homme aux loups» in: *La Psychanalyse vol. 4 — Les Psychoses*, 1958, La Société Française de Psychanalyse / P.U.F.
On tue un enfant, Seuil, coll. «Le champ freudien», Paris, 1975, 137 p.

LECUYER Maurice

«Triple perspective sur une œuvre» in: *Cahiers de la Compagnie Renaud-Barrault*, mars 1967.

LEISEGANG H.

La Gnose, 1re éd. 1924, trad. de l'allemand par Jean Gouillard (1951), Payot, coll. «Petite bibliothèque Payot», Paris, 1971, 277 p.

LEVAILLANT Jean
«Flaubert et la matière» in: *Europe* (colloque Flaubert de Rouen), septembre-novembre 1969.

LÉVI-STRAUSS Claude
Anthropologie structurale, Plon, Paris, 1958, II-452 p.

LYOTARD Jean-François
Discours, figure, Klincksieck, Paris, 1971, 428 p.

MANNONI Oscar
«Le théâtre du point de vue de l'imaginaire» in: *La Psychanalyse vol. 5*, 1960.

MARX Karl
Le 18 Brumaire de Louis Bonaparte (1852), Editions Sociales, Paris, 1969, 156 p.

MASSIN Jean et Brigitte
Wolfgang Amadeus Mozart, Fayard, Paris, 1970, 1202 p.

MATTER Jacques
Histoire critique du Gnosticisme et de son influence sur les sectes religieuses et philosophiques, des six premiers siècles de l'ère chrétienne, (3 vol.), Levrault éd., Paris, 1828.

MAZEL Henri
«Les trois Tentations de saint Antoine» in: *Mercure de France* N° 564, 15 décembre 1921, Paris.

MILNER Max
Le Diable dans la littérature française de Cazotte à Baudelaire (1772-1861) (2 vol.), José Corti, Paris, 1960. Tome I: 622 p.; tome II: 573 p.
«Le sexe des anges» in: *Romantisme* N° 11, 1976, Champion.

MOUCHARD Claude
«Le problème de la science dans *Madame Bovary*» in: *Journée de travail sur Madame Bovary*, E.N.S. rue d'Ulm, 3 février 1973, dactylographié et diffusé par la Société des Etudes Romantiques.
«Terre, technologie, roman — à propos du deuxième chapitre de *Bouvard et Pécuchet*» in: *Littérature* N° 15, octobre 1974.

NEEFS Jacques
«La figuration réaliste. L'exemple de *Madame Bovary*» in: *Poétique* N° 16, 1973.
«*Salammbô*, textes critiques» in: *Littérature* N° 15, octobre 1974.
«Le parcours du zaïmph» in: *La Production du sens chez Flaubert*, éd. citée supra.

«Le théâtre des représentations (quelques textes de Flaubert)» in: *Revue des Sciences Humaines* N° 164, octobre-décembre 1976.

NERVAL Gérard de

Œuvres (2 vol.), éd. A. Béguin et J. Richer, tome II, Gallimard, Bibliothèque de la Pléiade, Paris, 1956, 1544 p.
Les Filles du feu, les Chimères, éd. Léon Cellier, Garnier-Flammarion, Paris, 1965, 245 p.
Promenades et souvenirs, Lettres à Jenny, Pandora, Aurélia, éd. Léon Cellier, citée supra [CELLIER].

PALACIO Jean de

«Motif privilégié au Jardin des Supplices: le mythe de la décollation et le Décadentisme» in: *Revue des Sciences Humaines* N° 153, janvier-mars 1974.

PANTKE Alfred

Gustave Flauberts Tentation de saint Antoine: ein Vergleich der drei Fassungen [comparaison des trois versions], thèse, Université de Leipzig, Vogel Verlag, 1936, 147 p.

QUINET Edgar

Ahasvérus. Un mystère (1833) in: *OEuvres complètes*, tome XI, Pagnerre, Paris, 1858, 441 p.

RAIMOND Michel

«Le réalisme subjectif dans *l'Education sentimentale*» in: *Cahiers de l'Association Internationale des Etudes Françaises* N° 23, mai 1971, Ed. Les Belles Lettres.

RANK Otto

«Der Doppelgänger» [Le double], 1re éd. in: *Imago* vol. III, Internazionaler Psychoanalytischer Verlag, 1914; et:
«Die Don Juan-Gestalt. Ein Beitrag zum Verständnis der sozialen Funktion der Dichtkunst» [Le personnage de Don Juan: contribution pour éclairer la fonction sociale de l'art poétique], 1re éd. in: *Imago* vol. VIII, 1922; éd. franç. de ces deux articles in: *Don Juan. Une étude sur le double*, trad. Dr S. Lautman, Denoël et Steele, Paris, 1932, 269 p.

REFF Theodore

«Images of Flaubert's Queen of Sheba in later nineteenth-century art» in: *The Artist and the Writer in France — Essays in honour of Jean Seznec*, éd. citée supra [FAIRLIE].

REIK Theodor

Flaubert und seine «Versuchung des heiligen Antonius», ein Beitrag zur Künstlerpsychologie [Flaubert et sa «Tentation de saint Antoine»: contribution à la psychologie de l'artiste], Minden, 1912, VIII-187 p.

RICHARD Jean-Pierre
Littérature et sensation — Stendhal, Flaubert (1954), Seuil, coll. «Points»,
Paris, 1970, 252 p.

RICHER Jean
Gérard de Nerval et les doctrines ésotériques, Ed. Griffon d'Or, Paris, 1947,
XIX-213 p.

RIMBAUD Arthur
Œuvres complètes, Gallimard, Bibliothèque de la Pléiade, Paris, 1963,
XXVIII-923 p.

ROBERT Marthe
Kafka, Gallimard, coll. «La Bibliothèque Idéale», Paris, 1960, 299 p.
Roman des origines et origines du roman, Grasset, Paris, 1972, 364 p.

ROSOLATO Guy
«Le narcissisme» in: *Nouvelle Revue de Psychanalyse*, «Narcisses» (N° 13),
printemps 1976, Gallimard.

ROUSSET Jean
«Positions, perspectives, distances dans *Salammbô*» in: *Poétique* N° 6, 1971.

SARTRE Jean-Paul
Critique de la raison dialectique, Gallimard, coll. «Bibliothèque des Idées»,
Paris, 1960, 757 p.
L'Idiot de la famille (3 vol.), Gallimard, Paris, 1971-1972; tomes I-II:
2136 p.; tome III: 665 p.

SCHOR Naomi
«Pour une thématique restreinte. Ecriture, parole et différence dans *Madame
Bovary*» in: *Littérature* N° 22, mai 1976.

SCHULZ-BUSCHHAUS Ulrich
«Der historische Ort von Flauberts Spätwerk — Interpretationsvorschläge
zu *Bouvard et Pécuchet*» in: *Zeitschrift für französische Sprache und
Literatur*, 3e trimestre 1977.

SEEBACHER Jacques
«Rapprochements chronologiques pour *Madame Bovary*» in: *Journée de
travail sur Madame Bovary*, E.N.S. rue d'Ulm, 3 février 1973, éd. citée supra
[MOUCHARD].
«Le réalisme de *Bouvard et Pécuchet*, notes pour une topique de topographie
utopique» in: *34/44, Cahiers de recherche de S.T.D.*, Univ. de Paris-VII,
N° 1, automne 1976.

SEZNEC Jean
«Saint Antoine et les monstres, essai sur les sources et la signification du fan-
tastique de Flaubert» in: *Publications of the Modern Language Association of
America*, mars 1943.

(Existe à la B.N. sous la forme d'un fascicule paginé 195-222. Cote 8° Z, Pièce 3483.)

«Flaubert, historien des hérésies dans *la Tentation*» in: *The Romanic Review*, octobre-décembre 1945.

(Existe à la B.N. sous la forme de 2 fascicules paginés 200-221 et 314-328. Cote 4° Z, Pièce 532.)

Les Sources de l'épisode des dieux dans «La Tentation de saint Antoine» (Première version, 1849), Vrin, Paris, 1940, 192 p.

Nouvelles études sur «la Tentation de saint Antoine», Studies of the Warburg Institute (vol. 18), Londres, 1949, 98 p.

SONNENFELD Albert

«La tentation de Flaubert» in: *Cahiers de l'Association Internationale des Etudes Françaises*, N° 23, mai 1971.

STAROBINSKI Jean

L'OEil vivant, Gallimard, Paris, 1961, 262 p.

STEINMETZ Jean-Luc

«La répétition attentatoire» in: *Revue des Sciences Humaines* N° 167, juillet-sept. 1977.

THIBAUDET Albert

Gustave Flaubert (1935), Gallimard, coll. «Leurs Figures», Paris, 1963, 303 p.

VADÉ Yves

«Le Sphinx et la Chimère» I, in: *Romantisme* N° 15, II, in: *Romantisme* N° 16, Champion, 1977.

VALÉRY Paul

«La Tentation de (Saint) Flaubert» (1942) in: *OEuvres* (2 vol.), tome I, Gallimard, Bibliothèque de la Pléiade, Paris, 1957, 1807 p.

VERLAINE Paul

OEuvres poétiques complètes, Gallimard, Bibliothèque de la Pléiade, Paris, 1962, XLIV-1491 p.

VORAGINE Jacques de

La Légende dorée (vers 1255), trad. du latin par Théodor de Wyzewa, Perrin, Paris, 1929, XXVIII-748 p.

ZOLA Emile

Thérèse Raquin, éd. Henri Mitterand, Garnier-Flammarion, Paris, 1970, 253 p.

TABLE DES MATIÈRES

Imprimé en Suisse